A. Klett
Commende 6a
4280 Borken 1

Sevelius, So bleibt dein Pferd gesund

Fritz Sevelius / Harry Pettersson / Bernt Green

So bleibt dein Pferd gesund

Die moderne Stallapotheke

Mit 245 Abbildungen und 9 Zeichnungen

Müller Rüschlikon Verlags AG, Cham
Stuttgart · Wien

Aus dem Schwedischen übersetzt von Prof. Dr. med. vet. Björn von Salis, Uppsala, Schweden.

ISBN 3.275.01005.0. – 1/7-91. – Printed in Germany

Inhalt

Vorwort

Während der achtziger Jahre hat sich der Pferdesport in Schweden weiterentwickelt und die Pferdehaltung hat sich konsolidiert, nachdem der Pferdebestand am Ende des Zweiten Weltkrieges von 600000 auf rund 115000 gesunken war. Dabei spielte die Mechanisierung der Landwirtschaft sowie die Abschaffung des Pferdes in der Armee eine wichtige Rolle. Bis dahin war die Bereitstellung von Jungpferden die wichtigste Aufgabe der schwedischen Halbblutzucht.

Nachdem dann die Armee keine Verwendung für Halbblutpferde hatte, wurden diese durch den enthusiastischen schwedischen Arzt Arvid Aaby Ericsson, seinerseits Präsident der Zuchtvereinigung für das schwedische Warmblutpferd und selbst Züchter auf seinem Hof «Gåvetorp» in Alvesta, gerettet. Doktor Ericsson gelang es, die schweizerische Armee für den Kauf schwedischer Remonten zu interessieren, die früher im eigenen Land angekauft worden waren. Viele von diesen in die Schweiz exportierten Halbblutpferden entwickelten sich zu guten Dressurpferden, die erfolgreich an olympischen und anderen internationalen Pferdewettkämpfen teilnahmen. Gleichzeitig entwickelte sich die schwedische Zivilreiterei durch die Schaffung des Reitförderungsverbandes (1948), der nachhaltig vom damaligen Finanzminister Per Edvin Sköld unterstützt wurde. Die Reiterei wurde zu einer Freizeitbeschäftigung vor allem für Mädchen.

Im Laufe der Zeit verschwand die ältere Generation der Pferdefachleute sukzessive. Diese hatten sich in der Übergangszeit mit großem Einsatz als Ausbildner für die kommende Generation zur Verfügung gestellt. Viele pensionierte Offiziere wirkten an Reitschulen und ermöglichten dadurch, daß sich die Pferdewettkämpfe weiterentwickeln konnten. Der Übergang ist allerdings nicht ohne Probleme verlaufen, so fehlen noch heute gut ausgebildete Reitinstruktoren, die die jungen Reiter und Pferde entsprechend ausbilden können.

In einer Reichstagsmotion im Jahre 1987/1988 schlug John Johnsson vor, die gesamte Ausbildung in das Zucht- und Pferdezentrum in Flyinge zu verlegen. In dieser Motion waren die Ansichten und Wünsche der größeren Interesseninstitutionen im Pferdesport und in der Pferdezucht sowie diejenigen der Landwirtschaft berücksichtigt. Die letztere wurde durch den Rektor der Landwirtschafts-Universität in Uppsala, Mårten Carlsson, und den Dozenten Göran Dalin von der veterinärmedizinischen Fakultät erarbeitet. Diese parlamentarischen Vorstöße werden für die nähere Zukunft des schwedischen Pferdesportes eine sehr große Bedeutung haben. Im folgenden Abschnitt werden sie kurz zusammengefaßt:

Die Motion 230 1986/87 von John Johnsson (Soz.) hatte den Titel:
Ein soziales Entwicklungs- und Ausbildungsprogramm für die Pferdehaltung.

Das Interesse für Pferde ist heutzutage sehr groß, was sich im jährlichen Umsatz von ca. 1 Milliarde schwedischer Kronen im Rahmen der Landwirtschaft widerspiegelt. Es gibt ca. 135000 Pferde, und die Entwicklung ist steigend. Viele Jugendliche, vorwiegend Mädchen, beschäftigen sich heute mit Pferden, sowohl zur

Erholung als auch im Sport. Dieses Interesse für den Pferdesport ist ein wichtiger Teil im schwedischen Reitsport. Das wachsende Interesse für Pferde ist sowohl aus sozialpolitischen Gesichtspunkten als auch für die Landwirtschaft positiv.

Soziologische Studien zeigen, daß das Interesse an Pferden für Jugendliche aus allen sozialen Schichten von größter Bedeutung ist. Das Pferd ist ein ausgesprochen günstiges Verbindungsglied zwischen Stadt und Land. Bei Jugendlichen aus der Stadt wird dabei vor allem der Zusammenhang zwischen Tier und Natur gefördert.

Nicht weniger als 250000 Reiter treiben diesen Sport regelmäßig in den vielen über das ganze Land verteilten Reitschulen oder auf eigenen Pferden. Viele Jugendliche möchten sich ihr Hobby zum Beruf machen und teil- oder ganzzeitig im Pferdesektor tätig sein. Wenn Schweden wieder seinen Platz an der Spitze des internationalen Reitsportes einnehmen will, ist es absolut notwendig, daß der Reiterjugend in vermehrtem Maße die Möglichkeit zu einer qualifizierten Ausbildung und Zugang zu Pferden mit genügend großem Talent für den Sport angeboten wird.

Heutzutage besteht die erste Stufe einer koordinierten Ausbildung von Pferden, Jugendlichen, Ausbildnern und Wettkampf-Teilnehmern in Flyinge. Diese wichtige Entwicklungsarbeit, die in Zusammenarbeit mit den Schul- und Gerichtsbehörden aus der Landschaft Malmö und Flyinge betrieben wird, muß weiter ausgedehnt werden, nicht zuletzt wegen ihrer sozialen Funktion für die Jugendlichen.

Um allen Jugendlichen, die diese Ausbildung absolvieren möchten, in Flyinge aufzunehmen, muß das Zentrum weiter ausgebaut werden. Der Pferdebestand muß erhöht sowie das Angebot an Unterkunfts- und Unterrichtsräumen für die Schüler vergrößert werden. Mit einer Erhöhung des Pferdebestandes kann die schwedische Pferdezucht verbessert werden. So kommen die Reitschulen und wettkämpfenden Reiter zu qualitativ besseren Pferden.

Die schwedische Landwirtschaft produziert heute mehr Getreide als Schweden selbst verwerten kann. Der Überschuß wird mit hohen Verlusten exportiert. In diesem Zusammenhang kann das Pferd einerseits als Konsument des Getreides und andererseits als Exportartikel sehr interessant werden.

Heutzutage werden ca. 110000 Hektare des Ackerbaugebietes von Schweden für die Produktion von Pferdefutter verwendet. Für jedes weitere Pferd benötigt man zusätzlich ein Hektar Ackerland. Würde man den Hafer, den die Pferde fressen, exportieren und auf den Weltmarkt bringen, würde dies den Staat weitere 25 Millionen Kronen kosten.

Das qualitativ hochstehende schwedische Pferd ist ebenfalls ein interessanter Exportartikel. Jährlich werden über 800 Pferde im Gesamtbetrag von ca. 60 Millionen schwedischen Kronen exportiert.

Durch vermehrte Werbeanstrengungen könnte der Export von Pferden noch wesentlich gesteigert werden.

Es sollte ein zusammenhängendes Programm zur nationalen Vereinigung der Kräfte geschaffen werden, wo Zucht, Pferdesport und Forschung zusammenarbeiten und das dann aktiv durch die Wirtschaft und die Allgemeinheit unterstützt wird und folgende Punkte umfaßt:

– An Pferden interessierte Jugendliche sollen die Möglichkeit zu einer qualifizierten Berufs- und Kursausbildung erhalten.

– Für den Reitsport sollten hochqualifizierte Pferde zu erschwinglichen Preisen erhältlich sein.

– Die wertvollsten Pferde im Land sollten der eigenen Zucht zugute kommen.

– Mit dem heute schon weltweit renommierten schwedischen Warmblutpferd sollte im Sport und an Ausstellungen möglichst viel Werbung betrieben werden.

Um dieses Ziel zu erreichen, sollte ein Modell für Aufzucht und Ausbildung von Pferden geschaffen werden. Innerhalb des Rahmens des SJFR-Forschungsprogramms sollte genügend Geld für die Forschung zur Verfügung stehen.

Der Trabsport ist der bestorganisierteste Zweig des schwedischen Pferdesportes. Elis Ljungek hat für den Zuchtverband des schwedischen Warmbluttrabers folgende imponierende Zahlen über die Bedeutung des Trabrennpferdes für die Gesellschaft in Schweden zusammengestellt:

In Schweden gibt es ungefähr 40000 Warmblut-Trabrennpferde, 9000 davon sind Stuten. Pro Jahr werden ungefähr 5000 Fohlen geboren. Für Weiden und Heu werden jährlich ca. 20000 Hektare Land verwendet. Für die Wettsportpferde liefert die Landwirtschaft Futter und Stroh im Wert von 200 Millionen Kronen jährlich. Die Aufzucht der Trabpferde geschieht zu 95 Prozent bei den Bauern, die eine bis drei Stuten halten. Es gibt in Schweden nur 35 bis 40 Gestüte, welche mehr als zehn Stuten haben. Der Trab erzielte 1989 einen Umsatz von rund 6 Milliarden Kronen, wovon der Staat mit seinem 10prozentigen Anteil ca. 600 Millionen einnahm. Wenn man alle Teilzeitarbeitenden in Vollzeitarbeitende umrechnet, arbeiten ungefähr 2000 Menschen im schwedischen Trabsport. Schweden exportiert jährlich Pferde im Wert von ca. 30 Millionen Kronen und importiert hauptsächlich Zuchttiere im Wert von ungefähr 10 Millionen.

Fritz Sevelius
Harry Pettersson
Bernt Green

Das Pferdeskelett

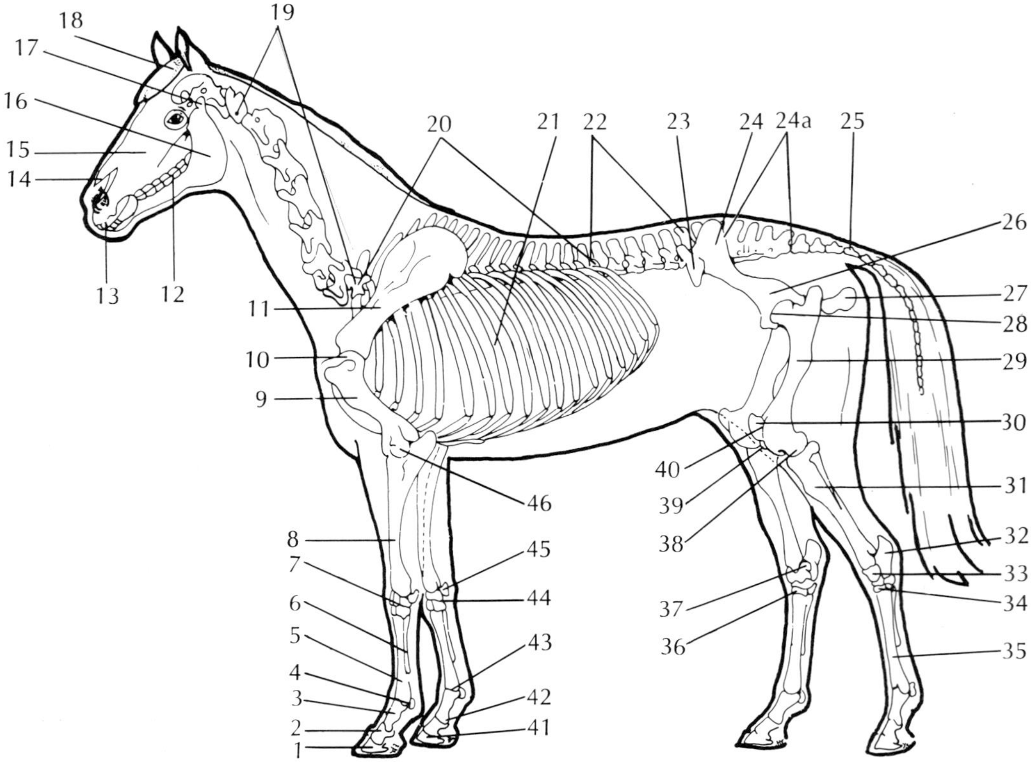

1. Hufbein
2. Kronbein
3. Fesselbein
4. Sesam- oder Gleichbein
5. Schienbein
6. Griffelbein
7. kleine Knochen des Vorderknies
8. Vorderarm
9. Oberarm
10. Schultergelenk
11. Schulterblatt
12. Backenzähne
13. Schneidezähne
14. Nasenbein
15. Oberkiefer
16. Unterkiefer
17. Kiefergelenk
18. Stirnbein
19. Halswirbel (7)
20. Brustwirbel (18)
21. Rippen (18)
22. Lendenwirbel (6)
23. Hüfthöcker
24. Gelenk zwischen Wirbelsäule und Becken

24a. Kreuzbein (besteht aus 5 zusammengewachsenen Wirbeln)

25. Schwanzwirbel (16)
26. Becken
27. Sitzbeinhöcker
28. Hüftgelenk
29. Oberschenkel
30. Kniescheibe
31. Unterschenkel
32. Sprunggelenkhöcker
33. Rollbein
34. kleine Knochen des Sprunggelenkes
35. Röhrbein
36. kleine Gelenke des Sprunggelenkes (oberes, mittleres und unteres)
37. Hauptgelenk des Sprunggelenkes
38. äußerer Teil des Kniegelenkes
39. innerer Teil des Kniegelenkes
40. Kniescheibengelenk
41. Hufgelenk
42. Krongelenk
43. Fesselgelenk
44. Vorderkniegelenke (oberes, mittleres, unteres)
45. Erbsbein
46. Ellbogengelenk

Längsschnitt eines Vorderfußes

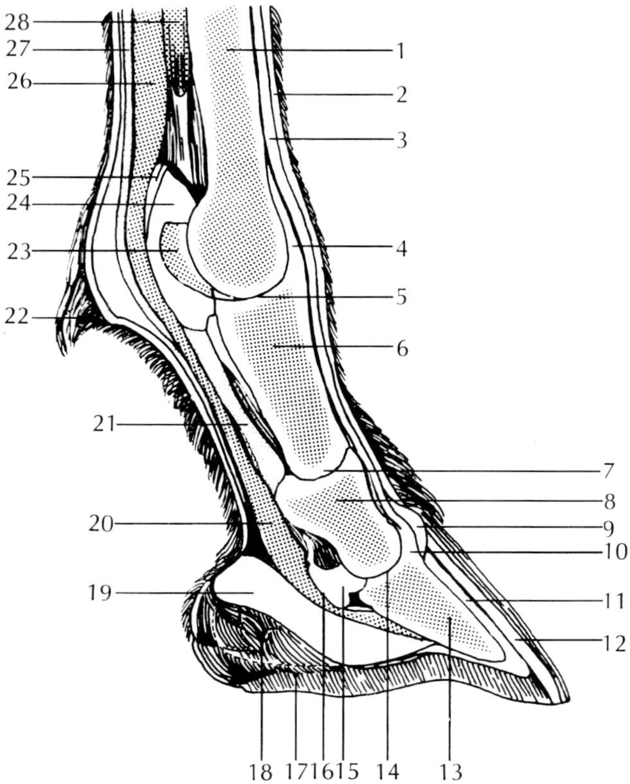

1. Schienbein
2. Haut
3. Strecksehne
4. Fesselgelenkkapsel
5. Fesselgelenk
6. Fesselbein
7. Krongelenk
8. Kronbein
9. Kronrand
10. Streckfortsatz des Hufbeines
11. Hufllederhaut
12. Hornwand
13. Hufbein
14. Hufgelenk
15. Strahlbein
16. Strahlbeinbeutel
17. Sohle
18. Strahl
19. elastisches Hufkissen
20. tiefe Beugesehne
21. unteres Gleichbeinband
22. Sporn
23. Gleich- oder Sesambein
24. Bandapparat des Gleichbeines
25. Fesselsehnenscheide
26. tiefe Beugesehne
27. oberflächliche Beugesehne
28. Gleichbeinband

Anatomie des Hufes

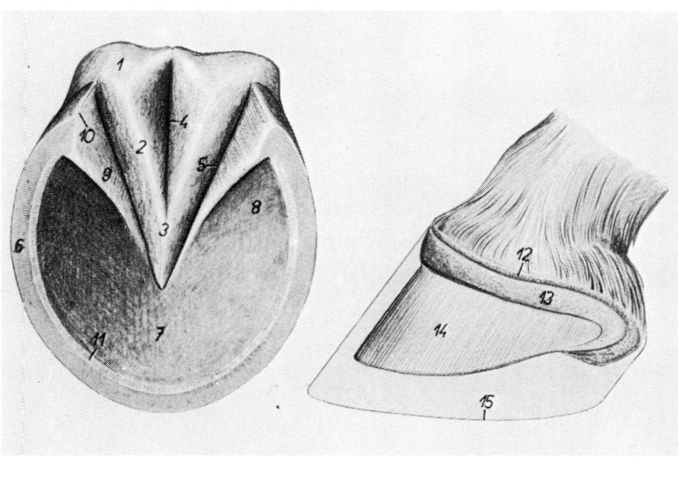

1. Ballen
2. Strahl
3. Strahlspitze
4. mittlere Strahlfurche
5. seitliche Strahlfurche
6. Hufwand
7. Sohle
8. Sohlenwinkel
9. Eckstrebe
10. Trachtenwinkel
11. Lamellenwand
12. Saumlederhaut
13. Kronlederhaut
14. Lamellenlederhaut
15. Tragrand

Die Muskulatur des Pferdes

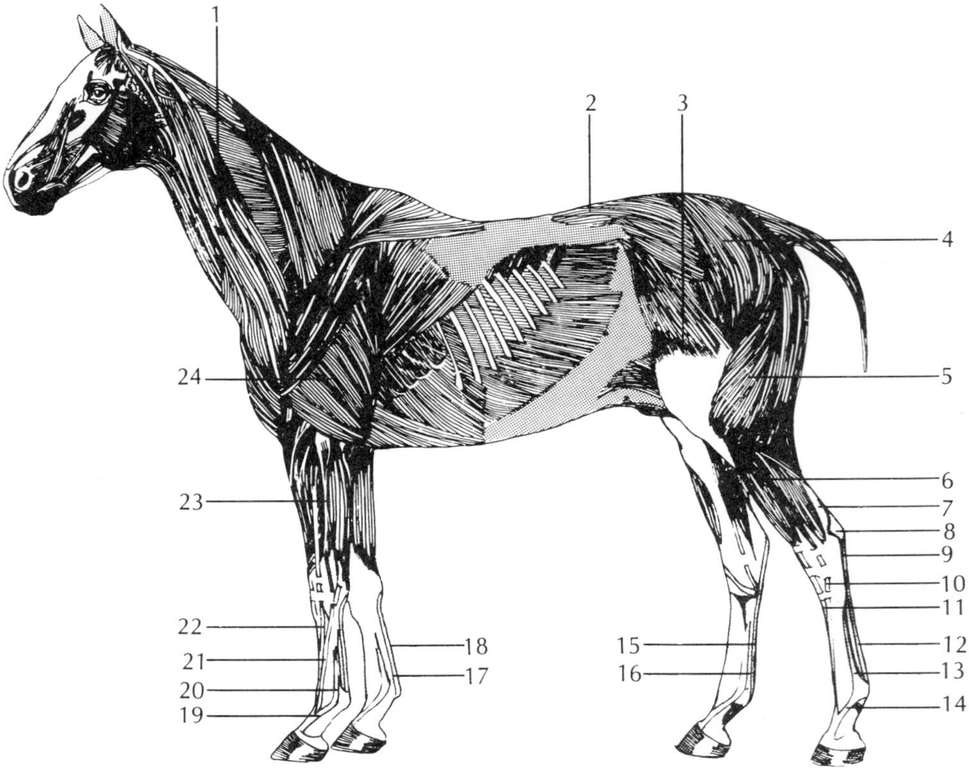

1. Halsmuskeln
2. Rückenstrecker
3. Kniestrecker
4. Kruppenmuskulatur
5. Oberschenkelmuskulatur
6. Unterschenkelmuskulatur
7. Achillessehne
8. Sehnenhalter
9. oberflächliche Beugesehne
10. seitliche Strecksehne
11. langer Zehenstrecker
12. oberflächliche Beugesehne
13. Gleichbeinband oder Fesselträger
14. Verstärkungsband des Fesselträgers
15. tiefe Beugesehne
16. oberflächliche Beugesehne
17. tiefe Beugesehne
18. oberflächliche Beugesehne
19. Verstärkungsband des Fesselträgers
20. Fesselträger
21. seitliche Strecksehne
22. lange Strecksehne
23. Vorarmmuskulatur
24. Schultermuskulatur

Innere Organe

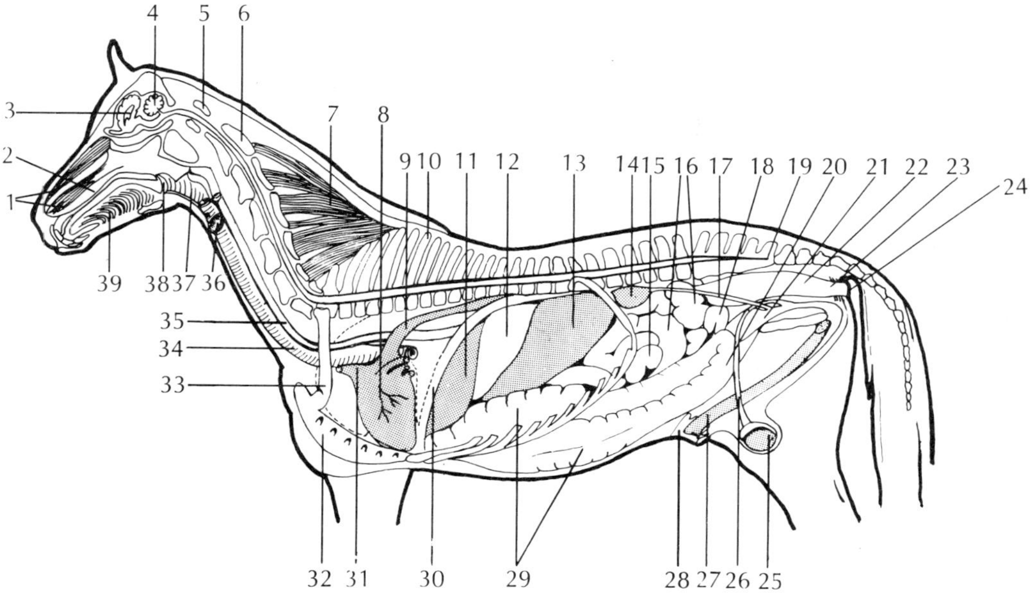

1. Nasenmuscheln
2. Nasenloch
3. Großhirn
4. Kleinhirn
5. erster Halswirbel (Atlas)
6. zweiter Halswirbel (Dreher)
7. Nackenband
8. Herz
9. Körperschlagader (Aorta)
10. Dornfortsatz eines Brustwirbels
11. Leber
12. Magen
13. Milz
14. Niere
15. Dünndarmschlingen
16. Dickdarm (kleines Colon)
17. Harnleiter
18. Dünndarmschlingen
19. Kreuzbein
20. Dickdarm (großes Colon, sogenannte Beckenflexur)
21. Blase
22. Enddarm
23. Verschlußmuskel des Enddarmes
24. After
25. Hoden und Nebenhoden
26. Samenleiter
27. Penis
28. Präputium
29. Großdickdarmschlinge (großes Colon)
30. Zwerchfell
31. Lungenarterie
32. Brustbein
33. erste Rippe
34. Luftröhre
35. Speiseröhre
36. Schilddrüse
37. Kehlkopf
38. Kehldeckel
39. Zunge

Die schwedische Pferdezucht

(Anm. des Übersetzers; dieses Kapitel wurde von Dr. Agr. Doz. Jan Philipsson, Uppsala, verfaßt und zur Verfügung gestellt)

Die schwedische Pferdezucht basiert seit mehr als einem Jahrhundert auf einem gut organisierten Prämierungssystem. Durch dieses wurde eine strenge Auswahl der Zuchthengste in allen Rassen gewährleistet, große Anforderungen an die Gesundheit der Hengste gestellt, hauptsächlich an das Äußere und an die gewünschten Gebrauchseigenschaften für die entsprechende Rasse. So werden z. B. die Kaltbluthengste mittels Röntgen auf das Vorliegen von Hufknorpel-Verknöcherungen, die Warmbluthengste auf Osteochondrose untersucht, und mit diesen Maßnahmen gelingt es, erkrankte Individuen von der Zucht fernzuhalten.

Die Hengstprämierung war bis 1985 staatlich organisiert. Nach 1985 übernahm der schwedische Pferdezuchtverband (SH) die Verantwortung für die Zucht aller Rassen (so auch der Traber und Galopper, wo die Verantwortung früher beim Trabrenn- bzw. beim Galopprennverband lag). Die Kontrolle der Pferde mit der Prämierung der Hengste und der Stuten ist gesetzlich geregelt, und untersteht nun den Organisationen, die diese durchführen und die Verantwortung für verschiedene Tätigkeiten übernehmen. Nach einer massiven Verminderung der Pferdeanzahl von 1920 bis 1970, als der tiefste Pferdebestand ca. 70000 Pferde erreichte, hat man die Anzahl unterdessen wieder verdoppelt, was innerhalb der letzten 20 Jahre geschah. Im Jahre 1990 kann man erwarten, daß die

Prämierung eines Ardennerhengstes

Ponyprämierung

Zahl der Pferde 150000 bis 160000 beträgt, davon ein Drittel Trabrennpferde, ebensoviele Reitpferde und einige hundert Galopprennpferde. Ca. 10 Prozent sind Kaltblutpferde, und die restlichen sind Ponys. Jährlich werden ungefähr 24000 Stuten von ca. 1400 Hengsten gedeckt. Ungefähr 10000 Stuten sind Traber, 7000 Halbblutpferde, 4000 Ponys und ca. 3000 sind Kaltblutpferde.

Bei der Prämierung, für die der schwedische Pferdezuchtverband die Verantwortung trägt, werden Jungtiere, Fohlen, Stuten und Hengste prämiert. Hochprämierte 3jährige Stuten bekommen ein Zuchtdiplom. Fohlen, Stuten und Hengste werden in den Klassen B, AB, A und Elite klassifiziert, wobei die ersten Ausdrücke die Qualität der Pferde beschreiben, und die beiden letztgenannten für solche Pferde verwendet werden, von denen als Zuchttiere eine große Leistung erwartet wird.

Innerhalb der Warmblutzucht wird heutzutage eine schwierige Gebrauchsprüfung von den Hengsten verlangt. Die Beurteilung des Zuchtwertes sowohl von Hengsten wie auch von Stuten basiert hauptsächlich auf dem Resultat der Prämierung, der Qualitätsbeurteilung und den Erfolgen an Wettkämpfen. Die Qualitätsbeurteilung wird jeden Herbst im ganzen Land für 4jährige Reitpferde durchgeführt und beinhaltet u.a. eine gründliche Gesundheitsuntersuchung durch den Tierarzt, nachdem die Pferde eingeritten wurden. Das Hengstdepot und Gestüt in Flyinge war stets ein Eckstein in der schwedischen Halbblutzucht.

Neben schwedischen Halbblutpferden werden aber auch arabische und angloarabische Vollblutpferde, Shagyaaraber, Lipizzaner, Morganpferde und amerikanische Quarterpferde unter den Warmblutpferden prämiert. Zudem werden englische Vollbluthengste vor allem für die Halbblutzucht prämiert.

Innerhalb der Kaltblutpferde sind die Ardenner und die Nordschweden ungefähr gleich verbreitet. Durch eine langjährige einheimische Zuchtarbeit hat man diese beiden Rassen auf ein sehr hohes Niveau gebracht. Aus diesem Grund wurden im Verlauf der Jahre Ardennerhengste in die verschiedensten Länder exportiert. Neben einem guten Äußeren und tadelloser Gesundheit müssen die Pferde auch eine besondere Zugprüfung bestehen, um anerkannt zu werden. Speziell angeordnete Gespannsprüfungen für nordschwedische Pferde haben sich als sehr bedeutungsvoll erwiesen. Bereits anerkannte Kaltbluthengste für die Zucht müssen regelmäßig an den Sommerprämierungen teilnehmen, wo sie auf allfällige Hautprobleme untersucht werden. Für die nordschwedische Pferdezucht hat die Hengstaufzucht-Station und Ausbildungsanstalt Wangen in Jämtland eine große Bedeutung. Die Zucht des Fjordpferdes ist relativ spät entstanden. Durch einige glückliche Importe aus Norwegen und Dänemark ist es gelungen, seit den fünfziger Jahren ein Pferd hervorzubringen, das als Jugendpferd bezeichnet werden kann und sogar an den schwedischen Pflugmeisterschaften erfolgreich war. Zu den Kaltblutrassen wird auch der Haflinger gezählt, der in den letzten Jahren nach Schweden importiert wurde, aber bis heute nur eine sehr geringe Verbreitung gefunden hat. Die Ponyzucht ist von einer großen Anzahl von importierten Rassen gekennzeichnet. Das einheimische Gotlandpferd (Gotland-Russ) zählt man jedoch zu der am häufigsten auftretenden Rasse. Mit Rücksicht auf die im Pony-Reitsport geforderte Widerristhöhe haben sich einige Pferdezüchter angepaßt und ihre Pferde dementsprechend ausgewählt und in Größenklassen eingereiht. Das am häufigsten vorkommende Pony ist das Shetlandpony, gefolgt von dem obenerwähnten Russ, New-Forest-, Welsh- und Connemara-Pony. Es gibt auch einige Dartmoor- und Exmoor-Ponys. Da die Ponys in erster Linie für Kinder gedacht sind, müssen alle Hengste eine Eignungsprüfung in bezug auf ihren Charakter ablegen.

Eine Pferderasse, die nicht ohne weiteres zu den obenerwähnten Kategorien gezählt werden kann, ist das Islandpferd, das heutzutage sehr verbreitet ist und auch in Schweden prämiert wird. Die Gebrauchseigenschaften dieser Rasse mit ihren speziellen Gangarten werden genau überprüft, dies vor allem im Zusammenhang mit der Hengstprämierung.

Die Zuchtarbeit mit Trabpferden basiert auf sehr gründlichen Zuchtauswertungen des Hengstmaterials, wobei vor allem die ausgeführten Leistungen, das dabei gezeigte Talent und die Haltbarkeit berücksichtigt werden.

Die Beurteilung der Nachkommen wird mit der BLUP-Methode ausgeführt, und der Zuchtindex wird regelmäßig publiziert. Die Zucht des Warmbluttrabers ist für hochklassige Importe von Zuchthengsten aus den USA gekennzeichnet. Als Folge davon und der sehr strengen Hengstauswahl wird der Warmbluttraber in Schweden sehr hoch beurteilt. Hingegen hat der Kaltbluttraber oder sogenannte nordschwedische Traber eine schmälere Zuchtbasis, die jedoch dank der Zusammenarbeit mit Norwegen etwas breiter gehalten werden kann. Innerhalb dieser Rasse, wie auch bei anderen kleineren Rassen, muß das Problem der Inzucht besonders beachtet werden. Große organisierte Prämierungen kommen bei den Trabrennpferden nicht vor.

Hingegen ist die Zucht mit Galopp-Pferden in Schweden eher bescheiden. Jährlich werden etwa 500 bis 700 Stuten gedeckt. Die Zuchthengste kommen vor allem von Irland, England, Frankreich und aus den USA. Bei den Hengstprämierungen sind die Leistungen auf der Rennbahn die entscheidendsten Grundlagen.

Zuchtwahl mit Prämierung und Stammbuchführung

Ein Grundstein für ein erfolgreiches Arbeiten in der Zucht ist die richtige Auswahl der Zuchttiere. Unterschiedliche Pferderassen haben unterschiedliche Eigenschaften, und es ist deshalb wichtig, daß man sich bereits zu Beginn entscheidet, welches Ziel man erreichen will und nicht einfach aufs Geratewohl züchtet. In Schweden hat man sehr früh eingesehen, daß für eine seriöse Zucht gewisse Minimalforderungen an die Zuchttiere zu stellen sind. Man hielt es für wesentlich, daß die Tiere, die diesen Forderungen entsprachen, in der gleichen Rasse zusammengefaßt werden und gemeinsame Verzeichnisse, sogenannte Stammbücher, geführt werden.
Bereits 1874 stützte ein Prämierungssystem die Pferdezucht, die schon damals von nationalem Interesse war. Das Prämierungssystem hat sich bis heute gehalten, scheint nun aber langsam abgelöst zu werden. Das Ziel der Prämierung bestand darin, geeignete Zuchttiere innerhalb der einzelnen Rassen in ein Stammbuch aufzunehmen. Nach ihrem Einsatz in der Zucht wurde ihr Vererbungsvermögen beurteilt. Man führte die Bezeichnung B für ein Pferd ein, das ins Stammbuch aufgenommen wurde und A für ein Pferd, das gute Vererbung zeigte. Früher gab es sogar die Bezeichnung AB, die für eine mittelmäßige Vererbung stand, wo hingegen A eine sehr gute Vererbung bedeutete. Leider verzichtete man ab 1967 auf die Bezeichnung AB. Die Landwirtschaftsdirektion war die übergeordnete Instanz für die Prämierung im Land. Die Besichtigung der Hengste wurde von speziellen Prämierungskommissionen durchgeführt, die für das ganze Land verantwortlich waren. Die Stuten hingegen wurden von Verantwortlichen in den einzelnen Landschaften besichtigt.

Der Zwang der Hengstbesichtigung und der Prämierung war von fundamentaler Bedeutung für die schwedische Pferdezucht. Dies war ohne Zweifel der Grund, weshalb einige schwedische Pferderassen international so hohe Beachtung fanden. Die Kontinuität dieses Systems und die jahrhundertlange Anwendung verhinderten eine größere Spaltung innerhalb der schwedischen Pferdepopulation. Auch dies wird international anerkannt und geschätzt.
Die Besichtigung der Hengste bewirkt, daß keine ungeeigneten Tiere in die Zucht kommen und sich dadurch schlechte Eigenschaften verbreiten. Die Prämierung der Stute garantiert, daß gewisse Minimalforderungen bei der Auswahl der Zuchttiere eingehalten werden.

Anzahl Pferde in Schweden:

(nach einer Berechnung der Landwirtschaftsdirektion aus den Jahren 1982 und 1984)

	1982	1984
Englisches Vollblut	3425	3450
Arabisches Vollblut	2000	2190
Schwedisches Halbblut	29000	28190
Warmbluttraber	26350	28400
Übrige Warmblutpferde	6000	5400
Gotlandpferd (Russ)	6700	6200
Shetlandpony	5000	5140
New-Forest-Pony	4600	4300
Connemara-Pony	1400	1330
Welsh-Pony	1525	1590
Übrige Ponys	5400	4600
Fjordpferd	5000	4900
Nordschwedischer Traber	4600	4850
Nordschwedisches Arbeitspferd	8500	8140
Ardenner	9500	9000
Total	119000	117950

Im Jahre 1989 wurden in Schweden 135000 Pferde gezählt.

Brunst und Paarung

Die Anatomie der Geschlechtsorgane der Stute

Die Eierstöcke
bestehen unter anderem aus vielen tausend Follikeln oder Eiern, in denen die Eizellen liegen. Diese Follikel oder Bläschen sind so klein, daß man sie mit bloßem Augen nicht erkennen kann. Sie sind bereits bei der Geburt im Eierstock des Stutfohlens vorhanden. Außerhalb des Eierstokkes liegt der Eileiter, dessen Anfang den Eierstock trichterförmig umschließt. Seine innerste Schicht besteht aus feinen, beweglichen Wimpernhärchen oder Cilien, die das Ei in die Gebärmutter transportieren. Die Befruchtung des Eies erfolgt immer im Eileiter.

Die Geschlechtsorgane der Stute

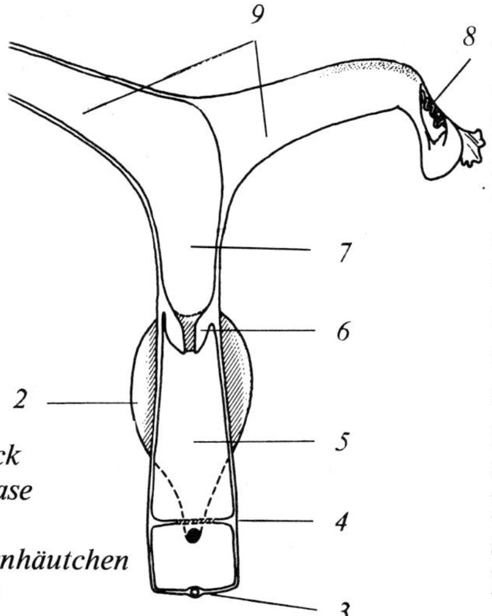

1 Eierstock
2 Harnblase
3 Kitzler
4 Jungfernhäutchen
5 Scheide
6 Gebärmuttermund
7 Gebärmutter (unpaariger Teil)
8 Eileiter
9 Gebärmutterhörner (paariger Teil)

Die Gebärmutter
ist der Entwicklungsort für die Frucht. Die innerste Schicht ist wie Samt und heißt Endometrium. Hier erfolgt die Übergabe der Nährstoffe und des Sauerstoffes. Die Funktionen dieses Endometriums werden hormonal gesteuert. Der Gebärmuttermund und der Gebärmutterhals bilden den Durchgang von der Gebärmutter zur Scheide. Normalerweise ist dieser Durchgang geschlossen, speziell während der Trächtigkeit, aber während der Brunst öffnet sich der Muttermund, erschlafft und liegt dann völlig eröffnet auf dem Grund der Scheide. Dadurch hat das Sperma freien Zugang in die Gebärmutter.

Brunstzyklen
Die Stute hat normalerweise wiederholte Brunstperioden während einer gewissen Zeit im Jahr (von Februar/März bis September/Oktober). Man sieht allerdings oft große Unterschiede in den verschiedenen Brunstzyklen, und es ist sehr schwer, normale Brunstzyklen von abnormalen zu unterscheiden. Die Brunstzyklen werden durch eine große Anzahl von Geschlechtshormonen kontrolliert. Unter einem Hormon versteht man eine Substanz, die von einem Organ oder von einem Gewebe produziert wird, die dann nach dem Transport mit Blut oder Lymphe zu einem anderen Organ oder einem anderen Ort im Körper gewisse spezifische Reaktionen auslöst.
Der größte Geschlechtshormone-Produzent ist die Hypophyse, eine kleine Drüse, die unter dem Hirn liegt. Es können allerdings auch Eierstock, Gebärmutter oder Hoden solche Hormone produzieren. Die

Hypophyse wird ihrerseits von gewissen Hirnzentren gesteuert. Während des Winters ist die Aktivität der Hypophyse tief, was die Produktion von Geschlechtshormonen anbetrifft. Aber sobald der Frühling kommt, bewirken die steigende Temperatur, die längeren Tage, die verlängerte Sonneneinstrahlung sowie meistens besseres Futter wie z. B. frisches Weidegras, daß das Hirn beeinflußt wird und Signale zur Hypophyse sendet, welche die Hormonproduktion ankurbeln. Dies hat zur Folge, daß die Geschlechtsorgane aktiviert werden und eine Brunst eintritt. Wir wissen allerdings nicht, weshalb gerade ein gewisser Follikel aus den vielen Tausend im Eierstock gewählt wird, der dann rasch zu wachsen beginnt und sich so vergrößert, daß er bis 6 Zentimeter im Durchmesser mißt. Auch dieser Follikel vermag während kurzer Zeit kräftig Hormone zu produzieren. Die innerste Zellschicht des Follikels bildet große Mengen des Geschlechtshormones Östrogen, welches via Blut das Hirn so beeinflußt, daß die Stute Brunst zeigt.

Im weiteren hat das Östrogen einen Effekt auf die Gebärmutter, den Gebärmuttermund und die Scheide, indem es sie mit Blut anfüllt, weshalb sie sich vergrößern. Dies bewirkt eine kräftige Schleimhautzubildung sowie eine Erweichung und Erschlaffung der Gebärmutter und der Scheide. Dadurch wird der Transport des Spermas in die Gebärmutter und den Eileiter erleichtert. Durch einen komplexen, hormonell gesteuerten Vorgang, den sogenannten Eisprung oder die Ovulation, entleert sich der Follikel langsam in den Eileiter. Oft haben es Stuten, die frühzeitig (Februar/März) brünstig werden, schwer zu ovulieren. Sie sind häufig mehrere Wochen brünstig, ohne zu ovulieren. Bei diesen Stuten scheint die Hormonproduktion gestört zu sein. Die beste Behandlung ist, der Natur ihren Lauf zu lassen und auf eine spätere und bessere Paarungszeit, d. h. April bis Juni, zu warten. Dies gilt vor allem für junge Stuten.

Der entleerte Follikel füllt sich sehr rasch mit Blut. Bei der Untersuchung durch den Enddarm, der sogenannten Rektaluntersuchung, kann dies leicht festgestellt werden. Die Stuten reagieren bei der Berührung des Follikels mit der Hand oft mit deutlichen Schmerzensäußerungen. Die innerste Zellschicht der Follikelwand wächst sehr rasch und ersetzt das Blut im Follikel. Diese Zellen produzieren spezielle Hormone. Im Eierstock hat sich unterdessen ein sogenannter gelber Körper gebildet (corpus luteum), der eine wichtige, jedoch nur kurze Zeit funktionierende Drüse ist, welche das bedeutungsvolle Hormon Progesteron produziert. Dieses Progesteron ist der Gegenspieler des Östrogens.

Mit steigender Menge Progesteron im Blut wird die Brunst rasch beendigt. Der gelbe Körper produziert während den ersten 14 Tagen große Mengen Progesteron. Daraufhin bildet er sich langsam zurück, und die Progesteronproduktion verringert sich. Auf diese Weise wird die Blockierung der Hypophyse gelöst und kann erst wieder aktiv werden, wenn sie wieder Geschlechtshormone produziert, welche eine erneute Brunst provozieren.

Die Brunst

Das Fortpflanzungssystem des Pferdes weicht in vielen Punkten von demjenigen der übrigen Haustiere ab. So zeigt die Stute z. B. bereits ungefähr neun Tage nach der Geburt eine erneute Brunst (Paarungsbereitschaft). Die Zeiten variieren jedoch. Die Brunst sieht man zeitweise auch schon nach 5 bis 6 Tagen oder in anderen Fällern erst nach 15 bis 16 Tagen.

Die Zeitspanne vom ersten Tag einer Brunstperiode bis zum entsprechenden Tag der nächsten Brunstperiode beträgt in der Regel 21 Tage oder 3 Wochen.

Eine Trennwand schützt den Hengst vor dem Ausschlagen der Stute, im Falle sie noch nicht oder nicht mehr rossig ist

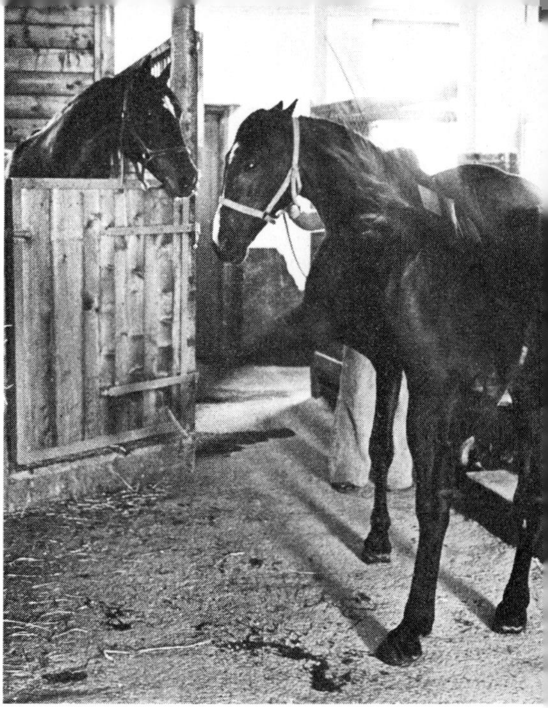

Die Stute schlägt wild um sich. Ihre Rosse ist abgeklungen und sie interessiert sich nicht mehr für den Hengst

Aber auch hier gibt es große Unterschiede, und es ist absolut notwendig, daß der Stutenbesitzer versucht, das Verhalten seiner Stute zu studieren und kennenzulernen. Dies betrifft besonders die Länge der Brunst.

Feststellung der Brunst

Es ist oft schwierig festzustellen, ob die Stute brünstig ist oder nicht. Die beste Art, dies zu prüfen, besteht darin, daß man der Stute einen Hengst vorführt, das sogenannte «teasing». Dabei kann die Stute typische Brunstsymptome zeigen. Sie hebt den Schweif in die Luft, hebt den Hinterteil in die Höhe, ihre äußeren Geschlechtsorgane vergrößern sich, und aus der Scheide rinnt oft ein klarer Brunstschleim. Bei der Prüfung mit dem Hengst muß die Stute stets «gespannt werden»,

Die Stute zeigt deutliche Zeichen der Rosse, z. B. Anheben des Schweifes, wenn sie mit dem Hengst «probiert» wird

das heißt, die Hinterbeine müssen mit Seilen nach vorn gebunden werden, so daß sie nicht gegen den Hengst schlagen kann. Eine andere Methode besteht darin, daß man sie vor die Tür einer Hengstboxe stellt, wie es aus den Bildern ersichtlich ist. Wenn Zweifel bestehen, ob eine Brunst vorliegt, kann der Tierarzt dies durch eine Untersuchung mit einem Scheidenspiegel feststellen. Im Falle einer Brunst sieht man einen schlaffen, oft ganz ausgeglätteten Gebärmuttermund, eine Rosafärbung der Schleimhaut etc. Bei einer solchen Untersuchung erhält man zudem auch ein gutes Bild über den Gesundheitszustand der Geschlechtsorgane der Stute, da man leicht Infektionen oder Blutungen feststellen kann. Im weiteren kann der Tierarzt auch mittels einer Rektaluntersuchung den Zustand der Gebärmutter und der Eierstöcke feststellen. In den Eierstöcken kann man mit der Hand einen eventuellen Follikel (Eiblase) palpieren. Durch die Untersuchung des Follikels kann der Tierarzt anhand dessen Konsistenz oft Auskunft über den besten Paarungszeitpunkt geben.

Die Paarung

Es ist sehr gebräuchlich, daß die Stuten anläßlich der Neuntage- oder der sogenannten Fohlenbrunst gepaart werden. Wenn dies geschehen soll, muß die Stute vom Tierarzt genau untersucht werden. In den meisten Fällen hat sich die Gebärmutter zusammengezogen, entleert und wieder ihre normale Größe erreicht. Verletzungen und Blutungen sind aber noch nicht ausgeheilt, was ein erhöhtes Infektionsrisiko bedingt. Es wird deshalb eine gewisse Zurückhaltung gegenüber der Neuntage-Paarung empfohlen, obwohl viele Stuten am leichtesten während dieser Brunst trächtig werden. Die Stuten, die im Freien gefohlt haben und die ohne ihr Fohlen auf der Weide gehalten werden, eignen sich am besten für diese Art der Paarung. Man soll aber nie eine Erstgebärende am neunten Tag wieder paaren.

Durchführung der Paarung

Es sollte ein geschützter Platz ausgewählt werden. Der Boden sollte gleitsicher und staubfrei sein. Die Stute soll mit Sprungleinen gespannt werden. Die Schweifwurzel muß eingebunden und die äußeren Geschlechtsorgane ordentlich mit Seife und lauwarmem Wasser abgewaschen werden. Man kann auch eine schwache, geruchsfreie Desinfektionslösung anwenden. In Anbetracht der heutzutage möglichen Ansteckung mit CEM (Contagious Equine Metritis = ansteckende Gebärmutter-Entzündung) wird ein Abwaschen mit einer 0,1prozentigen Chlorhexidin-Lösung empfohlen. Am besten verwendet

Für das Decken wird die Schweifrübe der Stute eingebunden und die Hinterbeine werden mit Spannseilen versehen, um ein Ausschlagen gegen den Hengst zu verhindern

Der Hengst wird zur Stute geführt

Beim Einleiten der Bedeckung wird der Schweif der Stute auf eine Seite gezogen.

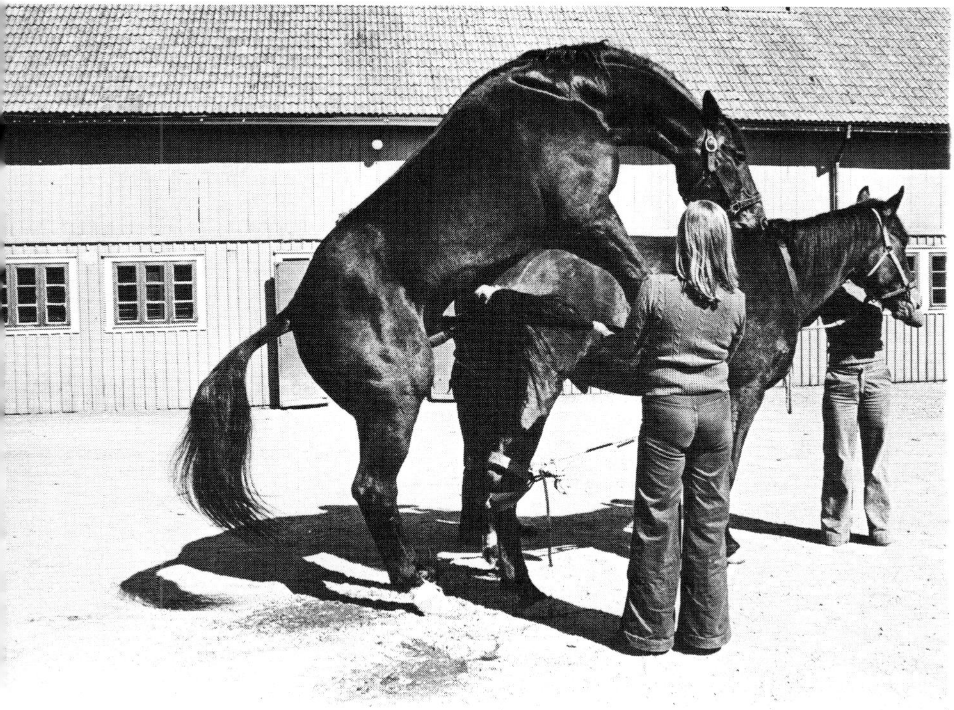

Der Hengst ejakuliert

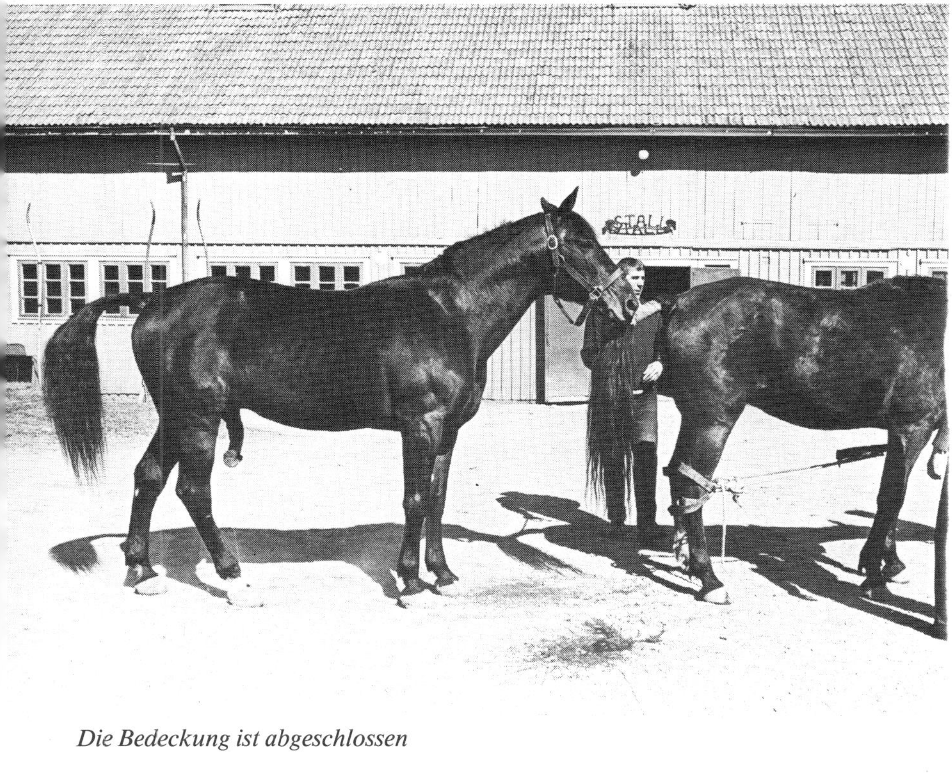

Die Bedeckung ist abgeschlossen

man 5prozentiges Phisohex und verdünnt es fünfzig Mal. Die Geschlechtsorgane des Hengstes werden auch genau kontrolliert, und zwar vor und nach dem Deckakt. Bei Bedarf wird der Penis ebenfalls mit Seife und Wasser und einem Desinfektionsmittel, das nicht reizen darf, z. B. ebenfalls Chlorhexidin, gewaschen. Auch hier geht es um eine Senkung der Ansteckungsgefahr mit CEM.

In der Regel wird die Paarung jeden zweiten Tag wiederholt, bis die Brunst bei der Stute vorbei ist. Allzuviele Bedeckungen während einer Brunst können zu einer Gebärmutterinfektion führen. Die Zahl der Paarungen soll deshalb so tief wie möglich gehalten werden. Das Intervall zwischen den Bedeckungen soll 2 bis 3 Tage sein. Das Sperma überlebt mindestens 3 Tage und ist während dieser Zeit befruchtungsfähig im Eileiter der Stute, wo die Befruchtung geschieht. Am besten wäre nur eine Bedeckung oder ein sogenannter Sprung während einer Brunstperiode. Wenn der Tierarzt den Eierstock und die Entwicklung des Follikels kontrolliert, kann er dem Stutenbesitzer oft den besten Decktermin nennen und so die Anzahl der Paarungen senken.

Dadurch wird sowohl für den Hengst als auch für die Stute das Infektionsrisiko gesenkt, das immer bei einer natürlichen Paarung besteht. Der beste Zeitpunkt für eine Paarung ist ein Tag vor der Ovulation (Eisprung). Es ist oft schwierig, den genauen Zeitpunkt des Eisprungs festzustellen, aber mit genügend Erfahrung kann der Tierarzt in den meisten Fällen doch wertvolle Ratschläge geben. Ein Tag nach der Ovulation nehmen die Brunstsymptome ab. Eine Deckung nach der Ovulation führt äußerst selten zu einer Trächtigkeit.

Am Tag des Eisprungs und einen Tag später zeigt die Stute typische Symptome bei einem Paarungsversuch, wie eifrige, peitschende Schweifbewegungen und Hin- und Hertrippeln mit den Hinterbeinen. Wenn der Hengst dann einen Bedeckungsversuch unternimmt, quietscht die Stute.

Bedeckungsschäden

Es treten häufig Schäden bei der Stute im Zusammenhang mit dem Deckakt auf, Ursachen dafür sind z. B. fehlende Übung im Umgang mit Hengsten, die Stute ist zu wenig brünstig oder man hat einen zu großen Hengst für eine zu kleine Stute gewählt.

Oft werden Stuten verletzt, die zum erstenmal gedeckt werden. Die Schäden entstehen im oberen, vorderen Teil der Scheide, wo die Schleimhaut aufgeschlitzt werden kann, was zu einer kräftigen Blutung führt. Die Stute bekommt heftige Beschwerden und preßt und drückt fortwährend. Kleine Schäden können spontan abheilen, aber bei größeren Wunden muß ein operativer Eingriff durchgeführt werden. Tiere können sogar eingehen. In Fällen, bei denen große Blutgefäße aufgeschlitzt werden, können die Tiere rasch verbluten. Bei einem vollständigen Durchbohren der Scheidenwand kann eine Bauchhöhlenentzündung ebenfalls zum Tode der Stute führen.

Frühzeitige Symptome für diese Folgen sind Pressen und Drücken aus Darm und Scheide, Blutungen aus der Scheide, allgemeine Bauchschmerzen und Fieber. Bei einer raschen Behandlung mit Infusionslösungen, schmerzstillenden Mitteln, Antibiotika und Paraffinöl, letzteres, um das Kotabsetzen zu erleichtern, ist die Prognose relativ gut. Es ist notwendig, vor diesen Schäden zu warnen, und man kann ihnen dadurch vorbeugen, indem man ein Kissen zwischen den Hinterteil der Stute und den Hengst legt.

Auch ein Bruch des Penis kann vorkommen. Dies bewirkt einen Vorfall und hat eine sehr schlechte Prognose.

Auch eine Bedeckung im Enddarm geschieht zeitweise, welche ein recht großes Risiko für eine Darmperforation bedeutet. Es ist deshalb sehr wichtig, bei der Deckung aufmerksam zu sein und in einem solchen Fall den Penis des Hengstes so rasch als möglich herauszuziehen, bevor er zu stark anschwillt. Ein Gehilfe sollte den Schweif der Stute zur Seite halten und mithelfen, den Penis des Hengstes zu steuern. Eine vorgängige Enddarmuntersuchung bei der Stute wird zeitweise als erhöhtes Risiko für eine Enddarmbedekkung angesehen, da die Ampulle dann nämlich entleert und der Anus der Stute oft voll von Gleitschleim ist. Nachdem der Penis aus dem Rektum entfernt wurde, muß dieser gereinigt werden, bevor der Hengst von neuem deckt.

Die Brunst nimmt ab

Sobald die Stute gedeckt wurde und ovuliert hat, daß heißt nachdem der Eisprung stattgefunden hat und ein oder zwei Eizellen in die Gebärmutter gelangt sind, treten gewisse deutliche Veränderungen im Scheidenbereich auf. Die Schamlippen werden kleiner und schließen dicht ab. Am unteren Teil der Scheide sieht man auf der Haut häufig einen leichten, milchfarbenen Belag.

Es ist wichtig, so rasch wie möglich zu wissen, ob eine Stute trächtig ist oder nicht. Dies erfährt man, indem man sie mit einem Hengst «probiert». Der erste «Probiertag» sollte der 14. oder 15. Tag nach der letzten Paarung sein. Nachher soll die Stute weiterhin jeden zweiten oder dritten Tag «probiert» werden, und zwar bis zum 25. bis 26. Tag nach der letzten Paarung.

Bei Verdacht auf zurückgekehrte Brunst soll ein Tierarzt für eine gynäkologische Untersuchung zugezogen werden. Einige trächtige Stuten zeigen am 21. Tag nochmals eine kurze, undeutliche Brunst an. Mit gewissen Schwierigkeiten können sogar solche Stuten nochmals gedeckt werden, was allerdings ein großes Risiko für einen Abort bedeutet.

Die künstliche Besamung

Künstliche Samenüberführung oder künstliche Besamung oder kurz KB ist in Schweden seit längerer Zeit eine Routinemethode innerhalb der Rinder-, Schweine- und Schafzucht. Bei den Pferden wurde die Methode nach amerikanischem Vorbild Ende der siebziger Jahre beim Trabrennpferd eingeführt. Innerhalb der Halbblutzucht wird die künstliche Besamung noch in kleinerem Ausmaß durchgeführt. Dies hat sich in den letzten 2–3 Jahren aber stark zu Gunsten der künstlichen Besamung geändert (Anm. d. Übersetzers). Beim Vollblutpferd wird die KB nicht angewendet. Um ein Pferd für künstliche Besamung einzusetzen, wird eine Anmeldung und eine Anerkennung durch die Landwirtschaftsdirektion verlangt. Die Tätigkeit wird unter der Kontrolle eines Tierarztes und entsprechend der Anweisungen der Landwirtschaftsdirektion, insbesondere mit Rücksicht auf die Ansteckungsgefahr und die Zuchtbuchführung, vorgenommen. Die Zuchtvereinigung für den schwedischen Warmbluttraber gibt auch Richtlinien ab, z.B. über die Anzahl der Stuten pro Hengst, über die CEM-Prüfung und weiteres mehr. Zurzeit dürfen mit einem Hengst nur 150 Stuten künstlich befruchtet oder 100 Stuten natürlich gedeckt werden. Ein Hengst, der für die künstliche Besamung verwendet wird, darf nicht natürlich dekken. Dies deshalb, weil man dadurch des großen Vorteiles der künstlichen Befruchtung verlustig ginge, nämlich des reduzierten Risikos von Krankheitsübertragungen. Bevor ein Hengst für die künstliche Besamung eingesetzt werden darf, muß eine Spermaprobe entnommen werden, die auf Qualität und eventuelle Infektionserreger überprüft werden muß.

Bei der Anwendung von künstlicher Besamung kann die prozentuale Trächtigkeitsrate gesteigert werden, da gewisse Risikofaktoren verringert oder gar ver-

mieden werden, z. B. Bedeckungsschäden bei der Stute, wie Scheidenverletzungen, Übertragung von Infektionen durch den Hengst etc.
Im weiteren spart man an Hengstmaterial, da mit einem Sprung mehrere Stuten künstlich besamt werden können. Auch das Risiko für Unglücksfälle wie Schlag- und Gleitschäden verringern sich. Außerdem steigern die vorgeschriebenen Veterinärkontrollen auch die Trächtigkeitsresultate. Die Anwendung von künstlicher Befruchtung ist aber ziemlich kostenintensiv. Sie verlangt nämlich das Erstellen von geeigneten Lokalen, das Vorhandensein der richtigen Ausrüstung für das Gewinnen und das Umgehen mit dem Sperma. Die Ausrüstung umfaßt normalerweise das amerikanische Modell der künstlichen Scheide mit dem Zubehör für die Spermagewinnung, einen Schrank für die Aufwärmung und das Warmhalten der Geräte und das Aufbewahren des Spermas, Mikroskope für die Spermabeurteilung sowie eine Sterilisationsmöglichkeit für die verwendeten Geräte. Wenn mehrere Hengste in einem Gestüt eingesetzt werden, soll jeder Hengst seine eigenen Geräte haben.

Die Spermagewinnung

Die Spermagewinnung geschieht gewöhnlich mit Hilfe einer brünstigen Stute. Die Stute wird gespannt, ihr Schweif wird eingebunden und die Scheide gereinigt. Die Stute kann auch mit einem Plastiktuch, das man über die Kruppe legt, vor einer Ansteckung geschützt werden. Für das Waschen verwendet man in der Regel lauwarmes Wasser und gewöhnliche Seife, wenn nicht aus einem besonderen Grund eine gründliche Desinfektion nötig ist. Es kann auch eine Bremse nötig sein. Man muß eventuell auch eine Nasenbremse zur Beruhigung der Stute anwenden.
Mit dem Hengst muß immer eine gewisse gleichbleibende Routine angewendet werden. Man soll ihn in eine Boxe führen, reichlich füttern und ihn etwas ausruhen lassen. Es ist wichtig, immer den selben Weg zu dem Platz zu nehmen, wo man Sperma gewinnt. Der Penis muß mit lauwarmem Wasser gereinigt werden, besonders wenn er stark mit Smegma verunrei-

Spermagewinnung
Der Hengst besteigt eine rossige Stute. Die Ejakulation erfolgt jedoch in eine künstliche Scheide

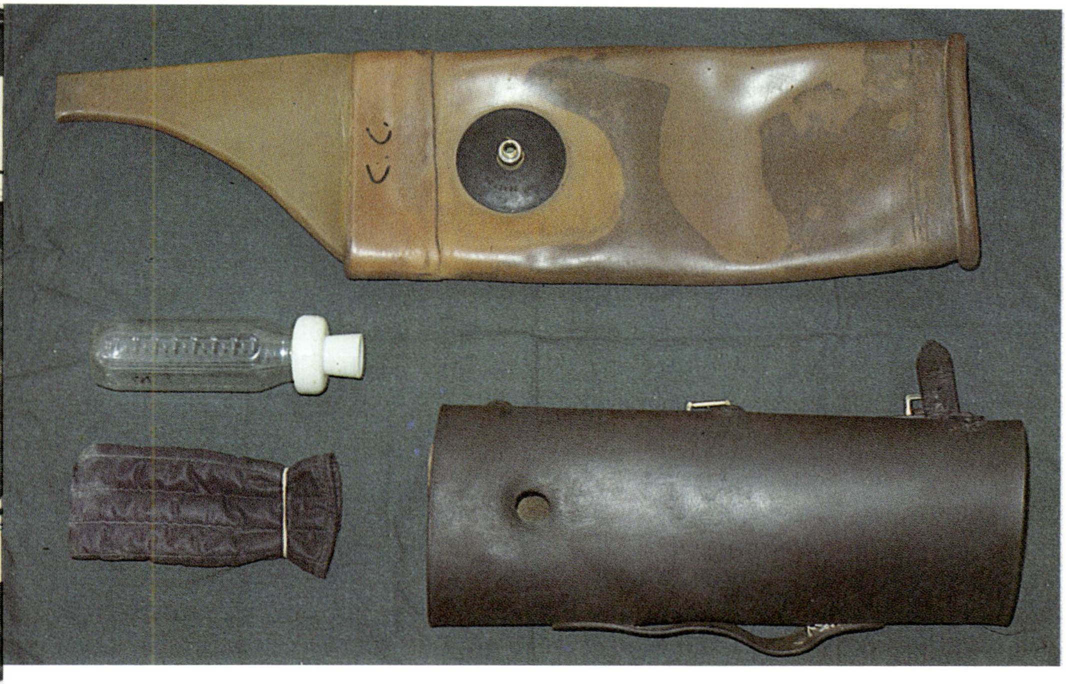

Ausrüstung für die Spermagewinnung. Oben ist die künstliche Scheide abgebildet, darunter dieselbe in ihrer Lederhülse. Das Sperma wird in einer Plastikflasche gesammelt, die in einem aufwärmbaren Plastiksack liegt

Die künstliche Besamung
Unter Rektalkontrolle wird das Sperma mit einem Plastikkatheter, der mit der Hand vom Darm aus gesteuert wird, eingespritzt.

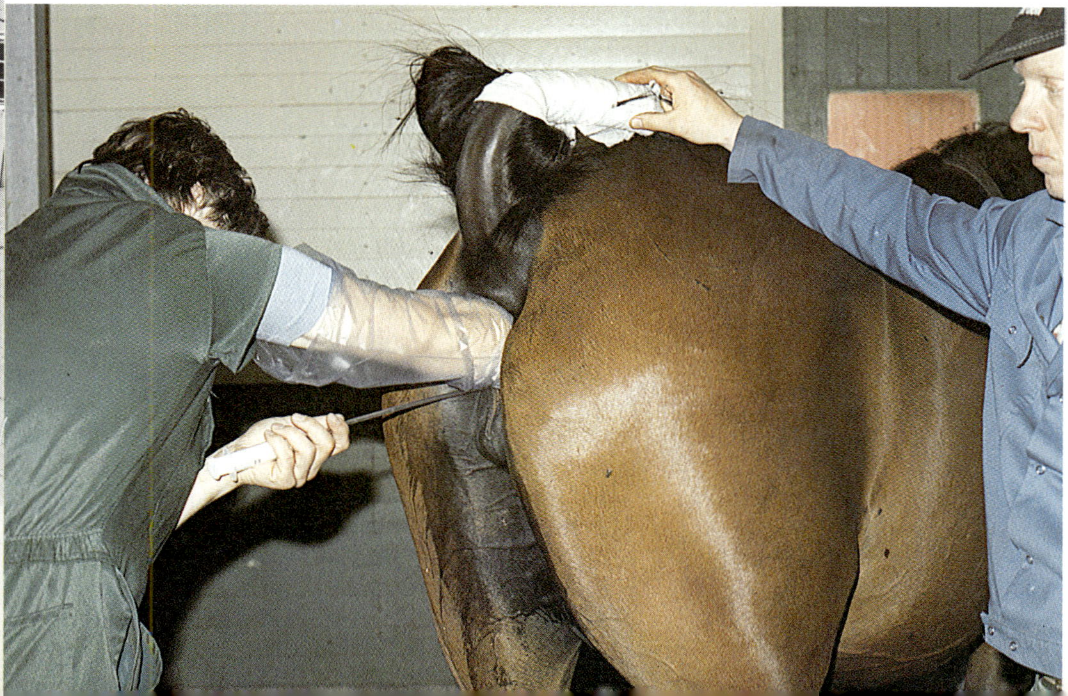

nigt ist. Ist Desinfektion notwendig, so wird eine 0,1prozentige Chlorhexidinlösung verwendet und das ganze Gebiet mit trockenem Papier abgerieben. Anschließend wird der Hengst zur Stute geführt, die er dann besteigt und seinen Penis in die künstliche Scheide einführen kann, ohne die Scham mit seinem Penis zu berühren. Es besteht eine große, individuelle Variation zwischen den verschiedenen Paarungsmustern der Hengste und der Notwendigkeit, die Ejakulation zu stimulieren.

Am häufigsten wird die amerikanische KB-Scheide verwendet, die aus einem doppelwandigen Gummibehälter besteht. Zwischen den Wänden ist warmes Wasser, dessen Menge und Temperatur von Hengst zu Hengst variiert, abhängig von seinen speziellen Anforderungen, der Größe seines Penis etc. Das Sperma wird in einer vorgewärmten Plastikflasche aufgefangen, die von einem Wärmebeutel umschlossen ist, damit es nicht abkühlt, und dann im Wärmschrank aufbewahrt. Das Sperma kann auch mittels eines Kondoms gewonnen werden.

Der Umgang mit Spermien

Der Umgang mit Spermien darf nur mit Hilfe von sterilen Geräten, die auf ca. 40 °C erwärmt wurden, erfolgen. Zuerst wird die schleimige Spermafraktion (Gel) abgesiebt und das verbleibende Volumen gemessen.

Anschließend wird ein Spermaausstrich auf einem Objektträger im Phasenkontrastmikroskop untersucht. Für längerdauernde Studien ist es nötig, den Objekttisch des Mikroskopes zu erwärmen. Der Anteil der beweglichen Spermien wird geschätzt, wobei 50 Prozent für eine Anerkennung verlangt werden.

Die Anzahl Spermien, die Dichte, kann nach Verdünnung in der sogenannten Bürkerkammer ausgerechnet werden. Durch das Einsenden einer Probe in ein Spermalaboratorium kann man auch eine Beurteilung des Aussehens der einzelnen Spermien (Morphologie) nach Anfärbung erhalten. Aufgrund dieser Untersuchungen wird die Qualität des Spermas beurteilt.

Normalwerte:

Volumen des gelfreien Spermas: 20 bis 100 Milliliter

Dichte, Gesamtanzahl der Spermien: 100 bis 300 Millionen/Milliliter

Beweglichkeit in Prozent beweglicher Spermien: 60 bis 80 Prozent

Für jede Besamungsdosis wird ein Minimum von 5 Milliliter verlangt, welche somit mindestens 500 Millionen beweglicher Spermien enthalten muß.

Die Befruchtung

Die Befruchtung mit unverdünntem, frischem Sperma überwiegt. Um ein sehr dichtes Sperma zu verdünnen und die Überlebenszeit für die Spermien zu verlängern, werden verschiedene Verdünnungsmittel wie verdünnte Milch, Traubenzuckerlösung, Antibiotika etc. verwendet. Jede Verdünnung enthält ein erhöhtes Ansteckungsrisiko. Auch vertragen die Spermien von gewissen Hengsten weder eine Verdünnung noch den Zusatz von Antibiotika.

Die berechnete, eventuell verdünnte Spermadosis wird in einer vorgewärmten Spritze aufgezogen, auf welche ein ebenfalls aufgewärmter Katheter aufgesetzt wird. Die Stute wird in einen speziellen Stand gebracht, gespannt und gewaschen und anschließend künstlich besamt. Hierzu wird die Hand in die Scheide eingeführt, in der ein Finger den Katheter zum Gebärmuttermund steuert. Bei diesen Manipulationen werden Plastikhandschuhe getragen. Das Sperma wird in die Gebärmutter gespritzt, und zwar auf der Seite, auf welcher der ovulierende Eierstock liegt. Normalerweise erfolgt die künstliche Befruchtung jeden zweiten Tag, bis der Eisprung erfolgt ist.

Das Einfrieren von Sperma

ist eine Methode, die in immer größerem Umfang auch bei den Halbblutpferden verwendet wird. Zwischen den einzelnen Hengsten besteht allerdings eine individuelle Variation im Befruchtungsvermögen von eingefrorenem Pferdesperma. So beschädigen z.B. die Eiskristalle, die beim Einfrieren gebildet werden, das Sperma. Nur ungefähr ein Fünftel der Hengste können ihre Befruchtungsfähigkeit mit eingefrorenem Sperma beibehalten. Die verkürzte Überlebenszeit der Spermien (etwa 6 bis 12 Stunden) und das schlechte Befruchtungsvermögen bedingen eine Verdoppelung des Spermienanteiles in den Samendosen sowie ein möglichst nahe am Eisprung liegendes Befruchten. Die besten Resultate mit eingefrorenen Spermien erreicht man sogar einige Stunden nach dem Eisprung. Mit den heutigen technischen Möglichkeiten erreicht man immer noch nur bei 30 bis 40 Prozent der Hengste eine akzeptable Trächtigkeitsrate mit tiefgefrorenem Sperma. Mit den bis heute zugänglichen Methoden ist es noch nicht möglich, im Labor festzustellen, welches Sperma sich zum Einfrieren eignet. Dies bedeutet, daß man sich an das Resultat herantasten muß. Das Landwirtschaftsministerium und der schwedische Pferdezuchtverband haben für 1990 folgenden Beschluß gefaßt: «Beim Versuch mit eingefrorenen Spermien sollen nicht mehr als 20 Stuten pro Hengst eingesetzt werden. Dabei sollen mindesten zehn besamte Stuten in den Versuch aufgenommen werden.»

Für eine Anerkennung eines Hengstes für das kommende Jahr muß ein positives Trächtigkeitsresultat von mindestens 40 Prozent erreicht werden. Das Resultat jeder Besamung muß überprüft und mit einem Veterinärzeugnis, frühestens 90 Tage nach der Besamung, bestätigt werden.

In Zukunft wird man die künstliche Befruchtung mit eingefrorenem Sperma sicher auch routinemäßig wie beim Rind anwenden. Es werden wahrscheinlich ungeahnte Fortschritte in der Zucht zu erreichen sein.

Heute wird allerdings noch von der Anwendung von gefrorenem Sperma bei folgenden Pferden abgeraten: Galtstuten, Stuten mit unbekannter Vorgeschichte, Erstgebärenden über 8 Jahren oder Stuten über 14 Jahren und bei Stuten, die am 9. Tag nach der Geburt gedeckt werden sollen.

Transport von Frischsperma

Bei dieser Variante des Transportes wird das frische Sperma auf + 4 °C abgekühlt. Durch den Zusatz eines Verdünners wird die Überlebenszeit der Spermien verlängert. Wie bei der Verwendung von eingefrorenem Sperma wird die Besamungsdosis bei frischem Sperma verdoppelt. Das heutzutage häufig angewandte Verfahren der langsamen Abkühlung, des Transportes und des Auftauens wird «Equitainer»-Prinzip genannt. Im Prinzip ist das Befruchtungs-Resultat mit den Resultaten des unbehandelten Frischspermas vergleichbar. Während des Transportes und bei der Übernahme des Empfängers muß allerdings eine ununterbrochene Kühlkette garantiert sein.

Im Jahre 1989 wurden rund tausend Stuten mit dieser Technik besamt. Der Vorteil liegt vor allem darin, daß die Stuten nicht transportiert werden müssen und sich die Aufstallung auf einer Deckstation erübrigt. Die Kosten für die Behandlung des Spermas und des Transports sind im Vergleich zu diesen Kosten bedeutend geringer.

Die Trächtigkeitsuntersuchung

Ein erfahrener Tierarzt kann schon nach dem 17. Tag mit einer Rektaluntersuchung die Trächtigkeit oder Nicht-Trächtigkeit einer Stute feststellen. Normaler-

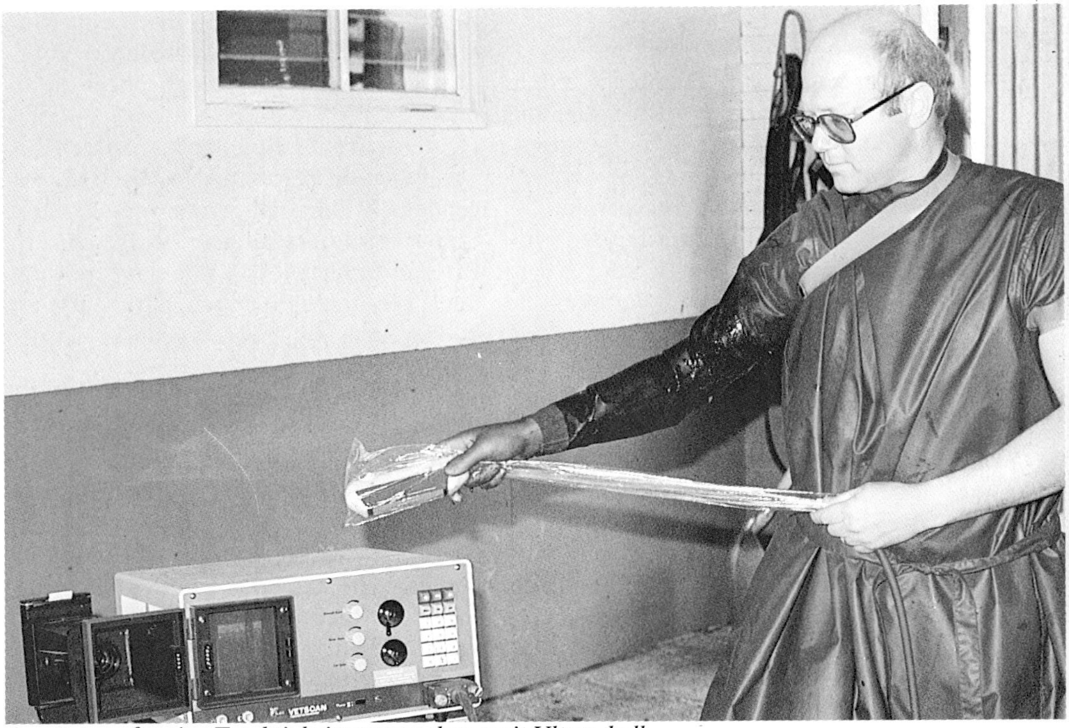

Ausrüstung für eine Trächtigkeitsuntersuchung mit Ultraschall

Einführung der Sonde in das Rektum über der Gebärmutter

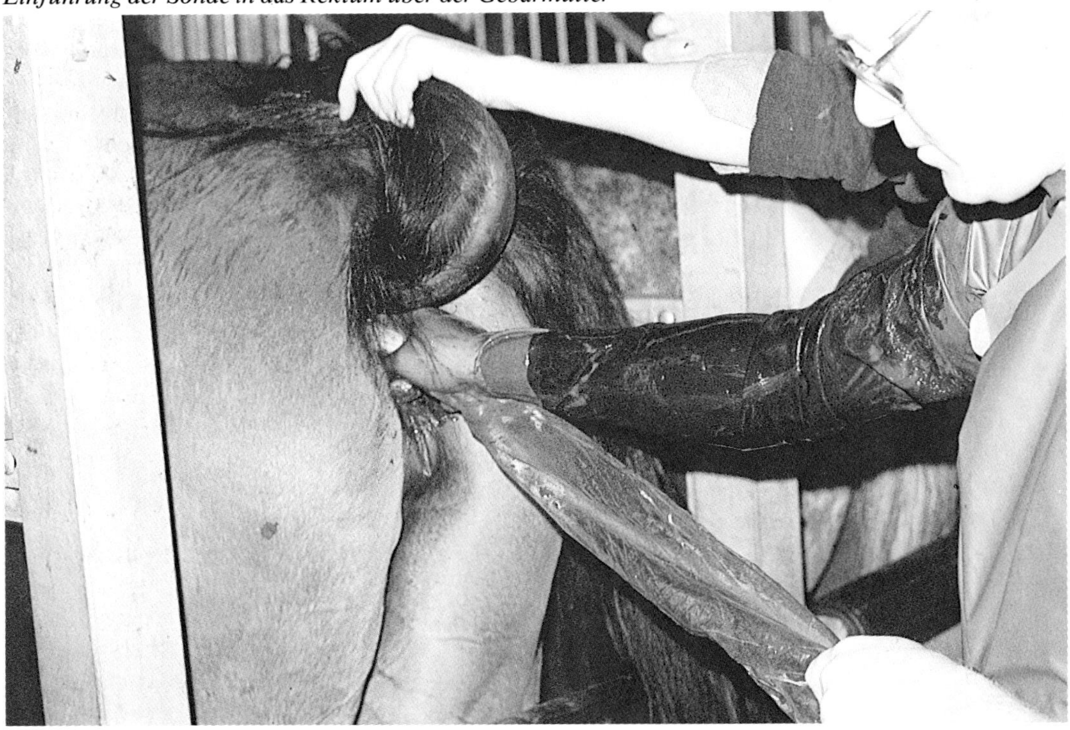

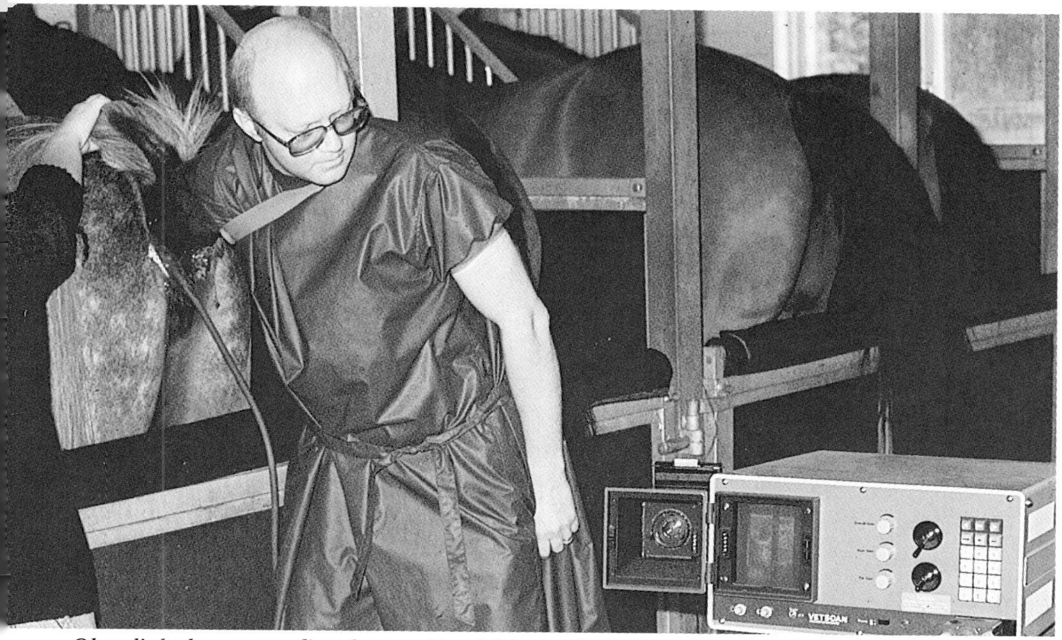

Oben links kann man die schwarze Fruchtblase erkennen

weise geschieht die Trächtigkeitsuntersuchung rektal zwischen dem 40. und 42. Tag. Der Vorteil dieser Untersuchung besteht in einem sofort zur Verfügung stehenden Resultat. Sollte die Stute sogenannt «leer» sein, kann die Untersuchung des Tierarztes über wichtige Befunde des gynäkologischen Status Auskunft geben, wie beginnende Brunst, Follikel-Entwicklung, eventuelle Infektionen etc. Es gibt auch andere Methoden, die Trächtigkeit festzustellen. Serologisch kann sie mit großer Sicherheit mit Hilfe einer Blutprobe gesichert werden. Die Probenahme geschieht durch den Tierarzt und wird anschließend zur Analyse ins Laboratorium gesandt. Der beste Zeitpunkt ist der 60. Tag. Vier Monate nach der Bedeckung oder später kann die Trächtigkeit im Urin nachgewiesen werden. Dies geschieht durch eine biologische Methode, bei welcher der biologische Effekt des Hormones Östrogen bei noch nicht geschlechtsreifen Mäusen getestet wird.

Wenn eine Stute früh (Februar/März) bedeckt wurde, ist es ratsam, sie vor dem Decksaisonschluß noch einmal zu untersuchen.

8 bis 10 Prozent aller trächtigen Stuten erleiden einen sogenannten frühen Fruchttod, dieser tritt meistens zwischen dem 20. und 90. Tag der Trächtigkeit ein.

Diese sogenannt «leeren» Stuten können durch medizinische Behandlung wieder brünstig gemacht, nochmals bedeckt und erneut trächtig werden.

Zusammenfassend schlägt man vor, die Trächtigkeitsuntersuchung nach 3 und 6 Wochen sowie nach 60 Tagen und im Herbst, vor der Aufstallung, durchzuführen. Der letztgenannte Untersuchungstermin ist vor allem im Hinblick auf die Fütterung während der Stallperiode zu verstehen. Es werden nämlich viele Stuten, im Glauben, daß sie trächtig sind, überfüttert. Oft werden diese Stuten erst dann untersucht, wenn sie im folgenden Jahr kein Fohlen haben. Häufig sind sie dann zu schwer, um überhaupt wieder brünstig zu werden.

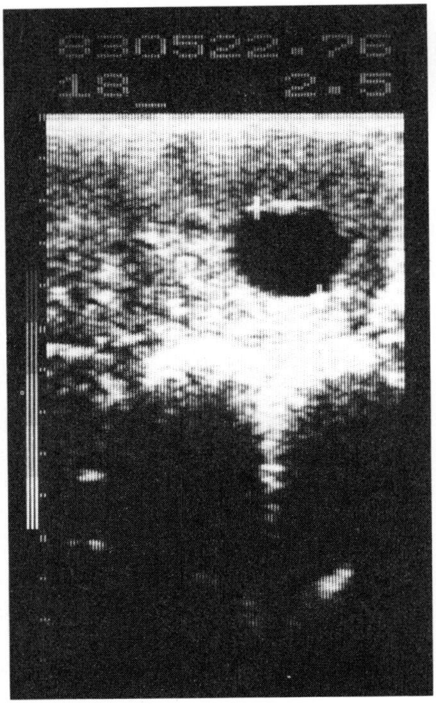

1

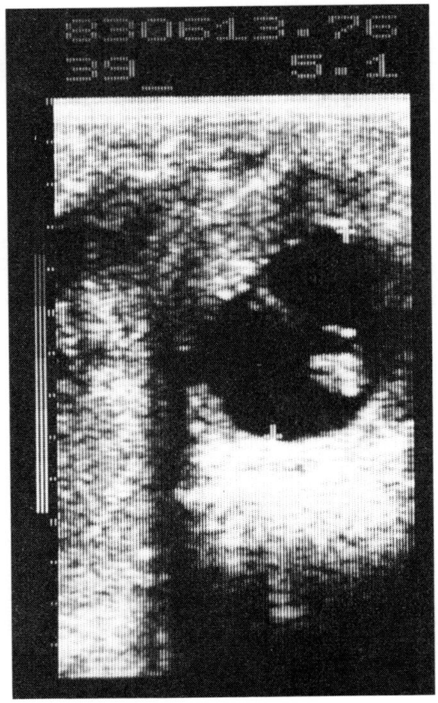

2

3

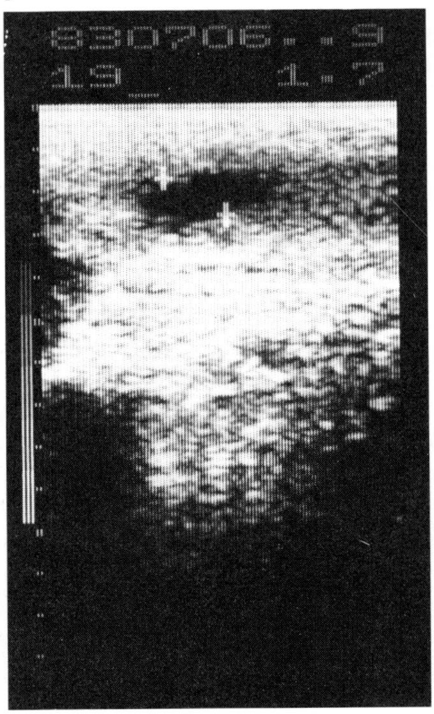

4

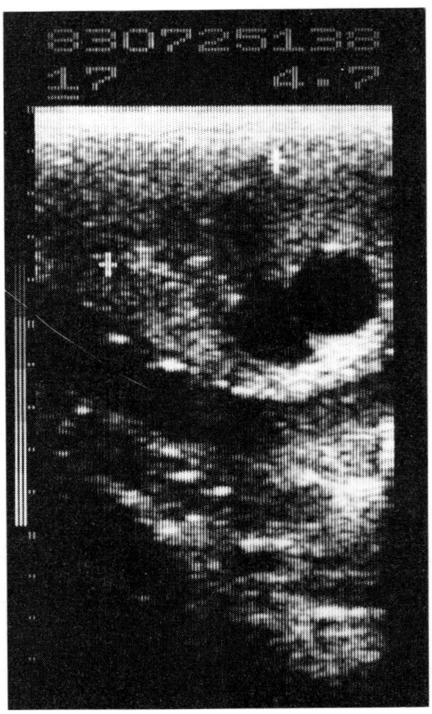

Die Untersuchung mit Ultraschall

Anfangs der achtziger Jahre kam die Ultraschalltechnik in der Trächtigkeitsuntersuchung beim Pferd in Gebrauch. Die Technik ist dieselbe, die schon über längere Zeit bei der Echolotung in der Seefahrt und beim Fischfang angewendet wird. Ein Apparat sendet unhörbare Schallwellen mit hoher Frequenz und Intensität aus. Als Sender und Empfänger dienen Sonden, welche im Enddarm wie Kabel eingeführt werden und die an eine Registrierungseinheit mit Bildschirm angeschlossen sind. Der Schall dringt in die tiefergelegenen Gewebe ein und wird an den Grenzschichten der unterschiedlichen Gewebe zurückgeworfen. Flüssigkeit absorbiert den Schall, weshalb eine Fruchtblase als runder schwarzer Fleck auf dem Bildschirm erscheint.
Die umgebende Gebärmutter und eine eventuelle Frucht zeichnet sich als grauer Körper. Mit Hilfe einer Polaroidkamera kann dieses Bild nun fotografiert werden. Die Aufzeichnung kann auf diese Art leicht archiviert werden und dient als Vergleichsmaterial bei einer erneuten Untersuchung. Die Größe der Fruchtblase kann mittels zwei eingelegten und verschiebbaren Markierungspunkten auf elektronischem Weg gemessen werden. Die Fruchtblase kann schon am 14. Tag nachgewiesen werden. Routinemäßig beginnt man jedoch die Untersuchung erst am 17. Tag. An den Tagen 14 bis 20 ist die Fruchtblase ganz rund und mißt 14 bis 35 Millimeter im Durchmesser und wächst sehr rasch. Am Tag 21 bis 25 ist sie eher unregelmäßig und wächst langsamer. Sie mißt nun 22 bis 37 Millimeter im Durchmesser. Das kräftige Hochziehen der Gebärmutter nach 3 Wochen bedingt ein Kleinerwerden der Blase. An den Tagen 26 bis 30 ist der Embryo das erste Mal sichtbar. Die Blase mißt nun 24 bis 39 Millimeter. Am Tag 31 bis 35 werden die Organe angelegt, und der Embryo wird nun Frucht genannt. Die Fruchtblase wächst rasch und mißt nun 35 bis 50 Millimeter.
Jetzt kann sogar der Herzschlag auf dem Bildschirm nachgewiesen werden. Am Tag 35 bis 50 mißt die Frucht 50 bis 79 Millimeter und Nabelstrang und Herzfrequenz sind deutlich erkennbar. Mit der Ultraschalltechnik können ebenfalls Zysten, Tumore und normale Follikel und Gelbkörper in den Eierstöcken nachgewiesen werden. Ultraschall ist völlig ungefährlich, sowohl für die Stute wie auch für das Personal, das die Untersuchung durchführt. Die Methode hat viele Vorteile. Man erhält eine frühzeitige Trächtigkeitsdiagnose und gleichzeitig die Diagnose einer nichtträchtigen Stute. Nur 75 Prozent von allen Stuten, die den Tag 21 ohne Brunstsymptome erreichen, sind trächtig. Diese scheinträchtigen Stuten können nun mit dem Hormon Prostaglandin behandelt werden, worauf sie rasch wieder brünstig werden. Mit dieser Methode kann auch der Gesundheitszustand der Frucht verfolgt und ein vorzeitiger Fruchttod nachgewiesen und die Trächtigkeit abgebrochen werden. Dies mit

Bild 1: Ultraschallbild einer 18tägigen Fruchtblase – ein gleichmäßiger, schwarzer Fleck.
Auf der obersten Linie sind das Datum und die Patientennummer angegeben.
Auf der zweiten Linie stehen die Anzahl der Tage der Trächtigkeit und der Durchmesser der Fruchtblase in Zentimetern zwischen den beiden (+)-Zeichen

Bild 2: Ultraschallbild nach 39 Tagen Trächtigkeit.
In der schwarzen Fruchtblase erscheint rechts unten der Embryo mit den Nabelsträngen, die schief nach links oben ziehen

Bild 3: Ultraschallbild einer frühen Fruchtresorption am 19. Tag. Die Fruchtblase ist nicht rund wie bei Abbildung 1

Bild 4: Ultraschallbild einer Zwillingsträchtigkeit am 17. Tag. Man sieht zwei Blasen

einer Prostaglandin-Injektion. In diesem Zusammenhang ist die Fruchtblase oval, trüb und wächst nicht weiter. Im weiteren können Zysten in der Gebärmutterwand in einem sehr frühen Stadium festgestellt werden.

Zwillingsträchtigkeit

Zwillingsfohlen sind nicht erwünscht. Wenn beide lebend geboren werden, sind beide schwach. Meistens lebt aber nur ein Fohlen, ist jedoch auch in diesem Fall unterentwickelt. Doppelte Follikel, die beide ovulieren, sind sehr häufig bei Jungstuten, die noch nie gedeckt wurden, sogenannte «Maidenstuten». Zirka 20 Prozent von diesen ovulieren doppelt, während nur 10 bis 12 Prozent der Fohlen- und Galtstuten dies machen.
Die geringste Anzahl von Doppelovulationen finden wir im Februar mit 6 Prozent, während die Spitze im Mai/Juni bei 15 Prozent liegt. Von den doppelt ovulierenden Stuten, die gedeckt werden, wird ungefähr die Hälfte trächtig, jede fünfte davon mit Zwillingen. Bei den festgestellten Zwillingsträchtigkeiten zeigt es sich, daß nur knapp die Hälfte doppelte Follikel hat. Die Angst, doppelte Follikel zu befruchten, ist übertrieben, da ohnehin nur jede zehnte Stute dann Zwillinge bekommt. Mit der Ultraschalltechnik und Prostaglandin kann das Zwillingsproblem kontrolliert werden. In etwa der Hälfte der Zwillingsträchtigkeiten liegen zwei Fruchtblasen. Dies kann leicht schon nach 14 Tagen mit Ultraschall nachgewiesen werden. Es kann dann sein, daß der eine Embryo abstirbt und der andere sich normal entwickelt. Man kann unter Ultraschallkontrolle versuchen, eine Fruchtblase abzuklemmen. Bei der Kontrolle nach einigen Tagen erkennt man, ob die Fruchtblase verschwunden ist. Wenn das nicht so ist, kann die Trächtigkeit mit einer Prostaglandin-Injektion vor dem 35. Tag leicht abgebrochen und eine neue Brunst hervorgerufen werden.

Ursachen zur Sterilität

Lediglich 60 bis 70 Prozent der bedeckten Stuten werden trächtig. Warum? Es gibt viele Gründe dazu. Wahrscheinlich liegt der Hauptgrund darin, daß die Stuten zu einem falschen Zeitpunkt im Jahr oder zu einem falschen Zeitpunkt in der Zeit der Brunst gedeckt werden.

Stuten, welche keine Brunst zeigen
In vielen Fällen, speziell früh im Frühjahr (Februar/März), kann es für die Stuten schwer sein, Brunst zu zeigen. Das Ausbleiben der Brunst während der Saison kann auch bei Stuten vorkommen, die gedeckt wurden, jedoch nicht trächtig sind. Trotz fortwährender intensiver «Prüfung» mit einem Hengst weigern sich viele dieser Stuten, die kleinsten Anzeichen von beginnender Brunst zu zeigen. Eine Ursache für das Ausbleiben der Brunst kann auch das Verbleiben (Persistieren) eines gelben Körpers im Eierstock sein. Diese Drüse (oder gelber Körper) produziert das Hormon Progesteron, welches den Eierstock hindert, das natürliche brunstproduzierende Hormon Östrogen hervorzubringen. Aus diesem Grund entsteht keine Aktivierung und keine Entwicklung eines neuen Follikels, und die Stute zeigt deshalb keine Brunstsymptome an.
Während der letzten Jahre wurde vor allem auch in Schweden eine intensive Forschung mit einer Gruppe von Hormonen und hormonähnlichen Substanzen, den sogenannten Prostaglandinen, betrieben. Diese werden in speziellen kleinen Gebilden der Gebärmutterwand, den sogenannten Endometriums-Tassen, gebildet. Sie entstehen und beginnen am 35. bis 37. Tag zu wirken. Ein solches Prostaglandin entpuppt sich als Antagonist zum Progesteron vom gelben Körper. Und

eine Injektion von diesem Hormon bei einer Stute, die weder trächtig noch brünstig wird, hat bei einem hohen Prozentsatz den gewünschten Effekt gezeigt. Schon nach 3 bis 5 Tagen tritt eine natürliche Brunst mit einer normalen Follikelentwicklung im Eierstock ein. Sie ist gefolgt von einem normalen Eisprung. Der große Vorteil dieser Behandlung ist, daß man die herkömmlichen Behandlungsmethoden verlassen kann, die in Jodspülungen der Gebärmutter oder im Einlegen von Kochsalzlösungen bestanden. Dadurch kann man weiterhin in vielen Fällen das Einführen von Infektionserregern in die Gebärmutter verhindern.

Ungenügende Hormonproduktion

Selten wird eine Stute trächtig, wenn sie vor dem Haarwechsel gedeckt wird. Die Stuten sind vor dem Haarwechsel in einer negativen Nahrungs- und Vitaminbalance. Es gibt nicht genügend Energie und Nahrung für eine normale Funktion der Geschlechtsorgane. Die Stuten werden wohl brünstig, aber die Brunstsymptome sind schwach, und die Brunstzeit wird lange herausgezogen ohne die Möglichkeit eines Eisprunges. Dieses Symptom sieht man am häufigsten bei Sportpferden, die vor kurzem die Bahn und das harte Training verlassen haben.

Das Ganze beruht auf der Tatsache, daß die Hypophyse zum frühen Zeitpunkt im Frühjahr nicht genügend Follikel-stimulierendes Hormon produziert, damit sie wachsen und in ein gewisses Reifestadium kommen. Hingegen ist die Produktion des luteinisierenden, Follikel-sprengenden Hormons absolut unterentwickelt, und es entsteht keine Ovulation. Im allgemeinen kann man sagen, daß die Produktion von luteinisierendem Hormon bei der Stute im Vergleich mit anderen Tieren tief ist. Daher folgt auch die relativ lange Brunstperiode bei der Stute.

Diese «Stillstände» der reifen Früchte können in gewissen Fällen zum Platzen gebracht werden, indem man luteinisierendes Hormon (Choriongonadotropin) spritzt.

Was die Traber und Galopp-Pferde anbetrifft, sollte man diese so früh im Jahr wie möglich abfohlen, obwohl dann das Taglicht noch ungenügend ist. Da das Licht die Eierstockaktivitäten via zentralem Nervensystem und Hypophyse stimuliert, hat man deshalb mit einem Programm mit künstlichem Licht begonnen: 200 Watt während 12 Stunden pro Tag mit Steigerung bis zu 16 Stunden pro Tag im Februar. Auf diese Weise hat man früher eine deutliche Brunst mit hoher Eisprungfrequenz erhalten.

Schlechte Pflege ist eine andere Ursache für die schwache Hormonproduktion. Im besonderen sind es die Galtstuten, die oft vergessen werden. Gutes Futter, regelmäßige Hufpflege, Wurmkur und Zahnkontrolle sowie ausgeglichene Vitamin- und Mineralstoffe-Bilanz und -Zuschuß, regelmäßiger Aufenthalt und Bewegung im Freien sind wichtige Faktoren, die eine Brunst auszulösen verhelfen. Die Galtstute darf nicht fett sein. Oft verursacht zu üppige Fütterung in Kombination mit zu wenig Bewegung einen Mangel an Hormonen, was als stille Brunst bezeichnet wird.

Zysten im Eierstock

Echte Zysten im Eierstock kommen selten vor. Oft sind sogenannte Zysten einfach Follikel, die nicht ovuliert haben und sich über eine längere Zeit still weiterentwikkeln. Oft verschwinden sie während des Winterhalbjahres. Wurde eine richtige Zyste diagnostiziert, so muß sie sofort behandelt werden. Die beste Behandlung einer Zyste ist, sie mit dem Eierstock zu entfernen. Die meisten zystösen Veränderungen, die im Eierstock nachgewiesen werden, können Vorstadien von Tumoren sein. Stuten mit lediglich einem Eierstock behalten ihr Fortpflanzungsvermögen. Es gibt viele Beispiele von solchen Stuten, die mehrere Fohlen geboren haben.

Tumore in den Eierstöcken

Tumore in den Eierstöcken der Stute bewirken oft abgeschwächte oder ausbleibende Brunst. Die Stute wird nicht trächtig. Die Tumore können eine ansehnliche Größe einnehmen und sind bei der Rektaluntersuchung leicht feststellbar. In den Fällen, die wir kennen, ist lediglich ein Eierstock geschwulstartig verändert. Deshalb sind die Aussichten günstig, wenn dieser Eierstock entfernt wird. Das geschieht bei den Pferden mit einem Bauchschnitt unter Vollnarkose. Der verbleibende Eierstock beginnt bald wieder zu funktionieren. Es kann sich eine normale Brunst entwickeln, die Stute wird in der Regel nach der Paarung auch wieder trächtig. Über 50 solcher Operationen wurden in den letzten Jahren am regionalen Tierspital in Helsingborg erfolgreich durchgeführt.

Gebärmutterinfektionen

Eine häufige Ursache für Sterilität ist die Gebärmutterentzündung.

Die meisten Stuten infizieren sich bei der Geburt oder beim Deckakt. Es ist jedoch auch denkbar, daß eine allgemeine Infektion bei der Stute eine lokale Reaktion in der Gebärmutter verursachen kann. Eine mäßige Entzündung in der Schleimhaut der Gebärmutter heißt Endometritis, eine kräftige Infektion mit einer eitrig angefüllten Gebärmutter Pyometra.

Die systematischen bakteriologischen Untersuchungen bei der Stute am ersten Tag nach der Geburt haben gezeigt, daß diese zu 100 Prozent infiziert sind. Am 9. Tag nach der Geburt liegt die Anzahl so, daß im Normalmaterial 20 bis 25 Prozent infiziert sind. Dies ist zugleich der Zeitpunkt für die sogenannte Fohlenbrunst. Diese Zahlen sprechen deutlich gegen alle Bedeckungen am neunten Tag. Eine andere Ursache für die Gebärmutterinfektion liegt dann vor, wenn die Stute in zu kurzen Intervallen gedeckt wird. Ein bekannter Hengst wird allzuoft verwendet, nicht selten bedeckt man drei bis fünf Stuten im Tag, wodurch er viel zu wenig Zeit für eine Selbstreinigung, Sanierung und Ausheilung seiner Geschlechtsorgane hat. Dadurch kann leicht eine Ansteckung von einer infizierten auf eine gesunde Stute geschehen. Hat die Stute eine verborgene Endometritis, flammt diese oft nach einer Bedeckung oder Besamung, vor allem mit gefrorenem Sperma, wieder auf. Die Stute zeigt einige Tage nach der Besamung einen deutlichen Ausfluß. Es ist deshalb ratsam, bei solchen Stuten vor der Bedeckung oder Besamung einen Abstrich aus dem Gebiet des Gebärmuttermundes zu beurteilen. Dieser kann schon nach wenigen Minuten abgelesen werden und gibt oft eine bessere Auskunft als eine bakteriologische Probe, die vorgängig während 24 Stunden bebrütet werden muß. In Fällen, in denen die Zelluntersuchung ein Infektionsbild mit weißen Blutkörpern zeigt, muß die Untersuchung mit einer bakteriologischen Prüfung ergänzt werden. Die am häufigsten nachgewiesenen bakteriellen Ursachen sind Streptokokken, hie und da sind auch Fälle von Staphylokokken und Pilzen aufgetreten. Man kann davon ausgehen, daß ebenfalls Viren an der Infektion beteiligt sind. Die Behandlung der Gebärmutterentzündung ist schwer und zeitaufwendig. Eine einzige Behandlung durch Spülung der Gebärmutter und Einlegen eines Antibiotikums bleibt oft ohne Effekt.

Wenn dann die Diagnose der Bakterienart festgestellt wurde, muß unbedingt eine Resistenzprüfung vorgenommen werden. Danach wird die Stute sowohl lokal als auch allgemein während einer ausreichend langen Zeit mit dem entsprechenden Medikament behandelt, bis man vor der nächsten Brunst erneut eine Bakterienprobe durchführt. Dazu ist noch zu sagen, daß eine bakteriologische Untersuchung nur dann zuverlässig ist, wenn das Pferd brünstig ist. Bei vielen Stuten sieht man oft, daß die Infektionstypen von Brunst zu Brunst variieren. Bei diesen kann man annehmen, daß die natürliche Widerstandskraft in der Gebärmutterschleimhaut stark reduziert ist, was zur Folge hat, daß sich jede Infektion in der Gebärmutter festsetzt und entwickelt. Stuten sind äußerst schwierig zu heilen, da die meisten Behandlungsversuche ohne Erfolg bleiben.

Um bei diesen Stuten eine Prognose stellen zu können, muß eine Gebärmutterbiopsie durchgeführt werden. Mit einer speziellen Zange geht man unter Rektalkontrolle durch den Gebärmuttermund in die Gebärmutter. Aus der Schleimhaut der Gebärmutter wird ein 2 Zentimeter langes und 0,5 Zentimeter breites und dikkes Stück entnommen. Nach Schneiden und Anfärben kann man mikroskopisch den Zustand der Gebärmutter beurteilen und eine Prognose für eine Trächtigkeit stellen.

CEM (Contagious Equine Metritis)

CEM oder ganz einfach ansteckende Gebärmutterentzündung beim Pferd ist eine relativ neue Krankheit, die erstmals in Newmarket/England 1977 festgestellt wurde. In Schweden wurde die Krankheit erstmals 1982 nachgewiesen. Sie wird von einem Bakterium namens Haemophilus equigenitalis, heute Tayorella equigenitalis, verursacht. Es ist schwer zu züchten, da es ganz besondere Bedingungen beansprucht, um zu wachsen. Manche sehen es deshalb für gegeben, daß es diese Krankheit schon lange gibt, sie jedoch nie nachgewiesen werden konnte. Sie wurde bis heute in Europa, Japan, USA und Australien festgestellt.

Bei der Stute sieht man bei der Erkrankung 2 bis 10 Tage nach der Bedeckung einen braungelblichen Ausfluß. Zeitweise ist der Ausfluß eher schwach, und es bedarf einer genauen Untersuchung der Scheide mit dem Spekulum, um ihn festzustellen. Die Abheilung kann spontan vor sich gehen, aber zirka 5 Prozent bleiben bis zu zwei Jahren angesteckt, wobei das Bakterium im Klitorisgebiet liegt, ohne daß die Stute Symptome zeigt. Die Trächtigkeitsprozente sinken. In einzelnen Fällen kann die Trächtigkeit trotzdem weitergehen, aber das Fohlen wird leicht infiziert. Die Hengste selbst weisen keine Symptome auf, können aber die CEM längere Zeit übertragen.

Die CEM verbreitet sich vor allem durch die natürliche Bedeckung. Sie kann auch durch den Menschen, zum Beispiel bei der Untersuchung oder Reinigung der Geschlechtsorgane dieser Tiere, übertragen werden. Die Krankheit kann nur durch bakteriologische Prüfung und Spezialzüchtung nachgewiesen werden. Damit ein Pferd zur Züchtung zugelassen wird, werden drei negative Untersuchungsresultate mit einwöchigen Intervallen von drei Stellen der Geschlechtsorgane der Stute bzw. zwei beim Hengst verlangt.

Wenn es ich um einen angesteckten Hengst handelt, muß er noch drei Stuten probebedecken mit anschließender negativer bakteriologischer Untersuchung. Die Krankheit behandelt man im allgemeinen lokal mit Antibiotika und Desinfektion der Geschlechtsorgane mit 0,1prozentigem Chlorhexidin oder verdünntem Phisohex 5prozentig. Die Prophylaxe ist sehr wichtig. Alle Pferde der englischen Vollblut-, Warmblut- und Halbbluttraber-Rasse müssen zwei, das nordschwedische Gebrauchspferd drei negative CEM-Proben aufweisen, bevor sie für die Zucht verwendet werden dürfen. Davon ausgenommen sind nur eigene Stuten. Wird aber die künstliche Besamung angewendet, so müssen heute drei negative CEM-Proben, auch für alle Halbbluthengste, vorliegen. Alle prämierten Hengste müssen drei negative Untersuchungsresultate vorweisen, um die Deckerlaubnis zu erhalten. Die Landwirtschaftsdirektion und die Organisation des Pferdesportes und der Pferdezucht haben detaillierte Vorschriften über die Entnahme der Proben und über das Bekämpfungsprogramm abgegeben. Ebenfalls werden strenge Bestimmungen für die Probeentnahme bei der Einfuhr von Pferden aus dem Ausland angewandt. Andere Länder haben gleiche Forderungen bei der Einfuhr von Pferden aus Schweden. Besonders die USA haben extreme Forderungen für importierte Pferde. Die Anwendung von künstlicher Besamung und strengere Hygiene für Gestütspersonal sind wichtig, um die Krankheit unter Kontrolle zu halten.

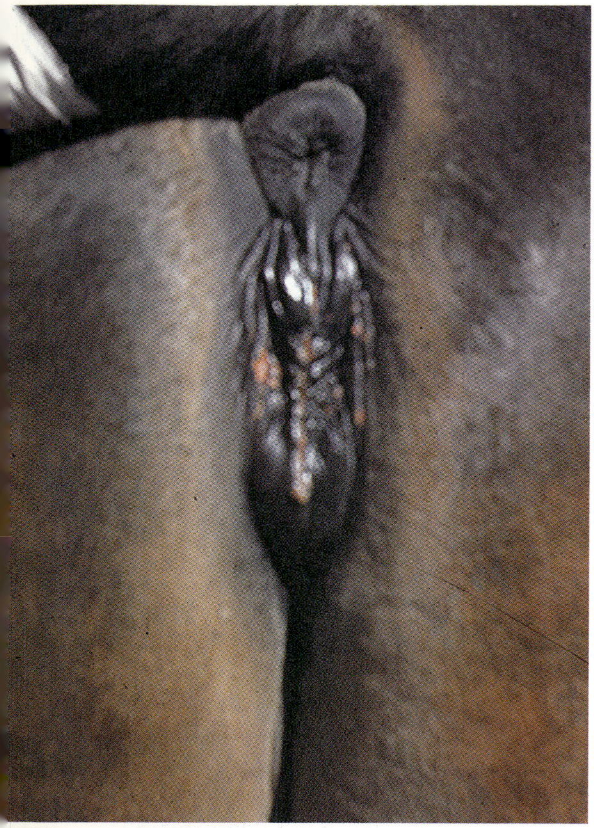

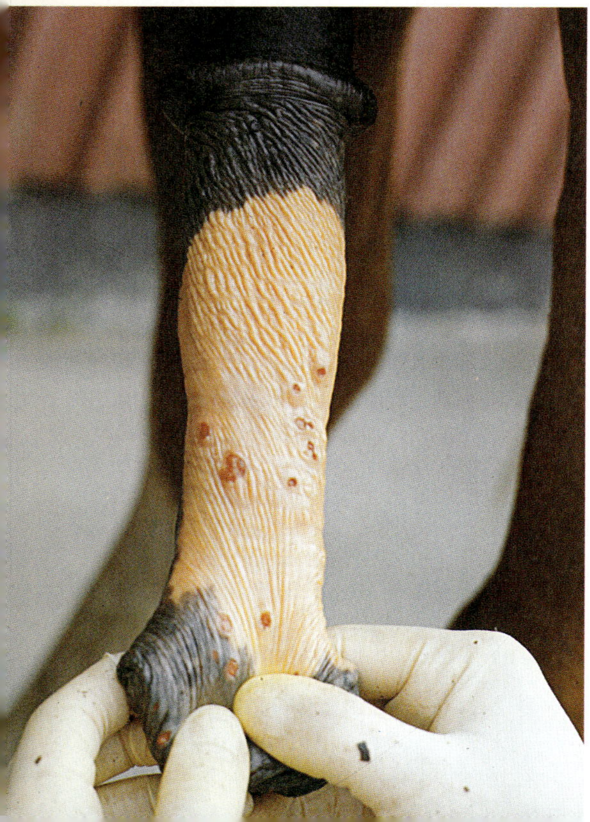

Das Lufteinsaugen in die Scheide
Luftscheide oder «windsucking» ist das Symptombild, welches am häufigsten beim Vollblutpferd beobachtet wird, aber auch bei den Arabern und anderen warmblutigen Rassen vorkommt. Speziell bei der Brunst tritt eine Schlaffheit in den Schamlippen auf, so daß sie nicht mehr dicht verschließen und bei jeder Bewegung Luft in die Scheide eingesaugt wird. Die Scheide wird dann wie ein Ballon aufgeblasen. Dieser eingesogenen Luft können Mikroorganismen, speziell vom Kot (Kolibakterien), beigemengt sein. Bei der Brunst ist der Gebärmuttermund meistens ganz offen, weshalb diese infizierte Luft leicht in die Gebärmutter gelangt und dort eine entsprechende Infektion verursacht.
Dieser Zustand gibt oft Anlaß zu Sterilität oder zum Verwerfen. Die operative Behandlung besteht darin, daß man den oberen Scheidenwinkel von oben her bis auf die Höhe des Beckenbodens zusammennäht, eine sogenannte Caslickoperation.
Es muß beachtet werden, daß der Bereich der Narbe bei den operierten Stuten möglicherweise bei der Geburt aufplatzen kann und deshalb sofort nach der Geburt wieder zugenäht werden muß. Es wird empfohlen, die Operationsnarbe vor der Geburt aufzuschneiden, um die Geburt

(Gutartige) Beschälseuche, oben bei der Stute und unten beim Hengst

und das nachfolgende Vernähen zu erleichtern.

Gutartige Beschälseuche (coitalt exantem)
Die Beschälseuche oder das Koitale Exantem wird von einem Virus der Herpesgruppe verursacht. Sowohl Stuten als auch Hengste werden davon angegriffen, und die Ansteckung geschieht von der Stute zum Hengst oder vice versa beim Deckakt.
Auf den Schamlippen und etwa 10 Zentimeter in die Scheide hinein entwickeln sich erbsgroße Knötchen, die rasch in Blasen übergehen. Die Blasen springen auf, und es bleibt eine kraterförmige Verletzung mit unebenen Kanten zurück. Die Wunde heilt rasch. Sind die Veränderungen bis ins tiefere Gewebe vorgedrungen, wird auch das Pigment in der Haut zerstört und die Schleimhaut so beschädigt, daß leicht Narben in Form von weißen Flecken zurückbleiben. Beim Hengst entstehen ähnliche Veränderungen auf dem Penis und auf der Vorhaut. Die Krankheit verläuft einige Male mit Fieber und mit verminderter Freßlust. Der Hengst wird von der kranken Stute angesteckt und überträgt beim fortgesetzten Bedecken die Krankheit auf weitere Stuten. Befallene Hengste dürfen nicht decken und befallene Stuten nicht gedeckt werden, bevor eine vollständige Heilung eingetreten ist. Die Wunden heilen in der Regel innert 10 bis 20 Tagen. Man verwendet Antibiotika sowohl allgemein als auch lokal, besonders um eine sekundäre Infektion zu verhindern. Es muß betont werden, daß die Beschälseuche keine Sterilität zur Folge hat, jedoch einen unangenehmen Abbruch des ausgebuchten Deckprogrammes eines Hengstes bedeuten kann.

Abort

Früher Fruchttod
Bei bis 10 Prozent von unseren trächtigen Stuten stirbt die Frucht innert 20 bis 90 Tagen. Es kommt selten vor, daß man eine abgestorbene Frucht sieht. In den meisten Fällen erfolgt eine Resorption, d.h. eine Rückbildung von Frucht und Fruchthüllen. Wenn der Fruchttod nach 38 Tagen der Trächtigkeit eintritt, verbleibt jedoch bei der Stute die Produktion von gewissen Geschlechtshormonen, so daß eine erneute Brunst frühestens nach 3 bis 4 Monaten eintrifft. Die Ursachen für diesen Fruchttod sind mannigfaltig, z.B. beruhen sie auf einer Störung der Produktion von Progesteron oder von nicht feststellbaren Infektionen in der Gebärmutter. Diese Infektionen breiten sich aus und schaden mit ihren Bakteriengiften der Frucht. Im weiteren kann angenommen werden, daß auch erbliche Schäden der Frucht in gewissen Fällen die Ursache des frühen Fruchttodes sein können. So schützt die Natur die Pferde, indem einige abnormale Individuen nicht geboren werden.

Spontanabort
Während der Herbst- und Wintermonate sieht man ab und zu Spontanaborte bei der Stute. Es gibt mehrere Ursachen; hie und da kann eine bakterielle Infektion in der ausgestoßenen Frucht nachgewiesen werden. Aber in den meisten Fällen sind bakteriologische und virulogische Untersuchungen negativ, und die Ursache für den Abort muß in einer Störung des Hormongleichgewichtes gesucht werden.

Virusabort
(vergleiche dazu das Kapitel «Ansteckende Krankheiten» auf Seite 115).

Die trächtige Stute

Trotz aller Anstrengungen von Stutenbesitzern, Hengsthaltern, Tierärzten und anderen bleibt es, wie bereits erwähnt, bei der Feststellung, daß höchstens zwei Drittel der bedeckten Stuten trächtig werden. Die Ursachen dafür sind mannigfaltig. Leider scheinen viele Stutenbesitzer die Galtstuten zu vergessen. Erst im Frühjahr erwacht wieder ihr Interesse für die Galtstute, und diese muß dann sofort wieder bedeckt werden. Viele von diesen sogenannt «leeren» Stuten haben verschiedene Mängel, die eine Trächtigkeit oft völlig verunmöglichen. Dies können Gebärmutterinfektionen, Eierstockzysten, Verwachsungen im Gebärmuttermund, Lufteinsaugen in die Scheide etc. sein. Es benötigt oft ziemlich lange Zeit, bis diese Schäden ausheilen können. Deshalb sollten alle Galtstuten während des Herbstes und im Winter genau gynäkologisch untersucht werden, so daß man allfällige Mängel behandeln kann und dem Züchter im nächsten Frühjahr eine gesunde Stute zum Decken zur Verfügung steht.

Gemäß schwedischen Bestimmungen dürfen trächtige Stuten nur bis zu 3 Wochen vor Geburtstermin transportiert werden. Wenn der Transport länger als 24 Stunden dauert, ist ein Transport nur bis 6 Wochen vor Geburtstermin erlaubt. Nach der Geburt darf eine Stute frühestens nach einer Woche transportiert werden. Man soll die trächtige Stute wie zuvor halten und ihr täglich die Gelegenheit für eine vernünftige Bewegung geben. Da zwei Drittel des Wachstums des Föten im letzten Drittel der Trächtigkeit vor sich geht, muß der Stutenbesitzer den Gehalt des Futters an Energie, Mineralstoffen und Vitaminen genau berechnen. Man soll die hochträchtige Stute jedoch nicht fett werden lassen. Das Ziel soll eine Stute in guter Kondition mit vernünftigem Ernährungszustand und guttrainierten Muskeln sein. Diese kann dann zur gegebenen Zeit ihre Muskeln für eine rasche Geburt einsetzen und ein gesundes Fohlen zur Welt bringen.

Die Trächtigkeitsdauer variiert stark. Normalerweise dauert sie 11 Monate, aber viele Stuten sind nur 10 Monate trächtig und gebären dann oft ein zu kleines, jedoch absolut gesundes Fohlen. Andere überschreiten die Normalzeit bedeutend, und es gibt viele Beispiele, bei welchen nach über einem Jahr trotzdem noch ein gesundes, wenn auch etwas zu großes Fohlen geboren wurde.

Die Geburt

Es gibt viele Anzeichen für eine bevorstehende Geburt. Zuerst wird das Euter größer. Die ersten Veränderungen im Eu-

Normallage bei der Geburt

ter sind ungefähr einen Monat vor der Geburt zu erwarten. Die Vergrößerung muß jedoch genauestens beobachtet werden, um nicht plötzlich festzustellen, daß eine Seite sehr groß wird und sich verhärtet. In diesen Fällen handelt es sich nicht um eine Vergrößerung, sondern es liegt eine Entzündung vor. Zwischen den beiden Euterhälften kann sich auch dunkelbraunes speichelähnliches Sekret bilden, das von den Drüsen der Euterhaut produziert wird. Dieses Sekret enthält in der Regel große Mengen von Bakterien. Deshalb müssen die beiden Euterhälften und besonders der Zwischenraum alle 2 bis 3 Tage vor der Geburt gereinigt werden. Am Schluß muß man das Euter mit Wasser kräftig abspülen, damit weder Geruch noch Geschmack zurückbleiben, welches das Fohlen vom Euter abstoßen könnten. Oft berichten die Stutenbesitzer, daß ihre Stute im Becken einzusinken begonnen hat. Damit meinen sie, daß die breiten Beckenbänder erschlaffen, die die Bekkenhöhle auf beiden Seiten begrenzen.

Durch das Einfließen von Lymphe und Blut in diese kräftigen Sehnenblätter erhöht sich ihre Elastizität und ihr Dehnungsvermögen. Bei der Geburt wölben sie sich nach außen und erleichtern dem Fohlen die Passage durch das Becken. Diese Erschlaffung der Bänder beginnt bei der Schwanzwurzel und setzt sich gegen das Kreuz fort.

Der Prozeß ist ganz abgeschlossen, wenn die Geburt beginnt. Man sieht dieses Phänomen am besten bei Stuten mit großem, flachem und gut ausgebildetem Kreuz. 2 bis 3 Tage vor der Geburt sieht man bei manchen Stuten ein besonderes Verhalten. Sie gehen in der Boxe herum und treten einen deutlichen Kreis im Stroh aus. Zeitweise stehen sie plötzlich still, heben den Kopf hoch hinauf und starren in die Ferne. Dann beginnen sie wieder aufs neue herumzugehen. Dieses Verhalten dauert etwa 6 bis 8 Stunden, anschließend benehmen sie sich wieder wie zuvor. Man vermutet, daß der Fötus während dieser Wanderungen umgelagert wird, so daß er in eine günstige Ausgangslage für die bevorstehende Geburt zu liegen kommt. Ein sicheres Zeichen für die bevorstehende Geburt sind die sogenannten «Harzzäpfchen». Am Ausgang der Zitzen kann man 12 bis 24 Stunden vor der Geburt ein gelbliches Wachs- oder Harzzäpfchen sehen. Dieses ist jedoch nicht gewöhnliches Wachs, sondern Milch mit sehr hohem Eiweißgehalt, die aus dem Euter gepreßt wurde und an der Luft eintrocknet. Dieses Zeichen ist sehr deutlich bei älteren Stuten, aber meistens undeutlich bei den Erstgebärenden, deren Euter oft sehr klein und schwach entwickelt ist, so daß die Milch ausrinnt und es nicht zur Bildung von solchen Harzzäpfchen kommt.

Die Abfohlboxe muß frühzeitig vor der Geburt vorbereitet und gut gereinigt werden. Sie soll einen weichen, aber stabilen Boden haben und mit sauberem Stroh eingestreut werden. Man soll nie Spreu oder Strohhäcksel in einer Abfohlboxe verwenden. Die Zwischenräume gegen die Boxenwände und die Ecken sollen gut mit Stroh ausgefüllt werden. Wenn eine Abfohlboxe für mehrere Stuten angewendet wird, muß sie jedesmal peinlichst genau gereinigt werden. Wenn diese Maßnahmen nicht beachtet werden, so ist eine infizierte Abfohlboxe der beste Übertragungsort für tödliche Fohleninfektionen.

Unmittelbar vor der Geburt kann man oft etwas Schweiß auf beiden Halsseiten und hinter den Ellbogen in der Sattelgurtlage beobachten. Die Geburtsarbeit geht bei der Stute sehr schnell vor sich. Der ganze Vorgang ist hormonell gesteuert, die Preßwehen und die austreibenden Kräfte via Bauchmuskeln und Gebärmutter sind sehr intensiv. Im weiteren ist das Becken der Stute so aufgebaut, daß das Fohlen sehr rasch hindurchgleiten kann. Der ganze Ablauf von dem Moment an, wo man die Fruchtblase zwischen den Schamlippen sieht bis das Fohlen ganz geboren ist,

1.

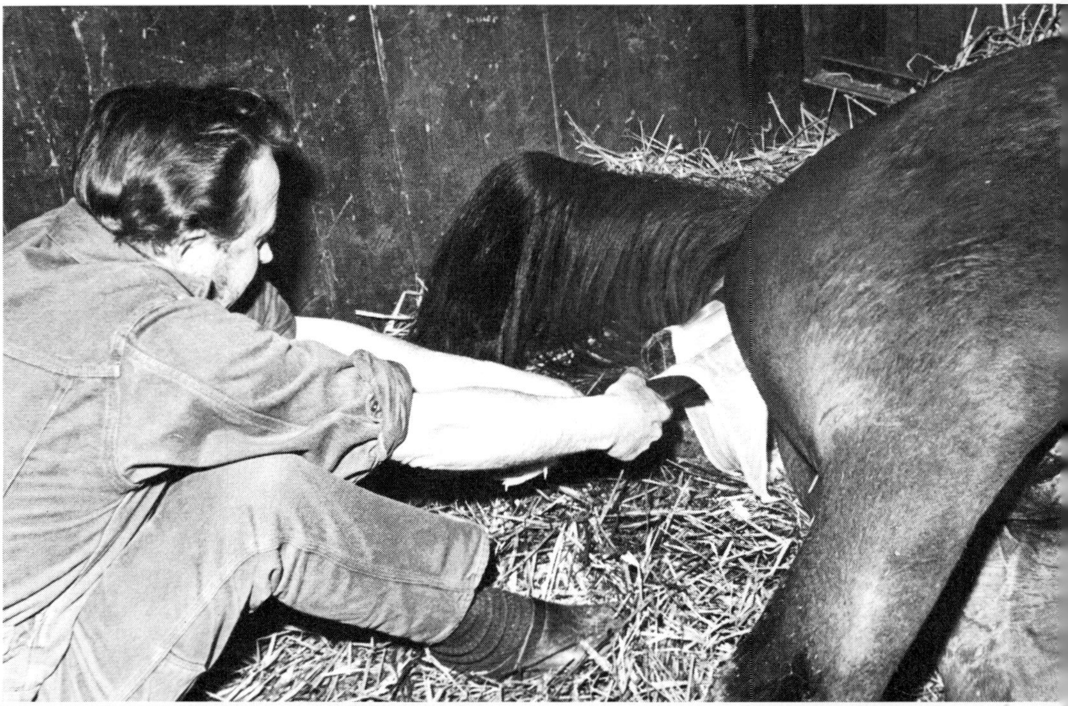

2.

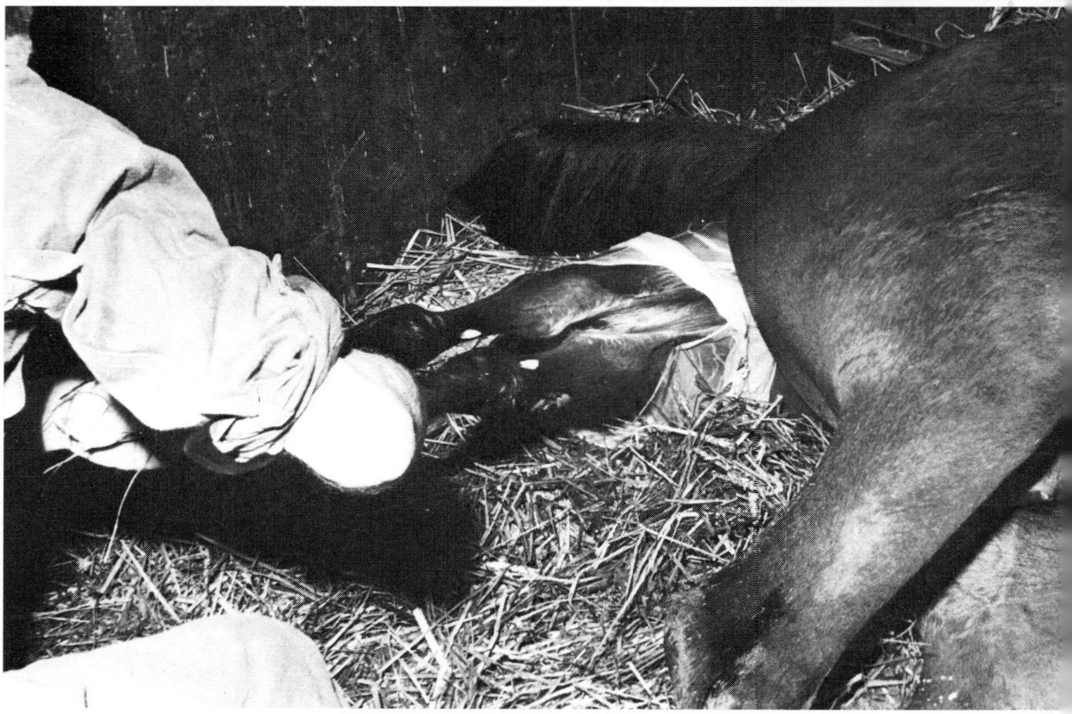

1 – 2 Das Geburtsgeschehen.
Der Geburtshelfer zieht vorsichtig an beiden Beinen abwärts gegen die Sprunggelenke im Takt mit den Preßwehen.

3.

3. Das Fohlen ist geboren; die Nabelstränge sind jedoch noch nicht abgerissen

4.

4. Wenn die Pulsationen im Nabelgefäß aufgehört haben, soll man den Nabelstrang mit einem sterilen Faden abbinden, wenn es blutet.

5.

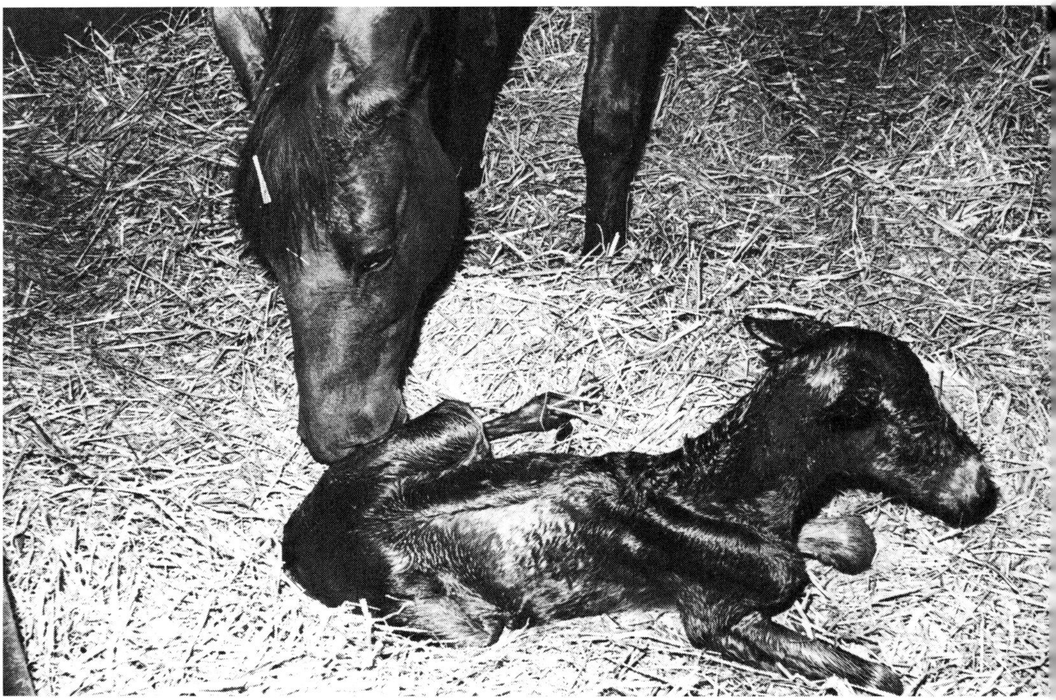

5. Die Stute leckt ihr Fohlen, bis es trocken ist, und stimuliert mit den massierenden Bewegungen der Zunge auf dem Bauch des Fohlens den Abgang des Darmpechs.

6.

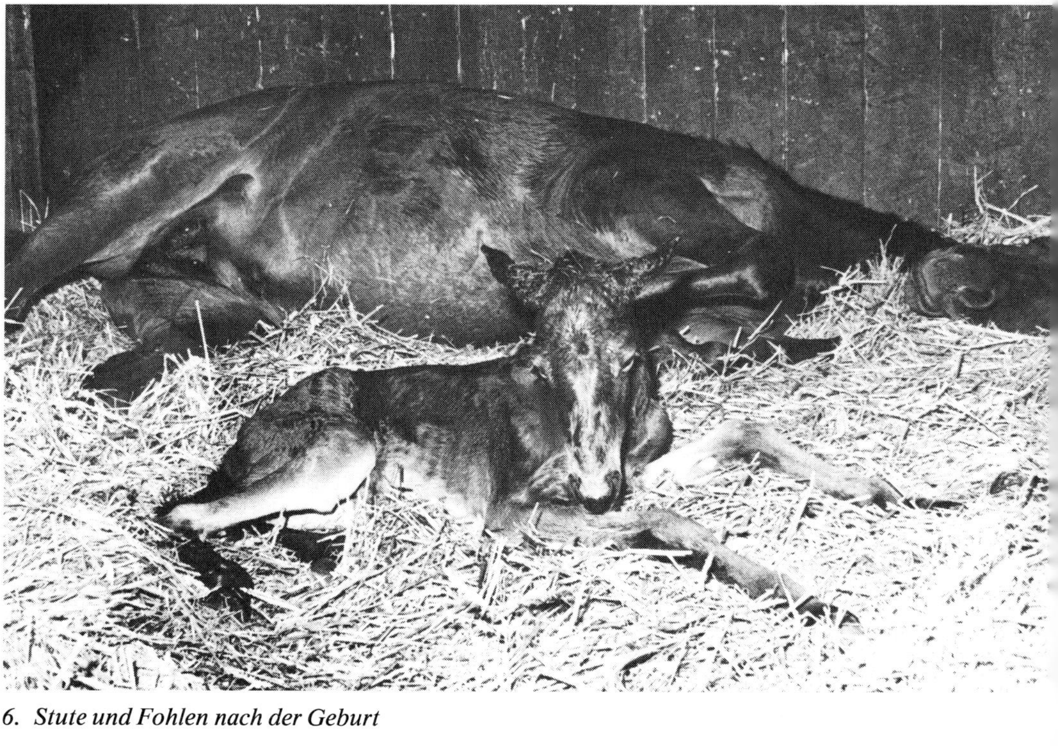

6. Stute und Fohlen nach der Geburt

dauert ca. 15 Minuten. Unter normalen Verhältnissen fohlt die Stute allein.

Besonders bei der Einleitungsphase sollte der Mensch so wenig wie möglich gehört und gesehen werden. Ideal ist es, wenn man die Stute überwacht, ohne daß sie es merkt. Heutzutage gibt es einige technische Hilfsmittel, die die Überwachung erleichtern. Ein sogenannter Fohlenwächter wird an der Brust der Stute angebracht. Sobald die Stute zu schwitzen beginnt, was kurze Zeit vor der Geburt ein typisches Symptom ist, sendet ein Radiosender dieses Signal zu einem Empfänger, welchen man z. B. im Schlafzimmer aufstellen kann. Das Pfeifsignal meldet den Anfang der Geburt. Richtig eingestellte Fohlenwächter sind sehr sichere Geburtsanzeiger. Ca. 15 Minuten vor der Geburt wird der Alarm ausgelöst. Eine weitere Art von Fohlenwächter gibt ein Signal, sobald sich die Stute hinlegt. Eine direkte Überwachungsmethode kann mit Hilfe von Videokameras erfolgen. Mit einem Monitor kann man die Geburtsboxe überwachen, ohne die Stute zu stören. Eine optimale Überwachung besteht in der Kombination von Videokamera und Fohlenwächter.

Gewisse Stuten, vor allem erstgebärende und ältere, können jedoch Hilfe bei der Geburt benötigen. Es empfiehlt sich, die Zugkraft in der richtigen Richtung, d. h. in einem Bogen nach unten gegen die Sprunggelenke (vgl. dazu Foto S. 42) einzusetzen. Dabei ist es wichtig, immer während der Wehen der Stute mitzuhelfen. Zu starkes und zu brüskes Ziehen ist absolut zu vermeiden. Wenn der Ablauf der Geburt in irgendeiner Weise Schwierigkeiten macht oder zu langsam vor sich geht, kann ein erfahrener Helfer nach zuverlässiger Reinigung von Händen und Armen sowie der Scham der Stute mit der Hand in die Geburtswege eindringen und feststellen, ob eine Fehllage vorliegt. Wenn eine solche von einfacherer Art ist, z. B. ein Vorderbein etwas zurückgezogen ist, so kann er dies rasch in Ordnung bringen, und man hat dann die Chance, daß ein Fohlen lebend geboren wird. Nur wenn es unmöglich ist, die Hilfe eines Tierarztes zu erhalten, kann der obenerwähnte Helfer unter größter Sorgfalt versuchen, festzustellen, ob eine Fehllage vorliegt und diese zu korrigieren. Wichtig ist aber, daß er weiß, wie ein Fohlen normal in der Gebärmutter liegt. Ist die Fehllage jedoch noch komplizierter, so daß sie vom Laienhelfer nicht korrigiert werden kann, muß unter allen Umständen ein Tierarzt herbeigerufen werden oder das Pferd in eine Klinik transportiert werden. Dort muß unter Umständen ein Kaiserschnitt zur Rettung der Stute vorgenommen werden.

Wenn die Geburt aber normal vor sich geht und Kopf und Hals herausgetreten sind, muß man beginnen, das Fohlen von den Fruchthäuten zu befreien und den Schleim wegzuwischen. Es wird geraten, einen Teil der Hinterbeine noch in den Geburtswegen zu belassen und nicht sofort das ganze Fohlen herauszuziehen. Dadurch hat die Stute nämlich noch einen gewissen Kontakt zu ihrem Fohlen und bleibt dann auch länger ruhig am Boden liegen, so daß die Nabelstränge nicht zu früh reißen. Die Nabelstränge sind die einzige Verbindung zwischen dem Fohlen und der Mutter.

Über diese hat dann das Blut (Ernährung, Sauerstoff) Zugang zum Fohlen. Der Nabelstrang liegt jeweils gespannt vom Bauch des Fohlens durch die Scheide zu den Fruchthäuten. Wenn man den Nabelstrang mit den Fingern etwas klemmt, verspürt man einen kräftigen Puls. Wir wissen, daß nach der Geburt noch mindestens 1/2 bis 1 1/2 Liter Blut von der Stute zum Fohlen gepumpt werden. Dies bedeutet für das Neugeborene eine lebenswichtige Bluttransfusion. Deshalb muß so genau darauf geachtet werden, daß der Nabelstrang nicht abreißt, bevor die Pulsation nach ca. 10 bis 15 Minuten aufhört.

Auf dieser und der nächsten Seite sehen wir in acht Aufnahmen den normalen und gut endenden Verlauf einer Geburt.

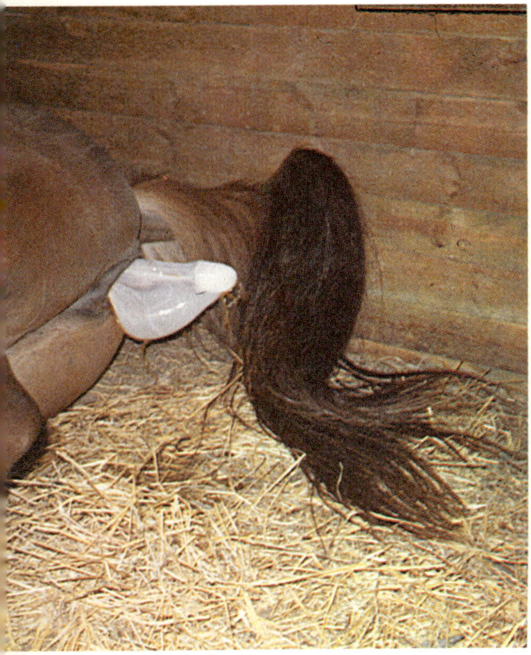
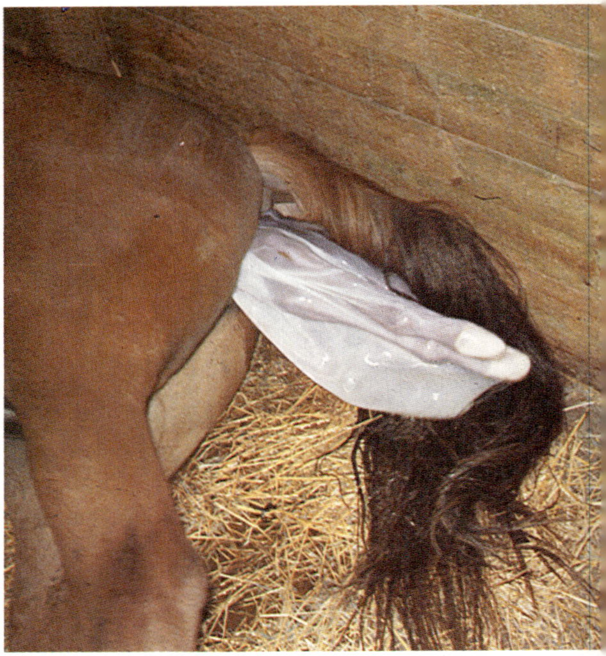
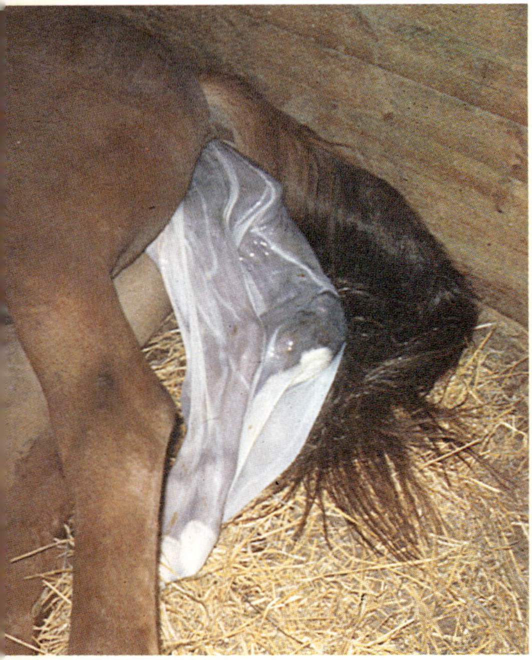

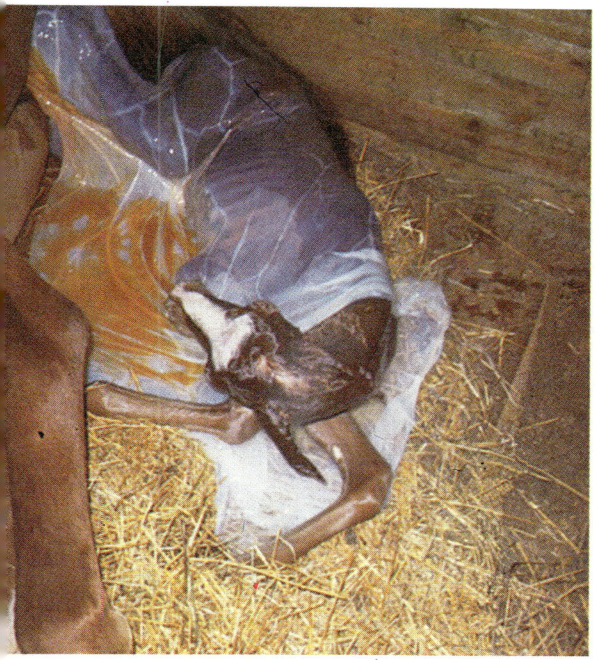
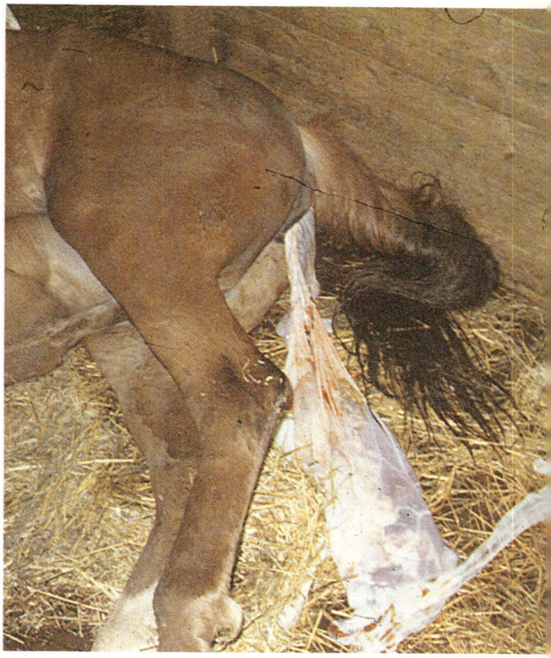

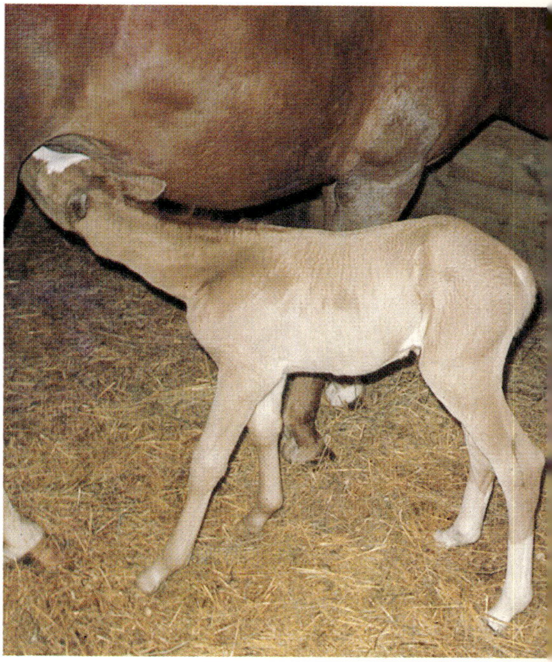

Erst dann ist es Zeit, die letzte Verbindung zwischen Stute und Fohlen zu unterbrechen.

In den meisten Fällen zerreißt der Nabelstrang in dem Moment, in dem sich die Stute erhebt, selbst. Wenn man sich den Nabelstrang genau ansieht, erkennt man 3 bis 5 Zentimeter vom Bauch des Fohlens eine undeutliche und seichte Einschnürung oder Verschmälerung des Stranges. An dieser Stelle soll der Riß stattfinden. Wenn man den Nabelstrang selbst abreißen will, sollte man mit der einen Hand gegen den Fohlenbauch drücken und mit der anderen Hand den Nabelstrang spiralförmig aufdrehen. Zieht man nämlich zu stark am Nabelstrang, ohne Gegendruck am Bauch, kann ein Riß in der Bauchmuskulatur und -haut entstehen, was leicht zu einem Nabelbruch führt. Unmittelbar nach der Zerreißung muß der Nabel mit einem Desinfektionsmittel, wie Jod-Alkohol, einer Jodopax- oder Nelex-Lösung, behandelt werden. Wichtig ist die zusammenziehende, austrocknende Wirkung dieser Mittel, so daß sich die Nabelgefäße rasch verschließen.

Sollte eine kräftige Blutung aus dem Nabel auftreten, was bei Ardennern recht häufig vorkommt, so muß der Nabel abgebunden werden, um einen größeren Blutverlust zu verhindern. Dabei ist größte Sauberkeit zu beachten. Man muß das Nahtmaterial oder allenfalls Schnüre auskochen und den Nabelstrang sauber reinigen. Für das Abbinden kann man ein spezielles Nabel- oder Leinenband oder im Notfall eine Gazebinde verwenden. Die Ligatur (Abbindung) wird 1 bis 2 Tage liegengelassen. Nur zu leicht verursacht man beim Abbinden eine Infektion, die sich dann über die Blutgefäße im Nabelstrang in der Leber festsetzt. Die Folge davon ist eine lebensbedrohliche Allgemeininfektion (Fohlenkrankheit).

Die Nachgeburt soll innert 1/2 bis 3 Stunden nach der Geburt ohne Hilfe abgehen. Es lohnt sich zu kontrollieren, ob sich die gesamte Nachgeburt gelöst hat, indem man diese auf dem Boden auslegt und nachschaut, ob die innersten Teile, die sogenannten Hornspitzen, mit dabei sind. Wenn der Abgang der Nachgeburt verzögert ist, kann man die Stute 5 bis 10 Minuten vom Fohlen wegnehmen und etwas führen oder sie in den Paddock lassen. Die Stute wird dort unruhig hin- und hergaloppieren und nach dem Fohlen schreien. Dies bewirkt einen kräftigen Druck auf die Gebärmutter, die sich dadurch zusammenzieht und ein rascheres Ausstoßen der Nachgeburt zur Folge hat. Wenn man trotz intensivem Bewegen kein Abgehen der Nachgeburt innert 12 Stunden beobachten kann, muß der Tierarzt gerufen werden.

Eine Stute, die frisch geboren hat, muß unter allen Umständen mindestens 15 bis 30 Minuten pro Tag vom Fohlen weggenommen werden.

Die Unruhe und die Angst für den Nachkommen bewirken eine kräftige Bewegung, die ihrerseits wieder ein rascheres Zusammenziehen, Entleeren und dadurch Abheilen der Gebärmutter und der Geburtswege zur Folge hat. Für den Züchter, der seine Stute bei der sogenannten Fohlenbrunst, d.h. am 9. Tag decken lassen möchte, ist diese Bewegung ein Hilfsmittel für eine Verbesserung der Konzeptionsrate. Für viele Stuten bewirkt die tägliche Bewegung eine Erhöhung der Milchproduktion.

Die Unruhe der Stute oder oft auch eine gewisse Aggression gegen das Fohlen bewirken, daß der Reflex, die Milch herzugeben, nicht funktioniert. Das Fohlen wird unruhig und versucht immer intensiver zu saugen, was den Streßzustand der Stute noch erhöht. Man sieht dies am häufigsten bei Erstgebärenden. Ein rasches Eingreifen ist notwendig. Das Bremsen der Stute macht diese oft nur noch unruhiger. Am besten ist es, den Tierarzt zu rufen, welcher der Stute eine Beruhigungsspritze geben kann und danach eine

Hormoninjektion, die bewirkt, daß bei der Stute der Milchreflex funktioniert. Dabei ist es notwendig, daß man das Fohlen an die Stute führt, und zwar dorthin, wo es dann saugen kann. Oft muß man das verschiedene Male wiederholen.

Komplikationen bei der Geburt

Eine Gebärmutterumdrehung

kann bei der Stute im späteren Teil der Trächtigkeit vorkommen. Die Stuten zeigen dann Anzeichen von Kolik (Bauchschmerzen), aber die Symptome sind eher mäßig. Die Umdrehung kann man bei der Rektaluntersuchung feststellen. Leichtere Fälle von Umdrehungen werden mit der Hand durch den Enddarm korrigiert. Die Prognose für einen operativen Eingriff ist gut. Ein Abstoßen der Frucht kommt praktisch nicht vor, und die Stuten haben dann zur normalen Zeit ohne Komplikationen abgefohlt. Tritt hingegen eine Umdrehung zur Zeit der Geburt auf, kann ein Kaiserschnitt notwendig sein. Heutzutage kann ein Kaiserschnitt ohne größere Probleme für die Stute durchgeführt werden. Andere Indikationen für einen Kaiserschnitt sind schwere Fehllagen, Fruchtmißbildungen und trockene Geburtswege, bei denen eine gewöhnliche Geburtshilfe nicht möglich ist. Man kann normalerweise das Fohlen nicht retten, aber die Aussichten für die Stuten sind gut. Die Stuten können auch wieder trächtig werden.

Fehllagen

Die gewöhnlichsten Fehllagen, die bei der Geburt auftreten, sind:

1. Ein umgeschlagenes Vorderbein
2. Ein auf die Seite geschlagener Kopf
3. Eine «Hundesitz»-Stellung
4. Hinterendlage
5. Untergeschlagenes Hinterbein
6. Steißlage

Wenn das Fruchtwasser abgegangen ist und das Fohlen nicht normal in die Geburtswege eintritt, kann es entweder zu groß sein, oder es liegt eine Fehllage vor. Wie bereits erwähnt, kann ein erfahrener Helfer bei der Austreibungsphase mit etwas zusätzlichem Zug oder mit einer leichten Lagekorrektur eingreifen. Rascher Einsatz ist jedoch von größter Wichtigkeit. Der Tierarzt soll sofort gerufen werden, wenn die Korrektur einer leichten Fehllage nicht innert 5 bis 10 Minuten gelingt.

Enddarm- und Scheidenzerreißungen

Diese können bei der Geburt eintreten, wenn die Stute nicht überwacht wird und

Enddarm- und Scheidenriß mit vollständiger Kloakenbildung

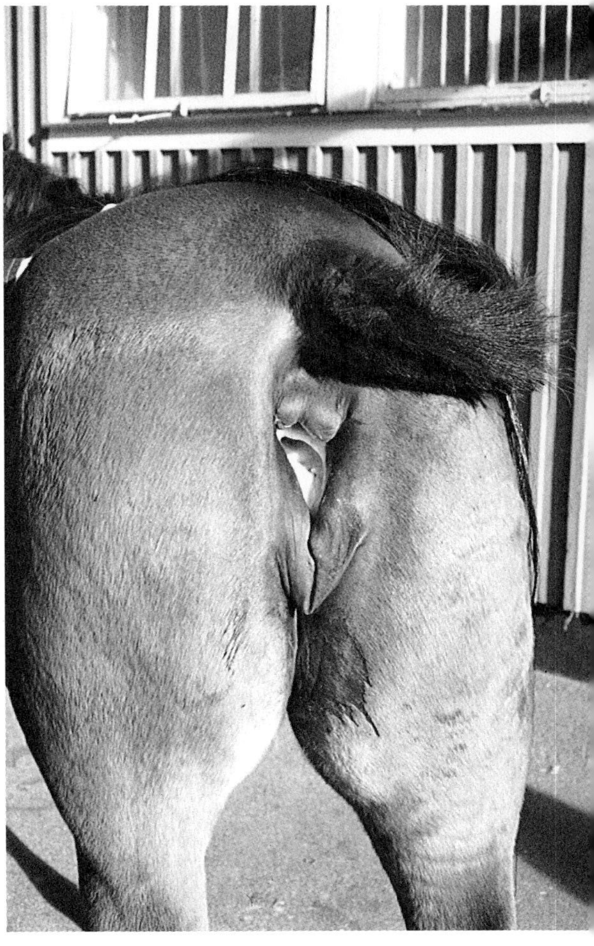

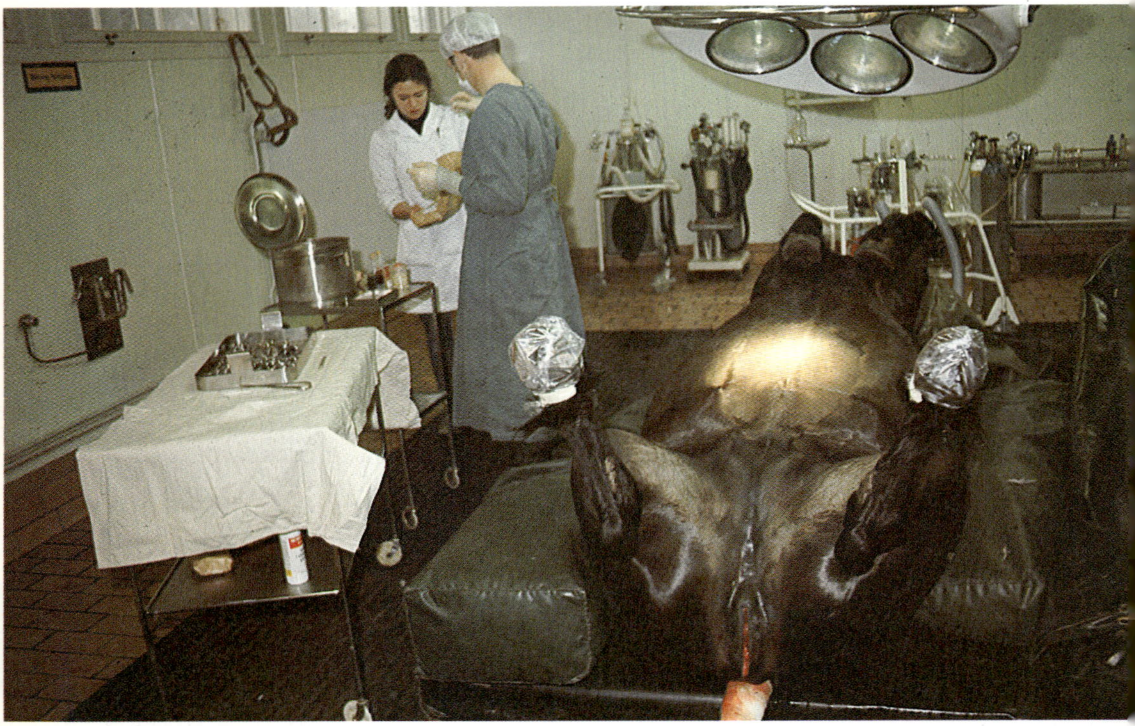

1. Vorbereitung eines Kaiserschnitts bei einer Stute

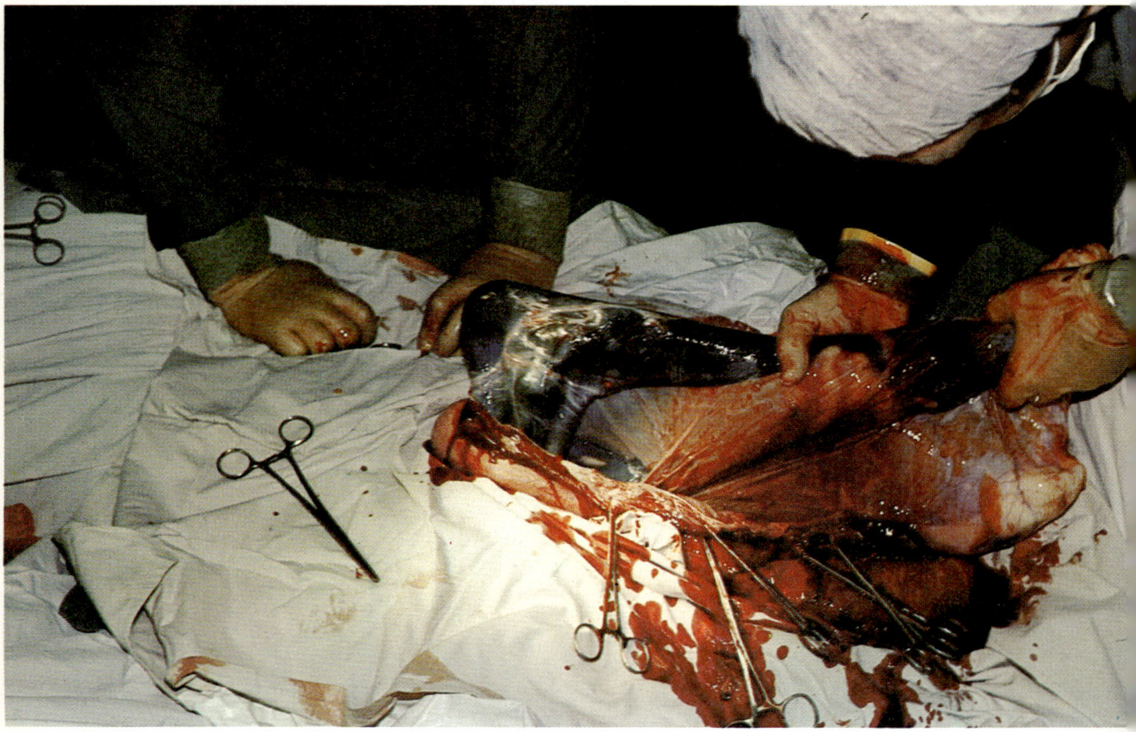

2. Herausheben des Föten aus der Gebärmutter

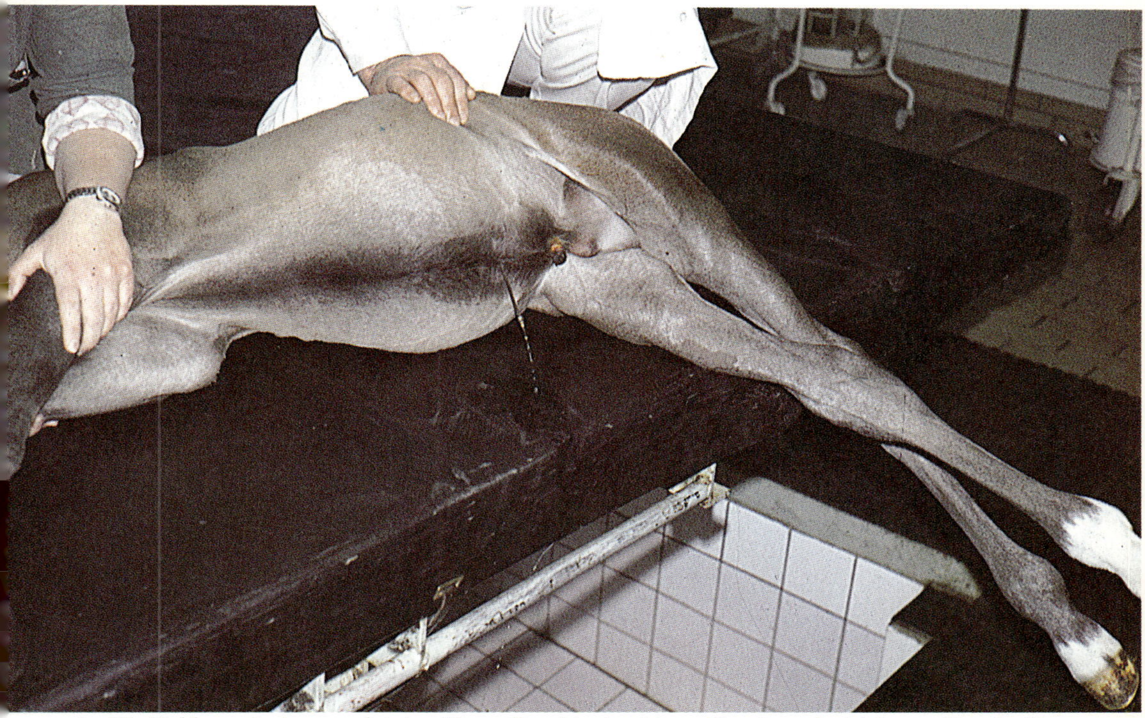

1. Ein Fohlen mit einer geplatzten Blase. Beachte den birnenförmig aufgetriebenen Bauch. Der Harn wird aus der Bauchhöhle gepreßt (vgl. dazu Seite 239)

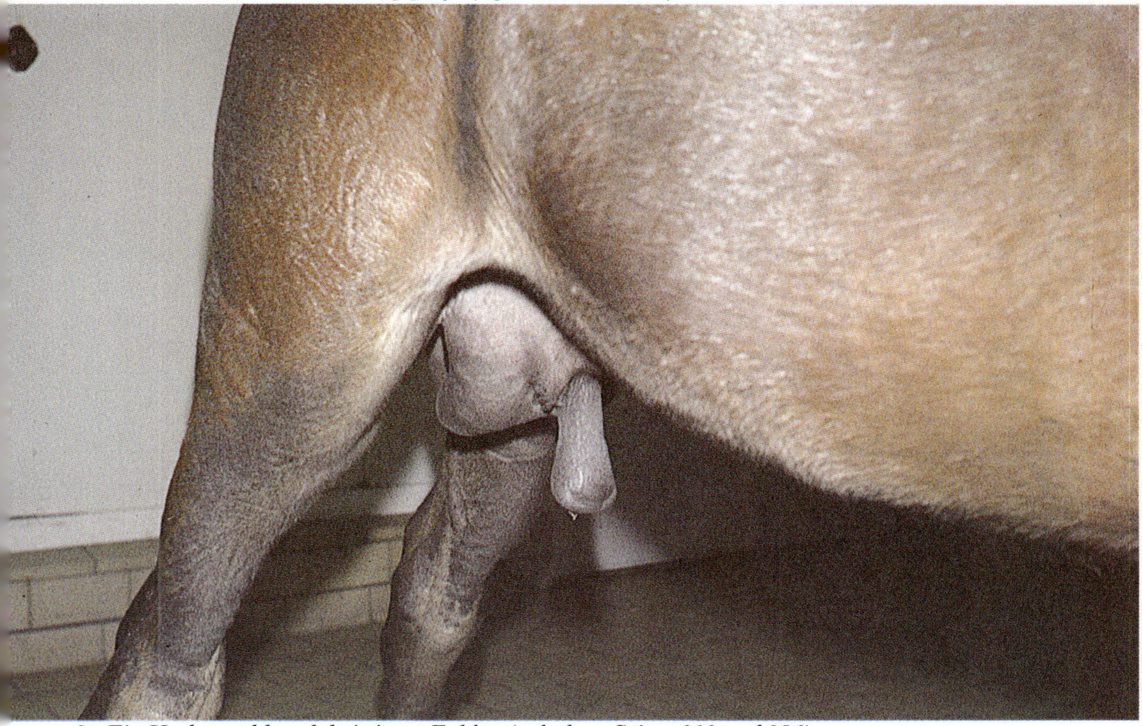

2. Ein Hodensackbruch bei einem Fohlen (vgl. dazu Seiten 210 und 256)

ein Vorderbein in der Austreibungsphase gegen das Dach der Scheide stößt. Als Folge von den kräftigen Austreibungs- oder Preßwehen stößt das Bein durch das Scheidendach in den Enddarm. Dabei entsteht entweder eine Fistel oder sogar eine Kloake. Die Verletzung kann sehr umfassend sein, und eine Operation zu einem späteren Zeitpunkt ist unumgänglich. In den meisten Fällen müssen mehrere Eingriffe durchgeführt werden, bis man eine vollständige Abheilung erreicht.
Das Resultat ist jedoch in der Regel gut. Dieser Schaden kann vermieden werden, wenn die Stute bei der Geburt überwacht und dabei eine leichte Fehlstellung sofort korrigiert wird.

Krankheiten bei der säugenden Stute

Geburtsrehe
Normalerweise wird die Nachgeburt innerhalb einer Stunde nach der Geburt abgestoßen. Sollte dies nicht der Fall sein, muß der Tierarzt für eine Behandlung zugezogen werden. Bei Pferden, die nicht behandelt werden, besteht die Gefahr für eine Gebärmutterentzündung. Wenn sich große Mengen des eitrigen Sekretes in der Gebärmutter sammeln, wird der Allgemeinzustand der Stute gestört. Sie wird krank, schwitzt, hat Fieber und frißt nicht mehr. Deutliche Symptome treten in den Hufen auf, die warm werden und schmerzen. Die Pferde können sich nicht mehr gut bewegen (Hufrehe). Rasch eingeleitete Maßnahmen in Form von Entleerung des Eiters aus der Gebärmutter, lokale und allgemeine Antibiotikabehandlung sind notwendig. Die Prognose ist um so besser, je früher die Behandlung einsetzt.

Milchverhalten oder Versiegen der Milch (Agalatie)
heißt, daß die Stute keine Milch hat. Dieser Zustand wird oft bei Stuten, die zu früh abfohlen und bei nervösen Erstgebärenden gesehen.
Man kann die Milchproduktion mit Hormonen steigern. Normalerweise dauert es etwa einen Tag, bis die Milch produziert wird. In diesen Fällen ist es wichtig, tiefgefrorene Kolostralmilch zur Verfügung zu haben, so daß das Fohlen die lebensnotwendigen Antikörper zur rechten Zeit erhält.

Euterentzündung
Diese kommt hie und da vor. Es ist sehr wichtig, das Euter vor der Geburt zu kontrollieren. Wenn das Fohlen infizierte Milch bekommt, kann dies zu schweren Krankheiten führen. Die Stute zeigt deutliche Symptome. Das Euter schwillt an, und oft verbreitet sich die Schwellung bis nach vorn unter den Bauch. Das Euter wird hart, und die Stute zeigt deutliche Schmerzsymptome bei der Untersuchung mit der Hand. In der Milch sieht man kleine Klumpen. Die Stute bekommt Fieber. Die Euterentzündung kann vor und während der Geburt, während der Abgewöhnung sowie auch bei nichtträchtigen Stuten auftreten.
Eine frühzeitig einsetzende Behandlung mit Bädern und häufigen Ausmelkungen sowie Anwendung von Antibiotika ist notwendig. In den meisten Fällen heilt die Entzündung innerhalb einer Woche ab. Ausgedehnte Entzündungen, z. B. mit Botryomykosebakterien, können jedoch zur Amputation eines Euterteiles führen.

Milchfieber (Eklampsie)
Diese Krankheit kommt hauptsächlich bei der saugenden Ponystute 10 bis 30 Tage nach der Geburt vor, besonders wenn die Pferde im Juni auf eine eiweißreiche Weide gelassen werden. Das Krankheitsbild wird durch einen klammen, steifen Gang, leicht angehobenen Schweif und kräftig zusammengebissene Kiefer gekennzeichnet. Man sieht nicht selten Zuckungen in der Schulter und der Kiefermusku-

latur. Rhythmische Stöße gehen durch den ganzen Körper synchron mit dem Herzschlag. Die Krankheit erinnert stark an Starrkrampf und ist lebensbedrohlich. Eine rasche Behandlung ist notwendig. Diese besteht in der Zuführung von Calcium- und Magnesiuminfusionen. Schon 10 Minuten nach der Behandlung kann man eine Verbesserung des Zustandes feststellen, und die Stuten sind oft nach einer Stunde wieder völlig hergestellt. Die Krankheit wurde in Schweden vor allem im Regional-Tierspital in Helsinborg festgestellt.

Das neugeborene und das wachsende Fohlen

Das neugeborene Fohlen sollte schon innerhalb der ersten Lebensstunden versuchen aufzustehen und die ersten wackeligen Schritte unternehmen. Es hat vor allem Mühe, den Hinterteil im Gleichgewicht zu halten. Wenn man dem Fohlen zu früh aufhilft, kann es leicht hinten einsinken und sich dann rückwärts überschlagen. Als Folge davon kann es mit Kopf und Genick kräftig am Boden oder an der Wand aufschlagen. Mit der Saugflasche kann man einem Fohlen die erste Mahlzeit am Boden geben, wenn es ihm bis dahin nicht gelungen ist, auf die Beine zu kommen. Man soll immer daran denken, daß das Euter sauber gewaschen ist und alle Flaschen und Gefäße sterilisiert sein müssen. Eine Vitamin-B-Injektion direkt ins Blut kann oft Wunder wirken. Hat sich ein Fohlen innerhalb von 6 Stunden nicht erhoben, muß ein Tierarzt beigezogen werden. Sobald das Fohlen aufgestanden ist, beginnt es mit unsicheren Schritten instinktmäßig die Mutter und deren Euter zu suchen. Den meisten Fohlen gelingt es sehr rasch, die Zitze zu fin-

Mit etwas Hilfe kommt das Fohlen leichter auf die Beine und kann zu saugen beginnen. Dies muß aber vorsichtig gemacht werden, da es sich sonst nach rückwärts überschlägt und sich dabei verletzen kann.

den, und kein Geräusch kann für den Helfer beruhigender sein als das Schmatzen und Glucksen des saugenden Fohlens. Hie und da kommt es vor, daß ein Fohlen Schwierigkeiten hat, die Zitzen zu finden und dann zu saugen. Mit Geduld und großem Zeitaufwand gelingt es jedoch in den meisten Fällen, ihm dies beizubringen. Man soll nie versuchen, das Genick des Fohlens unter die Flanke der Stute zu drücken, da in diesen Fällen das Fohlen sehr eigensinnig reagiert und sofort seinen Kopf und Hals von der Stute abwendet. Am besten geht es, wenn man das Fohlen mit dem Hinterteil gegen die Stute schiebt und versucht, von der anderen Seite der Stute die Zitze gegen das Maul des Fohlens zu drücken. Man kann das Fohlen auch zuerst am Finger saugen lassen, um zu beurteilen, ob es genügend kräftig saugt. Anschließend kann man eine Zitze in das Maul des Fohlens führen und den Finger sorgfältig zurückziehen. Es gibt leider immer wieder Fohlen mit unterentwickelten Saugreflexen. Diese Fohlen können nicht beliebig lang ohne Nahrung sein. Eine künstliche Nahrungszufuhr mit Muttermilch soll so durchgeführt werden, daß das Fohlen immer etwas durstig und hungrig bleibt, aber gleichzeitig genügend Kräfte und Energie hat, um das Suchen der Muttermilch fortzusetzen. Das neugeborene Fohlen muß nach 1 bis 2 Tagen aus der Boxe auf den härteren Stallboden geführt werden, damit die Hufe und die Beinstellung kontrolliert werden können. Zum Beispiel ist ein Bockhuf in der weichen Boxe sehr schwierig zu beurteilen. Wenn man das Fohlen auf eine harte Unterlage führt, wodurch sich die Beugesehne und das Verstärkungsband dehnen, kann ein Bockhuf innert kurzer Zeit korrigiert werden.

Das Fohlen sollte auch möglichst rasch an den Menschen gewöhnt werden. Man muß sich mit dem Tier abgeben. Nach einer Woche sollte damit begonnen werden, ein Bein aufzuhalten und ein kleines Halfter anzulegen. Dies erleichtert die spätere Ausbildung eines Pferdes. Das einwöchige Fohlen kann schon während kurzer Zeit zusammen mit der Stute auf einer kleinen Weide spazierengehen.

Die künstliche Aufzucht des Fohlens

Hie und da geht eine Stute bei der Geburt ein und hinterläßt ein lebendes Fohlen. In anderen Fällen weigert sich eine Stute vehement, ihr Fohlen anzunehmen, oder sie vermag keine Milch zu produzieren. In all diesen Fällen muß zur künstlichen Ernährung gegriffen werden. Wenn möglich soll das Fohlen Kolostralmilch erhalten. Dies ist jene Milch, die in den ersten 12 Stunden nach der Geburt von der Stute produziert wird. Es ist deshalb sehr empfehlenswert, mindestens auf größeren Gestüten immer einen Vorrat an tiefgefrorener Kolostralmilch zu haben, eine sogenannte Kolostralmilchbank, die mutterlosen, neugeborenen Fohlen einen möglichst guten Start für ihr Leben gewährleistet. 2 bis 3 Deziliter können auch leicht von einer anderen Stute abgemolken und dem mutterlosen Fohlen gegeben werden. Die beste Art, ein einsames Fohlen aufzuziehen, ist, ihm eine Ammenmutter zu besorgen. Dies ist jedoch in vielen Fällen nicht so einfach. Es gibt keine Organisation für das Auffinden von Ammenmüttern. Daneben gibt es auch Beispiele, in welchen eine Kuh oder eine Ziege als Ammenmutter fungiert hat. Oft bleibt aber die künstliche Ernährung der einzige Ausweg. Viele haben auch schon Kuhmilch als Ersatz für Stutenmilch verwendet. Diese ist aber nicht sehr günstig, denn die beiden Milcharten sind sehr unterschiedlich in der Zusammensetzung. So ist die Kuhmilch viel fetter als die Stutenmilch, und diese wiederum enthält mehr Milchzucker. Es ist deshalb besser, ein im Handel erhältliches Ersatzpräparat, sogenannte Fohlenmilch, zu beschaffen und gemäß den Ratschlägen des Tierarztes oder des Herstellers anzuwenden. Ein Teil dieser Ersatzmilch, z. B. Grix, auf 3 Teile Wasser ist eine geeignete Mischung. Bei Fohlen mit Durchfall sollte die Ersatzmilch stärker verdünnt werden, um dem Fohlen mehr Flüssigkeit zuzuführen. Bei der Anwendung von Ersatzmilch muß größte Reinheit und Hygiene angewendet werden. Alle Utensilien wie Saugflaschen und Gefäße müssen nach jeder Anwendung gereinigt und sterilisiert werden, und die übriggebliebene Milch muß weggeschüttet werden. Die Temperatur der fertigen Mischung muß zwischen 37 und 40 °C liegen. In den ersten Tagen ist es oft notwendig, die Saugflasche zu verwenden. Dieses Verfahren ist allerdings sehr zeitaufwendig. Das Fohlen muß deshalb so rasch wie möglich lernen, aus einer Schüssel zu trinken.

Der tägliche Flüssigkeitsbedarf ist von der Körpergröße abhängig. Ein neugeborenes Warmblut-Fohlen wiegt ca. 50 Kilo, und sein Körpergewicht verdoppelt sich in etwa zwei Monaten. Der Flüssigkeitsbedarf pro Tag beträgt bis zu einem Liter pro 10 Kilo Körpergewicht. Das neugeborene Fohlen muß dementsprechend ca. 5 Liter Flüssigkeit pro Tag erhalten. Die Menge wird dann gemäß der Zuwachsgeschwindigkeit sukzessiv erhöht. Wie oft und wie große Mengen soll man geben? Ein normales Fohlen trinkt während des ersten Tages ca. jede halbe Stunde und pro Mal 2 bis 3 Deziliter. Ideal ist es, den natürlichen Verhältnissen möglichst nahe zu kommen. Es sollten kleine Mengen in möglichst kurzen Intervallen gegeben werden, jedoch mindestens 8mal pro 24 Stunden. Mit steigendem Alter kann die Menge pro Mal deutlich erhöht und der zeitliche Zwischenraum verlängert werden. Ein 2 bis 3 Monate altes Fohlen benötigt bis zu 17 Liter Milchersatz pro 24 Stunden. Der häufigste Fehler, der bei der künstlichen Ernährung begangen wird, ist, daß das Fohlen zuviel Nahrung und zuwenig Flüssigkeit bekommt. Dadurch werden die Fohlen häufig zu fett! Es ist außerdem äußerst wichtig, daß diese Fohlen ohne Mutter so rasch wie möglich die Gelegenheit erhalten, Heu und Kraftfutter mit Mineralzusatz aufzunehmen. Salvana-Fohlen-Pellets oder Kalvfor kann zusammen mit Milchersatzmitteln und Heu schon im Alter von einigen Wochen abgegeben werden. Der Hersteller von Grix empfiehlt zudem noch, dies mit einem Kraftfutterzusatz zu ergänzen. Es ist zudem sehr wichtig, daß das einzelne Fohlen so oft als möglich mit anderen Pferden zusammen ist, damit es vom Menschen nicht allzu stark geprägt wird. Auf diese Weise kann man in vielen Fällen die recht beschwerliche Zeit der künstlichen Ernährung deutlich abkürzen. Außerdem ist es bedeutungsvoll, daß das einsame Fohlen genügend Bewegung zur Erhaltung der normalen Darmtätigkeit hat. Da diese Fohlen außerdem sehr anfällig auf Infektionen sind, müssen sie unter tierärztlicher Überwachung bleiben. Diese «Flaschen-Fohlen» können als Einzeltiere nicht vor dem ersten Lebensmonat versichert werden, wo hingegen «normale» Fohlen bereits mit neun Tagen versichert werden können. Diese Versicherungsfragen sind in Schweden gut gelöst und gelten als vorbildlich in den europäischen Ländern. Es ist deshalb von Vorteil, eine Fruchtversicherung zu haben, die während des ersten Monats eines «Flaschen-Fohlens» gilt.

Die Enddarmverstopfung beim neugeborenen Fohlen

Im Enddarm bilden sich normalerweise harte, dunkelgefärbte Kotballen, die ungefähr 6 bis 12 Stunden vor der Geburt ausgepreßt werden. Die Kolostralmilch enthält lösende Substanzen, die auch die Darmtätigkeit erhöhen, wodurch das Entleeren des Enddarmes beschleunigt wird.

Bei einigen Fohlen, besonders bei kleingewachsenen mit schmalen und engen Becken, entstehen zeitweise Schwierigkeiten bei der Entleerung des sogenannten Darmpechs oder Mekoniums. Die Symptome dafür sind oft stürmisch und dramatisch. Das Fohlen zeigt alle Zeichen einer schweren Kolik und kann in der Boxe oft die ungewöhnlichsten Stellungen einnehmen. Diese Verstopfung ist gewöhnlich mit einem Krampf des Dünndarmes verbunden. Die Behandlung besteht darin, den Darm von diesen oft steinharten Kotballen zu befreien. Oft genügt das Einspritzen eines abführenden Schleimes in die Enddarmampulle. Mit einem Gummihandschuh und gut eingeölten Fingern kann man diese Kotballen ganz vorsichtig entfernen, da sie oft direkt vor dem Enddarmring liegen. Zeitweise ist es nötig, Klistiere mit schleimhaltigen Lösungen zu infundieren. In Ausnahmefällen muß zu einer chirurgischen Behandlung gegriffen werden, d.h. die Bauchhöhle muß geöffnet werden, und die Kotballen werden von innen nach außen massiert. Das sicherste Zeichen, daß eine Verstopfung behoben ist, ist eine drastische Verbesserung des Allgemeinzustandes. Das Fohlen saugt lang und normal, und aus dem Enddarm entleert sich ein gelblicher, oft mit Gas durchsetzter, breiartiger Kot.

Durchfall beim Fohlen

Normalerweise finden wir bei den meisten Fohlen relativ dünnflüssigen Kot im Zusammenhang mit der sogenannten 9-Tage-Brunst. Die Milch der Stute wird durch gewisse Hormone während der Brunst verändert. Das Gebiet um den After ist verschmiert, und das Fohlen zeigt oft nervöse Bewegungen mit dem Schwanz, wodurch der flüssige Kot in die Haut eingerieben wird, wo er Reizung und Haarausfall bewirkt. Dies kann durch regelmäßige Reinigung der Haut und Auftragen einer Schicht flüssigen Paraffinöls verhindert werden. Dieser Durchfall geht meistens vorüber, wenn die Stute nicht mehr brünstig ist. Aber auch ohne hormonelle Einwirkung kann beim Fohlen Durchfall eintreten. Dieser Darmkatarrh kann ernsthafte Folgen haben, speziell wenn der Allgemeinzustand des Fohlens sich infolge Appetitlosigkeit verschlechtert, was seinerseits wieder eine verminderte Sauglust nach sich zieht und zu einem großen Flüssigkeitsverlust durch den Durchfall führen kann. Bei dem leisesten Anzeichen von Flüssigkeitsverlust (Eintrocknung) muß der Tierarzt benachrichtigt werden. Eingesunkene Augen sind das deutlichste Zeichen, daß das Fohlen ausgetrocknet ist (siehe dazu auch Seite 214).

Hypogammaglobulinämie beim Fohlen

Im Mutterkuchen der Stute findet man eine große Anzahl von Zellagen zwischen dem Blut der Stute und dem des Föten. Diese Zellschichten verhindern das Durchtreten von Antikörpern gegen Infektionen von der Stute auf die Frucht. Dies bedeutet, daß ein Fohlen dementsprechend ganz ohne Antikörper geboren wird und deshalb keinen Schutz hat gegen die Infektionserreger, die sich normalerweise im Stallmilieu befinden. Die bereits erwähnte Kolostralmilch ist demgegenüber reich an Antikörpern. Diese bestehen aus Eiweißen, den sogenannten Gammaglobulinen, von denen wir die Fraktion IgG leicht analysieren können. Gerade weil das neugeborene Fohlen nicht selbst Antikörper zu bilden vermag, ist es wichtig, daß es die richtigen Antikörper mit der Kolostralmilch erhält. Der Darm des Fohlens hat während der ersten Stunden die Möglichkeit, eine große Menge dieser Antikörper aufzunehmen, die wir dann im Blut finden. Schon nach wenigen Stunden verringert sich die Aufnahmefähigkeit bis auf die Hälfte. Die erste Kolostralmilch-Aufnahme ist deshalb äußerst wichtig. Das Fohlen muß dies mit seiner ersten Mahlzeit möglichst innerhalb zweier Stunden nach der Geburt bekommen. Wenn die Stute vor der Geburt bereits Milch verliert, ist es empfehlenswert, die Stute zu melken und diese Milch, die nichts anderes als Kolostralmilch ist, tiefzufrieren und sie aufgewärmt dem Fohlen mit der Saugflasche innerhalb zweier Stunden nach der Geburt zu verabreichen. Wie gesagt ist diese erste Kolostralmilch an Antikörpern äußerst reichhaltig. Wenn das Fohlen schwach ist und dementsprechend die Kolostralmilch erst erhält, wenn es selber saugen kann, d.h. vielleicht erst nach einem halben Tag, dann fehlen ihm die notwendigen Antikörper. Deshalb soll man auch in diesen Fällen spätestens nach 2 Stunden die Kolostralmilch mit der Saugflasche verabreichen. Unter Umständen muß auch der Tierarzt beigezogen werden, der sowohl die Kolostralmilch oder Blutplasma von der Stute mit einer Magensonde eingeben kann. Häufig verabreicht er dann auch noch eine Vitamininjektion, und wenn das Fohlen deutlich schwach ist unter Umständen noch Antibiotika. Mittels einer Blutprobe kann bereits nach 1/2 bis 1 Tag die aufgenommene Menge von Antikörpern beim Fohlen nachgewiesen werden. Nach 24 Stunden sollte das Fohlen bereits dieselbe Anzahl Antikörper wie die Stute haben. Die Halbierungszeit für Antikörper beträgt 3 Wochen. Dann beginnt bereits die eigene Produktion beim Fohlen. Die Untersuchung auf Antikörper ist sehr einfach und kann im Stall, ohne qualifizierte Laboreinrichtungen, mittels eines speziellen Testkits in 5 bis 10 Minuten durchgeführt werden. Heute gibt es vor allem zwei solche Testkits auf dem Markt, den sogenannten «Foalcheck» von Bayer oder den Cite Foal IgG Test Kit. Letzterer gibt etwas mehr Information, ist jedoch deutlich teurer. Es ist erstaunlich, daß diese Untersuchungsmethode weder in Gestüten noch von praktizierenden Tierärzten angewendet wird. Wenn sich herausstellt, daß ein Fohlen zuwenig Antikörper besitzt, kann man Blut von der Stute ins Fohlenblut transfundieren oder allenfalls unter die Haut spritzen. Dies deshalb, weil der Darm nach dieser Zeit nicht mehr genügend Antikörper aufnehmen kann. Die frühzeitige Abgabe von Kolostralmilch ist also notwendig, um den Infektionsschutz aufzubauen. Sie stellt die beste Prophylaxe gegen die sogenannten Fohlenkrankheiten dar.

Aus diesem Grund ist es auch wichtig, daß die Stute die letzten 3 Wochen vor der Geburt nicht mehr den Stall wechselt. Sie soll in dem Milieu abfohlen, für welches sie Antikörper gegen die dort vorkommenden Infektionserreger in ihrem Blut gebildet hat.

Die Gelbsucht beim neugeborenen Fohlen

Hämolytischer Ikterus, hämolytische Anämie oder die Gelbsucht des Neugeborenen ist ein Zustand, der in den ersten Tagen beobachtet werden kann. Die Krankheit hat einen genetischen und einen immunologischen Hintergrund. Vom Hengst her hat das Fohlen ein Antigen, welches der Stute fehlt. Sie bildet deshalb Antikörper gegen die roten Blutkörper des Fohlens. Das Fohlen wird gesund geboren. Im Moment, wo es zu saugen beginnt, bekommt es eine große Menge an Antikörpern von der ersten Kolostralmilch. Im Darm werden diese Antikörper aufgenommen, kommen ins Blut und verkleben sich mit den roten Blutkörperchen. Unter der nun erfolgenden Hämolyse versteht man das Phänomen, daß die roten Blutkörperchen platzen und der rote Blutfarbstoff austritt. Dieser wird wiederum in Teile zerlegt, wobei vor allem die Gelbfärbung dominiert, welche den Schleimhäuten die entsprechende Farbe verleiht und der Krankheit den Namen «Gelbsucht» gegeben hat. Durch die verminderte Anzahl von roten Blutkörperchen wird das Aufnahmevermögen des Blutes für Sauerstoff vermindert. Das Fohlen wird nun deutlich schwächer, Puls- und Atmungsfrequenz steigen, und die Schleimhäute in den Augen, im Maul und in der Scheide werden stark gelblich verfärbt. Das Fohlen vermag nicht mehr zu saugen und liegt am Schluß fest. In rasch verlaufenden Fällen kann ein lebensbedrohlicher Schockzustand eintreten. In einzelnen Fällen kann sogar der Harn vom Blutfarbstoff rot gefärbt werden. Mittels einer Blutprobe kann man die Anämie (die Blutarmut) und die geringe Anzahl von roten Blutkörperchen nachweisen.

Um das Fohlen zu retten, muß man frische rote Blutkörperchen zuführen. Zu diesem Zweck zapft man der Stute 4 bis 5 Liter Blut ab, zentrifugiert es und vermischt das Blut mit Kochsalzlösung, um so Antikörper auszuwaschen. Auf diese Weise gewaschene rote Blutkörperchen können in einer frischen Kochsalzlösung dem Fohlen intravenös infundiert werden.

Vorbeugende Maßnahmen

Beim Verdacht auf das Vorliegen dieser Krankheit darf das neugeborene Fohlen während der ersten Tage nach der Geburt nicht saugen. Man setzt dem Fohlen einen Maulkorb auf, melkt die Stute regelmäßig und verabreicht dem Fohlen Kolostralmilch von einer anderen Stute oder Milchersatzpulver. Es zeigt sich einmal mehr, daß es von Vorteil ist, wenn man Kolostralmilch als Reserve zur Verfügung hat. Dies kann dem Fohlen das Leben retten. Es wird deshalb geraten, die Kolostralmilch einer Stute, die ihr Fohlen verloren hat, immer sicherzustellen und tiefzufrieren. Wenn man diese nicht selber verwendet, ist vielleicht jemand anders sehr froh, darüber verfügen zu können. Wenn man befürchtet, daß der beschriebene Zustand bei einer erneuten Trächtigkeit von neuem auftritt, obwohl man selbstverständlich den Hengst gewechselt hat, kann eine Blutprobe sehr aufschlußreich sein. In diesen Fällen nimmt man am Schluß der Trächtigkeit zwei Blutproben von der Stute mit einem Zeitintervall und sendet es an ein Laboratorium, in dem solche Blutgruppenuntersuchungen durchgeführt werden.

Verständlicherweise sind die Allgemeininfektionen beim neugeborenen Fohlen sehr gefürchtet. Sie werden häufig unter dem Begriff «Fohlenkrankheit» zusammengefaßt. Das Fohlen ist während der ersten Lebenstage sehr schlecht gegen Infektionen geschützt. So ist z.B. der Immunschutz kaum aufgebaut, und die Darmwand erlaubt den Durchtritt von Bakterien, Viren und Antigenen.

Das Fohlen kann durch verschiedene Infektionspforten wie Magen-Darm-Kanal, Nabel oder die oberen Luftwege infiziert werden. Während der ersten 24 Stunden sieht man ein sehr gefürchtetes Infektionsbild, welches meistens beim kleinen und frühgeborenen Fohlen auftritt. Die Ursache dafür ist ein gegen Antibiotika sehr widerstandsfähiges Bakterium, das zur Gruppe der Shigellen gehört. Das Fohlen erscheint in den ersten Lebensstunden gesund. Es ruht sich aber selten aus und geht oft rastlos und neugierig in der Boxe umher. Es saugt kaum, aber sehr häufig. Nach ungefähr 6 bis 12 Stunden legt es sich hin und wird sehr rasch müde, um nach kurzer Zeit in völlige Apathie zu fallen, worauf es dann rasch das Bewußtsein verliert. Der Tod tritt oft schon nach 12 bis 24 Stunden ein. Wenn der Tierarzt frühzeitig gerufen wird, ist es unter Umständen möglich, das Leben des Tieres mit einer intensiven Antibiotikabehandlung zu retten. Häufig entwickeln sich die Fohlen, die diese Krankheit überlebt haben, sehr schlecht und sind über längere Zeit geschwächte Tiere. Vor dem Zeitalter der Antibiotika war die klassische Fohlenerkrankung, die «Fohlenlähmung», die gewöhnlichste Frühinfektion. Diese wurde von gewissen hämolytischen Streptokokken verursacht, die zuerst das Bild einer Allgemeininfektion zeigen und anschließend viele Gelenke im Körper befallen. Das Fohlen zeigt eine mäßig gesteigerte Körpertemperatur, ist aber häufig hochgradig auf einem oder mehreren Beinen lahm. Am häufigsten werden Sprunggelenk, Knie und Hüftgelenk befallen. Die Gelenke schwellen heftig an, sind sehr schmerzhaft, und nicht selten fließt Eiter aus fistelnden Wunden aus den Gelenken durch die Haut. Das Leiden hat eine große Tendenz chronisch zu werden; das Fohlen entwickelt sich schlecht und magert ab. Wenn das Fohlen noch gesund wird, hat es in den meisten Fällen bleibende Schäden in den Gelenken und an den Gelenkbändern, so daß dies auch beim erwachsenen Tier keine normale Arbeitsbelastung mehr aushält. Wenn man heutzutage mit dem richtigen Antibiotikum frühzeitig mit der Therapie einsetzen kann, hat man gute Aussichten, ein erkranktes Fohlen zu retten. Es ist deshalb äußerst wichtig, stets die Körpertemperatur bei neugeborenen Fohlen zu kontrollieren, sobald man den geringsten Verdacht auf eine Infektion hat. Normalerweise beträgt die Temperatur im Darm gemessen bei einem neugeborenen Fohlen zwischen 37,3 bis 38,3 °C. Im Vergleich dazu beträgt die Normaltemperatur bei ausgewachsenen Pferden ca. 38 °C (vgl. dazu Seite 186).

Lungenentzündung

Hie und da beobachtet man bei 1 bis 2 Monate alten Fohlen eine nicht selten langsam verlaufende Lungenentzündung. Diese wird von einem speziellen Bakterium, dem Rhodokokkus equi, das früher als Corynebakterium equi bezeichnet wurde, verursacht. Sehr typisch für diesen Krankheitszustand ist eine kräftige, pumpende Bauchatmung. Über das ganze Lungenfeld hört man ein für diese Art von Entzündung charakteristisches, rasselndes Geräusch. Die Körpertemperatur steigt um 0,1 bis 0,2 °C pro 24 Stunden. Im Freien ist das Fohlen müde und an seiner Umgebung uninteressiert. Beim Heraus- und Hereinführen von der Weide bleibt das Fohlen oft weit hinter seiner Mutter zurück und geht mit einem langsamen, oft torkelnden Schritt, mit gesenktem Kopf hinter der Mutter her. In der Lunge entwickeln sich innert kurzer Zeit Abszesse von unterschiedlicher Größe. Typisch für diese Abszeßkapseln ist, daß sie häufig sehr dickwandig und weiß gefärbt sind. Der Inhalt dieser Abszesse ist breiartig und riecht außerordentlich schlecht. Die Körpertemperatur steigt mitunter bis zu 40 °C, bis dann die akute Krise mit allen Symptomen einer Allgemeininfektion (Sepsis) eintritt, woraufhin das Fohlen meistens innerhalb von 24 Stunden stirbt. Wenn diese kranken Fohlen jedoch gleich zu Beginn, d.h. bevor sich diese Abszesse entwickeln konnten, mit einer intensiven Antibiotikatherapie behandelt werden, besteht eine gewisse Aussicht, sie zu retten. Um die Abszesse in einem frühen Stadium feststellen zu können, ist das Röntgen der Lunge äußerst wertvoll. Die Blutprobe zeigt das typische Bild einer Infektion und hat vor allem einen hohen Fibrinogen-Wert. Mittels einer bakteriologischen Probe des Luftröhrenschleims im unteren Teil der Luftröhre können oft Bakterien nachgewiesen werden. Leider werden viele Fälle

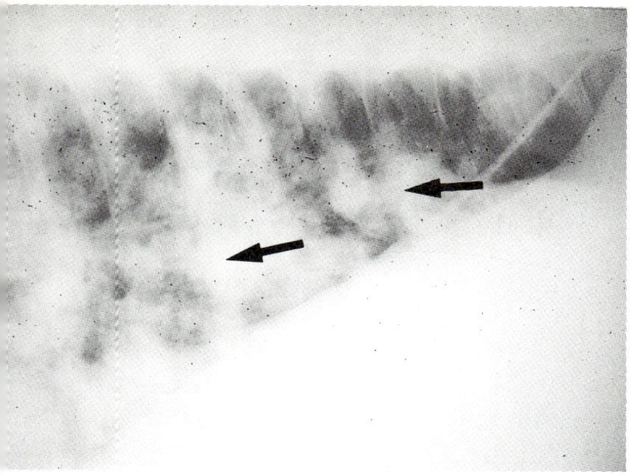

Röntgenbild der Lunge eines Fohlens mit verschiedenen Abszessen des Corynebakteriums Equi

oft erst in einem sehr fortgeschrittenen Stadium erkannt. Streßfaktoren, wie zuviele andere Fohlen in der Umgebung, Transporte oder vorgängige Luftwegs-Entzündungen, wirken disponierend. Mit den heutigen sehr effektiven Antibiotika, die jedoch über mehrere Wochen hinweg verabreicht werden müssen, ist eine vollständige Abheilung der abszeßdurchsetzten Lungen möglich. Leider ist dies jedoch eine sehr kostspielige Behandlung.

Daneben gibt es noch viele Bakterien und Virusarten, die das neugeborene und junge Fohlen befallen können. Von den verschiedenen Säugetierarten dürfte das Pferd wohl für solche Infektionen das empfänglichste sein. Deshalb kann nicht genügend wiederholt werden, daß beim geringsten Verdacht auf eine Infektionserkrankung bei neugeborenen Fohlen folgendes die Regel sein soll: sofortige Kontrolle der Temperatur und unmittelbares Beiziehen eines Tierarztes. In den letzten Jahren hat man begonnen, aus dem Blut von solchen Fohlen die Bakterien zu züchten. Auf diese Weise kann eine Resistenz-

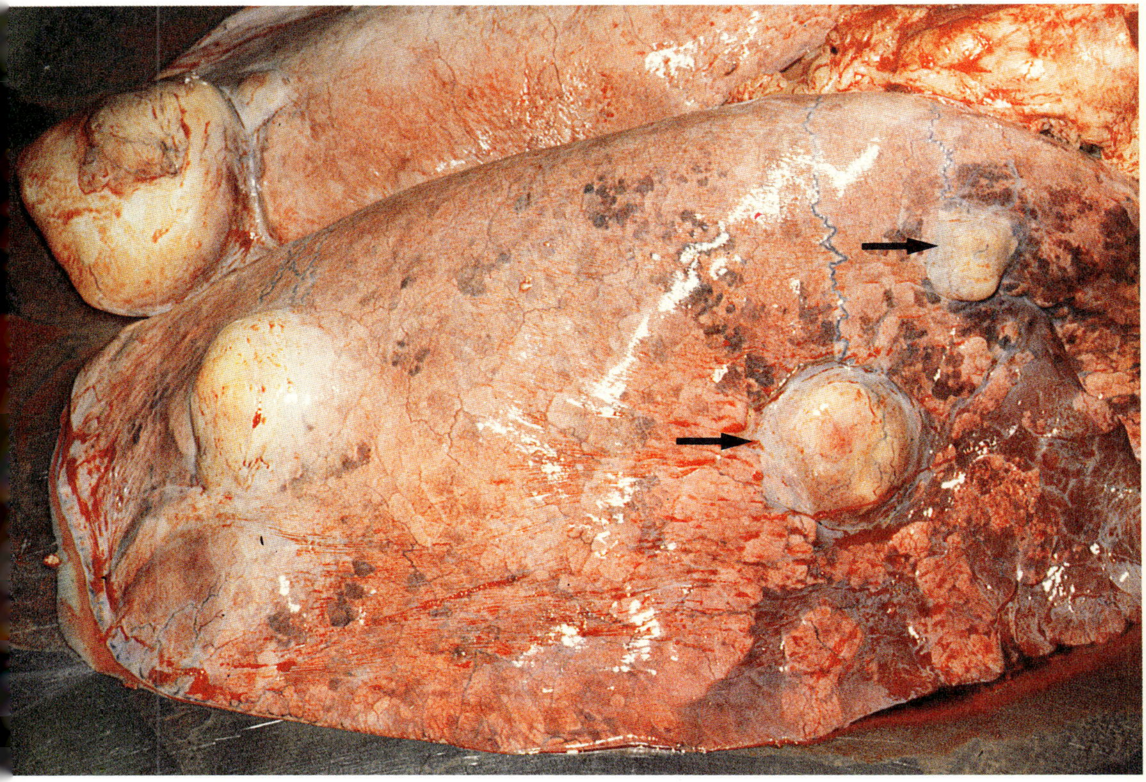

Die Pfeile (→) zeigen deutlich die oben beschriebenen Abszesse in der Lunge eines Fohlens.

bestimmung durchgeführt werden, welche die Anwendung des richtigen Antibiotikums ermöglicht. Dadurch kann die Prognose zur Behandlung solcher Erkrankungen deutlich verbessert werden.

Das Entwöhnen oder Absetzen des Fohlens

Wenn das Fohlen 2 bis 3 Monate alt geworden ist, steht es mit seiner Entwicklung oft am Scheideweg. Bis zu diesem Zeitpunkt hat es sich zum größten Teil mit Muttermilch ernährt. Aber jetzt muß das Fohlen beginnen, auch Futter von außen aufzunehmen, um seinen Bedarf infolge des raschen Wachstums zu decken. Gutes Weidegras, Heu und Hafer sollen mit Hilfe von Enzymen und Vitaminen im Dickdarm verwertet werden können. Einigen Fohlen fällt es schwer, diese Darmenzyme sowie eine genügende Menge von Vitamin B12 zu produzieren. Als Folge davon magern die Fohlen ab, bekommen ein schlechtes Haarkleid und verspäten sich mit dem Ablegen des Fohlenpelzes. Zum gleichen Zeitpunkt erfolgt auch der erste Befall mit Parasiten. Die Milchproduktion der Stute verringert sich während der heißen Sommermonate, und das Weidegras ist dementsprechend auch nicht mehr von bester Qualität. All dies zusammengenommen bedeutet für gewisse Fohlen große Schwierigkeiten, sich in der richtigen Richtung zu entwickeln. Mit einer Entwurmung durch die Zuführung von Vitaminen über den Magen-Darm-Kanal sowie durch die Zuführung von gewissen Futterzusätzen kann man diese Entwicklung etwas bremsen. Es kann nicht genügend betont werden, daß das Fohlen sehr stark von der Stute geprägt ist, auch wenn es scheint, als wären viele Fohlen sehr selbständig und an ihren Müttern völlig uninteressiert. Aus diesem Grund bedeutet das Absetzen des Fohlens von der Mutter in den meisten Fällen einen entscheidenden Vorfall mit großer Unruhe, Verlust der Freßlust und plötzlichen Veränderungen des Temperamentes. Man kann jedoch keine festen Regeln für eine ideale Entwöhnung aufstellen. Es gibt dafür keine ideale Methode, was der Umstand beweist, daß jeder Züchter seine eigene Methode hat. Im Prinzip sollte das Fohlen von einer Stute, die nur wenig Milch produziert, früher abgesetzt werden als dasjenige einer sogenannt guten «Milchkuh».

Bei gewissen Stuten versiegt aber die Milchproduktion plötzlich, worauf ihre Fohlen während dieser Zeit hungern und kein Kilogramm zunehmen. Die beste Zeit für die Entwöhnung ist der 4. bis 6. Lebensmonat. Am besten geschieht dies im Nachsommer, so daß das Fohlen anschließend sofort selbständig auf die Weide gehen kann. Alle Fohlen müssen jedoch früh genug auf die bevorstehende Entwöhnung vorbereitet werden. So soll man jedem Fohlen eine kleine Krippe einrichten, die für die Stute zu klein ist, so daß das Fohlen frühzeitig lernt, in steigenden Mengen Kraftfutter, Minerale und Vitamine aufzunehmen. Ein gutes Entwöhnungsfutter ist auch Trockenmilch, die in richtigen Mengen dem Fohlen während der Entwöhnung gegeben werden kann, und die mindestens den notwendigen Eiweiß- und Energiezufluß in der kritischen Zeit nach dem Verlust der Mutter garantiert.

Erkrankungen im Sehnengewebe beim Fohlen und Jungpferd

Die Sehnenkontraktur (das Zusammenziehen der Sehnen) verunmöglicht die normale Streckung der Beine und sie bleiben gebeugt. Dadurch kann das Fohlen nicht normal belasten. Das Pferd kann mit zusammengezogenen Sehnen geboren werden, oder das Phänomen tritt während der Entwicklung des Pferdes auf.

Angeborene Sehnenkontrakturen können in fortgeschrittenen Fällen ein deutliches Hindernis bei der Geburt bedeuten, da die Beine während der Geburt nicht normal gestreckt werden können. Leichtere Fälle werden oft erst entdeckt, wenn das Fohlen aufzustehen versucht. Die Ursache ist nicht ganz klar. Eine Mißbildung des Föten oder eine Fehllage in der Gebärmutter können Ursache zur Sehnenkontraktur sein. Es wird auch angegeben, daß eine Futtervergiftung bei der Stute eine solche Kontraktur beim Fohlen bewirken kann. In einzelnen Fällen ist nur die oberflächliche Beugesehne betroffen; dies resultiert in einem Aufrichten der Fesselgelenke, sogenannten steilen Fesseln. Sind sowohl die äußere als auch die tiefe Beugesehne beschädigt, werden auch die Trachten angehoben. Wenn das Fohlen aufstehen kann und die Beine einigermaßen streckt, kann die Normalisierung ohne spezielle Maßnahmen sehr leicht erfolgen. Bei einer Kontraktur, welche auch das Vorderknie betrifft, sind nur leichte Fälle mit Stützverbänden zu behandeln. In schwerwiegenden Fällen wird eine Operation durchgeführt, bei der das Verstärkungsband der tiefen Beugesehne durchgeschnitten wird.

Die erworbenen Kontrakturen entstehen während des Wachstums. Man unterscheidet zwei verschiedene Typen:

Die Kontraktur der tiefen Beugesehne oder Bockhuf

Dieser tritt an den Vorderbeinen des Fohlens im Alter von 2 bis 4 Monaten auf. Die Krankheit kann erblichen Ursprungs sein. Wir haben mehrere Halbblutfohlen vom gleichen Hengst mit Bockhuf angetroffen. Zwei Vollblutstuten hatten während mehreren aufeinanderfolgenden Jahren Fohlen mit Bockhufen geboren. Fohlen mit Bockhufen können in den bestgeführten Gestüten auftreten. Die Stuten gehen mit ihren Fohlen täglich 7 bis 8 Stunden auf die Weide, werden während der Nacht in den Stall gebracht und erhalten alle nötigen Futterzusätze. Die Stuten sind im besten Alter und produzieren genügend Milch. Gerade Fohlen, welche unter den besten Konditionen aufwachsen und dadurch sehr rasch wachsen, sind dieser Krankheit am stärksten ausgesetzt. Die Symptome können sich während 24 Stunden entwickeln. Die Trachten heben sich an, und das Fohlen geht nur noch auf den Zehen. Rasch wird die Vorderseite der Hufe konkav, und in den Beugesehnen entsteht eine erhöhte Spannung. Der Schritt wird «stelzfußartig». Man vermutet, daß die Überfütterung im Zusammenhang mit zuwenig Bewegung ein zu rasches Wachsen der Extremitätsknochen im Verhältnis zu den Sehnen bewirkt.

Die Behandlung besteht darin, daß das Kraftfutter weggelassen wird. Es wird empfohlen, das Fohlen lediglich auf die Weide gehen zu lassen. Die Trachten werden einmal wöchentlich geraspelt, um den Druck auf die tiefe Beugesehne zu vermindern. Die unmittelbar eingesetzte Behandlung ist Voraussetzung für eine Abheilung. Schwere Fälle müssen operiert werden. Dabei schneidet man das Verstärkungsband der tiefen Beugesehne entzwei. Auch die Operation muß in einem frühen Stadium der Krankheit durchgeführt werden, um ein gutes Resultat zu erhalten. Es empfiehlt sich auch, einen Schnabelschuh anzubringen, das Fohlen während einiger Wochen in der Boxe zu halten und es täglich etwas an der Hand zu führen. Die Abheilzeit dauert ca. 2 bis 3 Monate. Das Resultat nach der Operation ist sehr gut, und die Voraussetzung zu einer vollen Funktionsfähigkeit ist gegeben.

Die Kontraktur der oberflächlichen Beugesehne

befällt Pferde im Alter von 8 bis 18 Monaten. Auch hier werden Pferde, die sich in einer raschen Wachstumsphase befinden, befallen. Anfänglich zeigen die Pferde eine steile Fesselstellung. In der nächsten Phase «überköten» sie zeitweise. Das «Überköten» bleibt bestehen, und das Pferd kann nicht mehr richtig gehen. Die Symptome sieht man vor allem an den Vorderbeinen, sie können aber auch in abgeschwächter Form an den Hinterbeinen beobachtet werden. Wie gesagt ist ein zu rasches Wachstum der Extremitätenknochen im Verhältnis zum Sehnengewebe die auslösende Ursache. Einige Forscher betrachten es als eine Form allgemeiner Osteochondrose. Hie und da können leichtere Fälle erfolgreich behandelt werden. Die Behandlung besteht in einer reduzierten und ausgewogenen Fütterung. Es muß auch ein Stützverband angelegt werden. Die Trachten werden angehoben und die Zehe am Eisen verlängert. In fortgeschrittenem Stadium kann auch ein chirurgischer Eingriff vorgenommen werden. Das Resultat bleibt dabei aber ungewiß.

Strecksehnenzerreißung
mit Überköten kommt beim neugeborenen Fohlen häufig vor. Der Riß erfolgt im Bereich der Sehnenscheide des Zehenstreckers auf der Vorderseite des Vorderknies, wo gleichzeitig ein Erguß vorliegt. Die Ursache ist vermutlich eine Fehllage im Mutterleib. Die Behandlung besteht in der Punktion des Sehnenscheidenganges und dem anschließenden Anlegen eines Stützverbandes. Stellung und Funktion des Beines normalisieren sich im Verlaufe weniger Wochen.

Krankheiten im Knochengewebe bei Fohlen und Jungpferden

Ein Abknicken nach innen oder außen im Vorderknie kann auf einer angeborenen Instabilität der Gelenkkapseln im Vorderknie beruhen. Diese Fohlen müssen, von der Mitte des Vorhanges bis über das Fesselgelenk hinaus, eingegipst werden. Auf diese Weise kann das Fohlen weiterhin sein Bein belasten, und das Knie hat eine korrekte Stellung. Innerhalb einiger Wochen stabilisieren sich die Gelenke. Einige Fälle richten sich spontan wieder ein. In anderen Fällen besteht aber auch eine Mißbildung der kleinen Knochen im Kniegelenk als Ursache der Schiefstellung. Geringe Veränderungen erholen sich durch Ruhe und richtiges Beschneiden der Hufe. Abwinkelung nach innen oder außen im Vorderknie bei Fohlen im Alter von ca. 2 Monaten sind aber die Folge eines ungleichen Knochenwachstums im Bereich der unteren Wachstumszone. Ein vermehrter Druck oder die Folge eines Schadens (Verrenkungen, Verstauchungen etc.) können einen zusätzlichen Faktor für diese Veränderungen darstellen. In schweren Fällen müssen diese Fohlen operiert werden. Mit Hilfe einer Klammer kann die Wachstumszone auf einer Seite blockiert werden. Dabei wächst das Bein nur noch auf einer Seite. Die Klammer wird belassen, bis sich das Bein normal eingerichtet hat. Auf diese Art kann eine Veränderung korrigiert werden, sofern es sich nicht um einen bereits stark fortgeschrittenen Fall handelt. Aus dem Gesagten geht hervor, daß eine Behandlung in einem möglichst frühen Stadium eingesetzt werden muß. Das heißt, daß man mit einer aktiven Behandlung beginnen muß, falls sich die Veränderungen nicht in den ersten zwei Wochen normalisiert haben.
In den meisten Knochen, speziell aber bei den Knochen der Gliedmaßen, findet man in der Nähe der Gelenke die sogenannten Wachstumszonen. Diese Zonen bestehen

aus zahlreichem Knorpelgewebe. Von hier aus erfolgt auch zum größten Teil das Längenwachstum.
Besonders deutliche Wachstumszonen findet man bei den Fesselgelenken oberhalb des Kniegelenkes an den Vorderbeinen und oberhalb des Sprunggelenkes an den Hinterbeinen, d.h. an den distalen Radius- und Tibia-Enden. Wenn nun diese Wachstumszonen gestört werden, kommt es zu Blutungen und Rissen in dem weichen Gewebe. Sekundär entstehen dann Knorpelauflagerungen rund um die Wachstumszonen und eine entsprechende Umfangsvermehrung des Knochens, was als Epiphysitis bezeichnet wird. Verschiedene Ursachen führen zu Veränderungen der Wachstumszonen wie z.B. eine Fehlstellung der Gliedmaßen (zehenenge, zehenweite, faß- oder säbelbeinige Stellung etc.). Diese angeborenen sogenannten Stellungsfehler ergeben dann eine kräftige Überbelastung auf der Innen- oder Außenseite der Gliedmaße. Die Folge davon ist eine gestörte Funktion in der Wachstumszone mit Knochen- und Knorpelneubildungen, wie dies oben bereits erwähnt wurde. Störungen in der Wachstumszone können aber auch mangelhafte Mineralzufuhr (z.B. Kalk und Phosphor), ungenügende Milchproduktion bei der Stute oder falsche Fütterung als Ursachen haben. Ebenso können ein kräftiger Parasitenbefall oder chronische Infektionen solche Störungen in den Wachstumszonen auslösen.
Beim 2 bis 3 Monate alten Fohlen sieht man hauptsächlich eine Reaktion in den Wachstumszonen oberhalb der Fesselgelenke. Das Fohlen hat dann aufgerichtete, angeschwollene und steile Fesseln und zeigt einen vorsichtigen Gang. Bekanntlich sind die Fohlen in diesem Lebensabschnitt meistens Tag und Nacht auf der Weide. Die Unterlage ist häufig hart und das Gras auf den Weiden qualitativ schlecht. Die Stuten sind oft sehr unruhig und wandern viel umher. Zudem irritieren auch die Fliegen die Jungtiere so stark, daß sie nie gänzlich ausruhen können. Dies hat dann oft eine Reaktion in den empfindlichen Wachstumszonen zur Folge. Die Behandlung besteht dementsprechend im Aufstallen der Tiere während ca. eines Monats, wo sie ihre Ruhe haben. Das Fohlen liegt dann meistens in der Boxe und steht nur zum Saugen auf. Bei dieser Gelegenheit sollen die Fohlen regelmäßig entwurmt werden und zusätzliche Vitamine und Minerale bekommen.
Die Wachstumszonen schließen sich zu unterschiedlichen Zeitpunkten während des Wachstums. Bei der Verknöcherung der Wachstumszone nimmt die Anzahl der Blutgefäße deutlich ab, und das weiche Knorpelgewebe geht in ein hartes, kompaktes Knochengewebe über, das deutlich weniger Gefäße aufweist. Gleiche Veränderungen wie bereits oben beim Fohlen beschrieben können auch beim Jungpferd auftreten, das für ein allzu hartes Training eingesetzt wurde, bevor sich die Wachstumszonen geschlossen haben. Vor allem reagiert die Wachstumszone oberhalb des Vorderknies und oberhalb des Sprunggelenkes mit kräftigen Auftreibungen. Die Pferde werden müde, arbeiten schlecht und ertragen das Training nicht mehr. Man vermutet auch, daß sich die Pferde bei solchen Gelegenheiten in einer Wachstumsperiode befinden und deshalb so empfindlich sind. Es ist sehr wichtig, daß diese Pferde aus der Arbeit genommen werden, und zwar während einem oder mehreren Monaten, und in dieser Zeit ausruhen können, bis sich die Wachstumszonen geschlossen haben. Die Röntgenuntersuchung kann wertvolle Aufschlüsse über den Zustand des Skelettes geben, ebenso können beim Vorliegen von erhöhten Werten des Enzyms alkalische Phosphatase Rückschlüsse auf einen verstärkten Knochenabbau oder Knochenumbau gezogen werden.

Die Osteochondrose
mit nachfolgender Knorpelablösung kam früher recht häufig bei den Ardenner-Rassen vor. In den sechziger Jahren gewann diese Krankheit wieder an Aktualität in Schweden. Viele bekannte schwedische Forscher haben mit großem Einsatz versucht, diese Knorpelerkrankung bei verschiedenen Tierarten (Hund, Schwein, Geflügel, Rind und Pferd) zu ergründen. Die Osteochondrose ist eine Erkrankung, welche die Differenzierung der Zellen im wachsenden, reifenden Knorpel betrifft. Die Entwicklung und das Reifen des Knorpels und die anschließende Umwandlung zum Knochen wird vor allem in den Wachstumszonen der Gliedmaßen und in den Gelenkflächen gestört. Die Folge davon ist eine Verzögerung der normalen Kalkablagerung in den Knorpelzellen, wonach der Knorpel länger als gewöhnlich weich bleibt und verdickt wird. Die Ursache ist bis heute noch nicht ganz geklärt. Die Studien haben gezeigt, daß eine gewisse erbliche Disposition für Osteochondrose vorliegt. So sind z. B. 25 bis 30 Prozent der Nachkommen von einigen Hengsten mit Osteochondrose-Veränderungen befallen. Die Osteochondrose kann generell verbreitet sein und deshalb an verschiedenen Stellen im Körper auftreten.

Es sind hauptsächlich drei Lokalisationen, wo diese Schäden festzustellen sind:

1. Schäden im Wachstumsknorpel. Die Kontur des Knorpels ist verändert, und das Längenwachstum ist gestört. Das Gewebe kann absterben, und Knochenauflagerungen können in den Wachstumsfugen auftreten.
2. Die Schäden liegen im Gelenkknorpel, indem der Knorpel als Folge des verstärkten Druckes platzt und sich kleine Teile ablösen. Diese losen Knorpelstücke verursachen eine vermehrte Bildung von Gelenkflüssigkeit, was wiederum sogenannte Gallen, Schmerzen und Lahmheiten verursacht.
3. Schäden in der Mitte des Gelenkes können zur Entwicklung von Knochenzysten führen.

Die Osteochondrose sieht man beim Voll- und beim Halbblut sowie beim Traber, beim Pony kommt sie hingegen sehr selten vor. Es werden vor allem große und gutausgebildete Pferde befallen. In einer Reihe von 237 Fällen war das jüngste Tier 3 Tage alt. Drei Fohlen waren 3 Monate alt, und 64 Fohlen waren jünger als 6 Monate. Geringe oder mäßige Schäden sieht man eigentlich erst, wenn das Pferd ins Training genommen wird. Generell kann festgestellt werden, daß die Schäden beim Vollblut früher als beim Halbblut oder beim Traber auftreten. In der Regel treten sie auch häufiger bei den männlichen als bei den weiblichen Tieren auf. Die Schäden in den Wachstumszonen sieht man meistens an den distalen Enden der Schienbeine oberhalb der Fesselgelenke im Alter zwischen 6 und 9 Monaten sowie an den unteren Teilen des Vorderarmes und des Unterschenkels beim Jungpferd im Alter zwischen 12 und 18 Monaten, d. h. in der Zeit, in der sich die Wachstumszonen in einer sehr raschen Entwicklung befinden. Diese Veränderungen können bei einer Ruhigstellung innert 2 bis 3 Monaten ausheilen. Bei den Gelenken sind es vor allem das Sprung-, Knie- und Fesselgelenk, die von Osteochondrose-Veränderungen befallen werden. Sowohl beim Voll- als auch beim Halbblut kommt Osteochondrose bei ca. 50 Prozent im Kniegelenk vor. Beim Traber ist das Verhältnis 20 Prozent im Kniegelenk und 80 Prozent im Sprunggelenk. Die Knochenzysten, die wie obenerwähnt zum Teil Ausdruck von Osteochondrose sind, sieht man hauptsächlich an den Zehenknochen und am Hinterknie. Die Symptome, welche bei Osteochondrose in den Gelenken auftreten, sind erweiterte Gelenkräume, sogenannte Gallen, die im akuten Stadium mit Schmerzen und Lahmheit verbunden sind. Die chirurgische Behandlung besteht im Entfernen der losen Knorpelfragmente. Die Abheilzeit wird mit 2 bis 3 Monaten angegeben. Die Knochenzysten werden ausgekratzt und evtl. mit spongiösem Knochen aufgefüllt. Die Abheilzeit dieser Veränderungen beträgt ca. 6 Monate.

Das Osteochondrose-Problem erweckt weltweit ein großes Interesse, und die Forschungsarbeiten auf diesem Gebiet werden weiterhin sehr intensiv betrieben.

Die Fütterung

Damit sich das Pferd gut entwickeln und die Leistungen, die man von ihm verlangt, erbringen kann, ist eine vernünftige Fütterung notwendig. Erfahrung, Beobachtungsvermögen und eine gute Beurteilung sind von großer Bedeutung für die Kunst, ein Pferd richtig zu füttern. Zugang zu den Futtermitteln und zur Qualitätsbeurteilung sind Grundvoraussetzungen dafür, daß dies auch gelingt. Man muß sich stets bewußt sein, daß der Verdauungskanal beim Pferd so gebaut ist, daß er Rauhfutter umwandeln kann. Das Pferd ist immer noch ein Pflanzenfresser, deshalb soll die Basis im Futterplan aus Gras, Heu, Kraftfutter und Stroh bestehen. Das Pferd benötigt weiterhin noch etwas Weichfutter, Salz, Wasser sowie eventuell Zuschüsse von Vitaminen und Mineralfutter. Wenn man einen Futterplan zusammenstellt, ist es wichtig daran zu denken, welchen Bedarf an Futter das Pferd hat, und was die zur Verfügung stehenden Futtermittel beinhalten. Das Pferd benö-

Wenn das Pferd eine gute Weide hat, benötigt es keinen Zuschuß als Mineralstoffe.

tigt Energie für die normalen Körperfunktionen und um seine Arbeit zu verrichten. Die Energie erhält das Pferd vor allem aus den Kohlenhydraten, aber auch aus Fett und Eiweißen. Der Bedarf an Energie variiert und ist von Temperament, Wachstum und Leistung abhängig. Der Überschuß an Energie wird in Körperfett eingelagert. Energie gibt es in den meisten Futtermitteln. Immerhin enthält das Heu, welches wohl den wichtigsten Anteil in der Pferdefütterung darstellt, relativ wenig Energie bezogen auf das Volumen. Will man die Energiezufuhr steigern, so gibt man Kraftfutter. Hafer ist der wichtigste Spender von Kraftfutter. Er enthält 78 Prozent Kohlenhydrate, das meiste in Form von Stärke. Die Zusammensetzung des Kraftfutters kann durch Ergänzung von bis zu 40 Prozent Gerste verändert werden.

Die Eiweißzufuhr

Die Eiweißzufuhr ist wichtig, um Skelett, Muskeln und Gewebe aufzubauen. Die trächtige und säugende Stute und das wachsende Jungpferd benötigen selbstverständlich am meisten Protein. Aber auch Pferde im Training und im Wettkampf benötigen einen Eiweißzuschuß. Eiweiß findet man hauptsächlich in früheingebrachtem und somit gutem Heu. Hafer ist jedoch der wesentlichste Proteinträger in Schweden. Die Bausteine des Eiweißes werden «Aminosäuren» genannt. Unter dem biologischen Wert versteht man die Menge an Aminosäure. Hafer enthält eine geringere Menge an gewissen Aminosäuren, deshalb kann man dem Hafer Sojamehl und Kleie beimischen und erhält so einen sehr hohen biologischen Wert.
Das Pferd benötigt aber auch Zucker, um eine gute Bakterienflora im Dickdarm aufrechtzuerhalten. Das Heu enthält Zukker, reichhaltiger an Zucker sind jedoch Melasse, Rüben und Karotten, die sich deshalb als Zusatzfutter gut eignen.

Rohfasern

Die Rohfasern im Stroh und im Heu haben für die normale Darmfunktion eine große Bedeutung. Die Rohfaser gibt dem Pferd auch ein Völlegefühl und hat im weiteren eine Bedeutung für die Funktion der Darmbakterien. Störungen in der Darmflora treten oft auf, wenn das Pferd nach der Heufütterung im Winter hinaus ins zarte Gras kommt. Besonders häufig treten bei Ponys im Frühjahr Verdauungsstörungen auf, die von einer akuten Hufrehe begleitet sind. Es ist deshalb äußerst wichtig, den Übergang von der Stall- zur Weidehaltung so geschmeidig wie möglich zu machen. Das Problem kann gelöst werden, indem man in der ersten Zeit vor dem Weidegang Heu füttert. Der Rohfasergehalt soll jedoch bei der säugenden Stute und bei hart arbeitenden Pferden möglichst tief gehalten, jedoch der Anteil an Kraftfutter entsprechend gesteigert werden. Man erhält dadurch erhöhte Mengen an Eiweiß und Energie. Erwachsene Pferde in der Ruhe oder mit leichter Arbeit kann man sehr gut mit einer größeren Menge Stroh füttern.

Die Mineralstoffversorgung

Ein herkömmlicher Futterplan muß in der Regel Mineralfutter beinhalten, damit das Pferd genügende Mengen Kalk und Phosphor erhält. Besonders die trächtige und säugende Stute sowie Jungpferde sind sehr von diesen Mineralstoffen abhängig. Die Qualität des Grundfutters wechselt oft, und Mangelerscheinungen können bei Nichtzuführung von Mineralfutter auftreten. Fohlen und Jungpferde bekommen dann gerade Gelenke und Auftreibungen um die Wachstumsfugen in den Gliedmaßen. Das sieht man vor allem um die Fesselgelenke und Vorderknie. Nicht selten entstehen bei ungenügender Mineralstoffzufuhr bei Jungpferden auch Spat und Schalen. Es ist jedoch sehr wichtig, daß das Verhältnis zwischen den verschiedenen Mineralen, besonders Kalk und Phosphor, stimmt. Aufgrund der neuesten Erkenntnisse soll das Calcium/Phosphor-Verhältnis 1,2 bis 1,4 zu 1 sein. Dies bedeutet, daß das Futter 12 bis 14 Gramm Kalk auf 10 Gramm Phosphor enthalten soll. Die Gesamtmenge, die ein Pferd an Mineralen erhalten soll, hängt von Alter, Trächtigkeit und eventuellem Säugen ab. Eine Möglichkeit, die Mineralstoffmenge zu berechnen, besteht in der Analyse der Futtermittelzusammensetzung, die man mit den fehlenden Mineralstoffen ergänzt. Dieses Vorgehen verlangt jedoch aufwendige Analysen, und deshalb wird oft ein einfacherer Weg gewählt. Es ist allgemein bekannt, daß Hafer und vor allem Kleie phosphorhaltig sind. Heu hingegen enthält mehr Calcium als Phosphor. Besonders Luzerne- und Kleeheu sind sehr calciumhaltig. Speziell beim pelletierten Futter wird eine Gehaltsanalyse mitgeliefert. Eine einfache Lösung, Pferden den Zugang zu Mineralstoffen zu ermöglichen, besteht darin, ihnen eine separate Krippe mit den entsprechenden Mineralsalzen aufzustellen. Man glaubt nämlich, daß die Pferde instinktmäßig das von ihnen benötigte Mineralfutter wählen. Eine solche Krippe muß zweigeteilt sein. Auf der einen Seite ist reines Kalkfutter, und die andere füllt man mit einem Kalk-Phosphor-Gemisch. Im weiteren benötigen die Pferde sogenannte Spurenelemente wie Magnesium, Eisen, Jod, Zink, Mangan, Kupfer und Kobalt. Mineralstoffmischungen enthalten diese Spurenelemente.

Die Vitaminzufuhr

Vitamine sind für den richtigen Ablauf von verschiedenen Stoffwechsel-Vorgängen im Körper notwendig. Gewisse Vitamine wie Vitamin B, C und D können vom Pferd selbst aufgebaut werden. Hingegen müssen die Vitamine A und E zugeführt werden. Vitamin A kommt vor allem in Rüben, Heu und Gras vor. Im Winter und Frühling nimmt der Anteil an Vitamin A durch die Lagerhaltung deutlich ab und muß deshalb zugeführt werden. Vitamin D kommt vor allem im Heu vor und wird auch durch die Sonnenbestrahlung in der Haut des Pferdes aufgebaut. Auch dieses Vitamin muß im Herbst und Winter zusätzlich zugeführt werden. Vitamin D regelt die Aufnahme von Calcium und Phosphor aus dem Darm und den Einbau im Skelett. Vitamin B kommt in hohem Maße in der Gerste und im Hafer vor. Pferde, welche sehr viel arbeiten, benötigen eine Extrazugabe von Vitamin B und E, da dadurch vor allem Muskelschäden vorgebeugt wird.

Eine erstklassige Fütterung enthält in der Regel immer einen hohen Vitamingehalt. Für weitere Zuschüsse findet man ein großes Angebot an Vitaminfutter auf dem Markt.

Das Salz

Auch das Pferd ist auf Salz angewiesen. Der Bedarf variiert stark mit der Aktivität des Pferdes und hängt davon ab, wie stark es dabei schwitzt. Mangelsymptome zeigen sich z. B. durch Müdigkeit. Salz wird am besten in Form von Lecksteinen zugeführt, die es sowohl in der Boxe als auch auf der Weide zur Verfügung haben muß.

Die Wasserversorgung

Die Pferde müssen freien Zugang zu frischem Wasser haben. Es gelten die gleichen Anforderungen an das Trinkwasser wie für uns. Falls die Pferde mit dem Kessel getränkt werden, sollte dies mindestens dreimal im Tag geschehen. Ein Pferd kann täglich 50 bis 60 Liter Wasser benötigen. Der Bedarf hängt von Futter, Arbeit, Temperament und von der ganzen Umgebung überhaupt ab. Man sollte ein Pferd nie sofort nach einer harten Arbeit tränken.

Wieviel Futter benötigt mein Pferd?

Das Erhaltungsfutter für ein Pferd variiert sehr stark. Die Pferde müssen in einem ordentlichen Ernährungszustand sein, um somit die von ihnen verlangte Leistung erbringen zu können. Man muß besonders bei der trächtigen und der säugenden Stute sowie beim wachsenden Jungtier die Fütterung nach deren speziellen Bedürfnissen richten. Es besteht absolut die Möglichkeit einer Überfütterung. Dies kommt bei Ponys am häufigsten vor. Gerade ein Pony ist mit einer sparsamen Fütterung sehr oft zufrieden. In Schweden ist man gewöhnt, die Ponys auf guten Weiden zu halten. Im Frühling ist das Futter auf diesen Weiden sehr eiweißreich, was zur Folge hat, daß die Ponys viel zu fett werden und sehr leicht von Hufrehe befallen werden. Dazu kommt noch, daß Ponys oft viel zu wenig arbeiten.

Wenn wir nun die Fütterung im einzelnen diskutieren, gehen wir davon aus, daß wir im großen und ganzen herkömmliche Futtermittel anwenden. Dieses sind Heu, Gras, Stroh, Hafer, Gerste, Kleie, Soja, Karotten, Melasse oder Rübenschnitzel, Mineral- und Vitaminfutter. Kraftfutterpellets können Hafer, Kleie und Soja ersetzen. In Schweden werden schon seit längerer Zeit solche Kraftfutterpellets verwendet. Sie enthalten Getreide, Kleie, Melasse und Ölkuchen. Im weiteren sind Minerale und Vitamine zugesetzt. Der Vorteil bei der Anwendung von pelletiertem Kraftfutter liegt darin, daß es speziell für den Bedarf der einzelnen Pferde hergestellt werden kann. Geht man von der reinen Haferfütterung auf Pelletsfütterung über, sollte man ungefähr 75 Prozent der früheren Haferration geben.

Zum Weidegang

Wenn die Weide mit stickstoffhaltigen Düngern behandelt wurde und es wenig regnete, sollte man mindestens 14 Tage warten, bis man die Pferde darauf weiden läßt. Regnete es jedoch häufig, können die Pferde schon nach wenigen Tagen auf die Weide gelassen werden.

Wenn den Pferden eine gute Weide zur Verfügung steht, benötigen sie lediglich Minerale als Zuschuß. Die Mineralkrippe muß vor Feuchtigkeit geschützt werden. Zu Beginn des Weideganges ist es zweckmäßig, noch einen Zuschuß von Heu zu geben, um eine langsame Gewöhnung der Darmflora an die neuen Verhältnisse zu gewährleisten. Wenn die Weide dann schlechter wird, ist ein Kraftfutter-Zusatz notwendig. Dies ist besonders dann wichtig, wenn die Weide Ende Juli schlechter wird. Vollblut-Pferde haben oft die Tendenz, auf der Sommerweide abzumagern. Auch Stuten mit Fohlen benötigen meist einen gewissen Kraftfutter-Zusatz.

Die Fütterung der trächtigen Stute

Während des Herbstes und Winters sollte eine Stute zirka 6 bis 7 Kilo Heu, 2 bis 3 Kilo Hafer, 1 Kilo Kleie und 3 bis 4 Kilo Rüben pro Tag erhalten. Falls keine Rüben zur Verfügung stehen, kann man ungefähr 200 Gramm Melasse zufüttern. Zum Mineralfutter soll die Stute freien Zugang haben, Vitaminfutter kann bei Bedarf ebenfalls zugefüttert werden.

Die Fütterung der säugenden Stute
Wenn das Fohlen geboren ist und die Stute Milch gibt, muß der Anteil des Hafers auf 5 bis 6 Kilo steigen. Neben der Kleie füttert man oft auch ein Kilo Sojamehl oder Ölkuchen. In der Regel beginnt das Fohlen ungefähr nach einem Monat bereits etwas Heu und Hafer zu fressen, dementsprechend muß die Futterration um ein Kilo gesteigert werden. Es besteht aber auch die Tendenz, den Stuten während des Sommers zu viel Futter zur Verfügung zu stellen. Oft sind dann die Fohlen überfüttert, was zur Folge hat, daß das Skelett des Fohlens im Verhältnis zu den Beugesehnen zu rasch wächst. Dadurch entstehen gerade Fesselgelenke, was zu Bockhufbildung führen kann.

Die Fütterung während des ersten Lebensjahres
Während seines ersten Lebensjahres wächst das Fohlen gleichviel wie in den folgenden 3 bis 4 Jahren zusammen. Aus diesem Grund ist eine richtig zusammengesetzte Fütterung äußerst wichtig. Vor allem ist der Bedarf an Eiweiß und Mineralstoffen groß. Das frühzeitig und gut eingebrachte Kleeheu ist für das Jungtier am besten geeignet. 5 Kilo Heu, 2 Kilo Hafer mit 300 Gramm Kleie und Sojamehl sollte für ein Jungpferd genügend sein. Wenn pelletiertes Futter gegeben wird, muß etwa 3/4 der Menge des konventionellen Kraftfutters verabreicht werden. Die Ration Melasse und Rüben kann mit dem Weichfutter gefüttert und durch Mineral- und Vitaminfutter ergänzt werden.

Die Fütterung des 2- bis 3jährigen Jungpferdes
Während der folgenden Lebensjahre soll vor allem mehr Heu und Hafer gemäß dem höheren Erhaltungsbedarf gegeben werden. Hingegen kann nun auf das Sojamehl verzichtet werden.

Es ist wichtig, daß den Pferden Mineralsalze zugeführt werden.

Die Fütterung des Rennpferdes
Pferde, die im Training sind und Wettkämpfe bestreiten, haben wiederum einen gesteigerten Eiweiß-Bedarf. Die Kraftfutterzugabe soll auf max. 6 bis 7 Kilo steigen und mit Sojamehl und Kleie ergänzt werden. Schwer arbeitenden Pferden muß vermehrt Kraftfutter und weniger großvolumiges Strohfutter verabreicht werden. Damit jedoch eine gute Fütterung gewährleistet ist, soll täglich nicht weniger als 1 Kilo Heu pro 100 Kilo Körpergewicht gegeben werden. Man muß immer daran denken, daß das Skelett des Pferdes einer fortwährenden Umwandlung unterworfen ist. Deshalb soll auch der Mineralstoffwechsel jederzeit sichergestellt sein.

Die Ponys
Bei der Fütterung von Ponys muß man sich bewußt sein, daß ein Pony ohne weiteres mit Heu, Stroh sowie etwas Weich- und Mineralfutter durchkommt. Hafer und Kleie sollten höchstens in kleinen Mengen beigefügt werden. Eine Ausnahme gilt für die säugende Stute, die einen mäßigen Kraftfutterzuschuß erhält. In der Regel geschieht es sehr leicht, daß man die Ponys überfüttert. Ganz besonders muß die Sommerweide für Ponys mager sein.

Die Fütterungszeiten
Die Pferde haben einen kleinen Magen und müssen deshalb mindestens dreimal täglich gefüttert werden. Man muß immer kontrollieren, ob sich zwischen den Mahlzeiten noch Futterreste in der Krippe befinden. Wenn die Pferde einen oder mehrere Ruhetag haben, muß das Kraftfutter unbedingt mindestens auf die Hälfte reduziert werden. Während der Wettkampftage ist die Heuration zu verringern. Auch soll einige Stunden vor einem Wettkampf

kein Hafer mehr gefüttert werden. Nach einer Anstrengung muß mindestens eine halbe Stunde bis zur Fütterung des Pferdes gewartet werden.

Die Beurteilung der Futterqualität

Oft leiden Pferde in der Folge von schlechtem Futter an Verdauungsstörungen, asthmaähnlichen Erkrankungen und Aborten. Folgende Forderungen werden an gutes Futter gestellt:

1. Das Heu muß frühzeitig eingebracht werden. Es muß grün sein und frisch riechen und unbedingt staubfrei sein.
2. Der Hafer muß einen guten Kern haben, dünnschalig sein und gut riechen. Er muß trocken sein und darf keine Klumpen aufweisen. Es ist wichtig, jede neue Haferlieferung zu kontrollieren. Unter Umständen kann der Hafer vom Vorjahr mit frischem Hafer vermischt werden. Auf diese Weise kann Verdauungsstörungen vorgebeugt werden, indem nicht allzu frischer Hafer gefüttert werden muß.
3. Für die Gerste gelten dieselben Voraussetzungen wie für den Hafer.
4. Die Rüben müssen frisch und gut gereinigt sein. Es muß vor allem auf angefaulte Rüben geachtet werden.
5. Die Rübenschnitzel müssen vor der Fütterung im Wasser eingeweicht werden. Nur zu häufig müssen Pferde mit Schlundverstopfung behandelt werden, weil ihnen trockene Rübenschnitzel gefüttert wurden. Die Rübenschnitzel sollten am gleichen Tag, an dem man sie vorbereitet, auch verfüttert werden. Rübenschnitzel sind auf Vergärung sehr anfällig.
6. Die Melasse ist ein gutes Weichfutter und sehr zweckmäßig, wenn keine Rüben gefüttert werden können. Auch die Melasse muß frisch verfüttert werden. 100 bis 200 Gramm Melasse werden in 1 Liter Wasser angerührt. Auch die Melasse kann vergären und schimmlig werden.
7. Unter Silage versteht man Futter, das ohne Luftzufuhr konserviert wird und das einen Gärungsprozeß durchläuft. Dadurch verliert es den Zucker, behält jedoch das Protein. Diese Art von Futterkonservierung wird schon seit längerer Zeit für das Rind und in den letzten Jahren auch für das Pferd angewendet, dies vor allem bei hustenden Pferden mit sehr gutem Resultat. Eine moderne Art der Silageproduktion ist die Herstellung unter einer Plastikdecke. Man muß jedoch sehr vorsichtig arbeiten, damit keine Verunreinigung mit Erde entsteht oder Luft dazukommt. Sollte dies geschehen, kann der Vorgang gefährlich werden, da sich Botulismuskeime entwickeln können, was eine Schlundlähmung mit tödlichem Ausgang zur Folge haben kann. Ein guter und einfacher Test ist dann die pH-Bestimmung, wobei der pH-Wert 4,5 nicht überschreiten darf. Im Idealfall liegt er bei 3. Eine weitere Art der Konservierung ohne Luftzutritt erfolgt durch die Verpackung des Heus in Plastik. Dies hat sich vor allem für hustende Pferde sehr bewährt und wird unter dem Namen Boxgrass oder Horsehage gehandelt. Es werden keine Zusätze verwendet. In diesem Fall ist es auch die absolute Dichtheit, welche alle säureabhängigen Prozesse stoppt. Deshalb ist die Lagerung dieser Heuballen und ihrer Verpackung außerordentlich wichtig, damit keine Schäden an der Verpackung entstehen. Schäden können leicht erkannt werden, wenn in der Verpackung kein Vakuum besteht. Eine geöffnete Verpackung sollte innert 5 Tagen aufgebraucht werden. Im warmen Sommer ist die Haltbarkeit auf 3 Tage reduziert.
8. Das Stroh muß von guter Qualität und trocken sein. Verschimmelte und angefaulte Stellen, die unter Umständen

innerhalb der Ballen liegen, müssen entfernt werden. In diesem Zusammenhang muß von den großen Strohballen und den sogenannten Rollballen, die in den letzten Jahren vermehrt zur Anwendung kamen, gewarnt werden. Diese enthalten oft Schichten von sehr unterschiedlicher Qualität. Für Pferde ist das Weizenstroh vorzuziehen. Es ist ein ausgezeichnetes Mittel zum Streuen und aufgrund seines Pflanzenfasergehaltes auch zur Fütterung geeignet.
Das Stroh vom Hafer hat jedoch einen höheren Futterwert, was z. B. für Fohlenstuten zu beachten ist.
Das Einbringen ist jedoch sehr schwierig, und oft weist es eine sehr unterschiedliche Qualität auf.
Das Stroh von Gerste ist zum Streuen geeignet. Die Spelzen können jedoch oft zu Hautirritationen führen.
Das Stroh von Roggen sollte nicht verwendet werden, da es zu Koliken führen kann.

9. Das Mineralfutter kann oft unangetastet in der Krippe liegenbleiben, weshalb man nie zu große Mengen geben soll. Weigert sich ein Pferd, separates Mineralfutter zu fressen, muß man sich überlegen, ob man es nicht mit der Kraftfuttermischung zuführen soll. 50 bis 100 Gramm sind eine genügende Menge von der kombinierten Mineralstoffmischung.

Stallverhältnisse

Eine gute Aufstallung ist für alle Tierarten notwendig. Die längere Lebensdauer der Pferde, verglichen mit anderen Tieren, die wir aufstallen, hat zur Folge, daß sie über längere Zeit den Einflüssen des Stallklimas ausgesetzt sind. Mit Ausnahme der Zuchttiere verlangen wir zudem noch eine physische Leistung von den Tieren.

Was die Pferdeställe anbetrifft, hat das Landwirtschaftsministerium ergänzend zum Inhalt des Tierschutzgesetzes und der entsprechenden Verordnung spezielle Bestimmungen für diese Tierart erlassen. Diese speziellen Vorschriften müssen bei neuen und zusätzlichen Bauten von Pferdeställen als Norm berücksichtigt werden. Bei Umbauten können geringere Abweichungen von diesen Maßen gemacht werden, sie müssen jedoch vom Tierschutzgesetz her unbedeutend sein.

Ganz allgemein kann gesagt werden, daß der Platz im Stall so groß sein muß, daß sich die Tiere ungehindert bewegen können. Alle Tiere müssen in einem Stall gleichzeitig liegen können. Der Stall muß so gebaut sein, daß sich das Tier «natürlich» bewegen kann. Es muß auch dafür gesorgt werden, daß man die Tiere im Falle eines Brandes so rasch als möglich retten kann. Was die Einrichtung und Ausrüstung anbetrifft, muß diese so ausgeführt sein, daß sich das Tier nirgends verletzen kann und für seine Gesundheit keinerlei Risiko besteht. Vor allem dürfen die Tiere nicht so festgebunden werden, daß ihre Bewegungsfreiheit eingeschränkt wird und daß sie sich ihren Bedürfnissen entsprechend ausruhen können. Die Pferde müssen mit einem Halfter oder einem Halsriemen und einem Strick angebunden sein, der mit einem «Klotz» versehen ist.

Im weiteren wird verlangt, daß der Boden und die übrigen Einrichtungen zum Anbinden, zum Füttern und für die Wasserversorgung sowie die Abschrankungen und Boxenwände so konstruiert sind, daß sich die Tiere nicht verletzen können. Dementsprechend muß auch der Bodenbelag gleitsicher sein.

Die Einrichtungen dürfen nicht hervortretende oder scharfe Kanten haben. Im weiteren dürfen keine herausstehenden Nägel, Haken und defekte Gitter im Stall vorkommen. Es ist äußerst wichtig, daß der Spalt unter der Boxentüre klein ist, damit ein liegendes Pferd nicht einen Huf einklemmen kann. Dies gilt besonders für Fohlenboxen, in denen im Notfall der zu große Zwischenraum mit Stroh ausgestopft wird.

Hervorstehende Türschlösser und Wasserhähne müssen mit Klötzen oder Bügeln gesichert werden. Bei der Anbindevorrichtung in einem Stand muß der Anbindering mindestens 1 bis 1,20 Meter vom Boden entfernt sein. Der Abstand vom Boden bis zum oberen Rand der Krippe bzw. bis zum Wasserbecken muß 1 bis 1,20 Meter betragen. Der Anbindestrick, der durch den Ring gezogen wird, muß durch ein Gewicht stets gestreckt gehalten werden, damit sich das Pferd nicht darin verfangen kann. Anbindeketten in den Stallgängen sollten mit sogenannten Panikhaken gesichert sein, damit sich auch hier die Pferde nicht verletzen können. Futter- und Wasserkrippen sowie Heuraufen dürfen keine scharfen Kanten haben. Auftretende Schäden an Stalleinrichtungen müssen sofort repariert werden. Dies gilt ebenfalls für die Weideeinrichtung, wo viele gefährliche Gegenstände

Mit Profileisen verhindert man, daß die Pferde die hölzernen Einrichtungen «annagen»

Der Holzklotz verhindert, daß sich die Pferde am Boxentürschloß verletzen

Hervorstehende Wasserhahnen sollten mit Schutzbügel gesichert werden.

Mistgabeln und Rechen werden mit den Spitzen nach unten an den Wänden aufgehängt. Stichverletzungen mit schmutzigen Mistgeräten können unter anderem auch Starrkrampf zur Folge haben

herumliegen, z.B. alte Ölfässer, Badewannen etc., die oft als Trinkgefäße verwendet werden. Oft ist die fortlaufende Kontrolle der Haltervorrichtung der Lecksteine ein wichtiges Detail. Wenn die Lecksteine beinahe aufgebraucht sind, treten die scharfen Kanten der Haltervorrichtung hervor. Die Fenster müssen mit Gittern gesichert werden. Die Pferde dürfen nicht zu den elektrischen Leitungen kommen. Die Stallampen müssen so hoch angebracht werden, daß sie die Pferde nicht mit dem Kopf beschädigen können. Stallgeräte wie Mistgabel, Schaufel und Heugabel etc. müssen so aufbewahrt werden, daß sich die Pferde nicht verletzen können. Am besten werden sie aufgehängt, da sonst gefährliche Stichverletzungen in Gelenken und Sehnenscheiden vorkommen können. Alle Oberflächen im Stall müssen glatt sein und leicht zu reinigen, damit sich möglichst wenig Staub ansammeln kann. Dies gilt besonders für die Decke zum Heuboden, die absolut dicht sein muß, so daß kein Staub mit den schädlichen Pilzsporen in den Stall gelangen kann. Es soll auch giftfreie Farbe verwendet werden. Zudem muß der Stall mindestens einmal im Jahr gründlich gereinigt und desinfiziert werden.

Die Richtlinien gemäß der Bekanntmachung für Tierhaltung des schwedischen Landwirtschaftsamtes:

Die Länge des Pferdes muß bei normaler Körperhaltung von der Nase bis zur Schwanzwurzel gemessen werden. Die Länge des Standes wird von der hinteren Kante der Krippe gemessen, sofern diese in der Mitte der Vorderwand angebracht ist oder mindestens die Hälfte der Breite einnimmt. Ansonsten wird die Länge des Standes von der Vorderkante der Krippe gemessen.

Die ungefähren Maße der verschiedenen Pferderassen:

	Länge (Meter)	Widerrist (Meter)
Pony	unter 2	0,80 – 1,48
Kleines Pferd	ca. 2,25	1,49 – 1,55
Mittleres Pferd	ca. 2,50	1,56 – 1,65
Großes Pferd	ca. 2,75	1,66 –

Breite des Stallganges:

Zwischen zwei Standreihen	3,0 m
Zwischen zwei Standreihen in einem Reitstall	3,5 m
Zwischen zwei Boxenreihen	2,5 m
Zwischen zwei Boxenreihen im Trabstall	3,5 m
Zwischen einer Stand- und einer Boxenreihe	3,0 m
Zwischen einer Standreihe und einer Wand	3,0 m

Gemeinschaftsboxen

	Boxenfläche m²
1jährige	5 pro Pferd
Fohlen	4 pro Pferd

Die Höhe der Boxenwände (exkl. Gitter) muß der Widerristhöhe entsprechen

Türen

	Breite (Meter)	Höhe (Meter)
Boxentüren	1,2 (Innenmaß)	
Stalltüren	1,2 (Innenmaß)	2,20

Der Abstand zwischen den Gitterstäben muß für mittelgroße Pferde nicht größer als 70 Millimeter sein. Der Zwischenraum von Abschrankung und Decke muß mindestens 0,5 Meter sein. Der Abstand zwischen dem Boden und der Krippe bzw. des Tränkebeckens muß für mittelgroße Pferde an der oberen Kante 1,0 bis 1,2 Meter sein. Für längeres Anbinden soll der Anbindering ebenfalls 1,0 bis 1,2 Meter über dem Boden angebracht werden.

Die Größe des Standes:

	Standlänge (Meter)	Spaltbreite (Meter) (Widerristhöhe + 0,1 Meter)	Deckenhöhe (Meter)
Pony	2,25	0,9 – 1,58	2,2
Kleines Pferd	2,50	1,59 – 1,65	2,2
Mittleres Pferd	2,75	1,66 – 1,75	2,5
Großes Pferd	3,0	1,76 – 1,9	2,5

Die Höhe der Trennwände zwischen den Ständen (exkl. Gitter) muß der Widerristhöhe entsprechen

Die Größen der Boxen

	Fläche der Boxe m^2	Abfohlboxe/ Krankenboxe m^2	Deckenhöhe (Meter)
Pony	7	9 (kürzeste Seite 2)	2,2
Kleines Pferd	8	10 (kürzeste S. 2,5)	2,2
Mittleres Pferd	9	12 (kürzeste Seite 3)	2,5
Großes Pferd	11	15 (kürzeste S. 3,5)	2,5

Die Ventilation

Ein Pferdestall muß so angelegt sein, daß die Luft zufriedenstellend ist. Wenn unterteilte Stallabteilungen vorliegen, müssen separate Ventilations- und Ausmistanlagen eingerichtet sein. Beim Ausfall der elektrischen Belüftung muß eine Notventilation vorhanden sein. Diese darf jedoch keinen Lärm, d. h. höchstens 65 dBA, abgeben.

Die Luftverunreinigung darf höchstens über kurze Zeit die folgenden Werte übersteigen:

- Ammoniak 10 ppm (parts per million)
- Kohlendioxid 3000 ppm
- Schwefel 0,5 ppm
- organischer Staub 10 mg/m^3

Die Lüftung

Über die Lüftung wird in den Anweisungen des Landwirtschaftsdirektoriums sehr wenig geschrieben. Die ganze Information, die man erhält, besteht darin, daß ein für die Tiere zufriedenstellendes Stallklima gefordert wird mit einer Luftzufuhr, die so angeordnet sein muß, daß die Tiere nicht schädlichem Durchzug ausgesetzt sind. Das Prinzip jeder Lüftung besteht darin, daß die warme, feuchte, verdorbene und ammoniakhaltige Luft herausbefördert und gleichviel frische Luft auf geeignete Art hineingebracht werden muß. Die Pferde geben in der Ruhe nur wenig Wärme ab, weshalb es ohne Ventilator kaum gelingt, eine genügende Luftumsetzung in einem Pferdestall zu erreichen. Nach einer Arbeit gibt zudem ein schwitzendes Pferd sehr viel Feuchtigkeit ab. Dazu werden Trabpferde mit Wasser abgewaschen, was zu einem Feuchtigkeitsproblem führt. Dies kann man z. B. dadurch lösen, daß man vom Spülplatz punktförmig Luft absaugt, das Pferde mit Wärme trocknet oder an einer geeigneten Stelle ein Luftentfeuchtungsgerät montiert. Auch in der Sattel- und Geschirrkammer, wo spezielle Kleidungsstücke aufgehängt werden, sollte ebenfalls eine Ventilation mit einer Aufwärmung eingerichtet werden. Ansonsten besteht die Gefahr von Schimmelschäden an den teuren Ausrüstungsgegenständen.

Luftabsaugung

In den meisten Fällen ist eine Vakuumtrommel im Dach angebracht.

Ein Gitter oder einige Bohrlöcher in den Boxentüren oder Stallwänden erleichtern die Ventilation.

Eine Trommel ohne Ventilator reicht jedoch nur für einen Stall von 10 x 25 Meter. Eine solche Trommel muß dann 1,6 Quadratdezimeter Oberfläche pro Pferd aufweisen. Sie sollte knapp unter dem Dachgiebel angebracht sein.

In einem größeren Stall muß diese Trommel mit einem Ventilator kombiniert sein. Dieser ist oft temperaturgesteuert, es wäre jedoch besser, wenn er von einem Feuchtigkeitsmesser aus gesteuert würde. Oft entsteht jedoch ein auch für Pferde störendes Ventilatorgeräusch. Maximal 500 Umdrehungen/Minute für einen Trommelventilator und 1000 Umdrehungen/ Minute für einen Wandventilator können einem Pferd zugemutet werden. Vom Arbeiterschutz aus gesehen werden 65 dBA toleriert.

Die Luftzufuhr

Die gleiche Menge Luft, die herausgepumpt wird, sollte durch verschiedene Öffnungen, wie Spalten bei Türen und Fenstern, eingesogen werden. Dies wird oft vergessen, vor allem da, wo bereits eine Ventilation vorhanden ist. Das Hineinpumpen der Luft muß so geschehen, daß sowohl Zug als auch Abkühlung verhindert werden können. Die zusammengerechnete Oberfläche muß der Oberfläche der Aussaugtrommel entsprechen. Häufig wird das Gerät zum Einsaugen von Luft von sich im Stall aufhaltenden Personen ausgeschaltet. Es empfiehlt sich deshalb, Klappen auf der Einlaßseite einzubauen und diese mit Hilfe von Rauchpatronen so einzustellen, daß der Luftstrom gesehen werden kann. Man sollte versuchen, einen laminären Luftfluß zu erhalten, da dieser einen deutlich geringeren «Zug» aufweist. Einen sogenannten «laminären» Zug erhält man, indem man die Luft durch eine Scheibe mit vielen

An feuchten Stellen sind Entfeuchtungsgeräte sehr nützlich. Das Kondenswasser wird mit einem Schlauch in ein Auffangbecken geleitet.

Wärme und Ventilation in der Sattelkammer erhöhen die Lebensdauer der Schabracken und übrigen Reitutensilien, die oft feucht aufgehängt werden.

Die Lufteinlaßöffnung für die Außenluft liegt direkt unter dem Dach. Das Gitter wird so gerichtet, daß keine Zugluft für das Pferd entsteht

kleinen Löchern durchbläst. Im Winter sollte diese Luft vorgewärmt sein. Am häufigsten wird die Luft vom Heuboden eingeführt. Es ist jedoch nicht zweckmäßig, da die Luft mit Staub, Grasmilben und Schimmelteilchen verunreinigt wird, was negative Folgen für die Pferde haben kann. Der Lufteinlaß sollte ebenfalls nicht über der Mistgrube angebracht werden. Ein guter Platz für den Lufteinlaß ist in der Nähe der Türen. Mit Hilfe einiger Löcher oder einem feinmaschigen Gitter im unteren Teil der Boxentüre erhält man eine gute Ventilation des Boxenbodens. Auf diese Weise steigt die warme, feuchte und nach Mist und Urin riechende Luft, und frische Luft fließt in die Boxe ein. Zudem werden durch ein Aussaugen auf Bodenhöhe die Verhältnisse weiter verbessert.

Luftmenge und -umsetzung

Die Luftmenge in einer Boxe muß 40 und in einem Stand ca. 20 Kubikmeter betragen. Ideal ist es, wenn sich die Luft acht- bis zehnmal innerhalb einer Stunde erneuert. Nach schwedischen Normen muß die Stalluft mindestens einmal im Winter und dreimal im Sommer ausgetauscht werden. Es wird jedoch empfohlen, einen Luftfluß von 100 Kubikmeter/Pferd/Stunde im Winter und 300 Kubikmeter/Pferd/Stunde im Sommer zu erreichen. Es handelt sich hier also um einen großen Luftfluß, wobei der Lufteingang oft einen begrenzenden Faktor darstellt.

Ist die Luftumsetzung im Stall zu tief, steigt der Kohlendioxidgehalt, und die

Hier kommt die Luft direkt vom Heuboden. Heu und Stroh müssen aber außen abgefangen werden, um eine Staubentwicklung zu verhindern

Oben: Eine Halbtüre, die in verschiedenen Stellungen fixiert werden kann, reguliert das Stallklima. Ein verschließbares Gitter erhöht die Sicherheit

Unten: Eventuelle Zugluft von der Türe her kann mit einer Mansonitplatte verhindert werden

Luft wird zu trocken. Bei Messungen im Stall liegt der Kohlendioxidgehalt normalerweise dreimal höher als im Freien. Liegt er jedoch fünf- bis zehnmal höher, muß die Luftumsetzung erhöht oder allenfalls die Pferdezahl verringert werden. Die Landwirtschaftsdirektion gibt einen Maximalwert von 3000 Partikeln auf eine Million an. Die Unterdrucksventilation ist der Überdrucksventilation vorzuziehen, da diese leicht Schäden im Stall verursachen kann, die seine Lebensdauer bedeutend senken. Systeme, die Ab- und Warmluft zur Temperaturerhöhung vermischen, werden nicht empfohlen. Der Schadstoffgehalt wird dadurch zu hoch, die Spitzen der Werte, die wir beim Arbeiten im Stall haben, würden ausgeglichen, und wir hätten einen zu hohen Mittelwert.

Die Stalltemperatur

Die Stalltemperatur wird oft nach den Bedürfnissen der Menschen gerichtet. Pferde mit der natürlichen Behaarung fühlen sich bis zu + 2 °C sehr wohl. Es ist allerdings Voraussetzung, daß im Stall weder Zug noch Feuchtigkeit auftreten. Die normale Stalltemperatur sollte jedoch bei + 10 bis 15 °C liegen. Im Winter muß eventuell eine zusätzliche Wärmequelle installiert werden, und die Türen und Fenster müssen isoliert sein. Die Wärmequelle sollte möglichst weit von der Aussaugetrommel und von der feuchtesten Stelle im Stall entfernt montiert werden. Eine ganze Reihe von Wärmeventilatoren sind ungeeignet und oft falsch plaziert.

Der warme, kräftige und konzentrierte Luftstrom verteilt eine große Menge von Teilchen, u.a. auch Pilzsporen. Diese reiten auf dem warmen Luftstrom und werden überallhin verteilt. Deshalb gibt es in gewissen Aggregaten elektronische Teilchenabscheider.
Kurzgeschorene Wettkampfpferde müssen in 15 bis 20 °C gehalten werden, wenn sie nicht zugedeckt sind. Diese müssen im Freien jedoch unbedingt eine Decke tragen. Es ist notwendig, daß die Stalltemperatur mit einem Thermometer kontrolliert wird. Die Ventilation und das Aufwärmen der Luft sollte mit einem Thermostat gesteuert sein. Häufig ist es jedoch nötig, eine forcierte Ventilation einzusetzen, z.B. nach der Reitlektion oder an einem Wettkampftag in einem Traberstall, in dem gleichzeitig viele schwitzende Pferde abgewaschen werden.

Luftfeuchtigkeit

Je wärmer die Luft ist, desto mehr Feuchtigkeit kann sie aufnehmen, ohne daß das Wasser kondensiert. 75 bis 80 Prozent ist die oberste, kritische Grenze; 60 bis 70 Prozent wird empfohlen. Senkt sich die Luftfeuchtigkeit jedoch unter 30 Prozent, empfinden wir die Luft als trocken, und das Atmen fällt schwer. In den Anweisungen der Landwirtschaftsdirektion gibt man an, daß die relative Luftfeuchtigkeit in einem wärmeisolierten Stall im Winter ausnahmsweise 80 Prozent übersteigen

1.

2.

3.

1. Feuchtigkeitsschäden um einen nicht isolierten Lüftungsschacht, bei dem der Ventilator lange Zeit außer Funktion war

2. Kondenswasser und Schimmelbildung an Decke und Wänden als Folge von schlechter Ventilation

3. Wasserperlen an der Decke eines nicht ventilierten Stalles

darf. In einem nicht isolierten Stall darf die relative Luftfeuchtigkeit diejenige der Außenluft nicht um mehr als 10 Prozent übersteigen. Man kann nicht beurteilen, wie dies die Pferde empfinden. Die trokkene Luft trocknet jedoch die Schleimhäute der Atemwege aus und vermindert den Schutz gegen Infektionen. Bei zu hoher Luftfeuchtigkeit schimmelt das Holz im Stall, und an den Fenstern und Steinmauern bildet sich Kondenswasser. Das in einem zu feuchten Stall aufbewahrte Futter kann rasch schimmlig werden. Im südlichen Schweden liegt die Luftfeuchtigkeit in den Ställen über 90 Prozent. In jedem Stall sollte ein Feuchtigkeitsmesser (Hygrometer) angebracht sein. Um einen trockenen Stall zu haben, benötigt man Wärme. Das Pferd selbst ist ein schlechter Wärmeproduzent. Hingegen kann ein Ofen an der feuchtesten Stelle, zum Beispiel bei der Waschboxe, am Wasserpfosten, bei der Eingangstür, beim Ausgang, in der Reitbahn etc., von großem Nutzen sein. Es versteht sich von selbst, daß diese Art von Wärme für die Naßanwendung konstruiert sein muß. Ein Entfeuchtungsgerät, an einer der obenerwähnten Stellen montiert, kann ebenfalls sehr nützlich sein. Wenn der Stall aufgewärmt wird, müssen auch die Wände, Fenster und Türen isoliert sein, ansonsten sich bei kalter Witterung Kondenswasser bildet. Der Boden muß ebenfalls, mindestens bis zu einem Meter zur äußersten Wand hin, isoliert und unter dem Stall gut drainiert sein. Eine gute Luftumwälzung mit vorgewärmter Luft verringert das Feuchtigkeitsproblem. Kalte, feuchte und rauhe Luft steigert die Anfälligkeit der Pferde auf Zug und vergrößert das Infektionsrisiko.

Staub

Wir finden immer mehr oder weniger Staub in einem Stall, wenn mit Futter und mit Stroh gearbeitet wird, die Pferde gereinigt werden, ausgemistet und der Stallgang gewischt wird. Sogar beim Mahlen von Hafer entsteht viel Staub. Mit einer Hafermühle, die gleichzeitig auch den Staub aufsaugt, kann dieses Problem gelöst werden. Im übrigen ist es sehr wichtig, daß man gutes Heu und gutes Stroh einkauft und es gegen Feuchtigkeit geschützt lagert. Das luftgetrocknete Heu ist nicht zu übertreffen, oft ist es jedoch schwierig, es einzukaufen. Auch das Stroh muß kontrolliert werden. Die großen, gerollten Ballen, die man in letzter Zeit immer häufiger sieht, sind im Pferdestall ungeeignet. In den Anweisungen der Landwirtschaftsdirektion wird festgelegt, daß die organische Menge nicht 10 Milligramm/Kubikmeter übersteigen darf. Mindestens einmal im Jahr muß der Stall ausgeräumt und gereinigt werden. Das Wischen oder eher das Staubsaugen in Ställen, wo es viele staubeinfangende Oberflächen und Balken hat, sollte nur dann geschehen, wenn die Pferde im Freien sind. Man sollte stets flache, bemalte, leichttrocknende Oberflächen verwenden. Wichtig ist auch, daß die Decke gegen den Heustall dicht ist, was z. B. mit Mansonitplatten erreicht werden kann. Die Landwirtschaftsdirektion bestimmt 10 ppm (parts per million) als obersten Grenzwert.

Ammoniak

Bei der Aufspaltung des Harns bildet sich Ammoniak, der die Schleimhäute stark reizt und die Widerstandskraft der Schleimhäute gegen Infektionen vermindert. Bei einem Gehalt von über 50 Partikel/Million ist der Geruch störend. In einem gutgepflegten Boxenbett beträgt der Gehalt ungefähr 0 bis 3 Partikel/Million auf der Höhe des Bodens.
Die Landwirtschaftsdirektion bestimmt 10 Partikel/Million als obersten Grenz-

wert. Speziell bei der Tiefstreue kommt es leicht zu einem höheren Ammoniakgehalt. Durch das Streuen einer Handvoll gewöhnlichen, gelöschten Kalkes kann dieses Problem gelöst werden. Die Pferde sollen jedoch nie mit Rindern, Schafen, Schweinen oder Hühnern zusammen gehalten werden, dies vor allem wegen des hohen Ammoniakgehaltes, der beim normalen Aufspalten ihres Harnes entsteht. Eine Ventilation des Boxenbodens ist eine andere, vorgängig bereits beschriebene Möglichkeit, dem Problem zu begegnen.

Die Stallumgebung

Die Stallumgebung läßt oft viel zu wünschen übrig. Ein gut drainierter Boden rund um den Stall mit trockenen Wegen vom Stall zu den Ausläufen ist nicht nur eine Sache des Gefallens. Besonders während milden Wintern, wenn die Pferde im Schlamm auf die Weide gehen, ist das Risiko für Starrkrampf besonders groß, da oft kleine Stichverletzungen nicht bemerkt werden. Häufig finden wir auch den Strohvorrat oder weggeworfenes Heu mitten im Stall. Pilzsporen, die sich darin bilden, stellen eine große Gefahr dar für Pferde, die empfindliche obere Luftwege haben. Ebenso ist der aus der Mistgrube geblasene Schmutz äußerst ungeeignet. Der Misthaufen muß mit großer Sorgfalt angelegt werden, damit er nicht zum Brutplatz von Fliegen und anderen Insekten wird. Die Unterlage muß ebenfalls drainiert werden, damit sich kein Regenwasser ansammeln kann. Ein regelmäßig entleerter Container ist der Anlage eines Misthaufens vorzuziehen. Das Streuen von Kalkmehl auf dem Misthaufen ist ein gutes Hilfsmittel zur Verminderung des Fliegenproblems. Vom Standpunkt des

Durch das Streuen von gelöschtem Kalk kann der Geruch der Urinbestandteile (bes. Ammoniak) neutralisiert werden

Die Anbindestricke müssen in der Nähe der Pferde aufbewahrt werden, um eine Räumung im Brandfall so schnell wie möglich durchführen zu können

Parasitenbefalls her sollten die Ausläufe mit Kies bedeckt und gut drainiert sein.

Brandschutz

Die häufigsten Ursachen eines Brandausbruches im Stall sind ein Kurzschluß in einer defekten elektrischen Leitung oder ein Blitzschlag. Da oft Heu und Stroh oberhalb des Stalles gelagert werden, nimmt das Feuer rasch ein gewaltiges Ausmaß an. Es geht in erster Linie darum, die Tiere so schnell als möglich ins Freie zu bringen. Es sollte stets ein Rettungsplan vorliegen. Es ist darauf zu achten, daß die Ausläufe für die Pferde etwas vom Stall entfernt sind und daß die Wege dorthin niemals blockiert sind. Die Stallgänge und die Ausgänge müssen ebenfalls stets freigehalten werden. Es müssen immer mehrere Fluchtwege vorhanden sein, dies mit Rücksicht darauf, daß ein Weg durch Feuer oder einen Einsturz blokkiert sein kann. Bei jeder Tür soll ein Anbindestrick vorhanden sein. Wenn die Pferde ohne Halfter in der Boxe stehen, soll dieses an der Boxentür hängen. Falls die Pferde in Ständen angebunden sind, muß stets eine Axt in Reichweite sein, um im Notfall die Stricke durchschneiden zu können. Innerhalb des Hauses muß ein Wasserhydrant mit einem entsprechend langen Schlauch oder andere Löschgeräte in der Nähe der Außentür stets bereitstehen. Alle sich im Stall aufhaltenden Personen müssen wissen, wo sich das nächstgelegene Telefon befindet. Falls eine Alarmorganisation besteht, muß auch deren Telefonnummer und genaue Anschrift deutlich sichtbar angegeben werden. Das Dach gegen die Heubühne muß auf der oberen Seite mit Gipsplatten versehen sein. Die Öffnung oder die Treppe zum Stall muß geschlossen werden können und die Türe selbst aus brennsicherem Material bestehen. Man soll nie leicht entzündbares Material in der Nähe des Stalles aufbewahren. Eine allfällige Garage muß stets mit einer Brandmauer vom Stall getrennt sein. Es ist klar, daß man weder im Stall noch in der Stallumgebung rauchen soll. Zudem muß ein hohes Stallgebäude stets mit einem Blitzableiter versehen sein. Es lohnt sich, immer wieder die elektrischen Leitungen und Anschlüsse zu überprüfen und nur anerkanntes Material zu verwenden.

Denke voraus und handle nach den Regeln: retten, alarmieren, löschen, wenn je ein Brand ausbrechen sollte. Man tut gut daran, in Versicherungsunterlagen nachzublättern, und es besteht auch die Möglichkeit, die Feuerwehr bei der Projektierung der Bereitschaft um Rat anzufragen.

Die Ausrüstung für die Brandbekämpfung muß leicht zugänglich sein

Der Hufbeschlag

Ein richtig ausgeführter Hufbeschlag ist für die gesunde Entwicklung eines Pferdes von größter Bedeutung. Viele Lahmheiten entstehen in Folge versäumter Hufbeschläge. Jeder Züchter sollte wissen, daß es äußerst wichtig ist, mit dem Ausschneiden der Fohlenhufe bereits mit 3 bis 4 Wochen zu beginnen. Das Ausschneiden muß regelmäßig in einem 6-Wochen-Intervall während der gesamten Wachstumsphase durchgeführt werden. Bei regelmäßigem Ausschneiden der Hufe hat man ebenfalls die Möglichkeit, fehlerhafte Formen zu korrigieren und auszugleichen. Es ist ebenso wichtig, daß auch das erwachsene Pferd je nach Aktivität regelmäßig (alle 5 bis 8 Wochen) neu beschlagen wird. Das Wachstum des Hornes variiert bei den verschiedenen Pferden. Natürlich ist es nur von Vorteil, wenn ein Pferd möglichst lang ohne Hufbeschlag gehen kann. Zudem reicht es bei dreijährigen Pferden häufig, daß man sie nur an den Vorderhufen beschlägt. Ponys können oft während des ganzen Lebens nur mit beschlagenen Vorderhufen gehen.

Fohlen mit ungenügend ausgeschnittenen und demzufolge zu langen Hufen

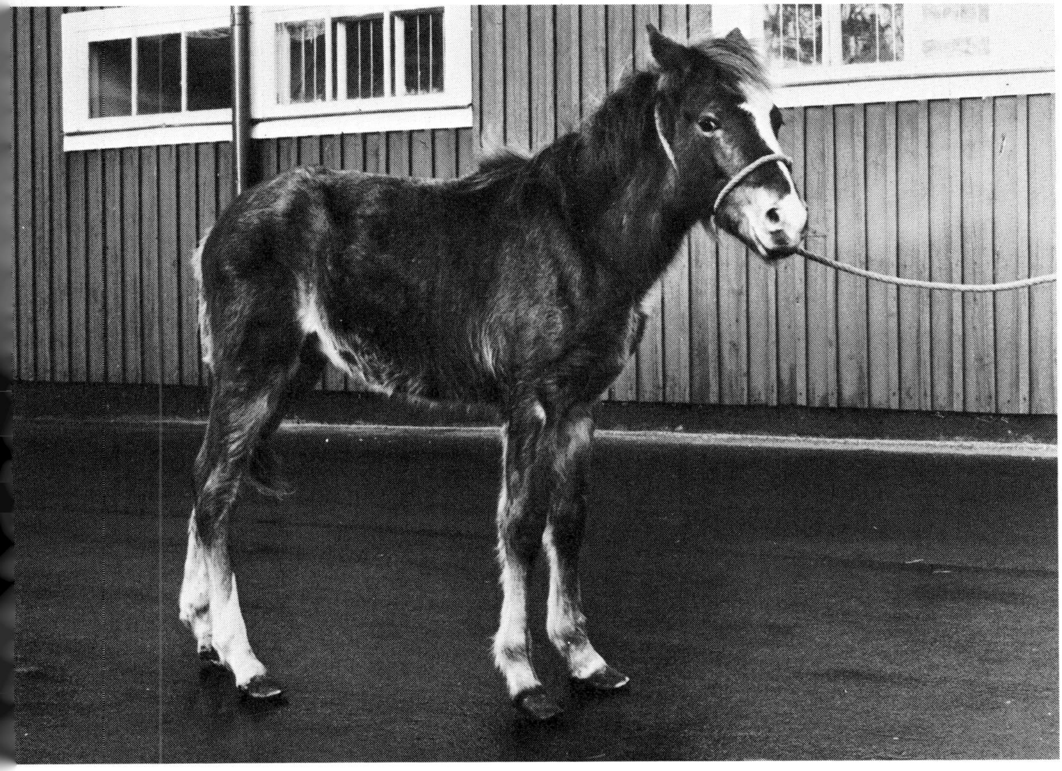

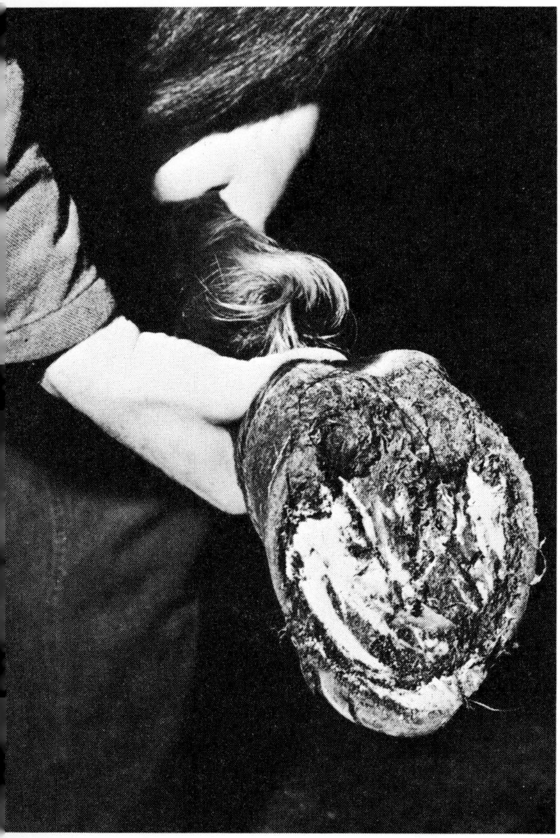

Der aufgehobene Huf ist schief gewachsen

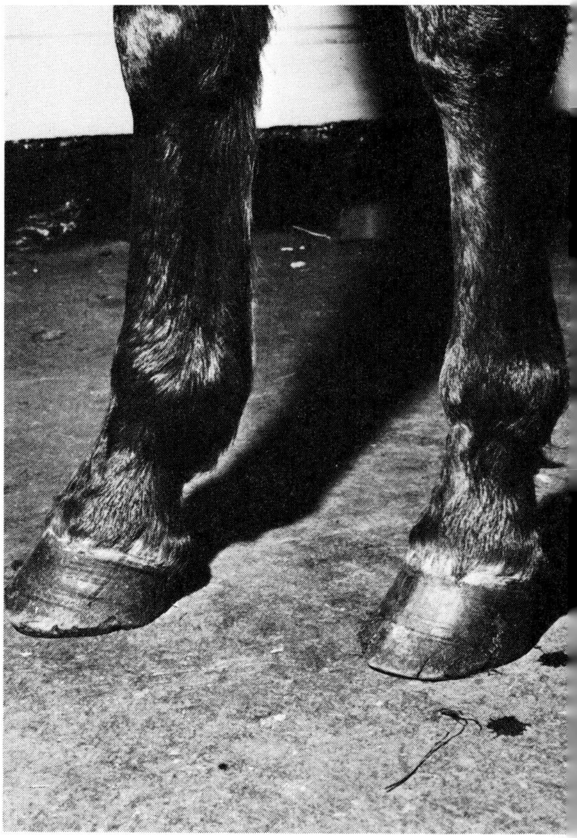

Vorderhufe vor dem Ausschneiden

Wie sieht der normalbelastete Huf aus? Die Zehenwand soll doppelt so lang sein wie die Trachtenwand. Die innere und die äußere Hälfte sollen gleich hoch sein, und der Ballenabstand zum Boden soll auf beiden Seiten ebenfalls derselbe sein. Die Oberfläche des Hufes muß gleichmäßig und glatt sein. Die Seitenwände müssen ungefähr die gleiche Neigung gegen den Boden zeigen. Der Tragrand soll ebenfalls gleichmäßig und hart sein, die Sohle fest und etwas nach oben gewölbt. Der Strahl soll gut ausgebildet sein und auf gleicher Höhe wie der Tragrand liegen. Die Eckstreben sollen gegen die Mitte des Strahles zeigen.

Der Hufmechanismus

Um dem kräftigen Druck standzuhalten, wenn das Pferd im Trab auf zwei Hufen oder im Galopp sogar nur mit einem Huf auftritt, muß das stoßdämpfende Gewebe des Hufes bestens funktionieren. Das stoßdämpfende Gewebe ist das elastische Kissen, das unterhalb des Strahlbeines, des Hornstrahles, der Sohle und des Hufknorpels liegt (vgl. dazu die Zeichnung auf S. 9). Wenn der Huf belastet wird, überträgt er das Gewicht des Körpers über das Fessel- und Kronbein nach unten zum Huf- und Strahlbein. Die elastischen Gewebe werden durch den Druck ausgeweitet und pflanzen sich dann in Richtung

Hornstrahl fort, der seinerseits den Gegendruck des Bodens aufnimmt. Die Belastung bedingt auch, daß sich die Hufknorpel nach außen verschieben und die Trachten 5 bis 10 Millimeter auf die Seite gleiten. Sohle und Trachten senken sich etwas. Wenn die Belastung aufhört, geht der Huf wieder in seine herkömmliche Form über. Der Hufmechanismus schützt demzufolge die inneren Teile des Hufes vor einer Beschädigung. Dieser elastische Mechanismus hat auch für die Blutzirkulation im Huf eine große Bedeutung, da er wie eine Druck- und Saugpumpe auf die Blutgefäße wirkt. Verminderte Bewegung im Huf bedingt deshalb verschlechterten Stoffwechsel im Huf. Die Bewegungen in den Hufen funktionieren sehr gut bei Pferden mit normalen Hufen und einem guten Beschlag, obwohl jeder Beschlag eine gewisse Hemmung des Hufmechanismus mit sich bringt. Deshalb ist ein korrekter Beschlag mit einer möglichst geringen Einschränkung des Hufmechanismus äußerst wichtig. Es kann deshalb nicht genug betont werden, wie wichtig die Hufpflege ist, und vor allem, daß diese schon während des Wachstums und auch später regelmäßig erfolgt. Der Arbeit eines erfahrenen Hufschmiedes ist daher die größte Beachtung zu schenken.

Einige Ratschläge zum Ausschneiden von Fohlen und Jungpferden

Das Ausschneiden des 3 bis 4 Wochen alten Fohlens wurde bereits erwähnt. Die Abnutzung des Hufes muß beachtet werden. Auf der stärker belasteten und daher mehr abgenutzten Seite steht die Hufwand stets steiler. Auf der weniger abgenutzten Seite ist die Hufwand schiefer. Es ist daher notwendig, auf dieser Seite, d.h. auf der weniger abgenutzten Seite, mehr abzuschneiden, damit die beiden Hufhälften wieder gleich hoch werden und die Sohle flach aufliegt.

Falls es mit Abschneiden nicht genügt, kann man ein Eisen so auswählen, daß es nur auf der stark abgenutzten Seite angebracht wird und diese vor weiterer Abnutzung schützt. Dies kann ein 1/2- oder 3/4-Eisen sein. Bei zehenweiter Stellung werden der innere Teil und auch die Zehe am meisten abgenutzt. Es ist hier daran zu denken, daß der äußere Teil der Zehe auch ausgeschnitten werden muß. Bei der zehenengen Stellung sind die Verhältnisse gerade umgekehrt. Wenn ein solcher Huf beschlagen wird, muß stets der Trachteneisenschenkel auf der stärker abgenutzten Seite ausgeweitet werden.

Wenn eine Tendenz zum Bockhuf vorliegt, müssen die Trachten beim Ausschneiden geschont werden. Man kann den Korrektureffekt noch verstärken, indem man gleichzeitig ein schützendes, halbmondförmiges Eisen anbringt (vgl. dazu S. 64 und 73). Beim Ausschneiden muß immer daran gedacht werden, den Strahl zu schonen, damit er beim «Auffußen» auf dem Boden auf seiner ganzen Fläche aufstützen kann.

Der Korrekturbeschlag

Wenn eine Lahmheit durch eine Veränderung im Hufgebiet bedingt ist, ist es oft nötig, einen Korrekturbeschlag anzubringen. Die bereits früher erwähnten Korrekturbeschläge gibt es in vielen Arten bei den verschiedensten Krankheitsbildern.

Nach der Öffnung eines Hufabszesses, bei welchem ein kleiner Anteil des Sohlenhornes entfernt wurde, muß die darunterliegende Lederhaut solange gegen äußere Einflüsse geschützt werden, bis das Horn nachgewachsen ist. In solchen Fällen ist es zweckmäßig, eine Ledersohle anzubringen. Die Ledersohle wird auch bei einem Pferd mit dünner Sohle verwendet. Zur Nachbehandlung eines durchgehenden Nageltrittes muß ein sogenanntes Deckeleisen angebracht werden, d.h. ein Eisen-

1. 2.

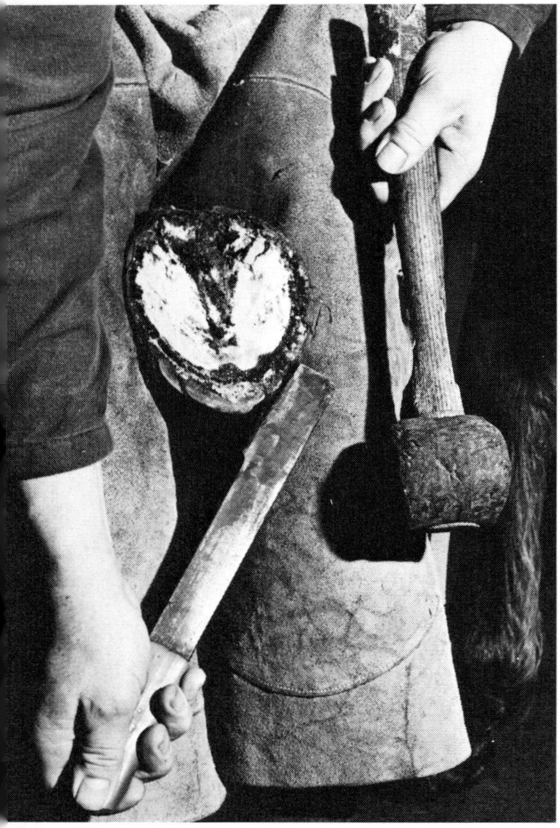

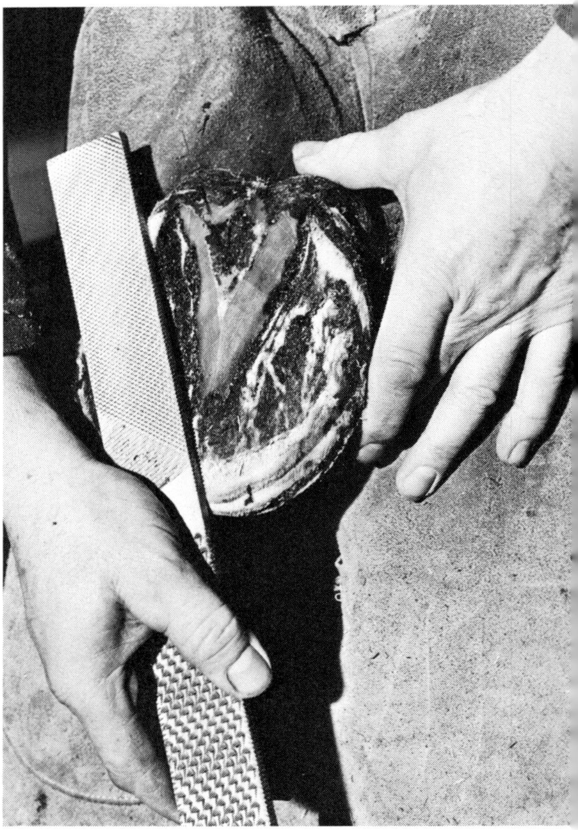

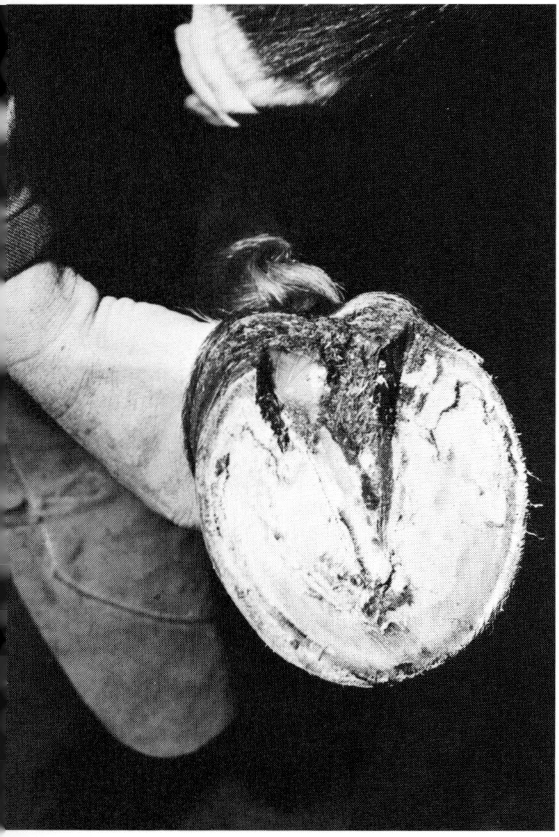

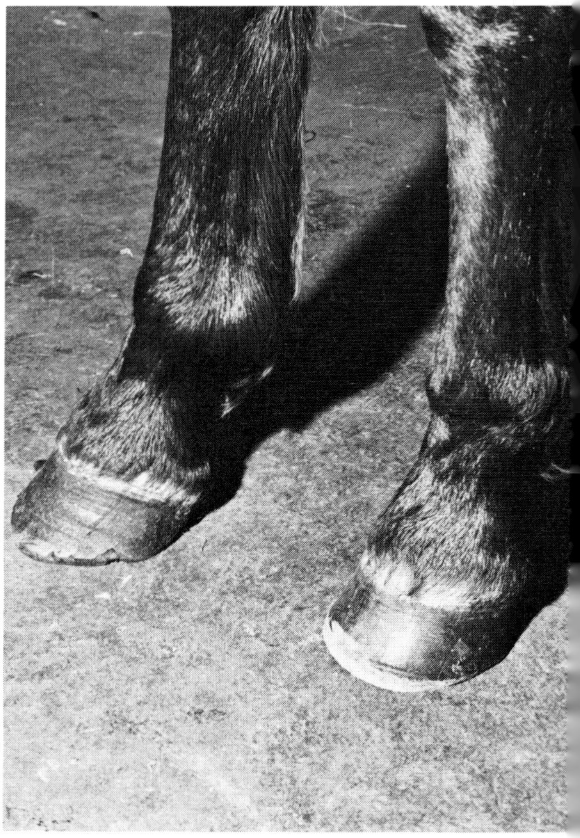

3. 4.

Ausschneiden:

1. Das Ausschneiden beginnt man mit der Hauklinge und dem Gummihammer
2. Anschließend werden die Hufwände mit der Raspel ausgeglichen
3. + 4. Vergleichen der Hufe, nachdem einer von ihnen ausgeschnitten wurde

Ausführung des Beschlages:

1. Abnahme des Eisens. Die Nieten werden weggeschlagen
2. Das Eisen wird gelöst, indem man zuerst die Eisenschenkel löst

blech wird mit Stollen auf das Eisen geschraubt. Für die tägliche Pflege der Wunde kann man dieses Eisenblech mit Leichtigkeit entfernen, um die darunterliegende Wunde zu behandeln.

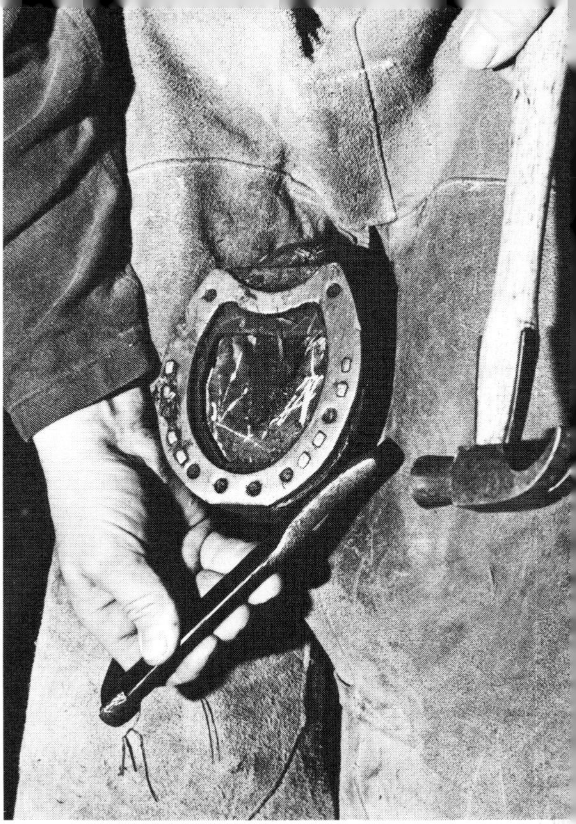

1.

2.

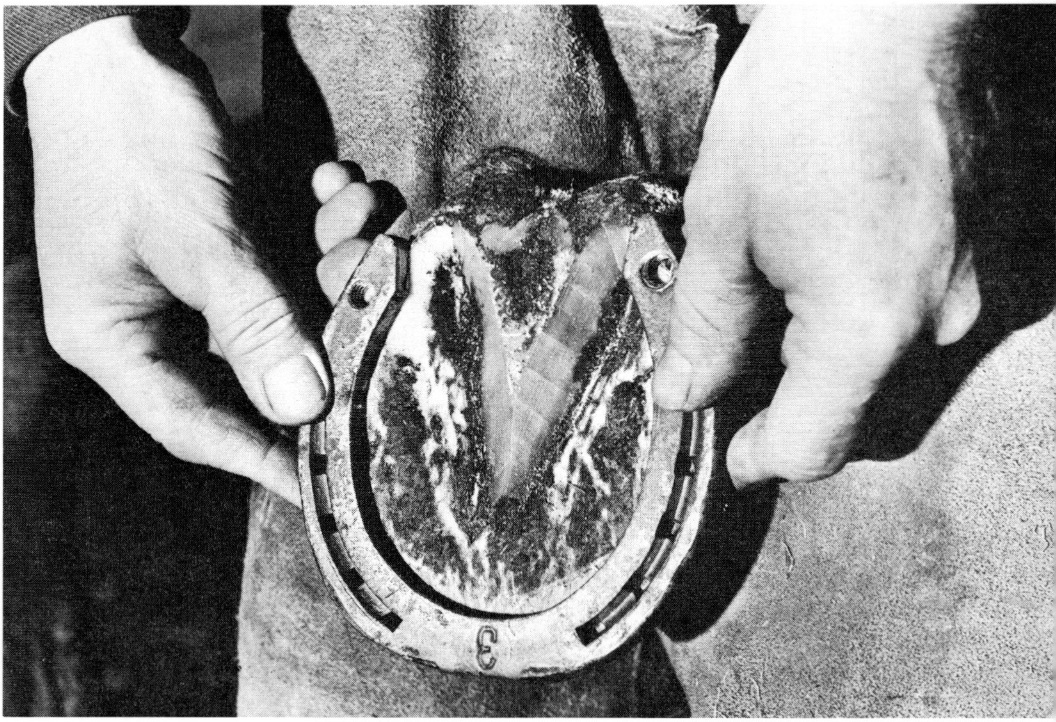

3. *Anpassen des neuen Eisens*

4. *Das Eisen wird dem Huf angepaßt*

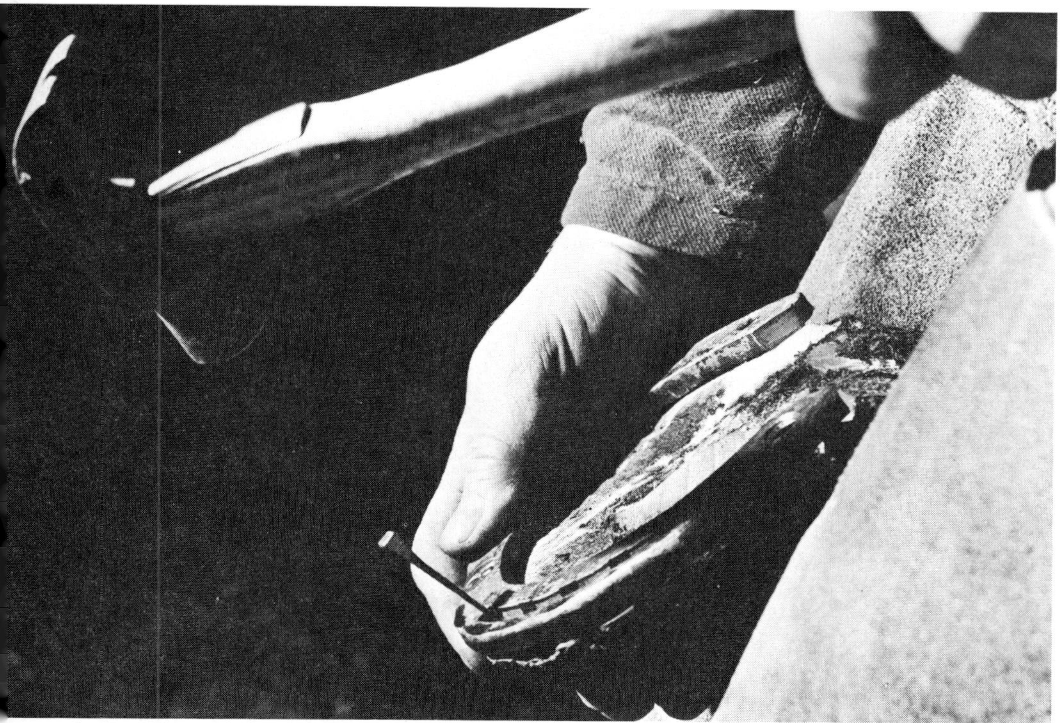

5. *Das Eisen wird mit einem Hufnagel fixiert*

6. *Man beginnt immer mit dem Zehennagel*

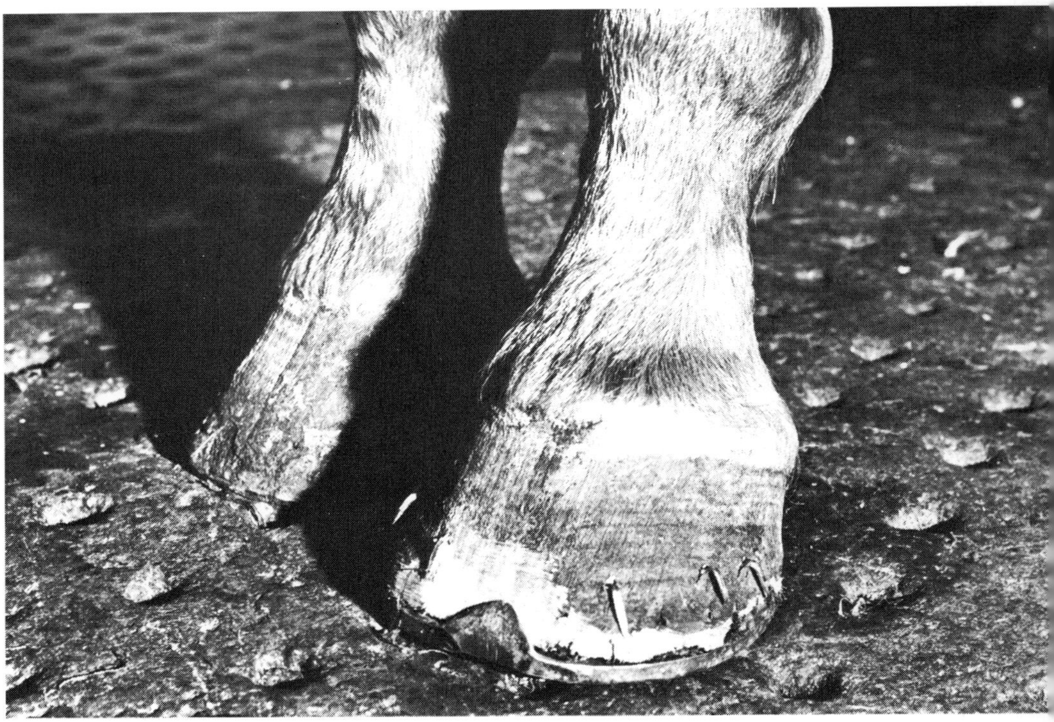

7. Hier sind sämtliche Hufnägel eingeschlagen und umgebogen

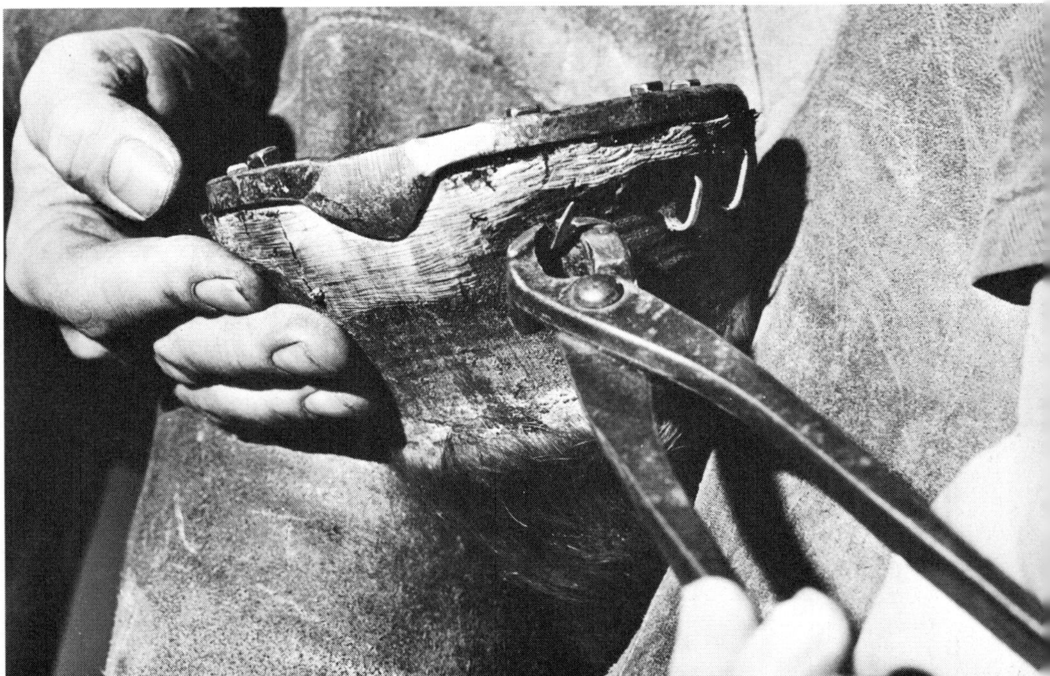

8. Der vorstehende Teil des Nagels wird abgezwickt

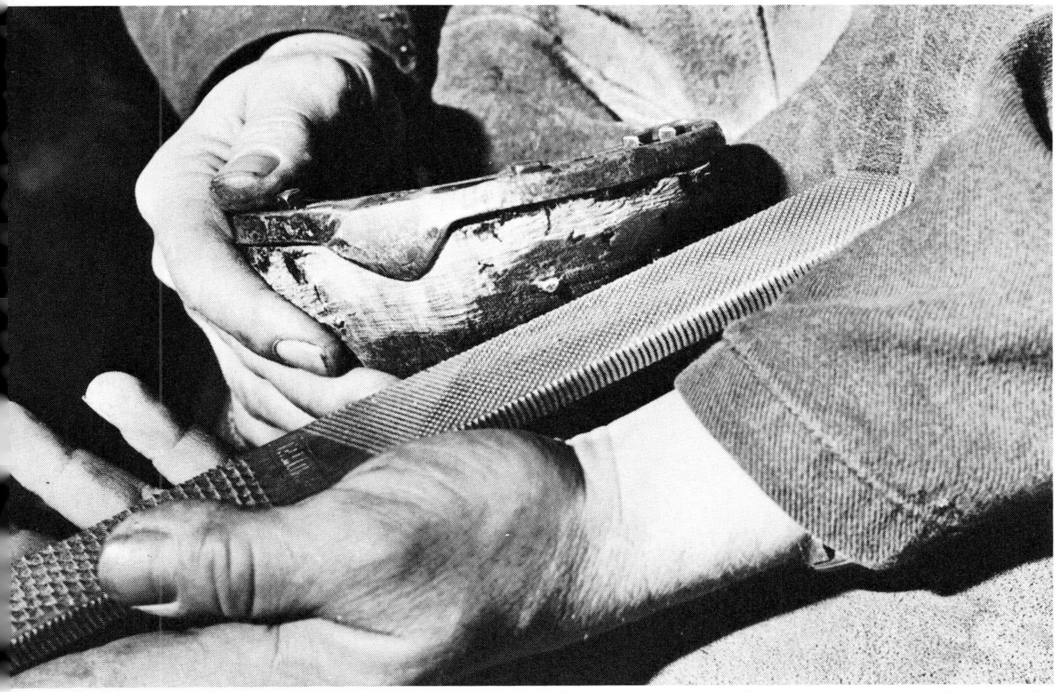

9. Das noch hervorstehende Nagelteilchen wird umgebogen, nachdem man mit der Raspel eine kleine Furche angebracht hat

10. Die noch hervorstehenden, scharfen Nagelenden werden umgelegt und in der Furche oder in einer kleinen Grube versenkt; sie werden nun als «Nieten» bezeichnet

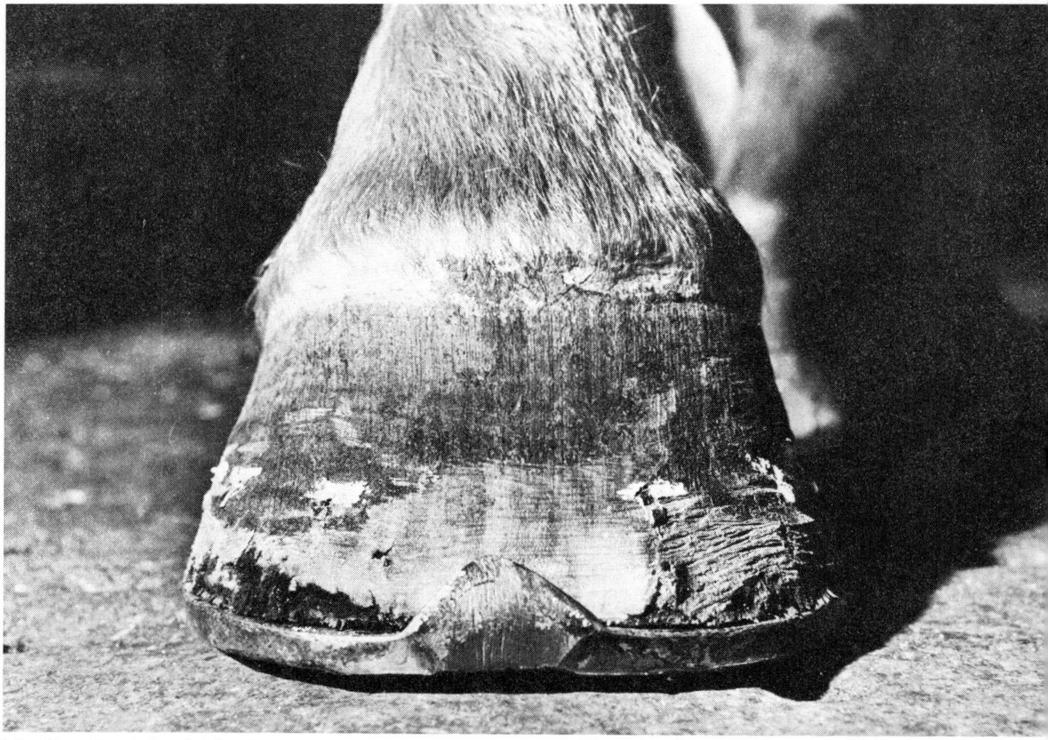

11. Der Beschlag ist fertig

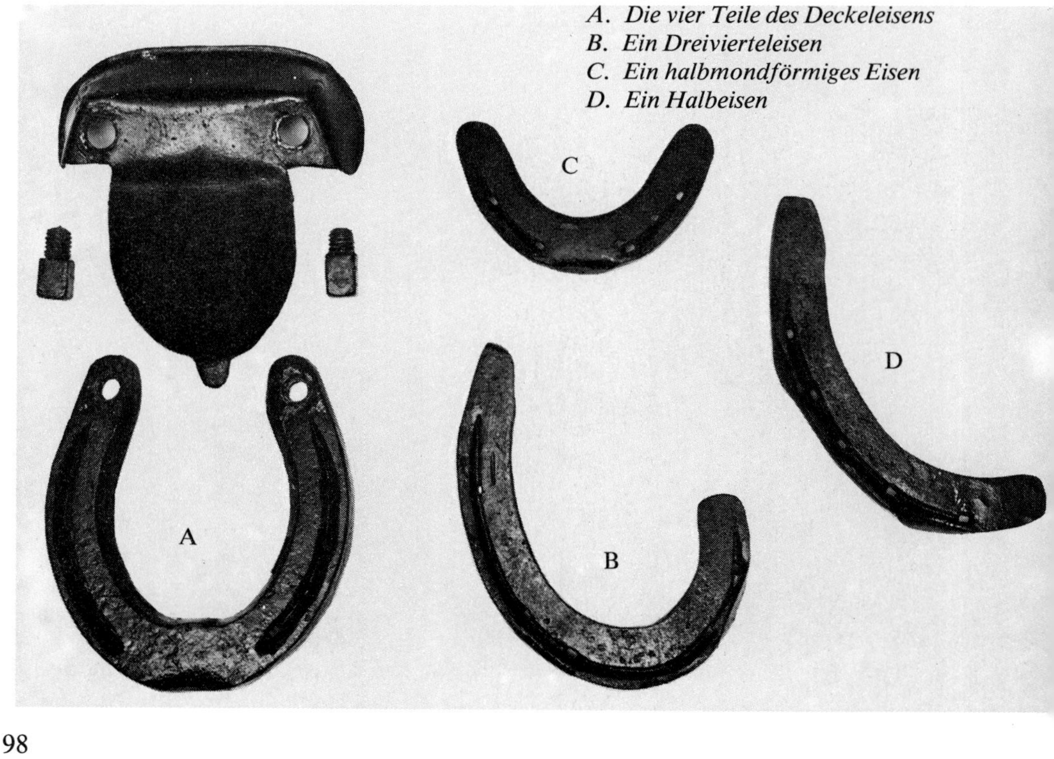

Verschiedene Heil- oder Korrektur-Beschläge:
A. Die vier Teile des Deckeleisens
B. Ein Dreivierteleisen
C. Ein halbmondförmiges Eisen
D. Ein Halbeisen

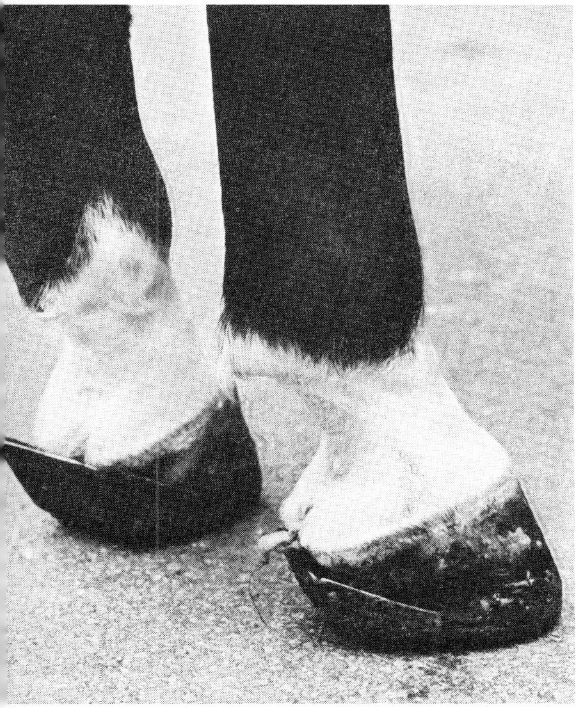

Ein Deckeleisen, welches mit einer entfernbaren Blechsohle versehen ist. Dieses wird z. B. anstelle von Hufverbänden verwendet. Unten sieht man das Deckeleisen am aufgehobenen Fuß

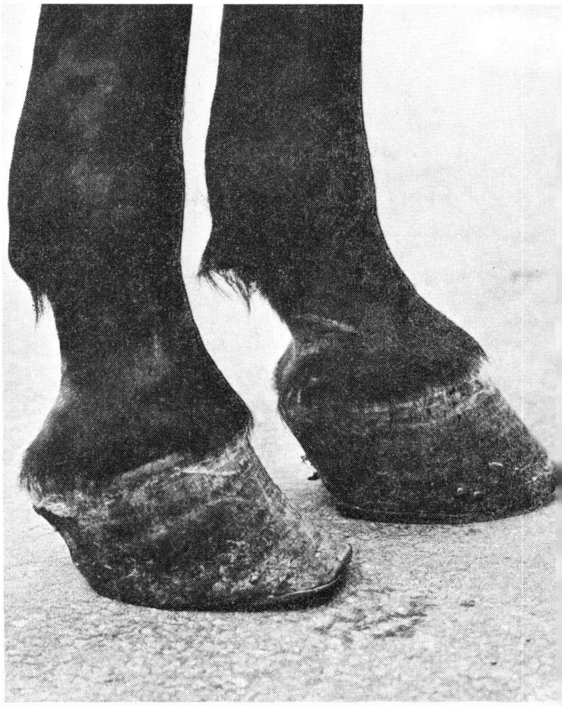

Ein chronischer Rehehuf mit Hufbeinsenkung am rechten Vorderbein. Man beachte die konkave Zehenwand

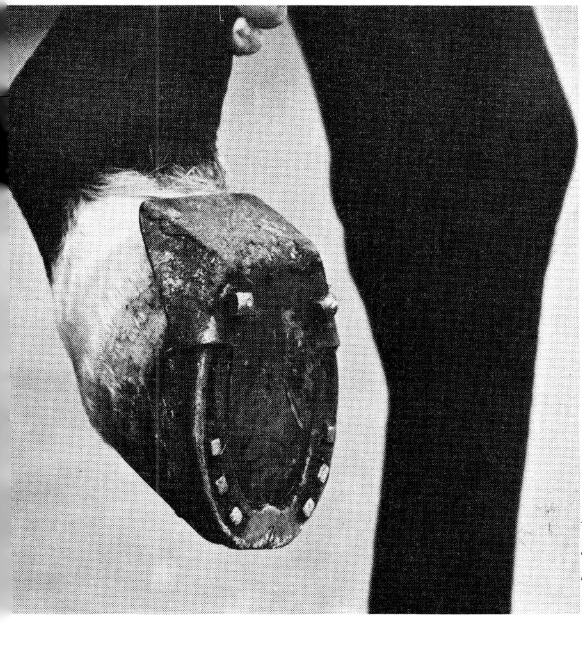

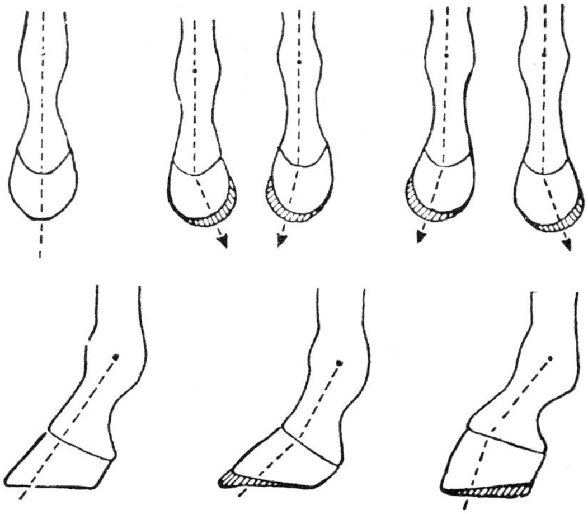

Das Korrigieren von fehlerhaften Hufstellungen. Die gestrichelten Partien müssen abgeschnitten werden (aus Ende, Die Stallapotheke, Zürich 1971)

Der PG-Beschlag

1. Nach dem Ausschneiden und einem starken Verkürzen der Zehe wird ein Abdruck in der Form des Hufes gezeichnet

2. Gemäß dieser Vorlage werden die Blech- und die Gummisohle zugeschnitten

3. Die Blechsohle mit zwei seitlichen Zehenkappen

4. Der sogenannte PG-Beschlag wird auf den ausgeschnittenen Huf aufgelegt, die Sohle mit einem desinfizierenden, trocknenden Spray behandelt, der Zwischenraum mit Werg ausgefüllt, und anschließend wird er aufgenagelt

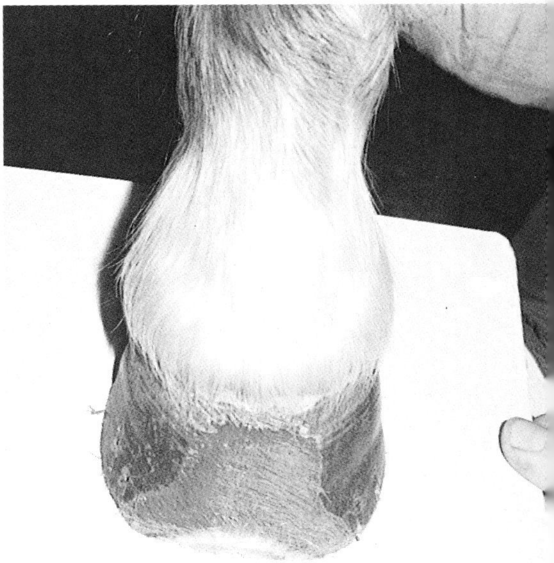

1.

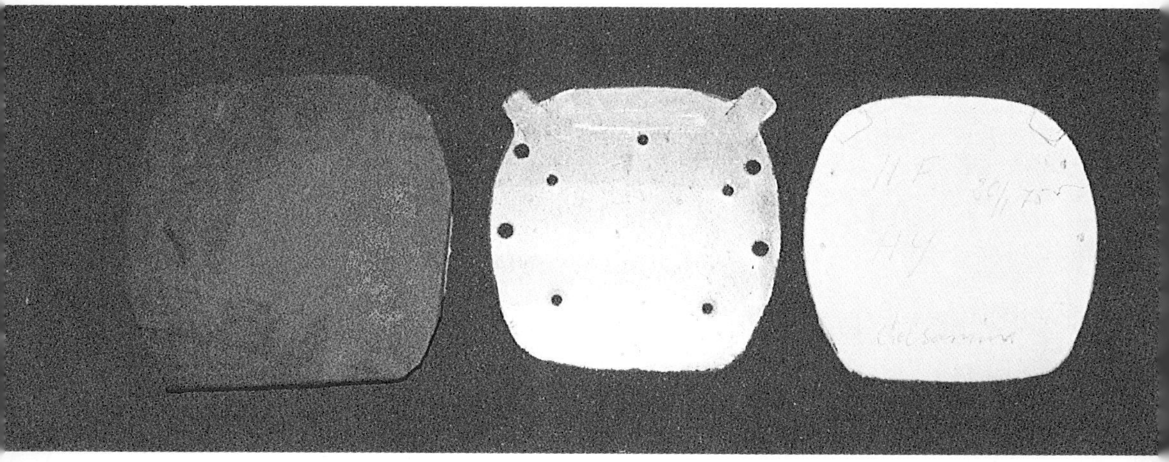

2.

4.

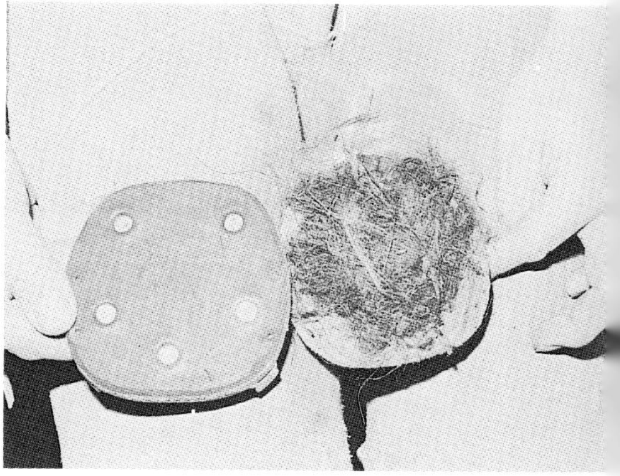

3.

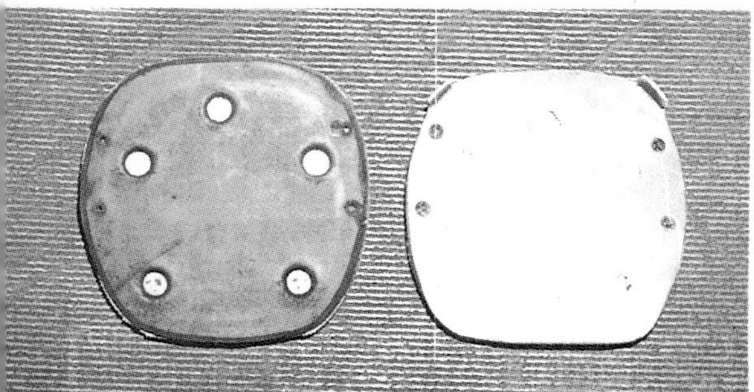

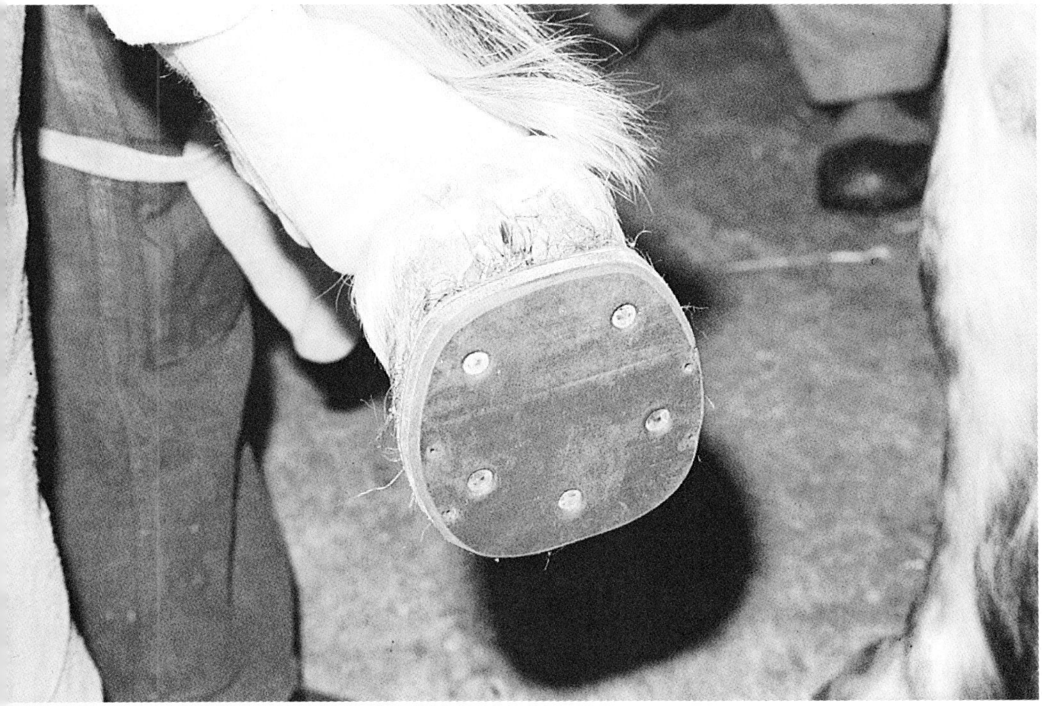

5. Der fertige PG-Beschlag am aufgehobenen Bein. Man beachte die gut unterstützten Trachten

6. Der fertige PG-Beschlag am belasteten Bein. Man beachte vor allem die kurze Zehe

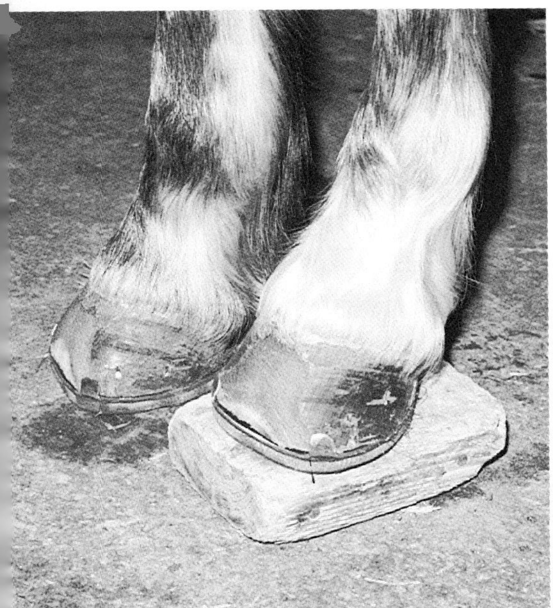

PG-Beschlag

Der PG-Beschlag wurde von Professor Eric Åkerblom an der tierärztlichen Hochschule in Stockholm entwickelt und hat in Schweden eine breite Anwendung gefunden. Dies vor allem bei Hufrehe, Hufgelenkentzündung, Hufbeinschwund und Hufbeinverknorpelung. Der Beschlag besteht aus einer 3 bis 5 Millimeter dicken Eisenplatte, auf deren Unterseite eine 1 Zentimeter dicke Gummiplatte aufgenietet wird. Diese Gummiplatte kann von einem gebrauchten Autopneu stammen. Im Zehenteil werden noch zwei Kappen aufgeschweißt. Der Beschlag kann zudem mit Hartmetallstollen gleitsicher gemacht werden. Während der letzten Jahre wurde auch das sogenannte Plastikkissen oder Schwedenpolster mit einer Plastiksohle aus einem weichen Plastmaterial bei Pferden mit empfindlichen Hufen angewendet.

Parasiten beim Pferd

Ein Parasit ist eine Pflanze oder ein Tier, welches in oder auf einer anderen Pflanze/Tier lebt und bei diesem, dem sogenannten Wirt, durch seine Lebensgewohnheiten und seine Fortpflanzung Schäden verursacht. Parasiten kommen bei den meisten Tieren vor. Besonders bei den Haustieren stellen sie ein ernsthaftes Problem dar. Gerade beim Pferd bilden die Parasiten ein zunehmendes Problem. Bis Mitte der vierziger Jahre wurden in Schweden die meisten Pferde in kleinen Landwirtschaftsbetrieben aufgezogen. Infolge einer regelmäßigen Abwechslung der Bewirtschaftung durch Pflügen und wechselnden Getreideanbau konnte das Infektionsrisiko relativ klein gehalten werden. Außerdem waren große Aufzuchtanlagen (Gestüte) zu dieser Zeit sehr selten. Dadurch blieb die Anzahl der Pferde pro Flächeneinheit klein und die Infektionsmöglichkeit entsprechend gering. In den letzten Jahren hat sich die Aufzucht völlig auf Gestüte konzentriert, und diese haben häufig eine zu hohe Pferdeanzahl auf einer Flächeneinheit. Es wird nämlich eine Hektare pro Zuchtstute empfohlen. Es wird auch viel zu teuer, wenn man die Weidefläche pflügen will, um sie auf diese Weise sauberzuhalten. Ganz allgemein kann festgestellt werden, daß dort, wo eine große Anzahl von Pferden zusammenkommt, wie z.B. in Zucht- oder Reitbetrieben, in Gestüten, Reitschulen, Trab- und Galoppbahnen, stets ein ernsthaftes und ungelöstes Parasitenproblem auftritt. Die Parasiten können in verschiedene Arten eingeteilt werden, z.B. a) nach dem Aussehen, z.B. Rund- und Plattwürmer etc., b) nach dem Vorkommen, z.B. innere Parasiten, die im Magen, im Darmkanal und in der Lunge vorkommen oder äußere Parasiten, die in und auf der Haut leben, wie z.B. Milben, Läuse oder die Eier und Larven der Magenbremse.

Die häufigst vorkommenden Parasiten beim Pferd sind Spulwürmer (Ascariden), Blut-, Faden- oder Palisadenwürmer (Strongyliden), die Larven der Magenbremse (Gastrophilus) und die Peitschenwürmer (Oxyuris). Die folgenden Ausführungen beginnen mit diesen Eingeweideparasiten. Die äußeren Parasiten wie Läuse und Milben werden auf den Seiten 113 und 242 näher beschrieben.

Die Eingeweideparasiten

Die Spulwürmer (Ascariden) können zu Recht als der Parasit des Fohlens und Jungpferdes bezeichnet werden. Die Ascariden leben, wenn sie ausgewachsen sind, im Dünndarm. Der Spulwurm ist ein großer, dem Regenwurm ähnlicher Rundwurm mit einer Länge von 25 bis 35 Zentimeter. Er pflanzt sich durch ein Ei fort, das mit dem Kot abgeht. Nach etwa einer Woche entwickelt sich aus dem dickwandigen Ei eine Larve. Die äußere Hülle des Eis ist unregelmäßig und stachlig und kann sich deshalb leicht im Futter und Stroh festsetzen. Auf diese Weise gelangt es dann mit Futter und Wasser in den Magen und Darm des Pferdes, wo das Ei ausgebrütet und anschließend eine Larve freigesetzt wird. Diese Larve kann sich jedoch im Darm nicht direkt zu einem geschlechtsreifen Wurm entwickeln, sondern muß zuerst eine Reihe von Wanderungen im «Wirtstier» unternehmen. Die

Larve bohrt sich durch die Darmwand und wird dann im Blutstrom zur Leber transportiert, von wo sie dann über das Herz in die Lungen kommt. Hier verläßt die Larve die Blutbahn und wandert durch das Lungengewebe zu den Luftwegen. In der Luftröhre verursacht die Larve eine Reizung, das Pferd hustet, wodurch die Larve aus der Lunge in den Rachen gelangt und geschluckt wird. Im Magen kann sie sich jetzt zu einem geschlechtsreifen Wurm entwickeln. Im Sommer kann bei 2 bis 4 Monate alten Fohlen ein leicht bräunlicher Ausfluß aus einem oder beiden Nasenlöchern festgestellt werden. Gleichzeitig hustet das Fohlen trocken und angestrengt. Diese Symptome zeigen deutlich auf eine Wurminvasion hin. Die gesamte Entwicklungszeit vom Ei bis zum geschlechtsreifen Wurm dauert 2 bis 2 1/2 Monate.

Die Spulwürmer verursachen beim Fohlen ernsthafte Schäden im Dünndarm mit Resorptionsstörungen von Mineralen, Vitaminen und anderen Nährstoffen. Ein stark mit Spulwürmern befallenes Fohlen ist oft mager. Das Fell ist glanzlos und struppig. Der Wechsel des Fohlenpelzes ist oft verzögert, und das Fohlen zeigt einen deutlich vergrößerten Bauchumfang.

Die erschwerte Aufnahme von Mineralstoffen bedingt nicht selten eine Störung im Skelettaufbau. An den Fesselgelenken bilden sich kräftige Auflagerungen über den Wachstumszonen (Epiphysitis oder Rachitis). Die Wanderungen der Larven im Körper können auch zu gefährlichen Lungen- und Luftwegsinfektionen führen, da diese nicht selten Infektionserreger mit sich tragen (für die Behandlung vgl. S. 110).

Die Magenbremse und ihre Larven

Die Magenbremse (Gastrophilus) gibt es in Schweden nur in einer geringen Anzahl. Dies ist eine der Biene sehr ähnliche, gelb-braun-schwarze Fliege, die eine Länge von 18 Millimeter erreichen kann. Sie legt ihre Eier besonders an solche Stellen auf den Pelz des Pferdes, wo das Pferd sich nagt und leckt, z.B. an den Vorderbeinen hinauf bis gegen die Ellbogen, die Schultern und auch im Bauchgebiet. Die Bremsen befallen die Pferde besonders an warmen und windstillen Sommertagen. Diese werden unruhig und versammeln sich häufig in einer Herde, strecken die Köpfe zusammen, um so dem Angriff der Bremsen zu entgehen. Die weiblichen Bremsen haben ein langgezogenes Ei-Ablegerohr unter ihrem Körper. Sie fliegen ganz nahe an die Pferde heran und spritzen ihre Eier in den Pelz, wo sie dann kleben bleiben. Die Eier sind schwach gelb gefärbt und ca. 1 bis 2 Millimeter lang. Aus dem Ei schlüpft nach etwa 2 bis 10 Tagen eine kleine, bewegliche Larve, welche die Haut reizt. Daraufhin lecken die Pferde an diesen Stellen, beißen sich und nehmen so die Larven in die Mundhöhle auf. Hier bohren sich die kleinen Larven in die Schleimhaut ein und gelangen dann durch den Schlund und die Speiseröhre in den Magen. Dort bohren sie sich in den oberen Teil der Magenwand ein. Diese Wanderung dauert ungefähr einen Monat. Dementsprechend kann man die ersten Larven meistens anfangs Oktober im Pferdemagen feststellen. Dort bleiben sie ca. 8 bis 10 Monate und wachsen bis zu 2 Zentimeter Länge. Sobald sie fertig entwickelt sind, lösen sie sich von der Magenwand und werden mit dem Darminhalt ausgestoßen. Im Mist gehen sie dann in ein Puppenstadium über. 2 bis 3 Wochen später wird die Puppenhülle gesprengt, und es kommt eine vollentwickelte, geschlechtsreife Bremse heraus, die nach der Paarung bereits wieder neue Eier legen kann. Die Magenbremse verursacht mehrere Schäden. Während der Wanderung in der Mundhöhle, im Schlund und in der Speiseröhre können lokale Infektionen entstehen. Auch im Magen können die Verletzungen durch die sich festbeißenden

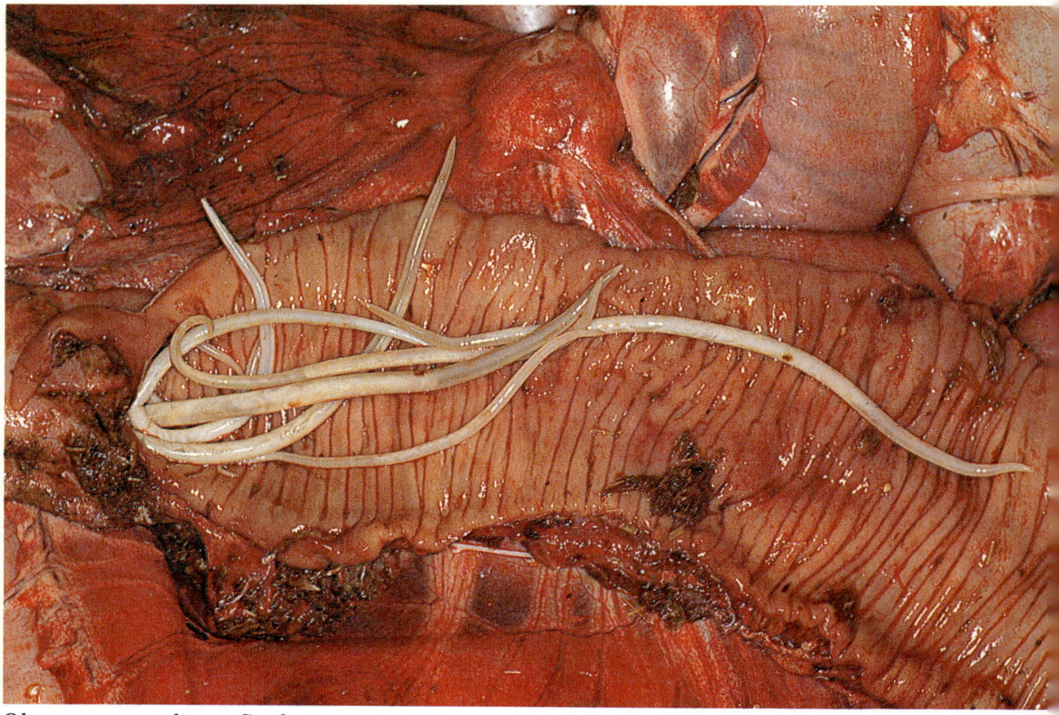

Oben: ausgewachsene Spulwürmer im Dünndarm

Unten: das Operationsbild einer Verstopfung des Dünndarmes durch Spulwürmer. Die Parasiten sind durch die Darmwand erkennbar

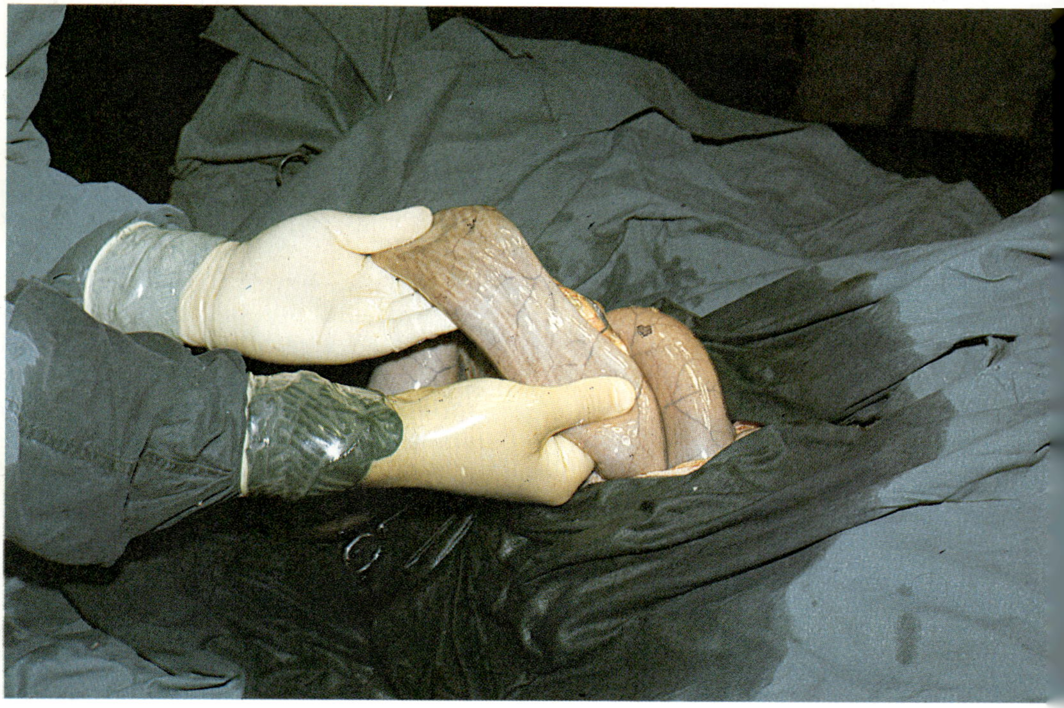

Magenbremse (Gastrophilus intestinalis). Die Larven oder «Puppen» beißen sich mit den Mundhaken in der Schleimhaut fest

Unten: Nahaufnahme einer Magenbremsenlarve. Die natürliche Größe beträgt 15 bis 20 Millimeter

Larven lokale Entzündungen und Störungen der Magenfunktion verursachen, die bis zu Rissen in der Magenwand führen. Die Funktion des Magens wird gestört, was erst zu schlechter Futterverwertung und dann zu einem schlechten Allgemeinzustand führen kann (über die Behandlung vgl. Seite 110).

Die Blutwürmer

Strongyliden oder Trichonemen sind ohne Zweifel die häufigsten Parasiten bei den Pferden. Sie kommen in einer großen Anzahl von Arten vor, und man unterteilt sie in große (Strongyliden) und kleine (Trichonema und wie sie nun heißen Cyastostominae) Blutwürmer. Ausgewachsene Würmer kommen in einer großen Anzahl im Dickdarm der Pferde vor, wo sie sich in der Schleimhaut festsaugen oder -beißen und ihre Nahrung beziehen. Der Lebenszyklus dieser Parasiten ist sehr kompliziert. Sie pflanzen sich mit sehr dünnschaligen Eiern fort, die durch Mist in der

Boxe und auf der Weide ausgeschieden werden. Dort werden die Eier zu einer Larve ausgebrütet. Die Larven sind sehr beweglich und kriechen an den Boxenwänden oder am feuchten Gras empor und kommen durch Futteraufnahme wiederum in den Darmkanal des Pferdes. Die Larven der kleinen Blutwürmer drängen sich in die Dickdarmwände, wo sie verschiedene Entwicklungsstadien durchmachen, um dann als fertigentwickelte Würmer in den Dickdarm zurückzugehen. Sie sind jedoch nicht länger als 1 Millimeter und können von bloßem Auge nicht gesehen werden. Diese Würmer haben in den letzten Jahren erhöhte Aufmerksamkeit auf sich gezogen. Es ist eine Wurmart, die große Tendenz zur Resistenzbildung hat, worunter man die Widerstandskraft gegen ein Wurmmittel bezeichnet. Es ist ebenfalls ein Parasit, welchem es leichtfällt, Immunität zu entwikkeln. Das Vorkommen von ausgewachsenen Würmern hemmt die Entwicklung der Larven, welche dann in ein Ruhestadium übergehen, eine sogenannte Hypobiose. Diese ruhenden Larven können jedoch unter den Winter- und Frühjahrsmonaten plötzlich akut aufblühen und zu einer Cyathostomiasis führen. Die Pferde werden allgemein geschwächt, bekommen Ödeme, d.h. in den Beinen, im Bauch und in der Brust tritt Wasser ins Gewebe aus, und nicht selten beobachtet man einen wechselnd auftretenden Durchfall. Diese Fälle stehen in direktem Zusammenhang mit der Entwicklung dieser Wurmgenerationen. Oft wurde beim Auftreten der Symptome ein Fütterungsproblem vermutet und nicht an eine akute Verwurmung gedacht. Eine Blutprobe, bei der man unter anderem auch die Bluteiweiße kontrolliert (Elektrophorese), kann eine Kotuntersuchung komplettieren und auf diese Weise die Verwurmung als Ursache der Erkrankung erkennen lassen. Die Infektion geschieht auf der Weide, die von infizierten Pferden verunreinigt wurde. Nicht selten hat man in den späteren Sommermonaten, z.B. nach einer Regenperiode, Hunderttausende von Larven per Kilo Gras nachgewiesen. Diese Infektion verläuft oft ohne Symptome, da sich die Larven im Ruhestadium befinden und erst im Winter oder Frühjahr aktiviert werden. Bei einer Geburt können Immun- und Hormonfaktoren ein Aufblühen dieser Infektion bewirken. Daher wird empfohlen, die Stute sofort nach der Geburt zu entwurmen. Dies erscheint etwas unlogisch, da die Leber und andere Organe nun in vollem Gange sind, um die Spaltprodukte des Fohlens und der Geburt unschädlich zu machen, und man hat nach einer Wurmkur bei Stuten öfters Koliken beobachtet, obwohl man dies zu diesem Zeitpunkt nicht erwartet.

Auch die großen Blutwürmer haben einen sehr komplizierten und für jede Art wieder unterschiedlichen Lebenszyklus. Der gewöhnlichste, aber auch der gefährlichste ist der Strongylus vulgaris. Seine Larven bohren sich oft in eine Arterie. In dieser Arterie wandern sie im Blutstrom aufwärts gegen die sogenannte Gekrösewurzel, wo die großen Körperschlagadern abgehen, welche auch alle Darmpartien mit Blut versorgen. An dieser Stelle beißen sie sich nun an der inneren Gefäßwand fest. Nach einer unterschiedlichen Entwicklungszeit wandern sie dann in den Dickdarm zurück und entwickeln sich dort zu geschlechtsreifen Parasiten. Andere mögliche Wanderwege über Leber, Lunge etc. werden auch als möglich erachtet. Die Entwicklungszeit bei älteren Pferden ist relativ lang, 6 bis 7 Monate. Der ausgewachsene große Blutwurm ist von bloßem Auge zu erkennen, er wird 1 bis 2 Zentimeter lang und hat eine graurote Farbe. Zweifelsohne sind die Blutwürmer die Parasiten, welche die größten Schäden bei den Pferden verursachen. Im Dickdarm saugen die wachsenden Parasiten viele Nährstoffe aus dem Pferd, weshalb bei einem massiven Befall das Pferd unter

Abmagerung und Blutarmut (Anämie) leiden kann. Den größten Schaden verursachen jedoch die wandernden Larven. Das dritte Larvenstadium (L 3) im Darm auf dem Weg zum Blutgefäß wie auch das fünfte (L 5) im Blutgefäß können mit der Wurmkur nicht erreicht werden. Das frühere vierte Larvenstadium (L 4) ist leicht durch die Entwurmung zu beeinflussen und mit gewissen Präparaten, z. B. Ivomec vet. in der Normaldosis oder Synanthic vet. in der Normaldosis, während 2 aufeinanderfolgenden Tagen zu behandeln. Schon 3 Tage nach dem Befall können Symptome festgestellt werden. Grobe Schäden verursachen sie vor allem an der Gekrösewurzel, die sie ungefähr 3 Wochen nach der Infektion erreichen. Es bilden sich entzündliche Auflagerungen auf der Innenseite des Gefäßes, die dann ein erschwertes Passieren des Blutes zur Folge haben. Ebenfalls können sich Blutpfropfen bilden. Diese Pfropfen können dann größere oder kleinere Gefäße verstopfen und so wiederum Störungen in verschiedenen Abschnitten des Darmes verursachen. Klinisch kennt man diese Symptome als schwere, langanhaltende und sich oft wiederholende Kolikanfälle.

Die Larven bleiben bis zu 4 Monaten in der Gekrösewurzel. Es ist ohne weiteres möglich, daß die Larven bei ihren Wanderungen durch den Körper auch Infektionserreger transportieren und so oft unerklärliche Infektionen in anderen Organen verursachen.

Während ihres Aufenthaltes im Dickdarm produzieren die Parasiten giftige Stoffwechselprodukte (Toxine). Diese können den Allgemeinzustand des Körpers stark schädigen. Bekannte Reaktionsstellen sind die inneren Schichten der Gelenke und Sehnenscheiden, die dann mit einer vermehrten Produktion von Gelenkflüssigkeit reagieren. Klinisch kann man dies an vermehrt angefüllten Gelenken und Sehnenscheiden erkennen, was man dann als Gelenk- oder Sehnenscheidengallen bezeichnet (über die Behandlung von Blutwürmern vgl. S. 110).

Der Peitschenwurm (Oxyuren)

Dies ist ein häufig vorkommender Darmparasit beim Pferd. Er lebt im Dick- und Enddarm. Die Größe variiert, wobei die Weibchen am größten sind und bis zu 10 Zentimeter lang werden können. Die Farbe ist grauweiß.

Wenn die Pferde in der Boxe oder im Stand ruhigstehen, wandern die geschlechtsreifen Weibchen durch den After aus dem Darm unter den Schweif und legen dort rund um die Enddarmmündung Eier ab. Durch deren Bewegung auf der Haut entsteht ein Juckreiz. Die Pferde scheuern sich an den Boxen- und Standwänden, worauf die Parasiteneier zu Boden fallen. Durch Futter, Stroh und Weidegras gelangen sie dann wiederum in den Darmkanal, wo sie ausgebrütet werden und sich dann zu vollausgewachsenen Parasiten entwickeln. Es können Verletzungen und Hautentzündungen rund um die Schwanzrübe entstehen, wenn sich die Pferde an hervorstehenden Gegenständen im Stall oder auf der Weide wundscheuern. Die Pferde sind oft sehr unruhig und schlagen gegen Wände und Stangen, was häufig zu Verletzungen und nicht selten zu angeschwollenen Beinen führt. Die Behandlung für Peitschenwürmer ist dieselbe, wie für Spul- und Blutwürmer angegeben wurde (vgl. dazu S. 110).

Der Bandwurm (Anoplocephala)

Dieser kommt auch beim Pferd vor, hat jedoch in der Regel nur ein Segment und ist 4 bis 5 Zentimeter lang. Der Wurm lebt im Darmkanal am Übergang von Dünn- und Dickdarm. Es ist sehr wenig über seinen Lebenszyklus bekannt. Er scheint nur in Ausnahmefällen Krankheiten hervorzurufen, die dann jedoch relativ ernsthaft sein können. Die Behandlung besteht in An-

Die Schäden an der Gekröseearterie, die von Blutwurmlarven verursacht wurden

Unten: Vergrößerung von Blutwürmern, die mit bloßem Auge nicht erkennbar sind

wendung von spezifischen Wurmmitteln, z. B. Banminth vet. in der erhöhten Dosierung, nämlich viermal die Normaldosis.

Der Fohlen- oder Drahtwurm (Strongyloides)

Er kommt regelmäßig beim Fohlen im Alter von 5 bis 6 Monaten vor. Er ist ca. 5 Millimeter lang, von weißer Farbe und lebt ebenfalls im vorderen Teil des Dünndarms. Er kann unter Umständen eine Darmentzündung mit Durchfall verursachen. Die Übertragung erfolgt durch die Stute, wo die Larven an den äußeren Kör-

Die Veränderung an der Schleimhaut des Dickdarmes, die durch Blutwürmer verursacht wurde

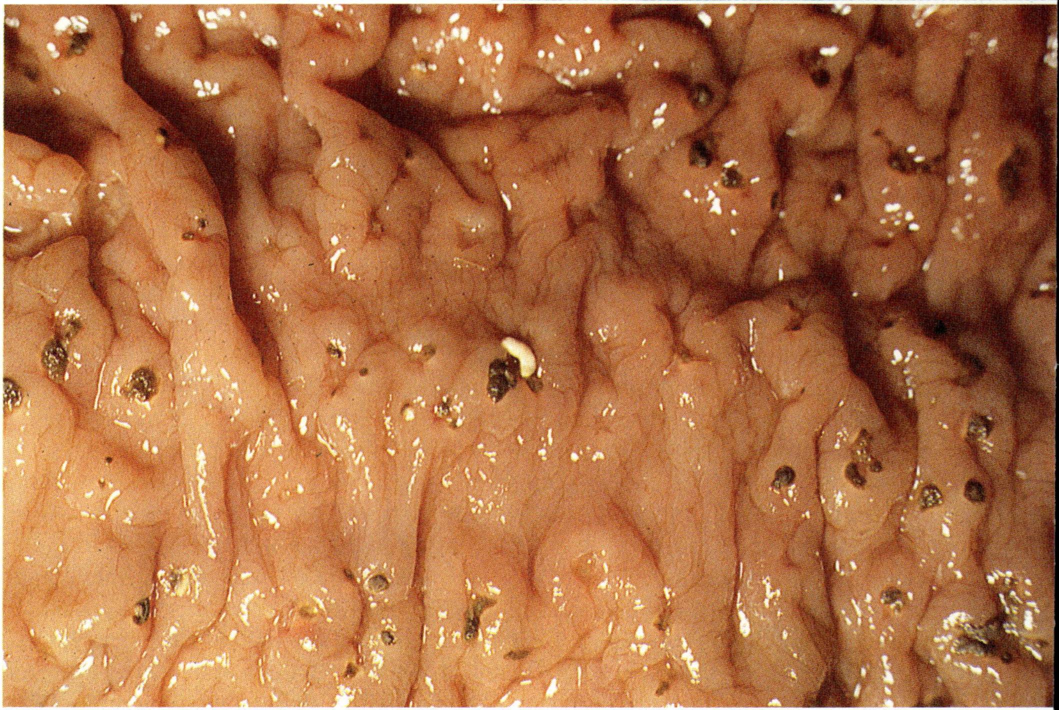

perflächen hängen. Beim Saugen wandern sie gegen das Euter und werden vom Fohlen aufgenommen. Die Larven entwickeln sich dann im Darm des Fohlens zu ausgewachsenen Würmern und geben Eier ab, welche wiederum von der Stute aufgenommen werden. Bei ihr entwickelt sich bis zur nächsten Abfohlung eine neue Generation von Larven.
Dieser Wurm muß besonders im Zusammenhang mit dem Fohlendurchfall bei 2 bis 4 Wochen alten Jungtieren beachtet werden. Die Behandlung erfolgt mit Ivomec vet., Axilur vet., sechsmal die Normaldosis, oder Rintal vet. achtmal die Normaldosis.

Der Lungenwurm (Dictyocaulus)
Dieser Wurm kommt beim Pferd nur sporadisch vor. Er ruft einen trockenen Husten oder eine allergische Reaktion hervor, die anhand von Schleim aus der Luftröhre nachgewiesen werden kann. In den darinliegenden Zellen können eosinophile weiße Blutkörper festgestellt werden. Ein negatives Resultat bei der Kotprobe ist noch kein eindeutiger Beweis dafür, daß keine Lungenwürmer vorliegen. Man benötigt ein spezielles Anreicherungsverfahren, um das Vorhandensein von Larven nachweisen zu können. Pferde werden meistens von Eseln angesteckt. Diese sind symptomfreie Träger der Erreger. Man sollte aus diesem Grund nie Pferde und Esel zusammen weiden lassen. Beim Rind und Schaf sind Lungenwürmer sehr häufig vorkommende Parasiten. Es sind jedoch andere Arten, welche das Pferd nicht infizieren.
Für die Behandlung von Lungenwürmern beim Pferd wird empfohlen, Ivomec vet. oder Rintal vet. in der knapp doppelten Dosis (10 Milligramm/Kilo) mit einer Wiederholung nach zwei Wochen mit Febantel in der empfohlenen Dosis von 10 Milligramm/Kilo anzuwenden.

Der Augenwurm (Thelazia)
Die Augenwürmer leben im Tränenkanal und in den Taschen der Augendeckel und werden von Fliegen übertragen. Diese saugen Tränenflüssigkeit auf und infizieren sie dann mit Larven, die sie von dort auf ein anderes Pferd übertragen. Es entsteht eine Entzündung der Horn- und Bindehaut (vgl. S. 252). Die einfachste Methode besteht in der Bekämpfung der Fliege, indem man zum Beispiel Fly-veil anwendet (siehe Foto S. 252). Die Augen müssen gut gepflegt und gereinigt werden. Eine Entwurmung mit Rintal vet. mit der erhöhten Dosierung von 10 Milligramm/Kilo Körpergewicht scheint wie bereits erwähnt einen guten Effekt bei der Behandlung von Augenwürmern zu haben.

Der Nackenbandwurm (Onchocerca cervicalis)
ist ein Wurm, der durch die Anwendung von Ivormectin (Ivomec vet.) als Entwurmungsmittel erhöhte Aktualität erreichte. Bei der Verwendung von diesem Präparat bekommen einige Pferde eine deutliche Schwellung und einen Juckreiz, der jedoch nach einigen Tagen spontan verschwindet. Dies beruht darauf, daß die Larven des Nackenbandwurmes, die sogenannten Mikrofilarien, in einer großen Anzahl abgetötet werden und diese allergische Reaktion bewirken. Diese Larven werden nicht selten von einer speziellen Mückenart aufgesaugt, die dann die Larven auf andere Pferde überträgt. Auch den ausgewachsenen Bandwurm findet man oft zusammengerollt im Nackenband der Pferde, wo er Entzündungen und Verkalkungen auslösen kann. Die Verkalkung kann nur röntgologisch nachgewiesen werden. Die Lokalisation ist vor allem im unteren Teil des Nackenbandes, am Übergang des Halses zum Widerrist. Ob der Juckreiz oder andere Hautirritationen am Nackenband klinische Symptome dieses Nackenbandwurmes sind, ist noch nicht mit Sicherheit nachgewiesen. Man

hat diese Veränderungen hauptsächlich am Schlachtmaterial entdeckt und nachgewiesen.

Nachweis der Parasiten

In den meisten Fällen kann das Vorkommen von Parasiten anhand einer Kotuntersuchung festgestellt werden. Man gibt das Vorkommen mit der Anzahl Eier/Gramm Kot an (EPG). Diese Proben können demzufolge Antwort darauf geben, welche Arten von Parasiten bei einem Pferd vorliegen. Allerdings müssen negative Kotproben vorsichtig beurteilt werden, da eine Kotuntersuchung lediglich über einen kleinen Teil Auskunft gibt. Vielleicht finden wir bereits im nächsten Kotballen plötzlich eine große Anzahl von Eiern. Ein Spulwurmweibchen kann ca. 200000 Eier/Jahr abgeben. Man muß auch bedenken, daß der Nachweis von Magenbremsen (Gastrophilus) nicht durch eine Kotuntersuchung erfolgen kann, da diese Eier beim Pferd immer auf der Haut deponiert werden. Um eine Wurmkur als effektiv zu bezeichnen, muß die Anzahl Eier um 95 Prozent reduziert werden. Falls die Reduktion nach 10 bis 14 Tagen nur 90 Prozent beträgt, kann eine gewisse Resistenz vermutet werden. In diesem Falle muß das Entwurmungsmittel gewechselt werden.
Mittels einer Grasprobe kann der Infektionsgrad der Weide beurteilt werden. In dieser Probe können die Parasitenlarven pro Kilo Gras nachgewiesen werden.

Kontrolle und Behandlung von Eingeweideparasiten

Vorbeugende Maßnahmen

Es besteht kein Zweifel darüber, daß Präventivmaßnahmen zur Bekämpfung von Parasiten sehr wichtig sind. Das tägliche Ausmisten des Standes oder der Boxe ist absolut notwendig. Vor allem der Spulwurm wird in der Boxe auf das Fohlen übertragen. Wenn irgendwie möglich, sollte der Mist kompostiert und nicht einfach auf der Weide verteilt oder eingepflügt werden. Mindestens einmal pro Jahr und 3 Tage nach der Entwurmung sollten alle Boxen gründlich gereinigt werden. Anschließend an die mechanische Reinigung mit einem Hochdruckspritzgerät sollte eine chemische Desinfektion vorgenommen werden. Falls keine Möglichkeit besteht, diese vorzunehmen, sollte die Boxe auf jeden Fall feucht ausgewaschen sein, um den Schmutz so gut wie möglich zu entfernen. Die Krippen und andere Futterbehälter müssen so plaziert werden, daß sie nicht mit Kot und Harn verunreinigt werden können. Außerdem ist es wichtig, daß die Luftumwälzung im Stall gut funktioniert. In einem warmen und feuchten Stall finden die Parasiten ein ideales Milieu und entwickeln sich zu ihren verschiedenen Larvenstadien.
Die Pflege der Weide ist eine sehr wichtige und leider oft übersehene Maßnahme zur Vorbeugung von Parasitenvorkommen. Hier geht es vor allem um die Übertragung der Blutwürmer. Ist das Fohlen schon früher auf die Weide gegangen, ist das Risiko einer Spulwurminfektion sehr groß. Feuchte, tiefgelegene und oft überschwemmte Weiden sind ideale Stellen zur Bildung von Parasiten. Die Tränkeplätze sollen etwas erhöht und trocken sein. Wenn möglich soll das Wasser in leicht zu reinigenden Behältern aufbewahrt werden. Die Weideflächen sollen unterteilt werden, so daß ein häufiges Auswechseln möglich ist. Die beste Parasiten-Bekämpfungsmethode ist, das Weideland umzupflügen und dies nach einigen Jahren Getreideanbau wieder frisch einzusäen. Dieses Verfahren ist jedoch sehr teuer und an vielen Orten unmöglich durchzuführen. Eine Weide mit frischgewachsenem Gras nach dem Einbringen des Heues ist eine gute Möglichkeit, falls eine solche vor-

handen ist. Für Fohlen und Jungpferde sind ältere Pferde eine Infektionsquelle, weil diese die Weiden mit ihrem Kot infizieren. Sie sollten deshalb 3 Tage vor dem Weidegang entwurmt werden. Deshalb sollte eine neue Weide stets zuerst den Stuten mit ihren Fohlen zur Verfügung gestellt werden. Oft ist zu empfehlen, die Weiden mit einer leichten Egge zu bearbeiten, um so den Mist zu zerkleinern und zu verteilen. Dadurch wird auch die Entwicklung der Larven verhindert, weil sie der Sonne in hohem Grade ausgesetzt sind und austrocknen.
An Stellen, wo die Pferde gemistet haben, besteht stets etwas erhöhte Aktivität der Vegetation. Durch die höheren Pflanzen liegt dann der Mist der Tiere etwas im Schatten und kann seine Feuchtigkeit besser behalten. Dies ist eine Quelle für erhöhtes Vorkommen von Larven. Hohe Pflanzen sowie die Kotballen sollten deshalb entfernt werden. Gemeinsame oder Wechselweiden mit Schaf, Rind und Pferd sind ebenfalls eine gute Möglichkeit, die Weide zu sanieren. Dies ist jedoch für viele Pferdebesitzer nicht durchführbar.

Die medizinische Behandlung

Die Entwurmung mit chemischen Präparaten ist heutzutage der bedeutungsvollste Weg zur Behandlung der Eingeweideparasiten. Es wird weltweit sehr stark nach biologischen Bekämpfungsmitteln (Vakzine) geforscht, aber bis heute ist noch kein erfolgreiches Produkt auf den Markt gekommen. Ein gutes Entwurmungsmittel muß verschiedene Kriterien erfüllen. Es muß in erster Linie völlig ungefährlich für den «Wirt» sein, im weiteren sollte es billig sein und keine Angewöhnung (Resistenz) für die Parasiten bieten. Es muß geschmacklich so sein, daß es alle Tiere aufnehmen und die Fähigkeit haben, möglichst alle beim Pferd vorkommenden Parasiten zu bekämpfen.
Heutzutage werden die Wurmmittel in Pastenform abgegeben, und das Zuführen ist kein Problem mehr. Früher wurden die Entwurmungsmittel mittels der Nasen-Schlundsonde eingegeben, insbesondere wegen ihres unangenehmen Geschmackes. Die Verabreichung dieser Wurmmittel war für den Tierarzt wie für das zu behandelnde Pferd sehr beschwerlich. Der Vorteil dieser Entwurmung lag jedoch darin, daß mit der Herbstentwurmung gleichzeitig auch die Zähne der Pferde kontrolliert wurden. Jede Entwurmung muß unter Überwachung des Tierarztes vorgenommen werden. Dieser verschreibt das entsprechende Präparat in der richtigen Dosis. Es ist wichtig zu beachten, daß Pferde, die an Wettkämpfen teilnehmen und in entsprechend guter Kondition sind, nicht kurz vor einem Wettkampf entwurmt werden. Man muß deshalb möglichst einen wettkampffreien Zeitraum für die Behandlung wählen, im weiteren sollte man eine rationelle Behandlung nur mit längeren Ruhepausen und Trainingsunterbrüchen durchführen.
Die Entwurmung wird nach einem vorher festgelegten Zeitplan durchgeführt. Eine einmalige Entwurmung, z.B. im Herbst, ist absolut ungenügend. Das Problem wird lediglich um eine kurze Zeit vorverschoben, ohne die Würmer endgültig zu bekämpfen. Man kommt bei dieser Art von Entwurmung ohnehin nur an die erwachsene Wurmgeneration, und in der Darmwand verbleiben Parasiten in unterschiedlichen Stadien. Wenn die erwachsenen Würmer abgetötet werden und verschwinden, vergrößert sich der Lebensraum für die Larven. Diese werden dadurch aktiviert und entwickeln sich schneller zu erwachsenen, geschlechtsreifen und eiproduzierenden Würmern. Bereits 6 Wochen nach der Entwurmung können bei einer Kotuntersuchung wieder ebensoviele Eier festgestellt werden wie vor der Entwurmung, dies bedeutet, daß wir mit einer einmaligen Behandlung das

Problem lediglich 1 1/2 bis 2 Monate vorverschoben haben. Diese Zeitspanne muß man bei der Festlegung eines Bekämpfungsprogrammes beachten, besonders bei den Blutwürmern. Es zeigt sich, daß von den neuen Entwurmungsmitteln mit dem abtötenden Effekt auch auf gewisse Larvenstadien, wie z. B. Ivomec vet. und Synanthic vet. m, die Wirkungsdauer ca. 2 Monate beträgt.

Unter Berücksichtigung dieser Zusammenhänge sollte es heute allerdings kein Problem mehr sein, eine wirksame Entwurmung durchzuführen. Es können nämlich alle Eingeweideparasiten mit Präparaten bekämpft werden, die in Form von Pasten, die man ins Maul spritzt, auf dem Markt sind. Nur für ein Präparat, welches vor allem bei der Herbstentwurmung (November/Dezember) sehr empfohlen wird, benötigt man ein Rezept (Ivomec vet. und Rintal comp. vet.). Im weiteren ist es wichtig, daß das Präparat alle ein bis zwei Jahre gewechselt wird, da sich andernfalls die Parasiten an ein Mittel gewöhnen. Wechselt man das Mittel jedoch zu oft, besteht ebenfalls ein Resistenzrisiko. Dies betrifft vor allem die kleinen Blutwürmer (Cyathostominae/Trichonema), die sonst gegen sehr wirksame Präparate, wie Axilur, Synanthic, Telmin und Rintal, resistent sind. Deshalb soll mit Banminth abgewechselt werden, das einen anderen Typ darstellt und welches rezeptfrei zu erhalten ist. Auch das rezeptpflichtige Ivomec hat einen anderen Typ als Aktivsubstanz. Wenn ein Pferd von einem anderen Stall kommt, dessen Entwurmungsschema nicht bekannt ist, sollten am ehesten Banminth oder Ivomec angewendet werden.

Alle Behandlungen gegen die Eingeweideparasiten sind ein nie endender Kampf zwischen Parasiten und Tierbesitzer. Es lohnt sich, konsequent zu entwurmen und wirksame Mittel rechtzeitig einzusetzen. Während der letzten Jahre wurden viele Entwurmungsschemas ausgearbeitet. Heute hat man eher die Tendenz, eine kleinere Anzahl sogenannter strategischer Entwurmungsmittel mit weidehygienischen Maßnahmen zu kombinieren. Vergleiche dazu das folgende Schema.

Entwurmungsschema

1. Beim Fohlen, im Alter	Entwurmung gegen:
von 8 – 16 Wochen	Spulwürmer
Nach 1 1/2 – 2monatigem Weidegang	Blutwürmer
Vor der Winteraufstallung	Magenbremse

Am besten werden Ivomec oder Rintal comp. verwendet. Bei der Verwendung von Rintal comp. muß jedoch im Februar nochmals eine Behandlung vor allem wegen der Blutwürmer durchgeführt werden.

In Beständen mit Spulwurmproblemen sollte ebenfalls stets eine zusätzliche Entwurmung im Februar durchgeführt werden.

Beim Vorkommen von Fohlenwürmern ist eine Behandlung im Alter ab 3 Wochen mit Ivomec oder erhöhte Dosen von Axilur oder Rintal angezeigt.

2. Beim erwachsenen Pferd	Entwurmung gegen:
Spätestens bis 3 Tage vor dem Weidegang	Blutwürmer
Nach 1 1/2 – 2monatigem Weidegang	Blutwürmer (Wiederholung)
Vor der Winteraufstallung im November	Magenbremse

Es wird ebenfalls empfohlen, Ivomec oder Rintal comp. zu verwenden, wobei auch beim erwachsenen Pferd bei der Verwendung von Rintal comp. die Wurmkur gegen die Blutwürmer im Februar nochmals zu wiederholen ist.

Wenn Lungen- oder Bandwürmer nachgewiesen werden, sind spezifische Wurmmittel anzuwenden und spezielle Entwurmungsschemen zu beachten:

Bei Lungenwürmern:	– Axilur oder Ivomec – Rintal in doppelter Dosis (10 Milligramm/Kilo) und einer Wiederholung nach 2 Wochen
Bei Bandwürmern:	– Banminth in doppelter Dosis

Bei Wettkampfpferden kann eine intensive Wurmkur notwendig sein. Diese hat sich aber dem Programm der Wettkämpfe anzupassen. Für alle diese Fälle sind wiederholte Kotuntersuchungen wegleitend. Es ist zu beachten, daß für alle diese Präparate bei einer allfälligen Schlachtung Karenzzeiten einzuhalten sind. Es wird deshalb dringend empfohlen, in diesem Zusammenhang den Tierarzt zu konsultieren.

Hautparasiten

Läuse

Diese Parasiten leben auf der Haut, speziell um den Schlund auf beiden Halsseiten, bei intensivem Befall auf dem ganzen Körper. Durch ihre Bewegung und durch Bisse verursachen die Läuse eine Hautentzündung. Dem Juckreiz versuchen die Pferde mit Scheuern gegen Umzäunungen und Bäume entgegenzutreten. Über grö-

Der Lausbefall bei einem Fohlen

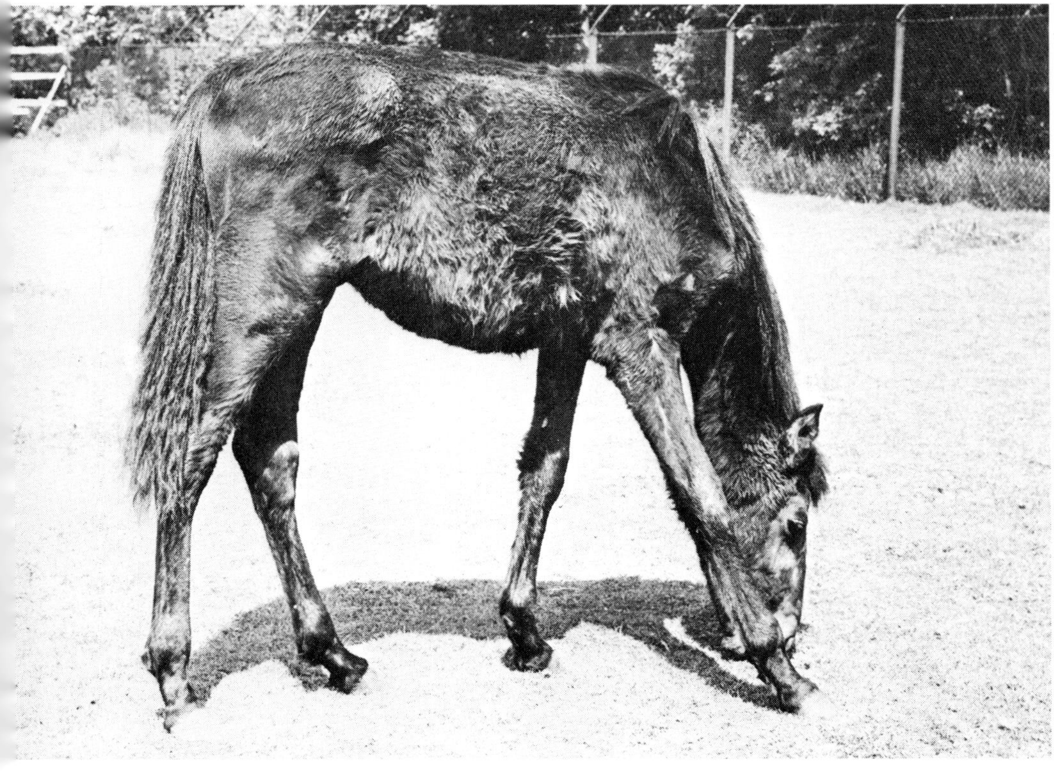

ßere Hautteile können die Haare ausfallen, und auf der Haut stellt man eine deutliche Sekundärinfektion fest. Wenn der Befall sehr stark ist, kann bei Jungpferden Abmagerung mit nachweisbarem Blutverlust auftreten. Die Parasiten leben während ihrer ganzen Lebenszeit auf den Pferden. Sie pflanzen sich mit Eiern fort, die an der Haarwurzel festkleben. Nach 5 bis 10 Tagen schlüpfen die Eier aus. Die ausgewachsene Laus ist 2 bis 3 Millimeter lang und gelbbraun gefärbt. Der Lausbefall kommt nur im Winter und Vorfrühling vor. Die Parasiten sind für ihre Entwicklung auf eine tiefe Außentemperatur und den schützenden Winterpelz der Pferde angewiesen. Die Übertragung von einem Tier auf das andere geschieht meistens durch direkten Kontakt. Aber auch die Bürste und der Striegel können die Läuse übertragen. Nur wenige Läuse überleben die hohen Sommertemperaturen. Die Behandlung besteht darin, daß die langhaarigen Pferde geschoren werden, wobei die abgeschnittenen Haare unbedingt zu verbrennen sind. Die Hautoberfläche wird mit einem Puder (Etotal) oder einer Lösung (Eisessig) behandelt. Die Behandlung wird nach 10 Tagen wiederholt. Es ist wichtig, daß die Stände und Boxen gereinigt und die heruntergefallenen Läuse entfernt werden.

Räude siehe Hautkrankheiten S. 242

Ansteckende Krankheiten

Viruserkrankungen

Die virusbedingten Erkrankungen, die wir mit Sicherheit in Schweden finden, sind die Pferdegrippe, die ansteckende Nasen-Lungen-Entzündung sowie die ansteckende Blutarmut. Die Virusarthritis kommt wahrscheinlich ebenso vor. Die afrikanische Pferdepest und ansteckende Hornhautentzündung kommen bis heute in Schweden nicht vor. Wenn man jedoch den regen Pferdeverkehr über die Kontinente beachtet, können auch diese Erkrankungen bald hier auftreten.

Die Pferdegrippe

Sie wird von einem Virus verursacht, das demjenigen der Menschen sehr ähnlich ist. Dabei sind zwei Typen bekannt und werden A1 und A2 benannt. In der Regel werden nicht geimpfte Pferde von der Krankheit befallen. Nach einem großen Grippeanfall auf der Åby-Trabbahn im Herbst 1983 wurde der Impfzwang eingeführt. Die Inkubationszeit beträgt 2 bis 3 Tage.

Die Symptome beginnen mit Fieber während des ersten Tages. Die Temperatur steigt bis 41 °C. Die Pferde sind müde, und es kann ein durchsichtiger Nasenausfluß beobachtet werden. Die Pferde haben Muskelschmerzen und bewegen sich sehr steif. Nach wenigen Tagen hört man einen trockenen, schrillen Husten. Wenn die Pferde ruhen können und keine Komplikationen auftreten, vergeht die Influenza in 1 bis 3 Wochen. Wenn sie jedoch Streßsituationen ausgesetzt sind, z. B. in Form von Arbeit oder kaltem und feuchtem Wetter, können Sekundärinfektionen auftreten. Dann erscheint ein neuer Temperaturanstieg, und der Nasenausfluß färbt sich gelblich.

Die Behandlung besteht in unkomplizierten Fällen lediglich in einer Ruhigstellung von mindestens 2 bis 3 Wochen. Dabei ist es wichtig, daß die Temperatur täglich gemessen wird. Falls Sekundärinfektionen auftreten, muß eine Antibiotika- oder eine Sulfatbehandlung eingesetzt werden, bis die Infektion abgeheilt ist. Die Stallhygiene ist während der Krankheit von größter Bedeutung.

Vorbeugende Maßnahmen

Am besten wird das Pferd geimpft. Das Fohlen kann ab dem 4. Monat geimpft werden. Erst dann ist sein Immunsystem so entwickelt, daß es als Reaktion auf eine Impfung Antikörper bilden kann. Im allgemeinen gilt die Regel, daß die Antikörperbildung erst 2 Wochen nach der zweiten Impfung richtig in Gang kommt. Das Pferd muß beim Impftermin völlig gesund sein. Es besteht ein kleines Risiko, eine hochträchtige Stute zu impfen. Hingegen soll vermieden werden, ein Pferd, welches im starken Training oder in Wettkämpfen steht, zu impfen. Wenn dies unumgänglich ist, müssen dem Pferd mindestens 14 Tage Ruhe gegönnt werden. Komplikationen bei der Impfung sind sehr selten. In England konnte man eine Komplikationsrate von 0,63 Prozent nachweisen. Es handelte sich vor allem um Abszeßbildungen an der Impfstelle. In Schweden wurden Zahlen wie 0,8 Prozent festgestellt. Viele Untersuchungen haben ergeben, daß die Impfung, wenn sie frühzeitig erfolgt, sehr wirksam ist. Die entstandene

Immunität beträgt höchstens 4 Monate. Die im Handel erhältlichen Doppelvakzinen geben einen Schutz für beide Influenzastämme. Dabei besteht der Schutz gegen A1 etwas länger als jener gegen A2. Bei Untersuchungen innerhalb des schwedischen Pferdebestandes zeigte sich, daß ca. 60 Prozent Antikörper gegen A1 und lediglich 30 Prozent einen Schutz gegen A2 besitzen. Um einen 100prozentigen Schutz sicherzustellen, sollte alle 3 Monate geimpft weden. Entsprechend wurden die Vorschriften für die Wettkampf-Pferde in jüngster Zeit weitgehend abgeändert (Anm. des Übersetzers).

Die Influenza Typ A2 zeigt außerdem noch eine große Variation. Es entstehen immer wieder neue Unterarten. Dies hat jedoch nicht dazu geführt, daß man die Pferde nicht weiterhin impfen soll. In Schweden werden heutzutage zwei Impfungen verwendet: Prevacun oder Iscovac Equi F. Die letztere ist eine Impfung der neuen Generation, die auf der Iscomtechnik basiert. Diese wurde in Schweden entwickelt und produziert. Sie hat auf internationaler Ebene große Aufmerksamkeit auf sich gezogen. Es gibt eine deutlich bessere Antikörperbildung als die früheren Vakzinen, und diese Impfstoffe zeigen wesentlich geringere Nebenwirkungen aufgrund ihres anderen Aufbaues. Es bestehen unterschiedliche Impfvorschriften für Traber, Galopper oder Reitpferde. Auch die Impfstoffe sind in gewissen Fällen unterschiedlich. Für Pferde, die international starten, stimmen die Regeln mit denjenigen der FEI überein. Man soll sich deshalb genauestens erkundigen, welche Vorschriften für die entsprechende Pferdeart besteht und die Zeugnisse gewissenhaft aufbewahren, da darin auch die abgegebenen Impfstoffe vermerkt sind. Der internationale Pferdepaß oder der Pferdepaß des schwedischen Reitsportverbandes erleichtert diesen Nachweis ebenfalls. Für den Galopp- und den Trabsport müssen die Zeugnisse zur Registratur an die Verbände gesandt werden. Bei der Anmeldung für einen Start wird die Impfung kontrolliert, und der Besitzer wird informiert, wenn eine Impfung fällig wird. Ein Stall, in dem die Pferde angesteckt sind, muß unbedingt isoliert werden. Diese Isolierung sollte während 14 Tagen aufrechterhalten werden, und zwar nach dem Auftreten des letzten Temperaturanstiegs. Der Influenzavirus ist sehr ansteckend, und man rechnet, daß in der Regel ca. 70 bis 90 Prozent der Pferde befallen werden. Die Ansteckung erfolgt direkt von Pferd zu Pferd oder über Menschen, Kleidung und Geräte. Seit 1984 ist die Pferdeinfluenza in Schweden eine anzeigepflichtige Seuche.

Das Impfschema für die Pferdeinfluenza, gemäß den Impfbestimmungen von 1990, sieht wie folgt aus:

1. Reitpferde und Ponys

Ab 1. 1. 1989 darf kein Pferd starten, wenn es nicht gemäß den Bestimmungen der FEI (Fédéation Equestre Internationale) geimpft ist. Die Bestimmungen sind dementsprechend international.

Impfung / Intervalle:

A	B	C	D	E
21 – 92 Tage	12 M.	12 M.	12 M.	12 M.

Trabpferde (ab 1. 5. 1989)

Impfung / Intervalle:

A	B	C	D	R
1 – 2 M.	3 – 6 M.	3 – 6 M.	4 – 6 M.	4 – 6 M

– Die erste Impfung darf frühestens im Alter von 4 Monaten durchgeführt werden.

– Grundimmunisierung A, B, C + D werden für den ersten Start verlangt.

– Die Impfungen A + B werden für das Einstellen in einem Trabstall, für das Einfahren auf der Trabbahn sowie für den Import verlangt.

– Wenn die Intervalle überschritten werden, muß man im Stadium B und C auf A zurückgehen, d.h. noch einmal grundimmunisieren.

– Im Stadium D muß man bei C beginnen.

– Für ausländische Pferde, die an Wettkämpfen teilnehmen, gilt die Forderung, daß die Pferde innerhalb der letzten 12 Monate korrekt geimpft wurden.

– Wurde Isovac Equi F verwendet, gilt folgende Bestimmung:
Wenn die Grundimmunisierung A bis D durchgeführt wurde und mindestens die letzten drei Impfungen, d.h. B, C, D mit Isovac Equi F durchgeführt wurden, gilt eine 12monatige Intervalldauer für die Zukunft.

Galopp-Pferde (1. 11. 1989)

Jedes registrierte Galopp-Pferd hat eine Pferdekarte oder einen Pferdepaß, worin die vorgenommenen Impfungen eingetragen sind. Der Paß muß vor jedem Start vorgezeigt werden. Aus dem Gesagten geht hervor, daß Schweden international gesehen etwas strengere Vorschriften hat. Man will diese am ehesten den Bestimmungen des Trabers angleichen, die auf den neueren Erkenntnissen der Virologie aufgebaut sind.

Impfung / Intervall:

A	B	C	D	R
1–2 M.	5–6 M.	3–6 M.	4–6 M.	4–6 M.

Im übrigen gelten dieselben Vorschriften wie für die Trabpferde, was das Halten von jungen Pferden auf der Bahn, die Wiederholungsimpfungen bei überzogenen Intervallen, das Aufstallen von ausländischen Pferden und die Ausnahmebestimmung in der Anwendung des Iscovac Equi F anbetrifft.

Zusammenfassend gelten somit die folgenden Faustregeln für alle Pferdekategorien:
Das Fohlen soll mit 4 Monaten geimpft werden. Die zweite Impfung B erfolgt nach 1 bis 2 Monaten. Anschließend soll halbjährlich, am besten verbunden mit einem Trainingsunterbruch, eine Nachimpfung durchgeführt werden.
Kann ein direkter Zusammenhang zwischen der Impfung und einer medizinischen Komplikation anhand eines Veterinärzeugnisses nachgewiesen werden, kann ein Pferd vom Verband aus für eine weitere Impfung dispensiert werden.
Es ist äußerst wichtig zu beachten, daß das Pferd beim Impftermin vollständig gesund ist.

Die Rhinopneumonitis

Die Rhinopneumonitis, auch Virusabort genannt, ist eine weitere Erkrankung, die durch einen Herpesvirus verursacht wird (Equine Herpesvirus, EHV-1). Die Krankheit zeichnet sich durch Fieber und eine Entzündung der oberen Luftwege aus. Vor allem Jungpferde werden davon befallen. Bei ausgewachsenen Pferden, die diese Krankheit mehrmals durchgemacht haben, findet man oft kaum mehr feststellbare Symptome. Trächtige Stuten dagegen können abortieren oder im späten Trächtigkeitsstadium verwerfen. Die Krankheit tritt meistens im Herbst oder Winter auf. Die Jungpferde erkranken auch, wenn sie von der Weide in das Stallklima kommen. Diese sich häufig wiederholende Infektion verursacht bei den Pferden oft chronischen Husten.
In den letzten Jahren ist auch eine zentralnervöse Form dieser Krankheit aufgetreten, die meist Schwanken, Lahmheit und bleibende Bewegungsstörungen in Form einer Ataxie zur Folge haben (vgl. dazu S. 189).
Die Inkubationszeit der Luftwegeentzündung beträgt 2 bis 10 Tage, für die abortive Form wird sie mit 3 Wochen bis 3 Monaten angegeben.
Die Symptome bei den Jungtieren sind Fieber bis zu 40 °C während einer Woche.

Der Allgemeinzustand ist deutlich gestört und der Appetit während dieser Zeit stark vermindert. Zeitweise entstehen Schwellungen am Unterbauch und an den Hinterbeinen. Es kann auch Durchfall eintreten. Aber wie bereits erwähnt, können die Symptome sehr gering sein. Die Abheilzeit beträgt oft auch ohne Behandlung nur 1 bis 2 Wochen. Hingegen können Sekundärinfektionen, besonders in Form von langwierigen und eitrigen Luftwegeentzündungen, auftreten. Die angesteckte, trächtige Stute abortiert oft nach 3 Wochen bis 3 Monaten. Der Fötus kann auch erkranken und wird häufig zwischen dem 8. bis 11. Trächtigkeitsmonat abortiert. Wenn die Stute in sehr spätem Stadium der Trächtigkeit infiziert wird, kann das Fohlen wohl lebend geboren werden, überlebt jedoch nur einige Tage. Die Stute wird in der Regel nach einem Abort ohne Schwierigkeiten wieder trächtig. Die Krankheit ist sehr ansteckend. Wenn keine Immunität vorliegt, erkranken alle Pferde in einem Stall. Die Immunität ist sehr kurzfristig, und die Pferde können nach 3 bis 6 Monaten wieder erkranken. Gegen den Abort besteht die Immunität jedoch etwas länger und kann bis zu zwei Jahren dauern.

Auch hier sind vorbeugende Maßnahmen sehr wichtig. So sollen z. B. Pferde, die an Wettkämpfen teilnehmen, nicht mit trächtigen Stuten im selben Stall stehen. Wenn neue Stuten in ein Gestüt kommen, müssen diese unbedingt in einen Quarantänestall gestellt werden. Dort muß ihnen während dreier Wochen die Temperatur gemessen werden. Wenn in dieser Zeit kein Verdacht auf die Krankheit vorliegt, können sie zu den anderen Pferden gestellt werden. In Schweden gibt es eine Impfung gegen die abortive Form. Die trächtigen Stuten müssen im 5., 7. und 9. Monat geimpft werden. Die Impfung muß mit drei Injektionen während jeder Trächtigkeit erfolgen, da der Schutz nur kurze Zeit gewährleistet ist.

Seit 1983 gibt es in Schweden auch eine Impfung gegen die Luftwegeentzündung. Diese stellt ebenfalls einen Schutz gegen andere Viruserkrankungen dar, welche die selben Krankheitssymptome aufweisen. Außer der gewöhnlichen Influenza A1 und A2 gibt diese Impfung nämlich auch einen Schutz gegen Reovirus I und III. Dies sind häufig vorkommende Erreger von harmlosen Erkältungen.

Die ansteckende Blutarmut (infektiöse Anämie)

Dies ist eine Viruserkrankung beim Pferd, die von Fieber bis zu 41 °C begleitet wird und ca. 3 bis 5 Tage dauert. Die Pferde sind dabei sehr stark reduziert. In Bauch- und Brustgebiet sowie in den Beinen können Ödeme auftreten. Zeitweise bekommen die Pferde eine Gelbsucht, auch Todesfälle sind möglich. Es ist jedoch noch häufiger, daß die Pferde nach dieser Fieberattacke gesund werden und eine neue Fieberattacke nach 3 bis 4 Wochen eintritt. Ihr Zustand wird langsam, aber deutlich schlechter. Sie magern ab, und die Blutarmut wird immer hochgradiger. Der Verlauf kann sich so in einzelnen Fällen über Jahre hinziehen, und die Pferde werden nie mehr richtig gesund. Die Krankheit, die früher häufig bei Kaltblutpferden in Nordschweden festgestellt wurde, verschwand in den fünfziger Jahren. Später trat sie in Süd- und Mittelschweden wieder auf.

Die Ansteckung geht von Pferd zu Pferd. Das Virus kann im Blut, Urin und Speichel nachgewiesen werden. Der Mensch kann an der Ansteckung durch Kleider oder Instrumente mitbeteiligt sein. Die einzige Möglichkeit, die Krankheit zu bekämpfen, besteht im Töten von kranken Tieren. Die Krankheit hat in den USA und in Frankreich große Probleme verursacht. In Schweden ist sie jedoch unter Kontrolle.

Um die Diagnose sicherzustellen, benötigt man einen positiven Bluttest, den sogenannten Coggins-Test. Ein negativer Coggins-Test wird für das Einführen von Pferden nach Schweden verlangt.

Die Virusarthritis (Equine Virusarterit EAV)

Dies ist eine Krankheit, die wahrscheinlich schon seit längerer Zeit auch in Schweden vorkommt, jedoch bis anhin nicht klinisch nachgewiesen werden konnte. Antikörper gegen die Erkrankung wurden in immer größerem Maße, vor allem bei Traberpferden mit Fieberzuständen, nachgewiesen. Die Erkrankung erhielt ihren Namen, da das Virus vor allem die kleinen Blutgefäße (Arteriolen) im Körper angreift. EAV wurde 1984 sehr aktuell, nachdem in den USA ein großer Ausbruch festgestellt wurde. Damals konnte nachgewiesen werden, daß befallene Hengste über Jahre hinweg als Ansteckungsquelle gedient hatten und in dieser Zeit das Virus auch im Sperma ausgeschieden wurde. Hingegen konnte bei den Stuten, die beim Deckakt angesteckt wurden, keine verminderte Befruchtungsrate festgestellt werden. Hochträchtige Stuten, die erkranken, abortieren jedoch häufiger (bis zu 60 Prozent beim erwähnten Ausbruch in den USA).

In Schweden hat man sämtliche Zuchthengste untersucht und festgestellt, daß 80 Prozent der anerkannten Hengste Antikörper im Blut aufweisen. Die entsprechenden Zahlen lauten für das Halbblut 38 Prozent und für das Vollblut 18 Prozent. Von diesen antikörperpositiven Hengsten schieden 44 Prozent das Virus mit dem Sperma aus. Hingegen konnte in Schweden kein negativer Effekt auf die Trächtigkeitsrate festgestellt werden. Es wurde auch kein durch das EAV-Virus verursachter Abort nachgewiesen. Länder wie England, Frankreich und Irland haben nun eine Blutuntersuchung auf EAV eingeführt. Die gilt allerdings nicht für Wettkampfpferde.

Die Inkubationszeit beträgt 2 bis 10 Tage. Die Symptome beginnen mit hohem Fieber bis 41 °C. Man sieht dann oft vermehrten Nasenausfluß, Tränenfluß und Anschwellungen sowie Rotfärbung der Lidbindehäute. Aus diesem Grund wird die Krankheit auch «Pink Eye» genannt. Nicht selten treten Ödeme am Bauch und in den Beinen auf. Durchfall kann vorkommen. Die Erkrankung klingt meistens nach 2 Wochen wieder ab, sofern keine sekundären Infektionen auftreten. Bei hochträchtigen Stuten ist ein Abort möglich. Die Behandlung besteht in einer Ruhezeit von 3 bis 4 Wochen. Eine unterstützende Behandlung kann bei geschwächten Tieren ins Auge gefaßt werden. In den USA ist ein Impfstoff erhältlich. Beim Ausbruch der Erkrankung in einem Bestand müssen strenge Isolierungsmaßnahmen ergriffen werden.

Die ansteckende Hirnhaut- und Rückenmarkentzündung

ist eine gefürchtete Viruserkrankung bei den Pferden auf den amerikanischen Kontinenten. Dabei sind drei Arten der Erkrankung bekannt; die «Eastern Equine Encephalitis» (EEE), die «Western Equine Encephalitis» (WEE) und die «Venezuelan Equine Encephalitis» (VEE). Das Virus wird von Insekten übertragen, die Säugetiere und Vögel anstecken. Ein großer Ausbruch von VEE war in Mittelamerika im Jahre 1970, und die Ansteckung erstreckte sich bis in die USA, wo Hunderte von Pferden erkrankten und viele davon starben. Sogar Menschen wurden von dieser Krankheit befallen. Dies führte zu weitreichenden Bekämpfungsmaßnahmen mit Massenimpfungen und sehr strengen Isolierungsmaßnahmen. 2,8 Millionen Pferde wurden in 19 Staaten rund um Texas geimpft. Insektenbekämpfung wurde von einem Gebiet von 5,2 Millionen Hektar Land durchgeführt. Das Krankheitsbild für alle drei Typen zeigt hohes Fieber und Störungen im zentralen Nervensystem. Die Todesrate beträgt ca. 90

Prozent. Es besteht keine Behandlungsmöglichkeit. Die Pferde können jedoch durch eine Impfung geschützt werden.
Bis heute kommt die Krankheit in Europa nicht vor. Wir schützen uns gegen die Einführung mit strengen Quarantänebestimmungen für Pferde aus den USA. Die Pferde benötigen eine negative Blutprobe sowie ein Zeugnis als Beweis dafür, daß sie gesund sind. Bei einem größeren Ausbruch im Ausfuhrland wird ein Importstopp verfügt, bis die ansteckende Tierseuche wieder abgeklungen ist.

Die afrikanische Pferdepest
ist eine sehr ansteckende, rasch verlaufende Viruserkrankung, ebenfalls mit einer hohen Todesrate. Wie aus dem Namen hervorgeht, kommt sie hauptsächlich in Afrika vor, aber es sind auch Ausbrüche in Asien und sogar Spanien vorgekommen. Das Virus wird ebenfalls durch Insekten übertragen. Um der Weiterverbreitung dieser Krankheit vorzubeugen, ist der Import von Pferden aus Afrika nach Schweden bis auf weiteres verboten.

Bakterielle Erkrankungen

Die Druse

Die Druse wird von einem Bakterium namens Streptococcus equi verursacht. Es ist eine sehr akute Infektionserkrankung, die nicht selten einer vorausgegangenen Viruserkrankung folgt. Auch andere Streßmomente wie Transport, Umwelt- und Stallveränderung etc. können die Krankheit auslösen, insbesondere bei jüngeren Pferden, die vorher mit keinen anderen Infektionserregern in Kontakt gekommen sind und deshalb keine Immunität besitzen. Die Bakterien kommen in der normalen Darmflora des Pferdes sowie bei jedem fünften Pferd in den Luftwegen vor. Da beinahe alle Pferde gegen Streptococcus equi Immunität besitzen, sind es meistens nur die jungen Pferde, die im Zusammenhang mit einem Streßzustand erkranken. Die Krankheit kommt in der ganzen Welt vor. In Schweden ist sie über das ganze Land verbreitet. Beim Import von schlechtem Pferdematerial stieg die Frequenz deutlich, vor allem deshalb, weil man damals die Pferde aus Polen und Island zum Beispiel unter sehr schlechten Bedingungen transportierte. Heutzutage kommt die Druse relativ selten vor. Der diagnostizierende Tierarzt oder das Labor sind allerdings verpflichtet, die Krankheit beim Landwirtschaftsministerium anzumelden.
Die Ansteckung erfolgt entweder durch direkten Kontakt oder durch Krippen, Geräte und auch durch den Menschen.
Die Inkubationszeit beträgt 4 bis 8 Tage.
Die Symptome beginnen mit Fieber und verminderter Freßlust. Die Temperatur ist erhöht, und das Fieber kann bis 41 °C steigen. Die übrigen Symptome sind Nasenausfluß und Husten. Nach einigen Tagen tritt auch eine Schwellung der Lymphknoten auf, und zwar besonders derjenigen unter den Ganaschen und hinter den Unterkieferästen. Ein Teil der Lymphknoten entwickeln dann Abszesse, die reifen und aufplatzen, worauf sich der Eiter entleert. Einige Abszesse müssen jedoch chirurgisch geöffnet werden.
Vor dem bereits erwähnten chirurgischen Eingriff müssen die Pferde, die an Druse leiden, aber unbedingt mit Penicillininjektionen während mindestens einer Woche vorbereitet werden. Dann heilt die Infektion relativ rasch ab. Die Behandlung sollte erst nach zwei Fiebertagen eingesetzt werden, damit das Immunsystem stimuliert wird. Die Pferde müssen im Anschluß an eine Behandlung mindestens einen Monat ruhiggestellt werden. Arbeitende Pferde müssen vor Trainingsbeginn mittels EKG überprüft werden. Es wurde nachgewiesen, daß nicht selten Herzmuskelentzündungen im Zusammenhang mit der Druseerkrankung vorkommen. Die Isolierungsmaßnahmen sollten bei einem

Druseausbruch während mindestens 14 Tagen aufrechterhalten werden. Diese Zeit kann aber ohne weiteres von Fall zu Fall verlängert werden. Es sind Isolierungszeiten bis zu sechs Wochen bekannt. Es gibt keine Vakzine gegen die Erkrankung. Nach einer durchgemachten Druse besteht eine lebenslange Immunität gegen diese Krankheit.
Komplikationen: Bei Pferden, die nicht behandelt werden, kann leicht eine Ausbreitung der Infektion in die Lymphknoten der Bauch- und der Brusthöhle entstehen. Auch Gelenke können angegriffen werden. Die Chance einer Heilung verringert sich dabei deutlich. Junge und schwache Tiere werden stärker von der Krankheit befallen, und hie und da treten auch Todesfälle auf. Andere Komplikationen sind in gewissen Fällen Kehlkopfpfeifen (Roaren) oder Anämie.

Morbus Maculosus
ist eine seltene Komplikation zur Druse mit Luftwegsinfektionen. Plötzlich findet man das bereits einmal befallene Pferd mit stark angeschwollenen Beinen und einem Kopf, den es kaum mehr zu tragen vermag. In schweren Fällen rinnt seröse Flüssigkeit aus der Haut aus, sowohl am Kopf als auch an den Extremitäten. Die Körpertemperatur ist bis zu 40 °C hoch und die Pferde befinden sich in einem sehr schlechten Allgemeinzustand. Man vermutet, daß ein verbliebener Infektionsherd irgendwo im Körper diesen allgemeinen Gefäßschaden verursacht. Die erwähnte Flüssigkeit tritt vor allem aus der Unterhaut aus. Die Heilungsaussichten sind äußerst vorsichtig zu beurteilen. Ein plötzliches Herzversagen kann eintreffen. Mit modernsten medizinischen Maßnahmen kann ab und zu ein solches Pferd gerettet werden. Es gibt auch Rückfälle.

Rotz
ist eine spezifische, stark ansteckende Krankheit, die von den Rotzbakterien verursacht wird. Die Lungen und die Haut werden angegriffen. Die Krankheit hat chronische, oft aber auch tödliche Auswirkungen. Sie kann ebenfalls auf den Menschen übertragen werden. Der Rotz kommt in Schweden eigentlich seit 1943 nicht mehr vor. Er trat vor allem während der Kriegszeiten auf und war in seiner Art schon Hunderte von Jahren vor Christus bekannt.

Verletzungen

Die Haltung und die Verwendung bedingt, daß das Pferd oft großen Verletzungsgefahren ausgesetzt ist. Dies gilt besonders für das Frühjahr und den Sommer. Dabei sind Stacheldrahtverletzungen eine häufige Ursache für ausgedehnte und schlecht heilende Hautwunden. Es sollte heutzutage verboten sein, Pferdezäune aus Stacheldraht zu verwenden. Weiterhin sind unzweckmäßige Stallungen mit hervorstehenden, scharfen Gegenständen wie Haken und Nägeln eine häufige Ursache für Stich- und Rißverletzungen. Leider werden an der Peripherie von Großstädten nur allzuhäufig dunkle und schlecht eingerichtete Kuhställe für die Aufstallung von Pferden verwendet. Es kommt immer häufiger zu Unfällen mit Pferd und Auto. Nicht selten verunglükken auch Pferdetransporter, oder die Pferde reißen sich los und geraten auf die Straßen. Ausgedehnte Schnitt- und Quetschverletzungen sind dabei eine häufige Folge. Bei der Beurteilung spricht man von einer offenen oder geschlossenen Wunde. Bei der geschlossenen Wunde sind vor allem die Weichteile unter der Haut stark beschädigt, während eine offene Wunde aufgeschnitten ist und häufig stark blutet. Als Pferdebesitzer oder -pfleger sollte man unbedingt versuchen, sich von der Art der Verletzung und ihrer Lage und Ausdehnung ein möglichst genaues Bild zu machen. Häufig müssen solche Verletzungen von einem Tierarzt behandelt werden. Jedoch ist der Vorbehandlung größte Aufmerksamkeit zu schenken. Dabei geht es vor allem um eine sorgfältige Reinigung und wenn immer möglich, um das Anlegen eines schützenden und stützenden Verbandes.

Unterschiedliche Verletzungen

1. Die Schnittwunde ist durch eine glatte, oft stark blutende Wundfläche mit scharfen Schnittkanten gekennzeichnet. Eine solche Verletzung entsteht zum Beispiel, wenn sich ein Pferd an einer Glasscheibe oder an einem scharfen Gegenstand schneidet. Um eine rasche und gute Heilung zu erreichen, muß eine solche Wunde möglichst schnell, d. h. innert 6 bis 8 Stunden, genäht werden. In der Zeit bis das Pferd operiert wird, kann der Pferdebesitzer die Wunde beurteilen, den Schmutz wegwaschen, die Umgebung der Wunde reinigen und einen feuchten Verband anlegen. Liegt eine stärkere Blutung vor, muß ein sogenannter Druckverband angelegt werden. Falls sogar eine Arterie durchschnitten wurde, was an der hellroten Farbe des Blutes und der Pulsation der Blutung leicht festgestellt werden kann, muß eine Gliedmaße abgebunden werden. Hier eignet sich die Verwendung eines Veloschlauches außerordentlich gut. Ein solcher Druckverband oder eine Abbindung sollten jedoch nur wenige Stunden liegenbleiben. Eine im frischen Zu-

Bild 1
Stacheldrahtverletzung in der linken Schultergegend

Bild 2
Nach der Operation mit Entspannungsnähten und einem Drain

Bild 3
Tiefe Stacheldrahtverletzung am Bein nach der Abheilung und mit einer Hautplastik

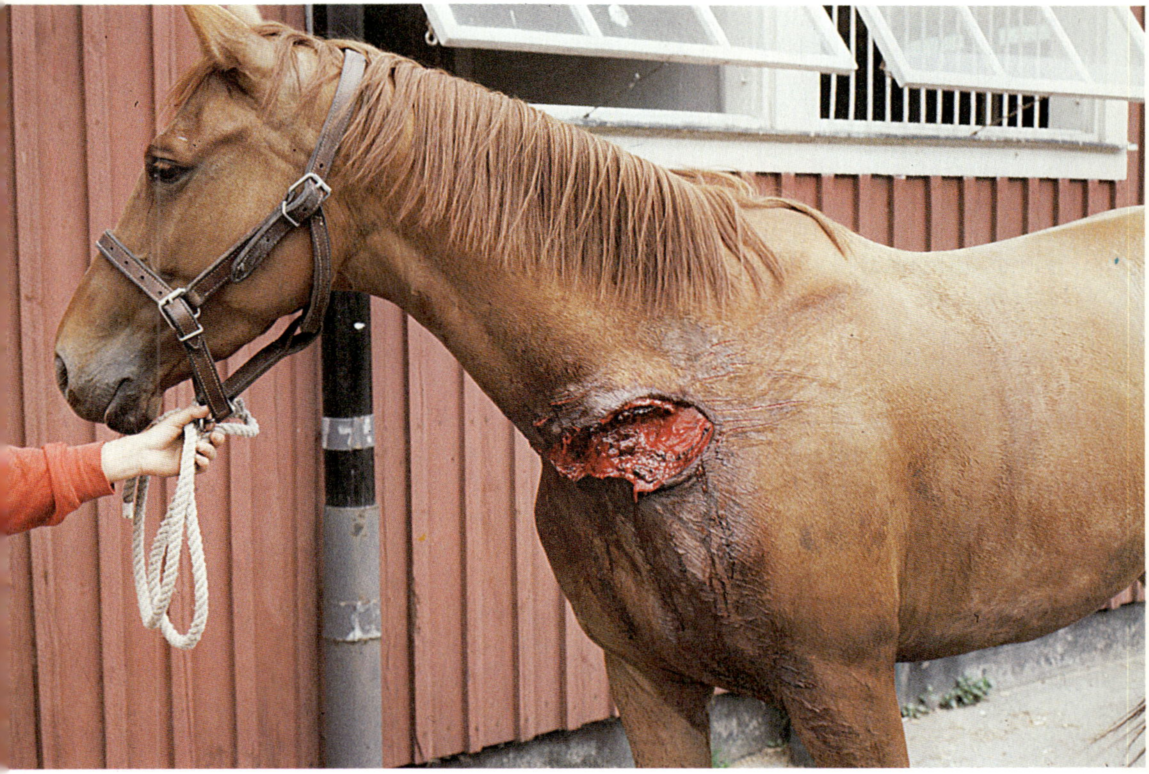

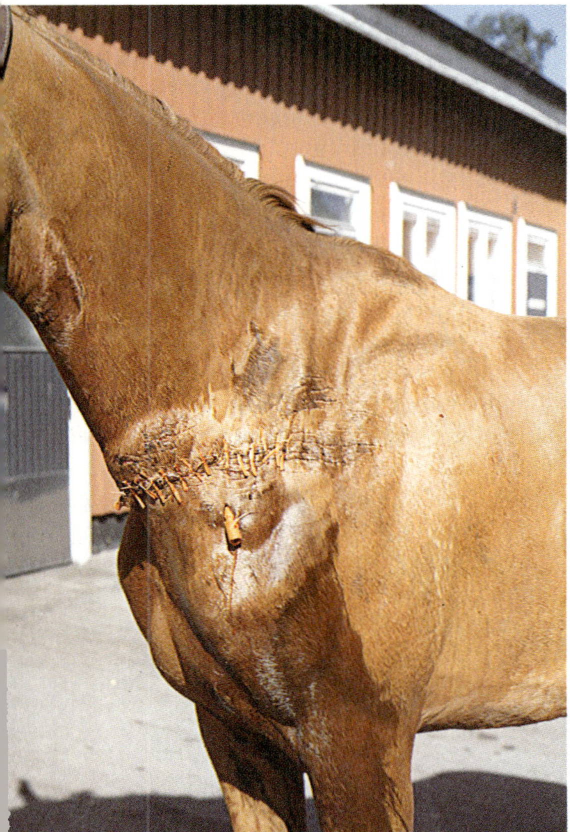

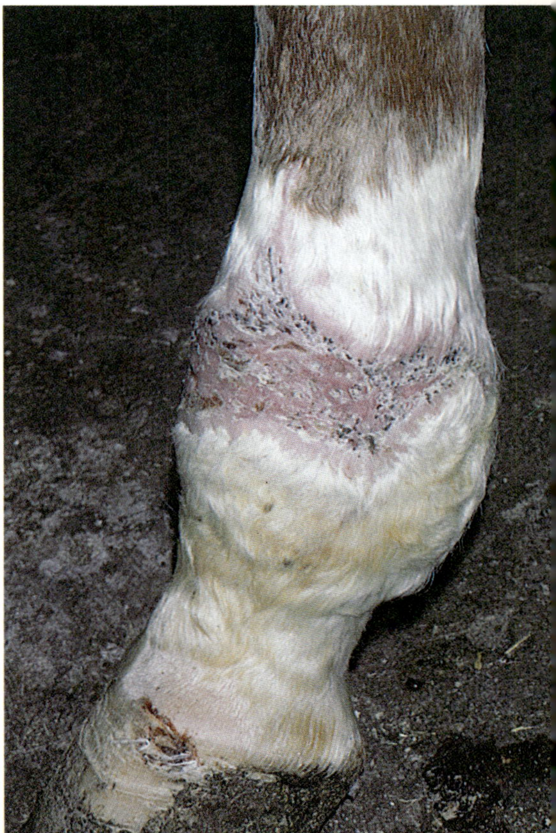

stand genähte Wunde braucht etwa 12 bis 14 Tage zur Abheilung und bis die einzelnen Nähte entfernt werden können. Man muß sich jedoch stets im klaren sein, daß die Wunde erst nach ca. einem Monat vollständig abgeheilt ist. Dies bedeutet, daß das Pferd mindestens während eines Monats nach einer Hautverletzung und der entsprechenden Naht nicht normal arbeiten kann.

Die Rißwunden
zeigen im allgemeinen eine deutliche «Taschenbildung». Stacheldraht, Nägel und andere hervorstehenden scharfen Gegenstände verursachen in der Regel diese Art von Verletzung, die wir am häufigsten an den Beinen der Pferde finden. Nicht selten finden wir auch eine Wundtasche, die tiefer liegt als die Hautöffnung. Hier sammelt sich leicht Wundsekret und Schmutz an. Eine solche Tasche muß deshalb unbedingt drainiert werden, damit der Ablauf des Wundsekretes gewährleistet ist. Diese Drainage muß solange garantiert sein, bis die Wunde kein Sekret mehr produziert, d. h. mindestens eine Woche.

Die Stichverletzungen
erkennt man leicht an einer kleinen Wundöffnung und einem Stichkanal. Diese Wunden haben meist nur eine geringe Blutung zur Folge und werden deshalb leicht übersehen. Stichverletzungen sind aber oft infiziert und erfassen nicht selten auch Gelenke, Sehnenscheiden und die Knochenhaut. Sie sind deshalb besonders ernstzunehmen und verlangen eine sofortige tierärztliche Behandlung. Hat sich bereits eine Entzündung gebildet, kann diese leicht an vermehrter Wärme, Schwellung, Berührungsschmerz, evtl. Fieber und nicht selten kräftigem Hinken mit dem verletzten Bein erkannt werden. In fortgeschrittenem Stadium entzünden sich oft auch die Lymphgefäße, und das erkrankte Bein schwillt stark an. Man nennt diese Komplikation dann Einschußphlegmone, Rotlauf oder Lymphangitis. Sie tritt in der Regel an den Hinterbeinen der Pferde auf und kann dann bei wiederholtem Auftreten zum sogenannten «Dick- oder Elefantenbein» führen, d. h. zu einer derart starken Anschwellung, die sich nie mehr ganz zurückbilden kann. Außerdem sind Stichwunden oft ein Auslöser von Starrkrampf. Eine Starrkrampfimpfung oder Wiederholungsimpfung ist deshalb stets eine unerläßliche Maßnahme. (Diese Erkrankung wird im Kapitel «Wundinfektionen» S. 128 näher beschrieben.) Wenn spitzige Gegenstände in den Huf eindringen, ist eine häufige Folge davon ein Hufabszeß, der ebenfalls Starrkrampf verursachen kann.
Es ist wichtig, daß der Pferdebesitzer beim Vorliegen eines sogenannten Nageltrittes die Stelle markiert, wo er den Nagel entfernt hat. Der Tierarzt kann dann besser beurteilen, welche Gewebe der Nagel allenfalls verletzt hat.
Man spricht von einem sogenannten perforierenden Nageltritt, wenn ein Nagel im Strahlgebiet durch den Schleimbeutel des Strahlbeines oder ins Hufgelenk eingedrungen ist. In diesen Fällen kann es 6 bis 8 Wochen, oft sogar bis zu einem halben Jahr und länger dauern, bis das Pferd wiederhergestellt ist.

Die Quetschwunden
entstehen, wenn sich Pferde gegenseitig schlagen, stürzen oder gegen ein Hindernis anrennen. Häufige Lokalisationen sind die Vorderknie, die Ellbogen, die Sprunggelenkspitzen, Hüfthöcker und die Augenbogen. Diese Verletzungen ziehen sich die Pferde auch leicht zu, wenn sie sich bei schweren Koliken auf dem Boden wälzen. Die Haut ist dann in der Regel zerfetzt und stark verunreinigt. Diese großflächige Art von Verletzungen eignet sich in keiner Art und Weise zum Nähen, sondern muß langsam vom Rand her selbst zuheilen. Eine gründliche, tägliche Wundpflege ist notwendig. Diese Verlet-

zungen verlangen in der Nachbehandlung einen großen Einsatz des Tierbesitzers.

Zur Wundbehandlung

Die Wundreinigung

Bevor die Abheilung einer Wunde beginnt, ist eine Wundreinigung notwendig. Diese besteht darin, daß das beschädigte, oft abgestorbene Gewebe entfernt wird und die Bakterien bekämpft werden. Eine Reinigung bei relativ unkomplizierten Wunden dauert oft ein bis zwei Tage.
Bei ausgedehnten Quetsch- und Rißwunden kann dieser Prozeß jedoch mehrere Wochen in Anspruch nehmen. Der Tierarzt kann die Reinigung der Wunde dadurch beschleunigen, daß er operativ das beschädigte und infizierte Gewebe entfernt.

Die Wundheilung

besteht in der Neubildung von Blutgefäßen und im Einwachsen von Bindegewebe von den Wundkanten her. Der Raum zwischen den Wundflächen wird mit sogenanntem Granulationsgewebe gefüllt, das sehr reichhaltig an Blutgefäßen ist. Dieses sogenannte «Heilfleisch» ist nicht innerviert. Deshalb empfindet das Pferd keine Schmerzen, wenn es allenfalls zurückgeschnitten werden muß. Dies ist dann nötig, wenn es zu stark wächst oder die Wunde zu «üppig granuliert». Dieses Heilfleisch oder Granulationsgewebe schützt vor Infektionen. Wenn die Wundhöhle damit ausgefüllt ist, wächst die Haut von den Wundkanten her darüber. Man spricht von einer sogenannten «Primärheilung», wenn eine Wunde innerhalb von 12 bis 14 Tagen reaktionslos verheilt, indem es zu einer mäßigen Heilfleischbildung kommt und die Haut in dieser Zeit darüberwachsen kann.
Man spricht von einer «Sekundärheilung», wenn ausgedehnte Hautstücke fehlen oder eine genähte Wunde aufplatzt. Eine Sekundärwundheilung kann oft über Monate dauern. In vielen Fällen muß man zu plastischen Operationen greifen, d.h. man bedeckt die schwerheilende Wunde mit gesunder Haut. Eine weitere Methode besteht darin, daß man kleine Stücke von einer anderen Stelle, z.B. der Innenseite des Oberschenkels, auf das Heilfleisch (Granulationsgewebe) aufpflanzt oder in kleine Kanäle im Fleisch versenkt. Diese Hautstückchen wachsen dann fest, und von diesen kleinen Inseln aus wächst die Haut rasch zusammen. Solche Hautplastiken müssen oft in den Sprunggelenken oder an den unteren Teilen der Beine durchgeführt werden.
Die Wundheilung hängt von vielen Faktoren ab. Bei gesunden Jungtieren heilen Wunden rascher als bei älteren. Bei Tieren, die nach der Operation schlecht fressen und trinken, stellt man auch eine schlechtere Heiltendenz fest. Außerdem ist der Ort der Verletzung von entscheidender Bedeutung. Wunden oberhalb des Augendeckels oder der Lippen, d.h. Gebiete, die sehr stark durchblutet sind, heilen immer viel rascher als Wunden an den Gliedmaßen, wo weniger Blutgefäße vorhanden sind. Außerdem führt natürlich eine Wundinfektion zu einer deutlichen Verlängerung der Abheilzeit, üppiger Granulation oder «wildem Fleisch».

Üppiges Granulationsgewebe

Bei der sekundären Wundheilung kann es zur Bildung von üppigem Granulationsgewebe kommen. Damit bezeichnet man das blumenkohlartige Granulom, welches bei einem ausgebreiteten Gewebeschaden mit großem Hautverlust, oft an den unteren Teilen der Gliedmaßen, entsteht. Oft sind an diesen Lokalisationen auch das Sehnengewebe, die Gelenkbänder oder die Knochenhaut beschädigt.
Damit eine Wunde abheilen kann, muß das darunterliegende, granulierende Fleisch unbedingt auf dem selben Niveau mit der umgebenen Haut liegen. Es gibt

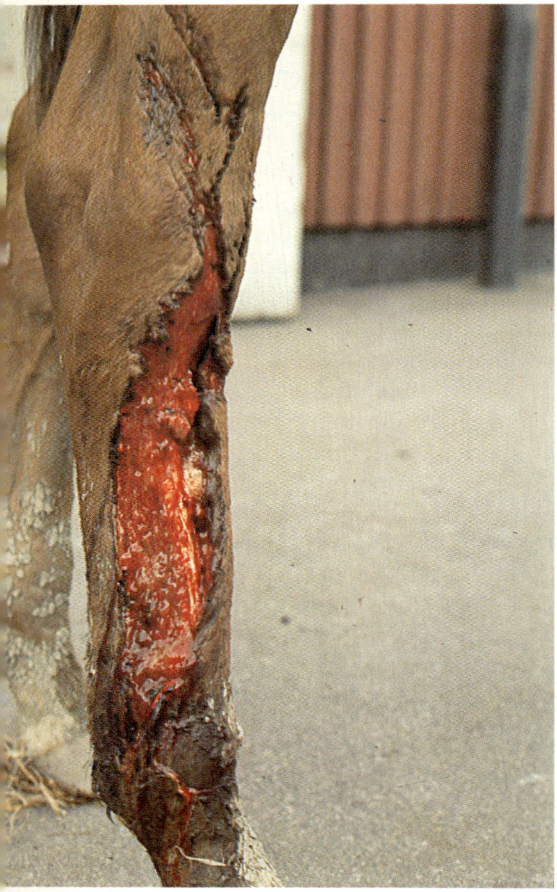

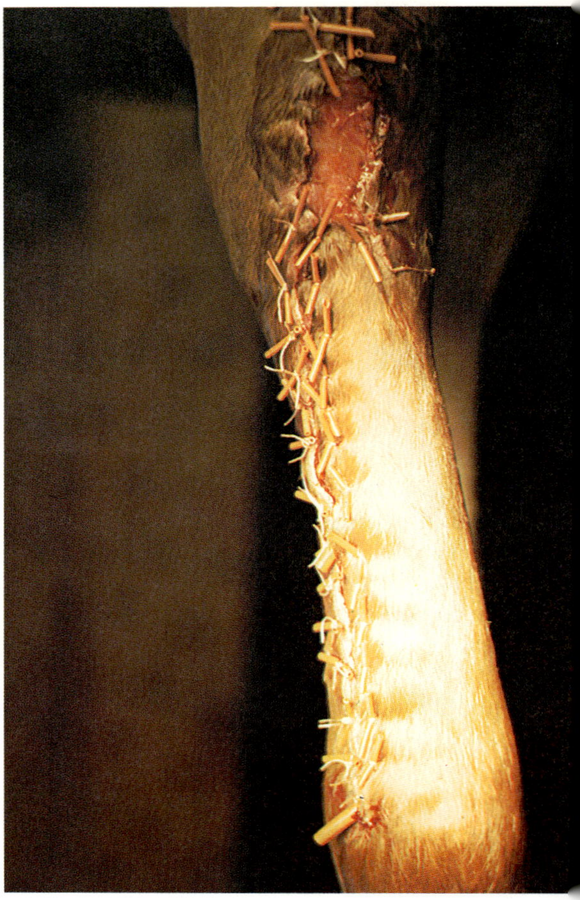

5

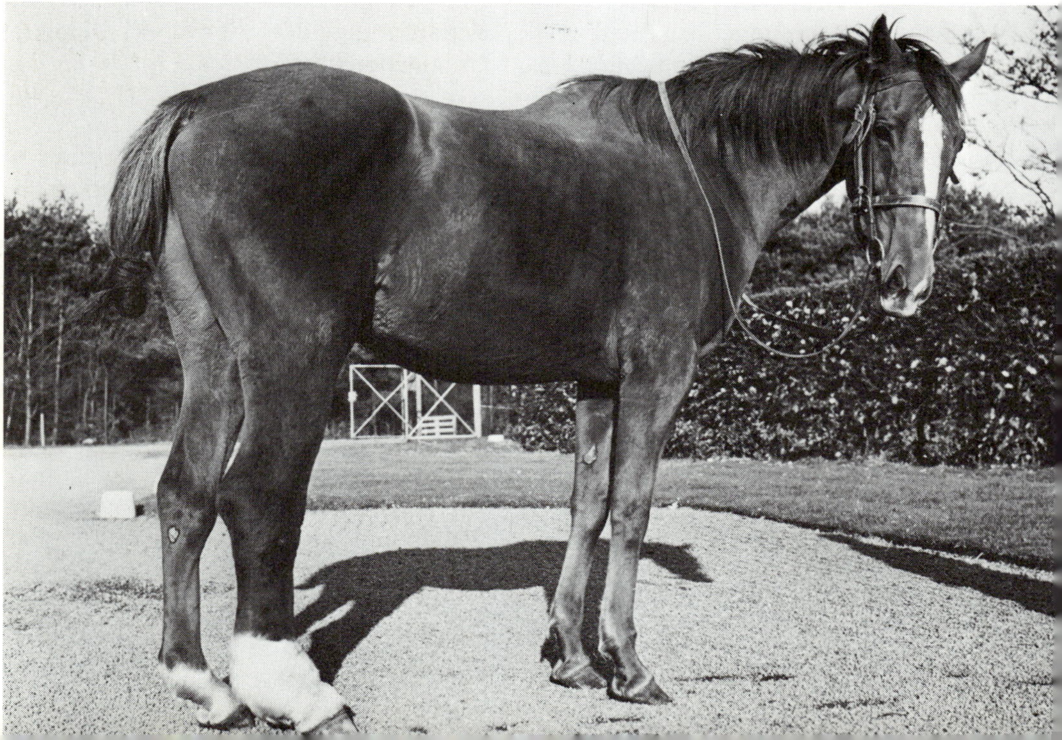

Bild 1 – 4
Stacheldrahtverletzung am rechten Hinterbein nach der Operation mit Entlastungsnähten und Drain, nach einer und nach 6 Wochen

Bild 5
Chronische Lymphangitis, sogenanntes Elefantenbein

Bild 6
Sprungbeugeverletzung, 2 1/2 Monate nach der plastischen Operation

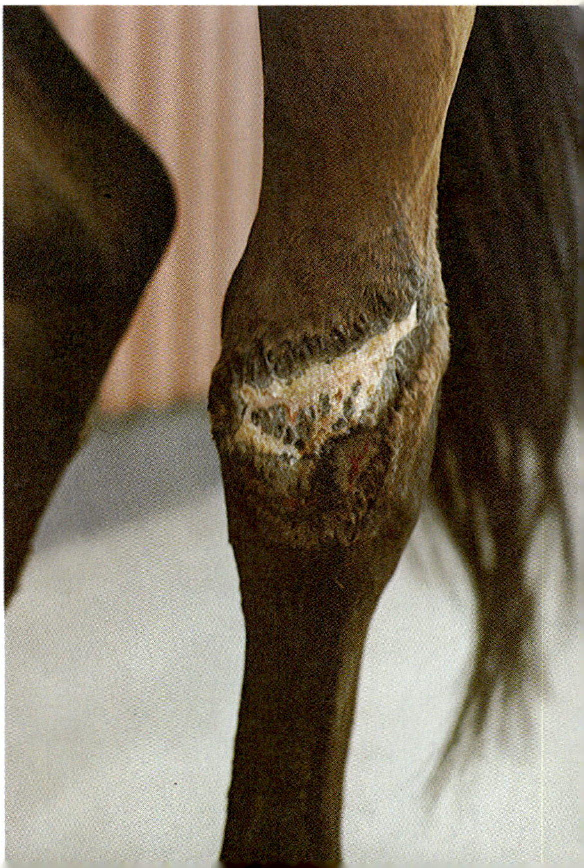

verschiedene Methoden, dies zu erreichen; entweder mit ätzenden Flüssigkeiten oder mit einem Brenneisen. In einzelnen Fällen muß man auch chirurgisch eingreifen, indem man das üppige Granulationsgewebe mit dem Messer mehrmals zurückschneidet. Wie bereits erwähnt, muß in einzelnen Fällen eine Hauttransplantation vorgenommen werden.

Komplikationen bei der Wundheilung
Alle Unfallverletzungen sind mit Bakterien verschmutzt, die leicht zu einer Infektion führen. Die natürliche Widerstandskraft, die Art der Verletzung, die Lage, der Verschmutzungsgrad und die Wundbehandlung sind Faktoren, die darüber entscheiden, ob sich eine Wundinfektion einstellt oder nicht. Oft unbedeutend erscheinende, kleine Stichverletzungen in Sehnenscheiden und Gelenken können lebensbedrohliche Allgemeininfektionen zur Folge haben. Das Bild einer Wundinfektion entspricht dem klassischen Bild der Entzündung mit Schwellung, Schmerz, Temperaturanstieg und Abszeßbildung. In einzelnen Fällen kann auch eine Entzündung der Lymphgefäße eintreten, die dann leicht in eine allgemeine Blutvergiftung übergehen kann. Nicht selten platzen zugenähte Wunden wieder auf. Heutzutage haben wir die besten Voraussetzungen, die meisten Wundinfektionen mit Hilfe von Sulfanomiden und Antibiotika zu heilen. Hat man mit einer solchen Behandlung einmal begonnen, darf man nicht zu früh damit aufhören. Oft benötigt man eine Resistenzbestimmung der Bakterien, um die Art der Erreger festzustellen, damit es dann möglich wird, diese mit dem richtigen Antibiotikum oder Sulfatpräparat gezielt zu behandeln.

Einige spezifische Wundinfektionen

Starrkrampf
Eine gefürchtete Wundinfektion ist der Starrkrampf oder Tetanus. Gewöhnlich tritt die Erkrankung als Folge einer Stichverletzung im Bereich des Hufes oder auch an anderen Körperstellen auf. Starrkrampf wird durch sporenbildende Bakterien verursacht, die überall in der Erde, aber auch im Darmkanal des Pferdes vorkommen. Die Sporenform ist die Ruheform des Bakteriums, die außerordentlich widerstandsfähig ist und dadurch größte Überlebenschancen hat. Wenn die Sporen durch eine Verletzung in den Körper gelangen, wird das Ruhestadium unterbrochen, und das Bakterium beginnt zu wachsen. Dabei bildet sich ein Gift, welches das Nervengewebe schädigt. Die Inkubationszeit, d.h. die Zeit von der Infektion bis zum Ausbruch der Krankheit, kann wenige Tage bis zu 3 bis 4 Wochen dauern. Bei neugeborenen Fohlen ist die Inkubationszeit außerordentlich kurz.
Das Krankheitsbild: Das erste Anzeichen dieser Erkrankung ist, daß sich das Pferd steif bewegt. Ein frühzeitiges Symptom ist der Vorfall des dritten Augenlides. Dieses Phänomen ist besonders deutlich, wenn man den Kopf des Pferdes rasch anhebt. Anschließend können Kauschwierigkeiten festgestellt werden. Kurz darauf tritt die charakteristische «Sägebock-Stellung» ein. Der Schwanz wird steif angehoben, und die Ohren stehen gerade auf. Wenn eine starke Infektion vorliegt, kann das Pferd innert 24 bis 48 Stunden nicht mehr kauen und schlucken. Es geht dann nicht mehr lange, bis das Pferd nicht mehr stehen kann und umfällt. Hierauf stirbt es oder muß euthanasiert werden. Aus diesem Grunde muß ein an Starrkrampf erkranktes Pferd in einer Hängegurte gehalten werden.
Es ist außerdem sehr wichtig, daß das Pferd an einem ruhigen und dunklen Ort

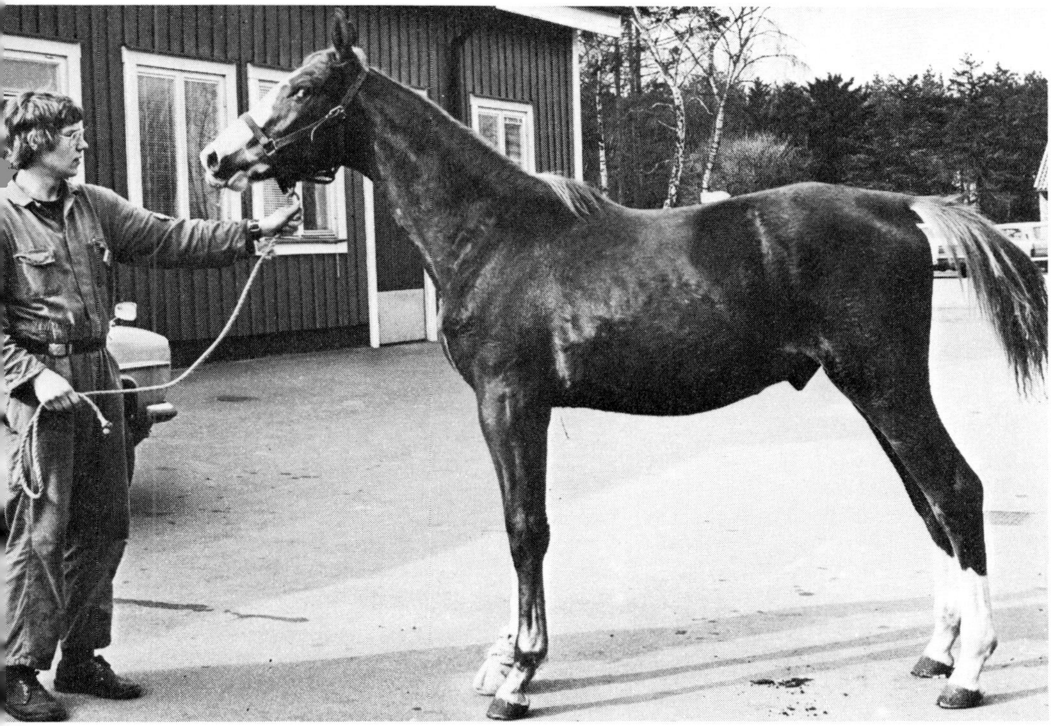

Starrkrampf

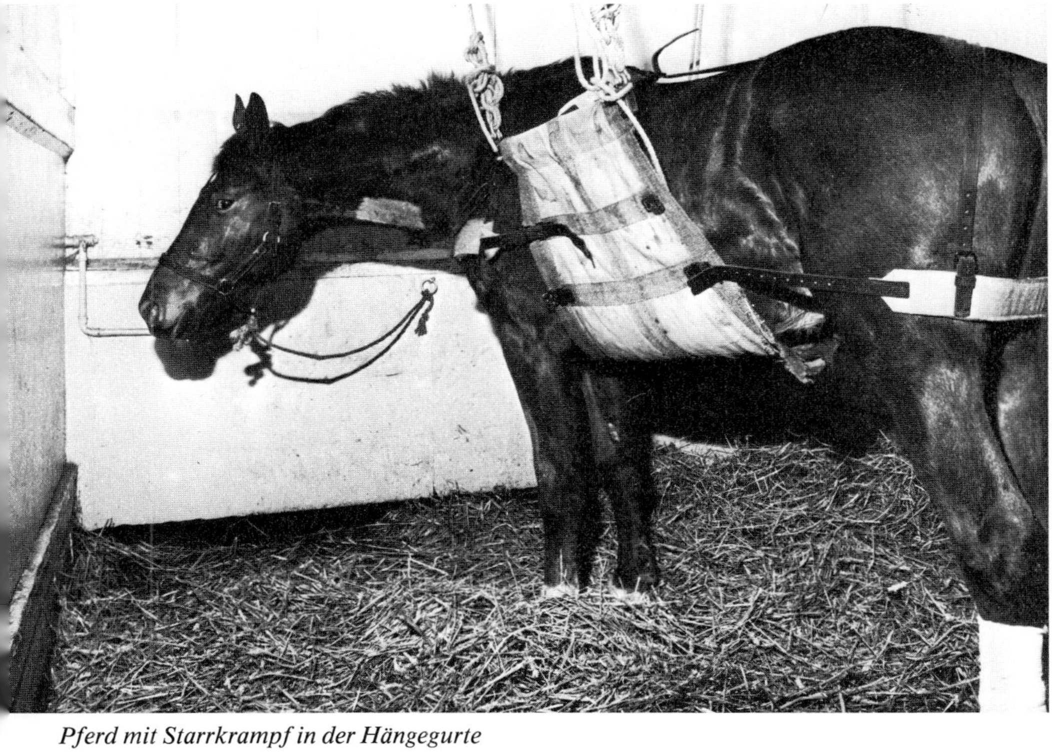

Pferd mit Starrkrampf in der Hängegurte

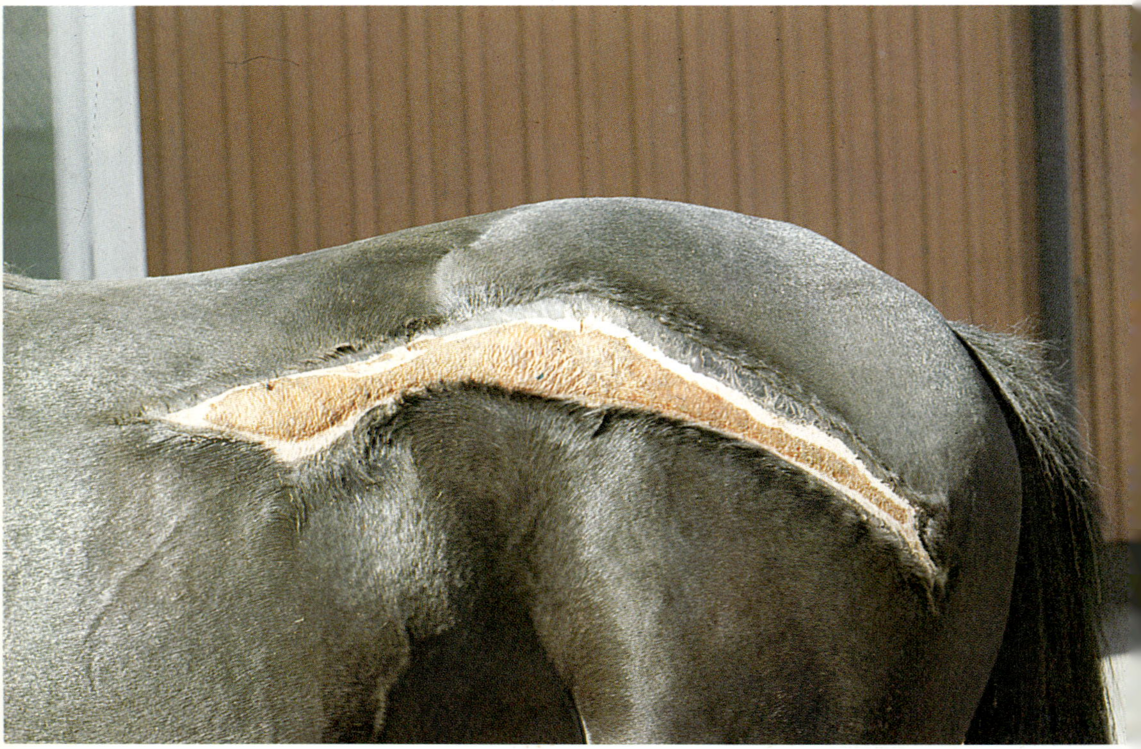

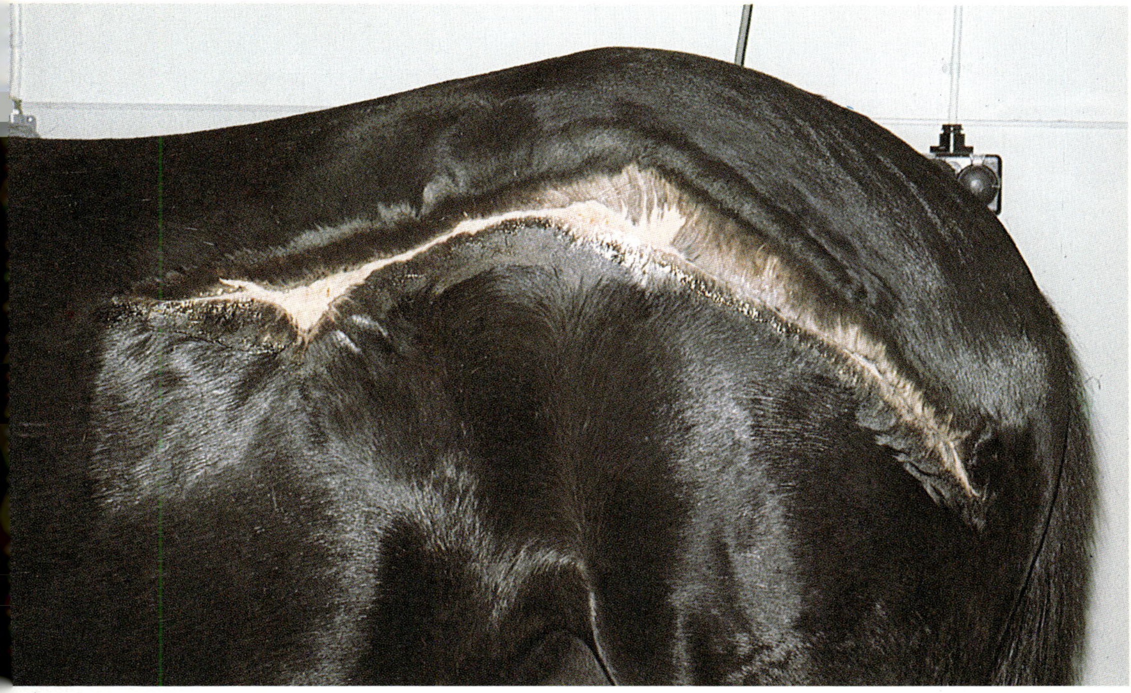

Bild 1 – 3
Ausgedehnte Hautverletzung über Flanke und Kruppe. Zustand nach 3 und 10 Monaten

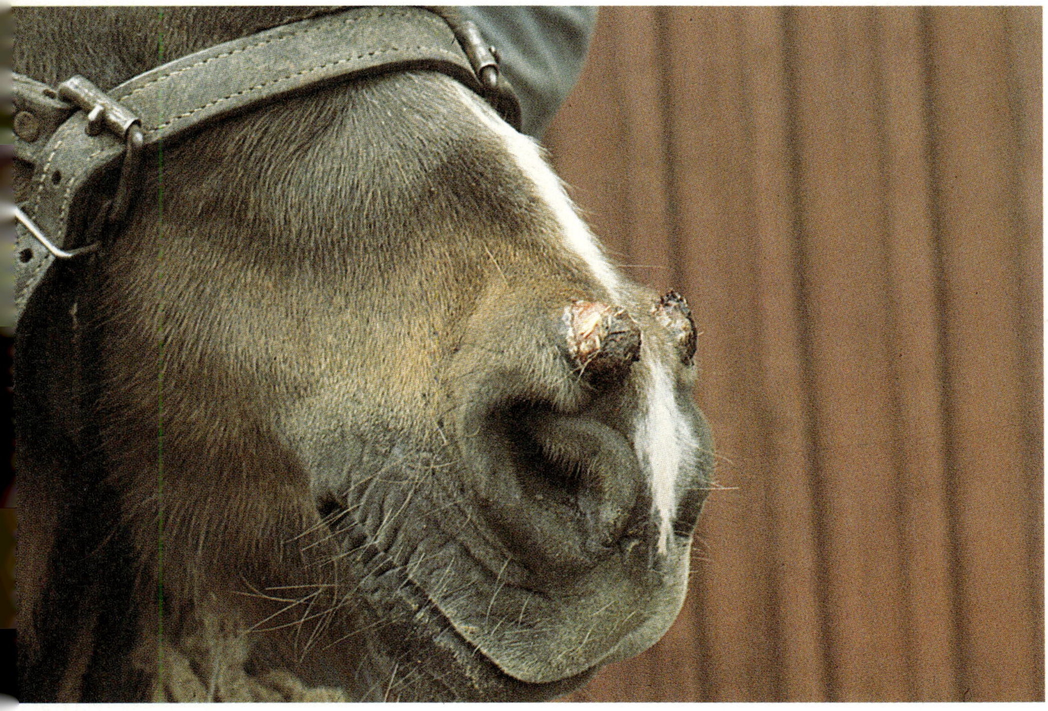

Strahlenpilz (Botryomykose)

aufgestallt wird, da bereits die kleinste Änderung in der Umgebung einen Krampfanfall hervorrufen kann. Trotz intensiver Pflege, künstlicher Ernährung und Verabreichung beruhigender und krampflösender Injektionen sind die Aussichten auf eine Wiederherstellung sehr gering. Mehr als die Hälfte der erkrankten Pferde sterben oder müssen getötet werden. Solange Pferde etwas zu kauen und schlukken vermögen und sich auf den Beinen halten können, besteht eine gewisse Überlebenschance. Die Abheilung dauert mindestens 4 Wochen.

Vorbeugende Maßnahmen

Dieser gefürchteten und für das Pferd sehr schmerzhaften Erkrankung kann ohne weiteres vorgebeugt werden. Es ist die Pflicht jedes Pferdebesitzers, dafür zu sorgen, daß sein Pferd gegen Starrkrampf geimpft ist. Das Impfschema der staatlichen veterinärmedizinischen Anstalt empfiehlt:

1. Erste Impfung im Alter von frühestens einem Monat
2. Zweite Impfung 6 Wochen später
3. Dritte und letzte Impfung nach einem Jahr

Mit diesem Schema kann man damit rechnen, daß ein Pferd mindestens 5 bis 10 Jahre geschützt ist. Trotzdem empfiehlt man eine Wiederholungsimpfung, wenn eine besonders starrkrampfgefährdete Verletzung vorliegt. Um das neugeborene Fohlen zu schützen, sollte die Stute in den letzten zwei Trächtigkeitsmonaten nachgeimpft werden. Dadurch werden Antikörper auf das Fohlen übertragen, wodurch dieses während der ersten Lebensmonate geschützt ist. Verletzten Pferden, die nicht gegen Starrkrampf geimpft sind, kann ein Starrkrampfserum gespritzt werden. Das Pferd erhält dadurch Antikörper, die es während 14 Tagen gegen Starrkrampf schützen. Gewöhnlich verabreicht man gleichzeitig noch eine Impfung. Diese Methode nennt man Simultanimpfung. Sie bietet die größte Chance, das Pferd gegen Starrkrampf zu schützen. In anderen Ländern als Schweden werden die Impfstoffe gegen Pferdegrippe auch mit Starrkrampf kombiniert. Für einen guten Starrkrampfschutz empfiehlt man, wie bei der Influenza, kurze Vakzinationsintervalle. Werden sie jedoch nur sporadisch durchgeführt und vor allem nur als Grundvakzination, ist der Schutz gegen Starrkrampf ungenügend.

Strahlenpilz oder Botryomykose

Dies ist eine spezifische Infektion, die im Anschluß an eine Verletzung auftritt. Sie wird von speziellen Staphylokokken verursacht. Als Folge der Infektion bilden sich geschwulstartige Neubildungen, die von kleinen Abszessen und Fistelgängen durchsetzt sind. Die Botryomykose kommt in der Haut, in den Lymphknoten und im Euter vor. In gewissen Fällen kann die Infektion auch Knochengewebe angreifen und ist dann sehr schwierig zu behandeln. Die Infektion kann von recht unbedeutenden Verletzungen ausgehen und sich über Lymph- und Blutbahnen im ganzen Körper verteilen. Die Botryomykose kann auch die Folge einer normalen Kastration sein. Der Infektionserreger ist gegen Penicillin empfindlich, verlangt jedoch eine außerordentlich lange Behandlungszeit. Immerhin kann festgestellt werden, daß die Botryomykose relativ selten auftritt.

Gasbrand

Dies ist eine ungewöhnliche Infektion im Zusammenhang mit ausgedehnten Gewebeschäden. Der Gasbrand wird von einem gasbildenden Bakterium verursacht. Die Inkubationszeit ist kurz, oft nur 1 bis 2 Tage. Man findet harte, stark schmerzende Schwellungen mit Gasansammlung im Gewebe. Dies soll jedoch nicht mit kleinen Stichverletzungen verwechselt werden, bei welchen durch die Bewegung des Pferdes Luft unter die Haut gesaugt wird, die dann infolge Verschiebung des Gewebes nicht mehr austreten kann (Ventilwirkung). Beim echten Gasbrand ist der Allgemeinzustand des Pferdes stark verändert, verbunden mit hohem Fieber, Müdigkeit, Appetitlosigkeit und großen Bewegungsschwierigkeiten. Die Krankheit führt oft innert weniger Tage zum Tod des Tieres.

Sommerwunden

sind Veränderungen, die als Folge eines Parasitenbefalles (Larven) auftreten und auch als «Granulome» bezeichnet werden. Es sind die Larven von einem Magenwurm (Habronema) des Pferdes. Bei frischen Stich- und Schlagverletzungen, meistens im Gebiet des Kronrandes und um das Fesselgelenk, können Fliegen während der Sommerzeit die Habronema-Larven übertragen. Die Wunde ist durch das Vorkommen der Larven sehr gereizt und kann nicht abheilen, sondern schwillt an, wobei sich Granulome bis zur Größe einer Orange bilden können. Die Veränderungen entstehen sehr rasch. Die Behandlung besteht in Bandagen mit feuchten Kompressen, die in einer organischen Phosphorverbindung getränkt wurden. Die Behandlung mit ätzenden Flüssigkeiten, Brennen oder Gefrierchirurgie sind gute unterstützende Maßnahmen. Beim Vorliegen von großen Granulomen kann die chirurgische Entfernung notwendig werden, worauf anschließend mit den obenerwähnten Behandlungsmethoden nachbehandelt wird. Bei einem großen Hautdefekt kann sogar eine Hautplastik nötig werden. Dazu soll das Pferd noch regelmäßig mit Dichlorvos-Präparaten entwurmt und gegen Fliegen geschützt werden.

Die Krankheit tritt in Schweden sehr selten auf, z.B. als lokaler Ausbruch in einem Bestand während der Weideperiode. In südlicheren Ländern, wo die Krankheit weit häufiger auftritt, kann der Befall auch an anderen Körperstellen, hauptsächlich am Penis, festgestellt werden.

Wunden mit besonderer Lokalisation

Kopfverletzungen

Da das Kopfgebiet sehr gut durchblutet ist, liegen dort besonders günstige Verhältnisse für eine Abheilung vor. Um ein kosmetisch zufriedenstellendes Resultat zu erhalten, sollte man Augendeckel- und Lippenverletzungen immer nähen.

Augenverletzungen

Diese werden am häufigsten durch Glassplitter oder hervorstehende scharfe Gegenstände verursacht. Augenverletzungen verlangen eine sofortige Behandlung, da sonst leicht ein bleibender Mangel von einem oberflächlichen Hornhautschaden entstehen kann.
Den besten Augenverband erhält man, indem man das dritte Augenlid über den Augapfel zieht und am oberen Augendeckel fixiert. Hornhautverletzungen sind sehr schmerzhaft, und die Pferde reagieren mit einer starken Lichtscheu. Aus diesem Grund soll ein Pferd mit einem Augenschaden in einer dunklen Boxe gehalten und nicht ans Licht geführt weden (näheres dazu unter Augenkrankheiten auf S. 249).

Verletzungen in der Mundhöhle

Diese werden durch scharfe Zähne oder ein ungeeignetes Gebiß verursacht. Es ist außerordentlich wichtig, die Mundhöhle des Pferdes regelmäßig zu kontrollieren. Wenn man die Ursache unterbindet, hei-

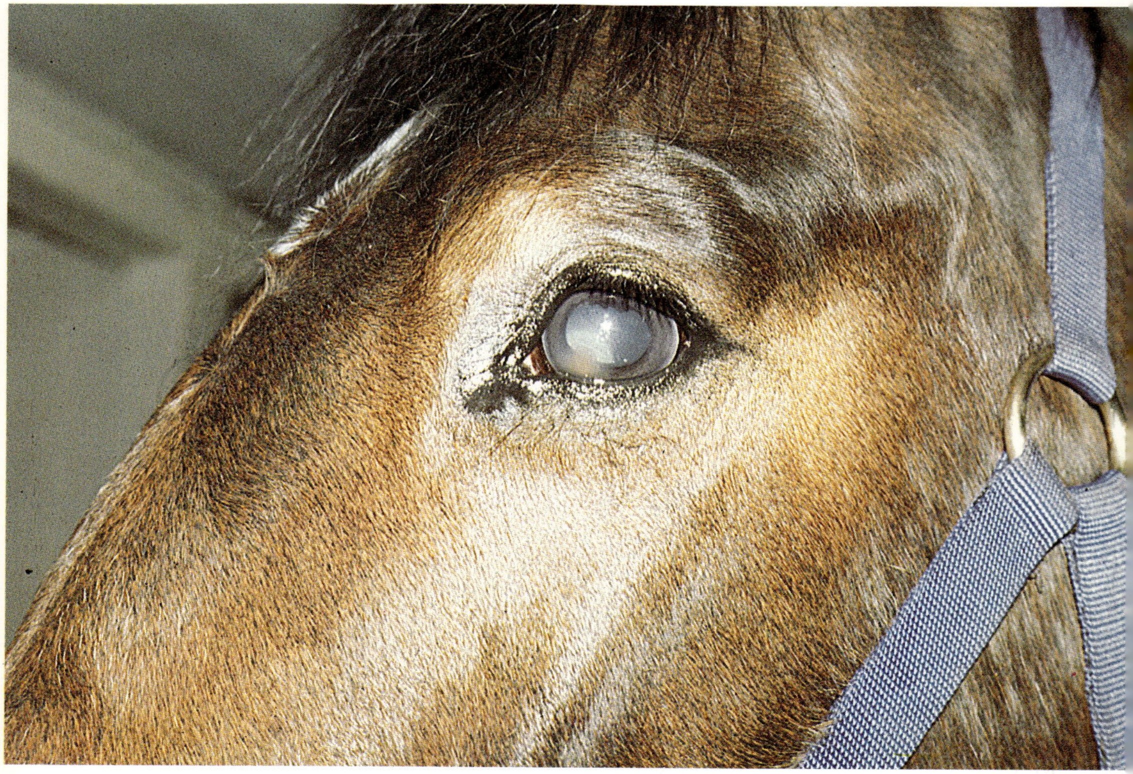

Oben: Hornhautverletzung

Unten: Bei Hornhautverletzung näht man nicht selten das dritte Augenlid über das Auge, um so einen Schutz für dieses zu gewinnen und die Abheilzeit zu verkürzen

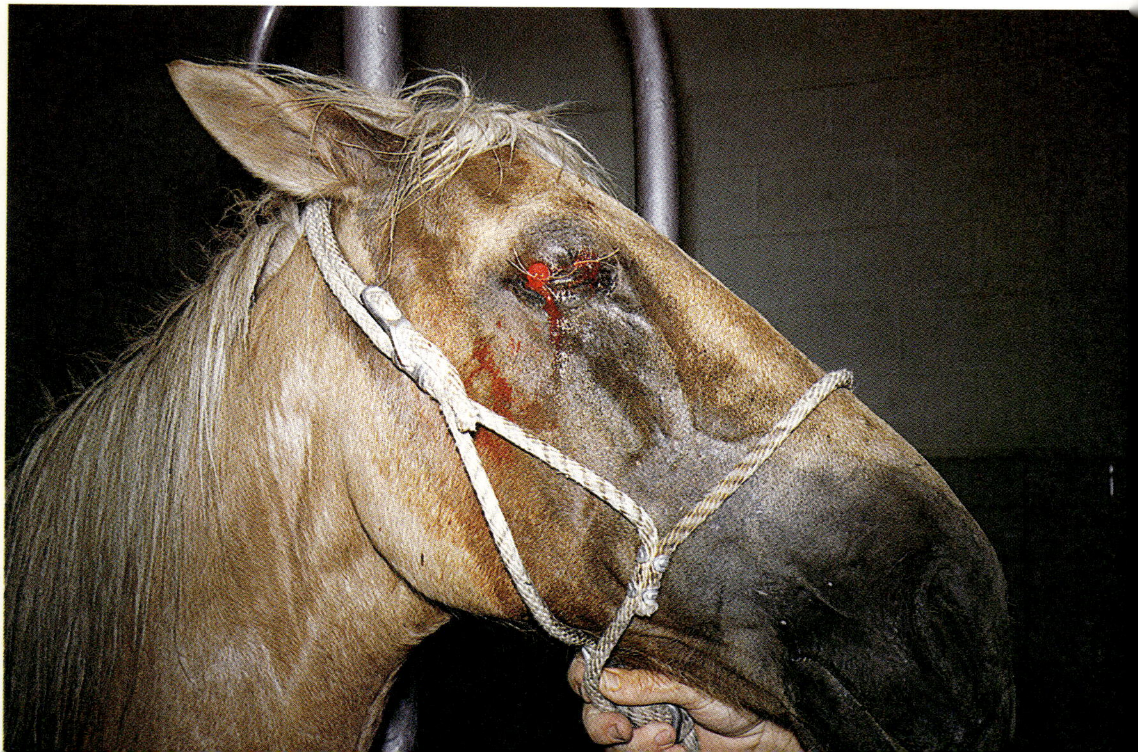

len Verletzungen in der Mundhöhle sehr rasch.

Verletzungen in der Sattellage

Diese treten immer häufiger auf und sind die Folge von ungenügender Hygiene. Beim Reiten mit einem Sattel wird die Haut im Bereich der Sattellage etwas gedrückt und gerieben, wodurch kleine, äußere Verletzungen entstehen. Durch diese Hautveränderungen werden Bakterien in die Haut eingerieben, und es entsteht relativ rasch eine Entzündung. Diese wird, populär ausgedrückt, als «Sattelknoten» bezeichnet. Sie ist oft sehr schwierig zu behandeln. Nicht selten muß das Pferd während längerer Zeit aus dem Reitbetrieb genommen werden, bis die Entzündung vollständig abgeheilt ist. Deshalb ist die vorbeugende Pflege äußerst wichtig. Die Schabracke muß regelmäßig gereinigt werden. Sowohl Sattel als auch Schabrakke müssen dem Rücken des Pferdes genau angepaßt werden. Wenn Schmerzen und wunde Stellen im Bereich der Sattellage auftreten, müssen diese täglich desinfiziert werden.

Verletzungen im Bereich der Fesselbeuge

Diese haben ähnliche Ursachen wie die obenerwähnten Veränderungen in der Sattellage, z.B. Sand, der sich unter den Streiflappen, den Gummiglocken und den Schutzbandagen festsetzt. Die ungenügende Pflege kann leicht zu einer ausgebreiteten Entzündung im Bereich der Fesselbeuge (Mauke) führen. Diese sollte mindestens zweimal täglich behandelt werden, nämlich vor und nach der Arbeit, indem man das ganze Gebiet sauber reinigt, z.B. mit einer Jodlösung, und darauf einen Verband mit einer desinfizierten Salbe anbringt.

In hochgradigen Fällen von Mauke kann es sogar notwendig sein, eine Allgemeinbehandlung mit Sulfonamiden oder Antibiotika vorzunehmen, um eine Lymphgefäßinfektion zu verhindern. Eine sehr wirkungsvolle Behandlung besteht auch in einer kombinierten, lokalen Antibiotikabehandlung mit einem Cortisonzusatz oder einer Silbernitratsalbe, abwechslungsweise mit einer Vitaminsalbe, die vor allem die Vitamine A und D enthält.

Pfählungsverletzung

Damit meint man eine Verletzung, die durch das Eindringen eines Astes, einer Stange oder eines Pfahls, vorzugsweise in die Weichteile zwischen den Hinterbeinen oder zwischen dem Schulterblatt und dem Brustkorb, verursacht wurde. In einzelnen Fällen kann der Fremdkörper aber auch in die Brust oder in die Bauchhöhle eindringen und Verletzungen verursachen, die zum Tode führen. Sofern der Gegenstand entfernt werden kann und nur die Haut und Muskeln geschädigt sind, gelingt es in der Regel, das Pferd zu retten. Nicht selten muß ein Pferd mehrmals operiert werden, bis es gelingt, alle Teile des Fremdkörpers zu entfernen.

Besonders schwerwiegende Verletzungen

Sehnenverletzungen

Sehnen werden am häufigsten im Bereich der Fesselbeuge verletzt, und dann betrifft es sowohl die oberflächliche als auch die tiefe Beugesehne. Das Pferd ist hochgradig lahm. Nach der Operation muß das Bein eingegipst werden, und die Abheilzeit dauert mindestens 6 Wochen. In einzelnen Fällen kann es sogar Monate bis zu einem Jahr dauern, bis die Verletzung vollständig abgeheilt ist. Nicht selten bleibt ein Pferd nach einer solchen Verletzung chronisch lahm. Jüngere Pferde haben die besseren Voraussetzungen, wieder ganz gesund zu werden. Demgegenüber hat eine abgeschnittene Strecksehne auf der Vorderseite der Gliedmaße eine

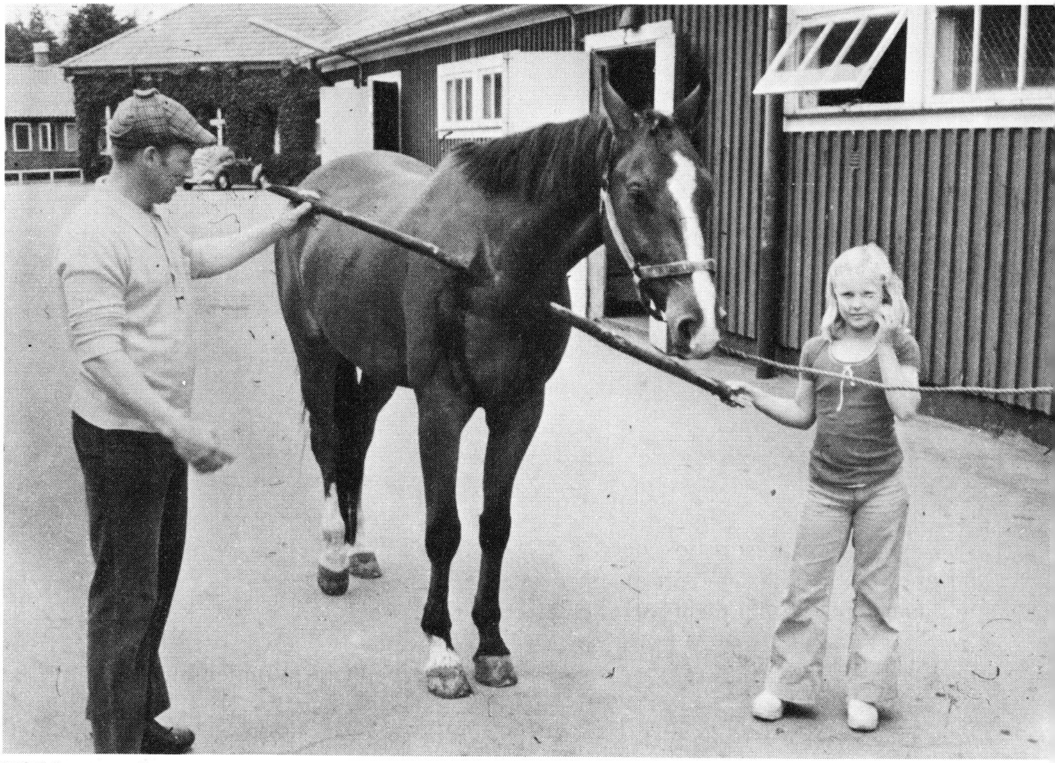

Pfählungsverletzung

bedeutend kürzere Abheilzeit, und die Aussicht auf eine völlige Wiederherstellung ist bedeutend größer.

Sehnenscheidenverletzungen

Die Verletzung einer Sehnenscheide bewirkt immer eine deutlich Lahmheit, da stets innert weniger Tage eine Infektion entsteht. Die Verletzung muß rasch behandelt werden, indem man die Sehnenscheide spült, näht und täglich mit Antibiotika behandelt. Die Abheilzeit kann 3 bis 4 Wochen oder sogar mehrere Monate dauern, vor allem wenn eine Fistel entstanden ist.

Gelenkverletzungen

Die Verletzung eines Gelenkes ist noch gefährlicher als diejenige einer Sehnenscheide. Ein Klinikaufenthalt mit einer langwierigen Antibiotikabehandlung, die sich häufig über 3 bis 4 Wochen erstreckt, ist absolut notwendig. Das Pferd muß in der Boxe gehalten werden, bis die Lahmheit abgeklungen ist. Gelenkverletzungen sind sehr schmerzhaft, und es ist deshalb notwendig, während der akuten Phase der Verletzung schmerzstillende Mittel zu verabreichen.

Knochenhaut- und Knochenverletzungen

Diese werden vom Tierbesitzer oft übersehen, und das Pferd kommt nicht selten erst Wochen später zur Behandlung. Diese Art von Verletzungen entsteht meistens im Bereich des Schienbeines und der Fessel, wo der Knochen direkt unter der Haut liegt. Diese Verletzungen verursachen häufig eine starke Entzündung mit einer Neubildung des Knochens und als Folge sogenannte Überbeine oder Schalen. Eine Abheilung nimmt häufig sehr lange Zeit in Anspruch. Es ist auch möglich, daß eine Knochenschuppe (Sequester) in diesem Bereich abgestoßen wird, die dann operativ entfernt werden muß. Eine langzeitige Antibiotikabehandlung ist oft ebenfalls notwendig.

Geschlossene Verletzungen

Darunter versteht man eine Beschädigung der Unterhaut infolge eines Schlages, ohne daß dabei die Haut verletzt wird. Dabei entsteht eine sackartige Anschwellung, die meistens Blut und/oder Lymphe enthält und «Hämatom» genannt wird. Diese Verletzungen werden während einiger Tage mit kühlenden Salben behandelt, worauf zu resorbierenden Salben gegriffen wird, die die Resorbtion der Flüssigkeit zur Folge haben. Wenn die Schwellung nach 14 Tagen nicht deutlich abnimmt, kann der Inhalt mit einer Spritze abgesaugt und ein enzündungshemmendes Mittel, z. B. Cortison, eingespritzt werden.

Das Pferd muß während dieser Behandlung in der Boxe gehalten werden, da sich sonst diese sackartige Veränderung wieder mit Flüssigkeit füllt. Sehr ausgedehnte Hämatome müssen häufig auch gespalten werden, worauf die Wunde sekundär abheilen muß, was bis zu 4 Wochen in Anspruch nehmen kann.

Die Stallapotheke

Jeder Pferdebesitzer sollte über die folgenden Arzneimittel zur Behandlung von Verletzungen verfügen: Desinfektionsmittel, wie z. B. Desivon aus der Gruppe der quarternären Ammoniumbasen. Jodopax ist wohl das häufigste Desinfektionsmittel. Das Präparat ist gewebefreundlich, und man verwendet eine Verdünnung wie auf der Flasche angegeben (2 Milliliter von der konzentrierten Jodopax-Lösung auf 500 Milliliter Wasser). Eine Reaktion auf der Haut tritt nur auf, wenn eine zu stark konzentrierte Lösung verwendet wurde. Für einen sogenannten «naß-wärmenden» Verband kann die Burow-Lösung verwendet werden. Diese besteht aus zwei Teilen Bleizucker und einem Teil Aluminium-Acetat. Von dieser Mischung muß ein Eßlöffel in einem Liter Wasser aufgelöst werden. Dieser «naß-wärmende» Verband wird wie folgt zubereitet: Ein Leinentuch wird in Burow-Lösung genetzt und anschließend rund um das Bein gelegt. Darüber wird ein Plastiktuch gelegt, darüber eine Lage unentfettete Watte und eine Wollbandage. Dieser Verband kann 2 bis 4 Stunden liegenbleiben. Ein feuchtwarmer Verband ist sowohl am Vormittag wie auch am Nachmittag zu erneuern, und über Nacht ist ein trockener Verband anzulegen. Die Vitamin A- und D-enthaltenden, lebertranhaltigen Salben eignen sich außerordentlich gut für schwerheilende Wunden und für die Hufpflege. Nelex (Lotagen) ist ein sehr weitverbreitetes Präparat zur Behandlung von chronischen Verletzungen. Das Präparat hat einen tiefen pH-Wert, tötet Bakterien ab und stößt abgestorbenes Gewebe ab, ohne das gesunde Gewebe zu schädigen. Bis zu einem gewissen Grad kann es auch blutstillend wirken. Man sollte dieses Präparat jedoch nicht allzu lange anwenden, d. h. nicht über Wochen. Wundalkohol ist eine 70prozentige Lösung, die sich zur Behandlung von Druckbeschädigungen, z. B. in der Sattellage, ausgezeichnet eignet und ist deshalb für die Stallapotheke unentbehrlich. Eine Seife muß ebenfalls stets vorhanden sein, um eine stark verschmutzte Wunde vorerst mechanisch gründlich zu reinigen. Baumwoll- und Gazebinden sind für einen ersten Verband unbedingt notwendig. Es bestehen unterschiedliche Auffassungen darüber, ob Antibiotikahaltige Salben in der Stallapotheke zu Hause aufbewahrt werden sollen. Es besteht natürlich die Gefahr, daß sie bedenkenlos, ohne Abklärung, um welche Infektionsart es sich handelt, angewendet werden, und daß sie häufig verfallen und deshalb nichts mehr nützen. Daher ist es von Vorteil, daß sie vom Tierarzt nach Bedarf verschrieben werden. Wasserstoff in einer 0,3prozentigen Lösung ist ebenfalls ein gutes Heilmittel zur Behandlung von eitrigen Wundhöhlen und um kleinere diffuse Blutungen zu stoppen.

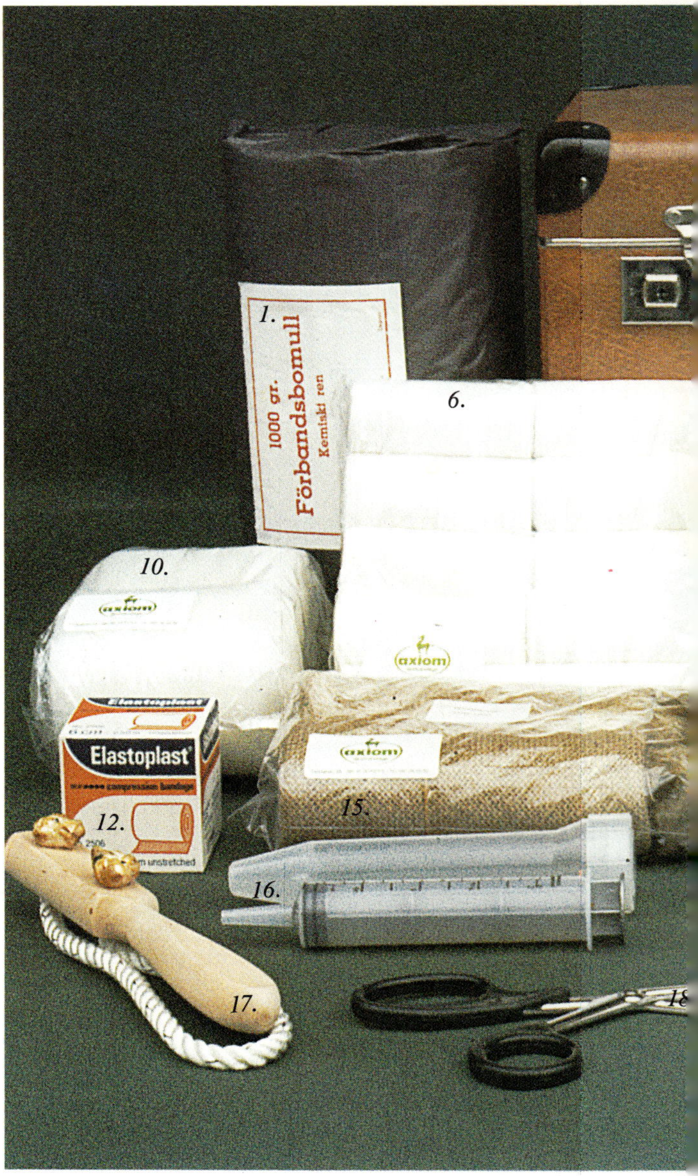

1. *Watterolle für Polsterung*
2. *Baumwolltupfer für Wundreinigung*
3. *Konzentrierte Jodlösung, deren Anwendung dem Fall angepaßt wird*
4. *Plastikflasche für die verdünnte Jodlösung*
5. *Kompressen*
6. *Gazebinden*
7. *Wundsalbe*
8. *Shampoo für Haut- und Fellreinigung in der Sattellage und Fesselbeuge sowie für die Geschlechtsorgane*
9. *Spritzflasche für Augenreinigungsflüssigkeit*
10. *Synthetische Watte für trockenen oder feuchten Wärmeumschlag*
11. *Kühlkissen für Einmalgebrauch*
12. *Elastische Klebebinde*
13. *Stallbandagen (Wolle oder Flanell, nicht elastisch)*

14. *Abreißbares Heftpflaster zur Sicherung von Knoten und Bandagen- oder Verbandsenden*
15. *Fertig zugeschnittene Hufverbände aus Sacktuch (Jute, 50 × 60 cm) mit Schnur (z. B. Strohballenschnur); es fehlt Blauspray*
16. *50-ccm-Plastikspritze zum Dosieren von Medikamenten und für das Einspritzen, z. B. von Hustensaft, oder zur Wurmbehandlung*
17. *Bremse*
18. *Verbandsschere*
19. *Fieberthermometer*
20. *Pinzette*
21. *Lange Wattestäbchen*
22. *Wundpuder*
23. *Lotagenlösung zur Verhinderung der Bildung von «wildem Fleisch»*
24. *Stalljournal (Impfdaten, Entwurmungsplan, Hufbeschlag etc.)*

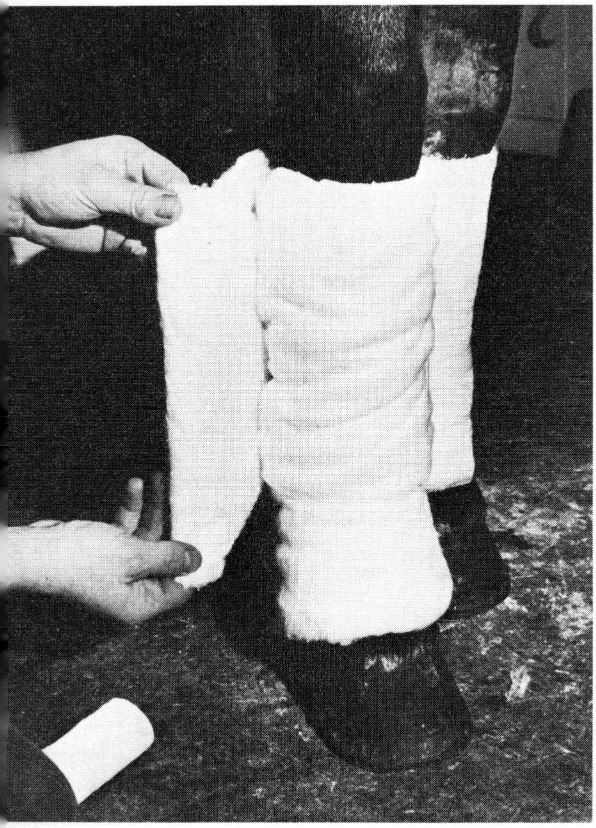

Bild 1 – 3
Verband an Fessel und Schien- oder Röhrbein; die Bandagenlagen werden von unten nach oben geführt

Bild 4 – 5
Verbinden eines Vorderknies; beachte die ausgiebige Polsterung der hinteren Partie, wo das Erbsbein direkt unter der Haut liegt

Bild 6 – 7
Um das Abgleiten des Verbandes zu verhindern, kann man noch ein OP-Tuch aufschneiden und hinten zusammenknoten

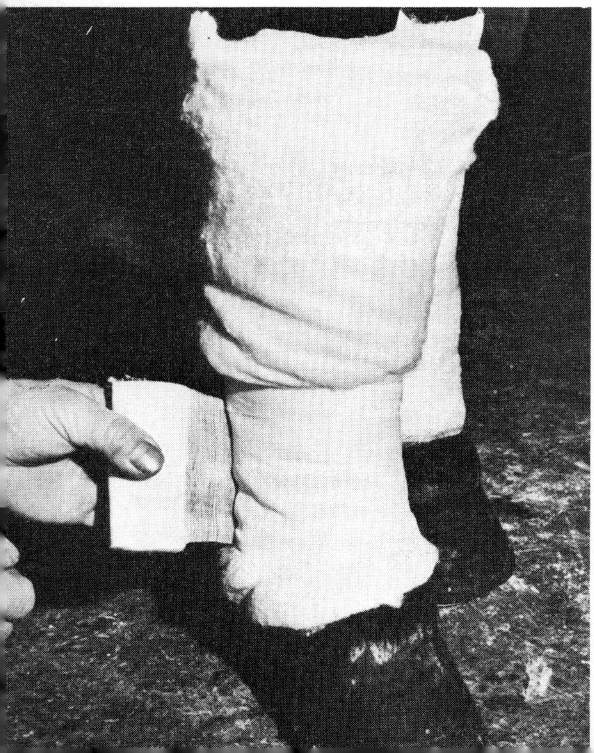

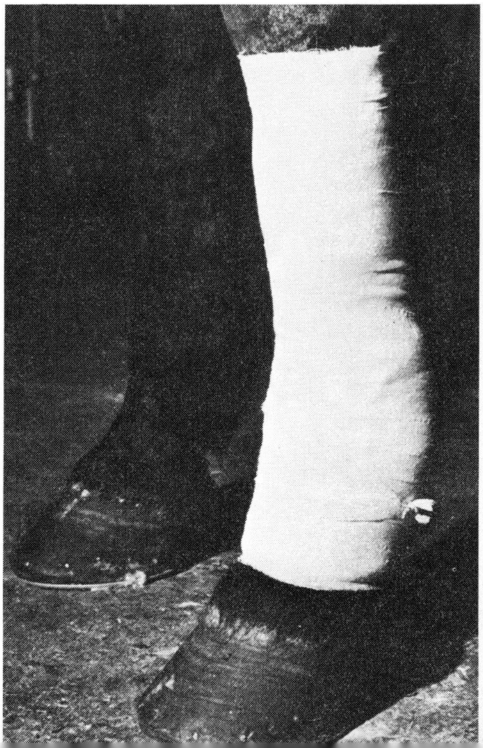

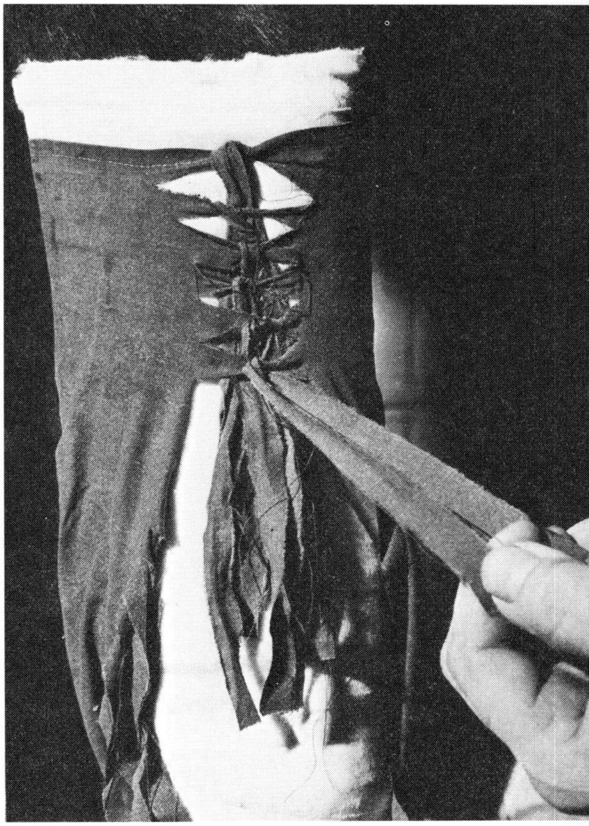

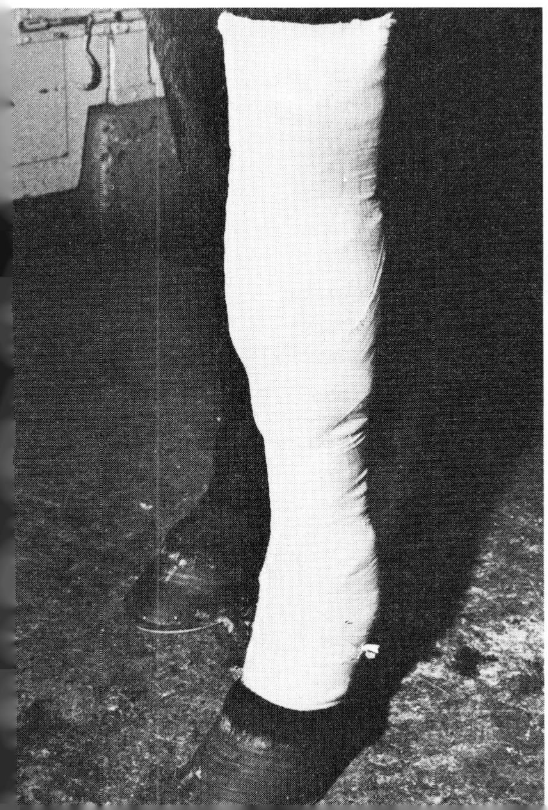

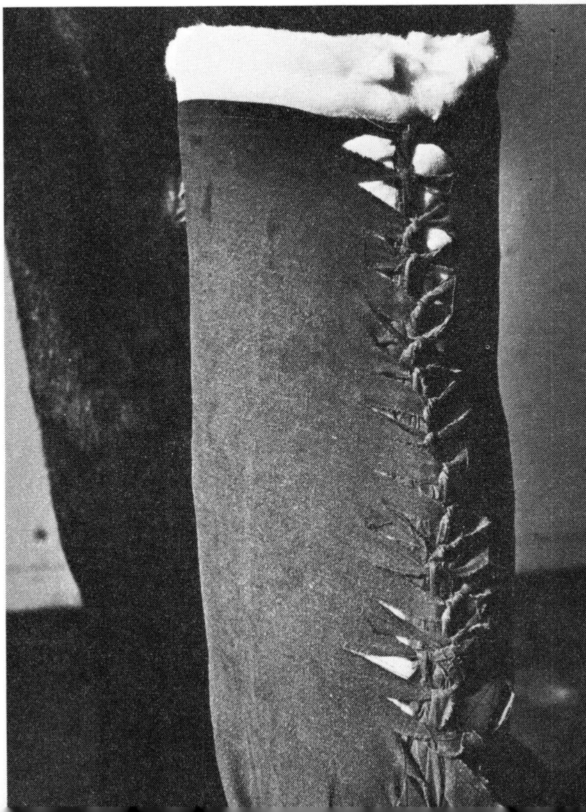

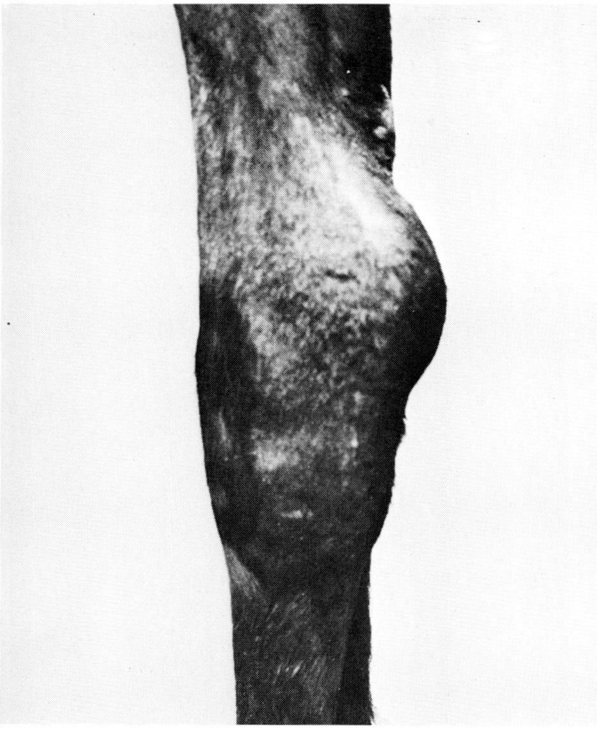

Bild 8 – 10
Anlegen einer elastischen Binde über einem «Knieschwamm»; beachte auch hier die Polsterung über dem Erbsbein

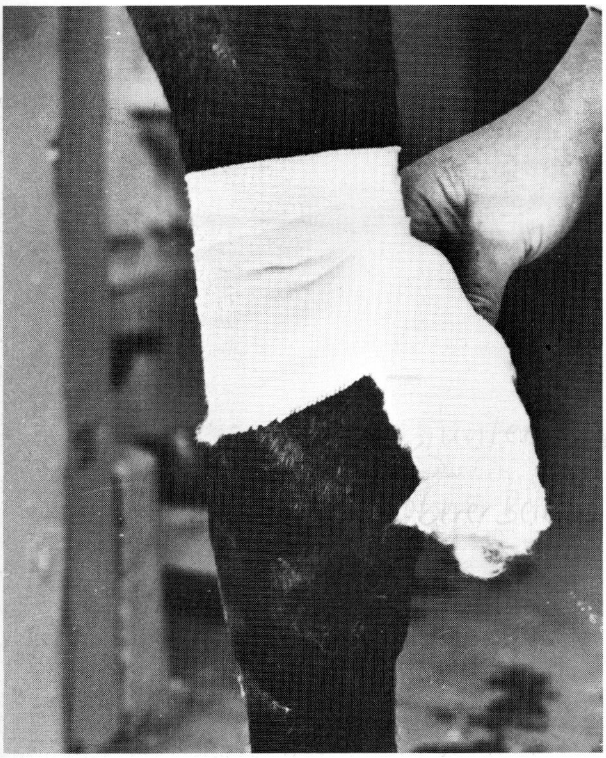

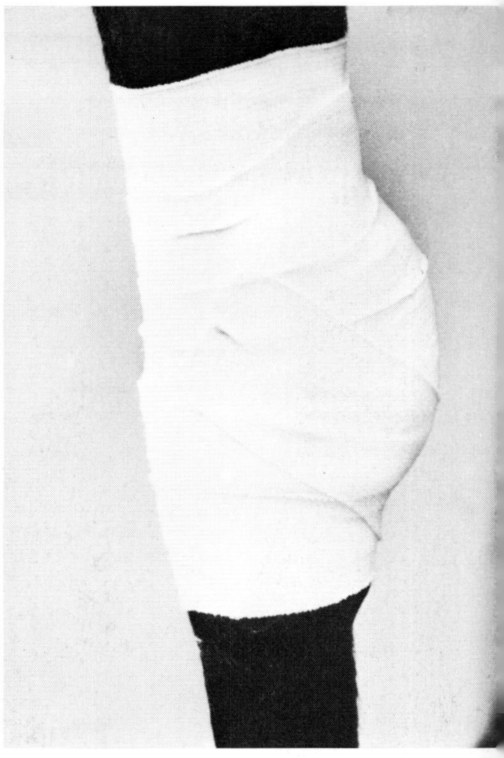

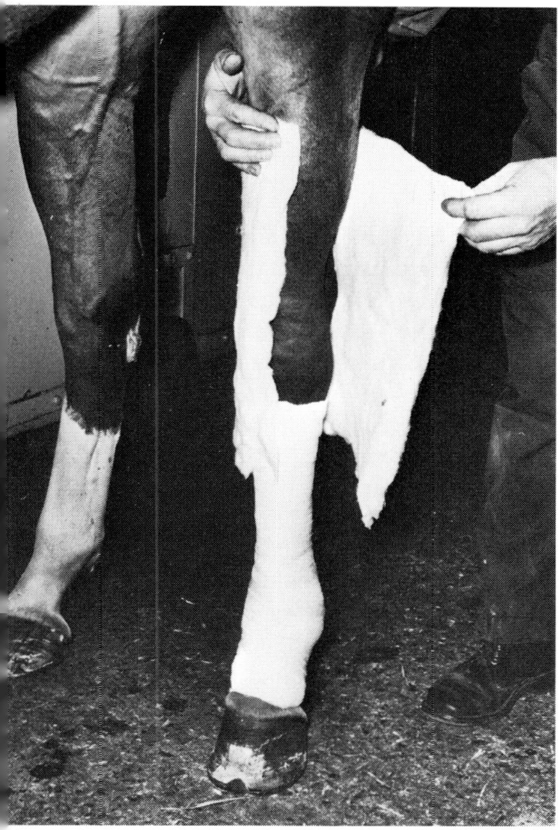

Bild 11 – 13
Anlegen eines Sprunggelenkverbandes; beachte die ausgiebige Polsterung der Sprunggelenkspitze, die eine Druckbeschädigung des direkt unter der Haut liegenden Fersenbeines verhindert

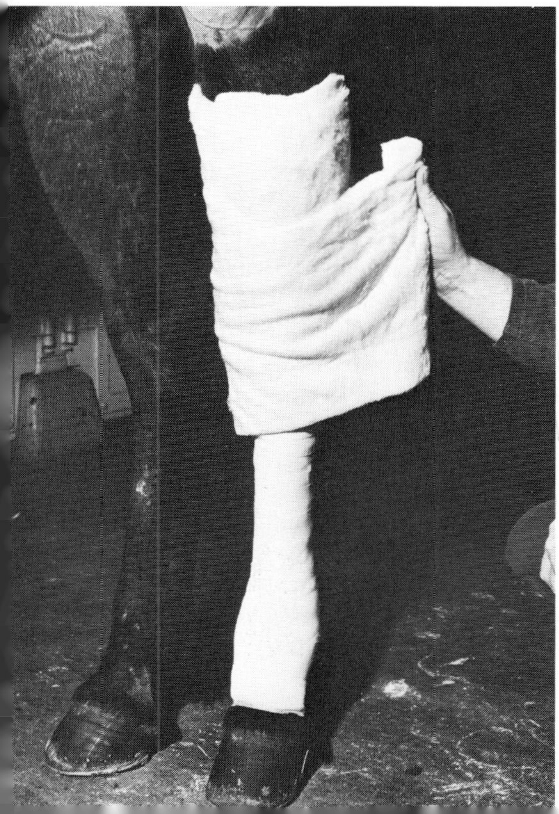

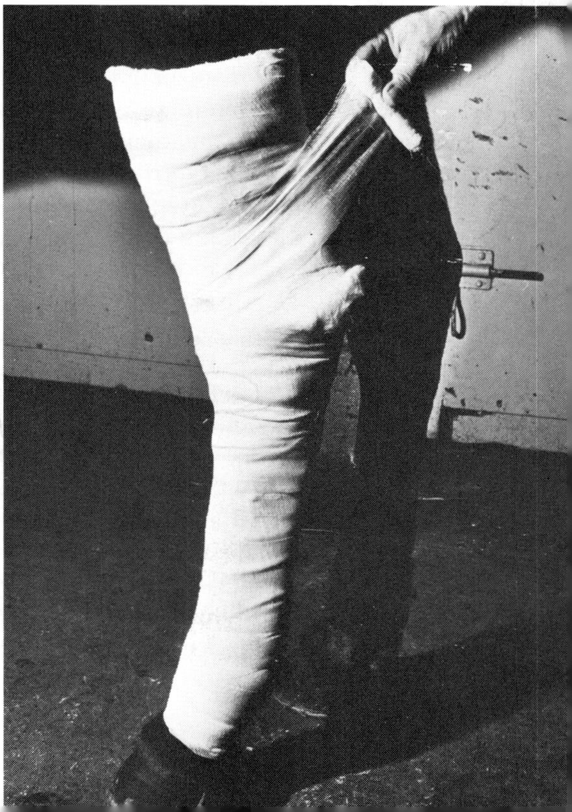

Die Krankheiten des Bewegungsapparates

Lahmheit

Unter Lahmheit versteht man eine Abweichung vom normalen Bewegungsmuster, die dann entsteht, wenn das Pferd versucht, eine schmerzende Gliedmaße zu schonen. Die Bewegungsstörungen können entsprechend ihrem Grad am besten im Schritt oder im Trab beurteilt werden. Starke Schmerzen zeigen sich natürlich bereits im Stehen. Das Pferd entlastet in der Regel die kranken Gliedmaßen. Lahmheit kann an einem oder an mehreren Beinen gleichzeitig auftreten. Zum Beispiel bei der Hufrehe, wo häufig beide Vorderbeine oder sogar alle vier Beine angegriffen sind. Ein Pferd mit Schmerzen in allen vier Gliedmaßen liegt dann meistens. Aber auch eine Gelenk- oder Muskelentzündung kann eine Störung des Bewegungsapparates auf allen vier Beinen zur Folge haben. Kurzer, stockender Gang ist typisch für solche Fälle. Ebenso können natürlich zentralnervöse Störungen im Gehirn oder im Rückenmark Bewegungsstörungen hervorrufen, die sich dann am ehesten durch fehlende Koordination in der Bewegung der Gliedmaßen manifestieren. Hier spricht man davon, daß die Pferde schwanken oder einen ataktischen Gang zeigen.

Lahmheiten in der Belastung und während der Bewegung

Die Lahmheit kann entweder eine Belastungs- oder eine Bewegungslahmheit sein. Nicht selten ist es eine Kombination von beiden Arten. Bei der Belastungslahmheit liegt die Ursache meistens im unteren Teil der Gliedmaße und bei der Bewegungslahmheit in der Regel im oberen Teil der Gliedmaße. Einer Lahmheit liegt meistens ein schmerzhafter Prozeß zugrunde. Der Reiter spricht gern von «Zügellahmheit». Es ist die Ansicht des Verfassers, daß eine solche nicht existiert. Es ist vielmehr das schlechte Gewissen des Reiters, der auf einem hinkenden Pferd reitet, der diesen Begriff geschaffen hat. Ein Pferd kann seine Unzufriedenheit zum Ausdruck bringen, indem es z. B. beim Reiten die Zunge herausstreckt. Beim Fahren geht es dann im erhöhten Tempo schief am Weg oder «legt» sich auf einen Zügel. In all diesen Fällen sollte man es jedoch nicht unterlassen, die Zähne zu untersuchen. Scharfe Spitzen an den Zähnen, oft im Zusammenhang mit dem Zahnwechsel, können leicht in die Zungen- oder Backenschleimhaut einstechen. Es ist von jeher Tradition, daß man ein hinkendes Pferd weder fährt noch reitet. In den vornehmsten Kreisen des Dressursportes ist eine Lahmheit während einer Vorführung Grund zu einer Disqualifikation. Von dieser Einstellung darf unter keinen Umständen abgewichen werden. In diesem Zusammenhang soll auch auf einen in Pferdekreisen weit verbreiteten Aberglauben hingewiesen werden, der besagt, daß ein Blister um so wirkungsvoller sei, je kräftiger Schwellung und Ausschwitzung sind. Dies ist jedoch aus biologischen Gesichtspunkten absolut abzulehnen. Abgesehen davon, daß man den Pferden unnötige Schmerzen zufügt, wird der heilende Effekt durch eine solche künstlich hervorgerufene Gewebeschwellung stark vermindert. Eine Blisterung soll deshalb nur leicht hautreizend sein, oft wiederholt werden und am besten überhaupt keine lokale Schwellung hervorrufen.

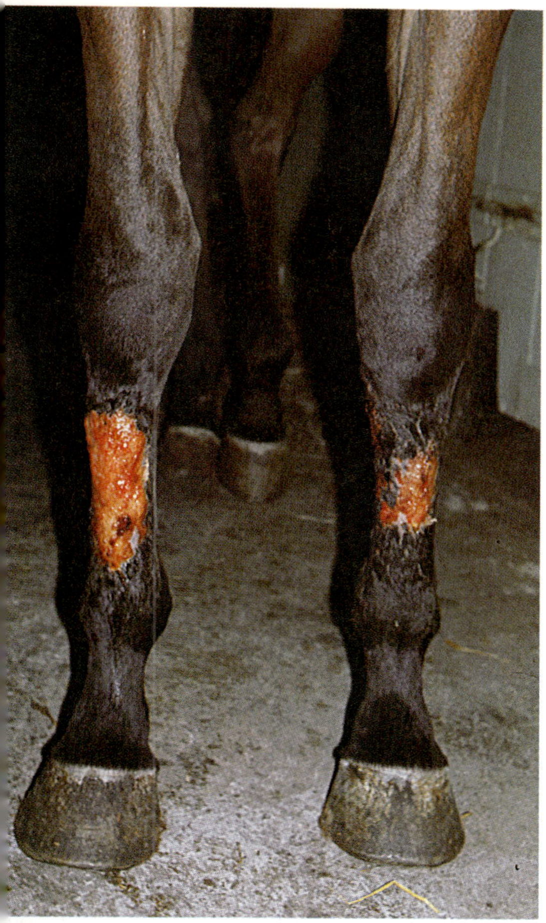

Pferd, das mit dem in Schweden verbotenen «irländischen Blister» behandelt wurde

Zur Lahmheitsuntersuchung

Wenn ein Tierarzt zu einem hinkenden Pferd gerufen wird, sollte man nach dem folgenden Untersuchungsschema verfahren, sofern es nicht offensichtlich ist, wo die Ursache zur Lahmheit liegt, z. B. daß ein Stein oder ein Nagel ins Huf eingedrungen ist oder eine andere Art Verletzung vorliegt. Lahmheitsuntersuchungen sind sehr zeitaufwendig, aber zur sicheren Diagnosenstellung absolut notwendig.
Nur dann kann man eine zielgerichtete Behandlung einleiten und die Zukunftsaussichten des Pferdes beurteilen (Prognose).

Das Untersuchungsschema

Die Anamnese (Vorbericht) umfaßt folgende Fragen:
- Abstammung?
- Alter?
- Leistung (Plazierung an Wettkämpfen, Gewinnsummen etc.)?
- Anzahl Starte an Wettkämpfen?
- Letzter Start?
- Entstehen der Lahmheit. Wann? Wie?
- Wie verhält sich die Lahmheit (ab- oder zunehmend in der Bewegung)?
- Appetit. Was bekommt das Pferd zu fressen?
- Frühere Behandlung?

Die Untersuchung

In der Ruhestellung:
- Beurteilung des Ernährungs- und Allgemeinzustandes
- Äußerliche Beurteilung
- Entwicklung der Muskulatur
- Belastung der Gliedmaßen
- Körpertemperatur
- etc.

In der Bewegung:
- Der Schritt
- Die kleine Volte
- Der Trab
- Evtl. unter dem Reiter und am Wagen
- Beim Longieren

Die Palpation:

Darunter versteht man die Untersuchung durch Abtasten und Betasten der Gliedmaßen.

Diagnostische Hilfsmittel:
- Abbiegeprobe
- Anschrauben von Haken und Griffen an Zehen bzw. Trachtenteil des Hufeisens, um eine Stellungsveränderung zu bewirken
- Rollbahn, um das Pferd unter einer kontrollierten Bewegung zu beobachten und zu untersuchen
- unter dem Reiter, am Wagen

- Diagnostische Injektionen zur Schmerzausschaltung in gewissen Gliedmaßenteilen oder Gelenken
- Untersuchung durch den Enddarm (Rektaluntersuchung)
- Röntgenuntersuchung
- Blutuntersuchung
- Glenkflüssigkeitsuntersuchung
- Kotuntersuchung

Diagnose
Behandlung
Krankheitstraining

Zum Vorbericht

Der Vorbericht oder die Krankheitsgeschichte sind von größter Bedeutung. Es ist außerordentlich wichtig zu wissen, wie lange das Pferd schon hinkt, wie die Lahmheit entstanden ist, ob das Pferd normalen Appetit zeigt, ob das Pferd frisch eingebrachtes Heu gefressen hat oder ob es einen Unfall erlitten hat. Die Abstammung des Tieres, der Züchter, seine eventuellen Leistungen an Wettkämpfen, dies alles gehört zur Auskunft des Tierbesitzers oder desjenigen, der mit dem Tier arbeitet. Ebenso wichtig ist es zu erfahren, ob das Pferd bereits früher tierärztlich behandelt wurde und weshalb. Auch der Fütterungsplan, die Mineralstoff- und Vitaminzufuhr sollten anläßlich der Anamnese festgehalten werden. Nicht selten ist die Ursache von Muskel-, Gelenk- und Sehnenerkrankungen eine falsche Ernährung.

Zum Untersuchungsgang

Das Pferd wird zuerst in der Ruhe, d.h. im Stehen untersucht. Dabei werden der Allgemeinzustand und die Entwicklung der Muskulatur beurteilt. Zum Beispiel kann eine verminderte Muskelmasse in der Schulter oder in der Kruppe bedeuten,

Bild 1: Vorführen des Pferdes in der Ruhe, Kontakt mit dem Pferd mit Auge und Zäumung

Verminderte Muskelmasse (Atropie) in Kruppe + Schulter = Erkrank. in diesem Bereich

Bild 2
Vorführen im Schritt, beachte die Haltung der Zügel

Bild 3
Das Pferd wird immer nach rechts gewendet

Bild 4
Vorführen im Trab. Die Zügel werden nun verlängert und ganz in der rechten Hand gehalten. Der Blick des Vorführers ist nach vorn gerichtet und nicht zum Pferd

daß der Ursprung der Krankheit in diesem Bereich liegt. Im weiteren kann es darauf hinweisen, daß das Pferd diese Gliedmaßen über längere Zeit hindurch geschont hat und die Krankheit demzufolge auch weiter unten liegen kann. Oft ist es auch

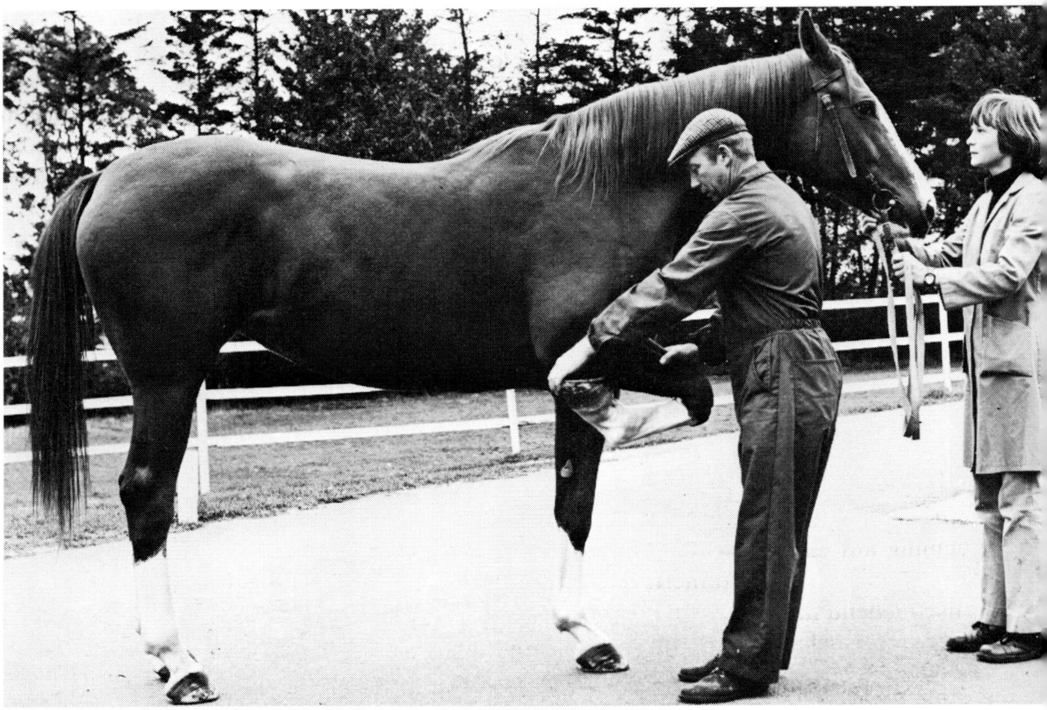

Bild 5: Abbiegeprobe eines Vorderbeines

Bild 6: Abbiegeprobe eines Hinterbeines, die sogenannte Spatprobe

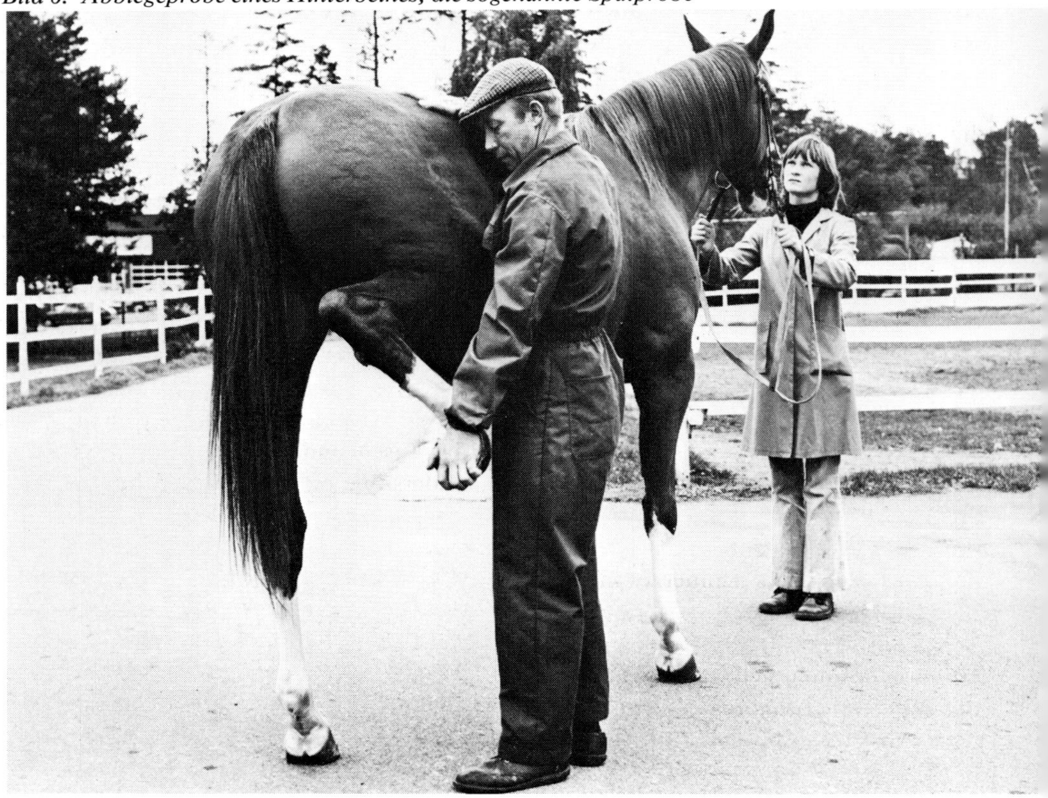

nötig, die Körpertemperatur zu kontrollieren. Bei akuter Rehe oder Muskelentzündung hat das Pferd normalerweise eine erhöhte Körpertemperatur. Die Stellung des Pferdes in der Ruhe ist zu beachten. Normalerweise wird das kranke Bein entlastet. Wenn beide Beine schmerzen, ist ein gleichmäßiges Entlasten beider Beine festzustellen. Bei dieser Gelegenheit sollen auch die Beinstellung, insbesondere die Achsen, große Überbeine, große Gelenkausweitungen etc., beachtet werden.

Diese aus einem gewissen Abstand beurteilte Verfassung des Pferdes gibt oft aufschlußreiche Erkenntnisse für die weitere Untersuchung. Es ist außerordentlich gefährlich, sich gleich zu Beginn der Untersuchung auf ein Detail zu konzentrieren. Dies kann leicht zu Irrtümern führen.

Anschließend muß das Pferd in der Bewegung untersucht werden. Im Schritt, wie es wendet und anschließend im Trab. Es kann nicht genug betont werden, wie wichtig es ist, daß das Pferd korrekt vorgeführt wird. Dies muß auch allen jüngeren Mitarbeitern mitgegeben werden. So muß ein Pferd immer auf der rechten Seite und mit der Trense vorgeführt werden. Im Schritt werden die Zügelenden in der linken Hand gehalten. Das Pferd wird immer rechtsherum gewendet. Im Trab verlängert man die Zügel und nimmt die Enden in die rechte Hand.

Beim Trab springt der Vorführende auf der Schulterhöhe des Pferdes mit Blick geradeaus, und nicht auf das Pferd. Bei dieser Vorführung studiert man genau, wie das Pferd seine Hufe aufsetzt und wie es seine Beine bewegt. Ein ausgesprochener Doppelschlag beim Auftreten, d.h. das Pferd tritt zuerst auf die Trachte ab und rollt dann erst auf die Zehe über, ist ein Anzeichen eines Schmerzes im Zehenteil. Die Wendung des Pferdes ist ebenfalls von großem Interesse; schiebt es das Hinterbein unter sich, deutet das darauf, daß es Schmerzen in den Vorderbeinen hat. Es ist wichtig, daß man sich auf die Hinterbeine konzentriert, wenn das Pferd von einem weggeht und auf die Vorderbeine, wenn das Pferd auf den Untersuchenden zukommt. Die Lahmheiten im Schritt und im Trab werden mit einer fünfgradigen Skala angegeben. Beim Grad 5 steht das Pferd überhaupt nicht auf sein Bein ab. Es muß vermieden werden, daß der Vortrabende mit seinem Kopf im Takt des Pferdes nickt, da man somit nicht selten die Lahmheit am falschen Bein lokalisiert. Kann die vermutete Lahmheit beim gewöhnlichen Vorführen an der Hand nicht festgestellt werden, muß das Pferd longiert, gefahren oder geritten werden. Zum Beispiel erscheint die Lahmheit bei einer Thrombose in den Arterien der Hinterbeine nicht, bevor das Pferd eine gewisse Zeit gearbeitet hat, worauf sie dann jedoch sehr deutlich zum Ausdruck kommt.

Die nächste Stufe der Untersuchung ist die sogenannte Palpation, bei welcher wir mit der Hand das Bein abtasten und dabei Wärmeunterschiede und Schmerzreaktionen feststellen können. Dabei beginnt man immer damit, daß man den Puls bzw. die Verstärkung des Pulses im Bereich der Fesselbeinarterien am Vorderbein kontrolliert. Beim Hinterbein wählt man die Schienbeinarterie direkt unterhalb des Sprunggelenkes. Wenn man nun diese Pulswelle fühlt und diese im Vergleich zum anderen Bein deutlich klopft, kann ein Entzündungszustand im Huf vermutet werden, der daraufhin mit der Hufzange genau untersucht werden muß. Es ist dabei außerordentlich wichtig, daß das Eisen und die evtl. darunterliegende Ledersohle entfernt werden und der Huf etwas ausgeschnitten wird. Viele Leiden kommen im Huf vor, wie z.B. Nageltritt und -druck, Huflederhaut-Entzündung, Hufabszesse, Hufspalten, Ballen- und Krontritte, Hufbeinentzündungen, Hufbeinbruch etc.

Anschließend folgt die Untersuchung des Beines, hinauf über Huf-, Kron- und Fesselgelenk zum Band- und Sehnenapparat in der Fesselbeuge, die oberflächige und tiefe Beugesehne und das Gleichbeinband, die verschiedenen Gelenkreihen des Vorderknies wie das Ellbogen- und Schultergelenk. Am Hinterbein erfolgt dasselbe Vorgehen auch von unten nach oben über das Sprunggelenk, die verschiedenen Teile des Hinterknies und das Hüftgelenk. Auch der Rücken muß in die Untersuchung einbezogen werden. Man kontrolliert die Entwicklung der Muskulatur und einen gewissen Druckschmerz im Bereich der Sattellage.

Die diagnostischen Hilfsmittel

Oft ist es zu diesem Zeitpunkt bereits möglich, eine Verdachtsdiagnose zu stellen, die dann jedoch oft noch erweiterte Untersuchungen erfordert. Dazu verwendet man die folgenden diagnostischen Hilfsmittel:

- die Beugeprobe
- Haken und Griffe
- die Rollbahn (Ergometer)
- diagnostische Injektionen
- Röntgenuntersuchungen

Zur Beugeprobe

Bei der Beugeprobe werden das ganze Bein oder nur einzelne Gelenkgebiete abgebogen und die Reaktionen miteinander verglichen. Man spricht häufig von Gonitis- und Spatprobe. Für beide gilt die gleiche Art des Abbiegens des Hinterbeines. Wenn das Pferd nach der Abbiegeprobe das Bein eine Zeitlang in der Luft hält und erst dann langsam aufsetzt, spricht man von einer positiven Gonitis (Kniegelenkentzündung). Wenn das Pferd das Bein sofort absetzt, jedoch beim Vorführen an der Hand eine deutlich verstärkte Lahmheit zeigt, spricht man von einer positiven Spatprobe.

Haken und Griffe

Durch die Verwendung von diesen sogenannten Provokationsmitteln kann eine vorliegende Lahmheit verstärkt oder eine versteckte Lahmheit zum Vorschein gebracht werden. Mit den Haken erhöht man die Trachten, und mit den Griffen erhöht man die Zehe (vgl. Bilder S. 152).

Die Rollbahn (Ergometer)

Mit dieser Einrichtung, die in vielen Tierspitälern in Schweden zur Verfügung steht, können Pferde in erhöhtem Tempo untersucht werden. Dies ist besonders bei Trabrennpferden von größter Bedeutung.

Die diagnostischen Injektionen

helfen uns, die Schmerzen in gewissen Gegenden zu lokalisieren. Die Betäubung kann z. B. an den schmerzleitenden Nerven in der Fesselbeuge (tiefe Fesselgelenksanestie) über dem Fesselgelenk (mittlere) oder unter dem Vorderknie (hohe) sowie durch direkte Injektion in das schmerzende Gelenk oder in die Sehnenscheide erfolgen. Die bevorzugten Gelenke sind das Fesselgelenk an allen vier Beinen, die beiden oberen Gelenke am Vorderknie, die Ellbogen- und Schultergelenke und die verschiedenen Abteilungen des Hinterknies und des Hüftgelenkes.

Die Enddarmuntersuchung (Rektaluntersuchung)

kann von entscheidender Bedeutung sein, z. B. für den Nachweis bei lahmheitsbedingten Krankheiten in Blutgefäßen, beim Vorliegen von Thrombosen, bei Veränderungen am Becken oder in der Bauchhöhle.

Die Röntgenuntersuchung

Erst wenn es gelungen ist, das lahmheitsverursachende Gebiet zu lokalisieren, folgt die Röntgenuntersuchung. In der Regel sollte zuerst die entsprechende Stelle am gesunden Bein geröntgt werden, um anschließend vergleichen zu können. Das

Röntgen kann darüber Auskunft geben, ob ein abgesprengtes Knochenstück, eine Fraktur, ein Spalt, eine Zyste oder eine Gelenkzacke vorliegt. Nicht selten kann aber auch die Röntgenuntersuchung keine eindeutig positive Aussage über die Lahmheit geben. Man darf deshalb die Diagnose bei einer Lahmheitsuntersuchung nie ausschließlich auf den Befund der Röntgenaufnahme machen. Bei der Beurteilung müssen die klinischen Beobachtungen unbedingt berücksichtigt werden.

Die Blutuntersuchung
ist in der Lahmheitsuntersuchung ebenfalls sehr wichtig. Die Anzahl der weißen und roten Blutkörperchen, gewisse Muskelenzyme und die sogenannte alkalische Phosphatase werden dabei untersucht, die alle wichtige Informationen über den Zustand des Skelettes geben.

Die Synovial- oder Gelenkflüssigkeitsuntersuchung
ist ebenfalls eine sehr wertvolle, ergänzende Untersuchung wie die Kotuntersuchung, die über ein eventuelles Vorkommen von Parasiten Aufschluß gibt.

Die Zahnuntersuchung
sollte aus dem bereits erwähnten Grund ebenfalls durchgeführt werden.
Die Untersuchungsbefunde werden dann zusammengestellt und mit den Aussagen des Pferdebesitzers verglichen. Anschließend wird eine Diagnose erstellt und ein Behandlungsplan mit Angaben für die Rekonvaleszenz entworfen. In vielen Fällen kann jedoch vorgängig nur eine Verdachtsdiagnose erstellt werden, die natürlich eine gewisse Unsicherheit in der Behandlung wie auch in der Nachbehandlungs-Beurteilung beinhaltet.

Ein Aufbautraining
sollte das Behandlungs- und Rekonvaleszenz-Schema abschließen. Ein individuelles Aufbautraining muß gestaltet werden, welches dem Pferd und seiner Krankheit entspricht und regelmäßig vom behandelnden Tierarzt überwacht wird.

Die Erkrankungen im Huf

Nagelstich und Nageldruck
können beide im Zusammenhang mit dem Neubeschlag auftreten.

Nageltritt
Das Pferd kann in einen Nagel treten, und dies kann eine ungefährliche Verletzung zur Folge haben. Wenn jedoch der Nagel in der mittleren Partie des Strahles in die Tiefe dringt, kann der Schaden sehr schwerwiegend sein, da dadurch tieferliegende, äußerst wichtige Gewebeteile wie die tiefe Beugesehne, das Strahlbein, der Schleimbeutel und das Hufgelenk verletzt werden können. Sofortige tierärztliche Hilfe ist in diesem Fall notwendig. Man spricht hier von einem perforierenden Nageltritt.
Bei allen Arten von Nageldruck, Nagelstich oder Nageltritt liegt ein großes Risiko einer Starrkrampfinfektion vor. Die entsprechenden Maßnahmen sind deshalb unbedingt zu ergreifen.

Die Huflederhaut-Entzündung
ist eine häufig vorkommende Erkrankung, besonders bei Pferden, die eine dünne Sohle im Huf haben, ein Eisen verlieren oder an Eisen gewohnt plötzlich «barfuß» gehen müssen. Die Huflederhaut-Entzündung tritt vorwiegend an den Vorderbeinen auf. Die Behandlung besteht aus kalten Umschlägen an den Hufen und nach Abklingen der Entzündung aus einem korrekten Beschlag, der häufig mit einer gepolsterten Ledersohle ergänzt wird.

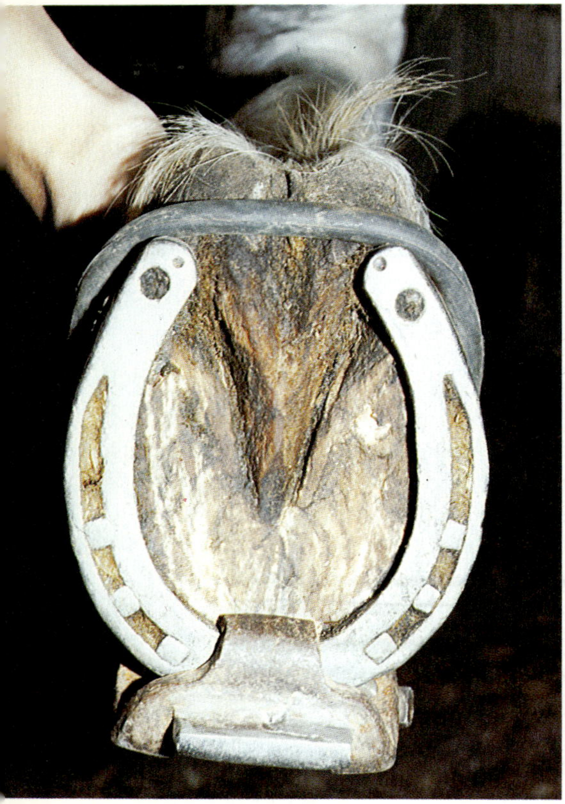
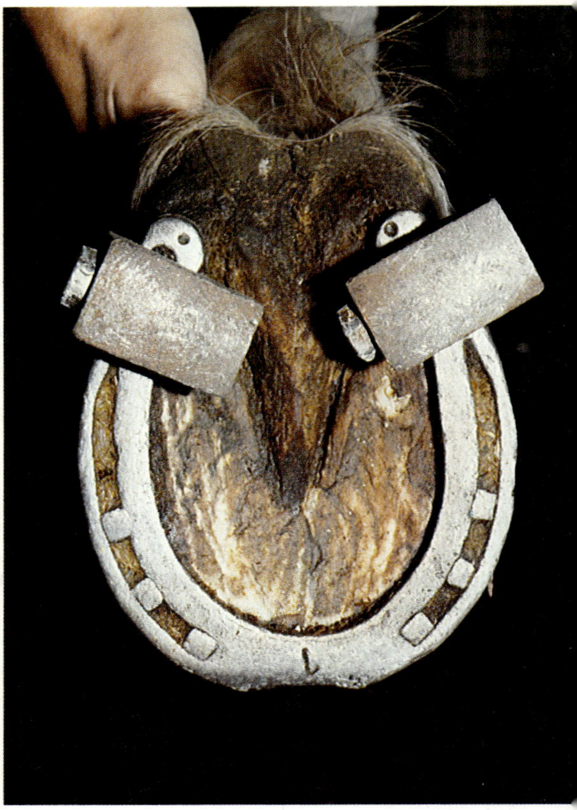
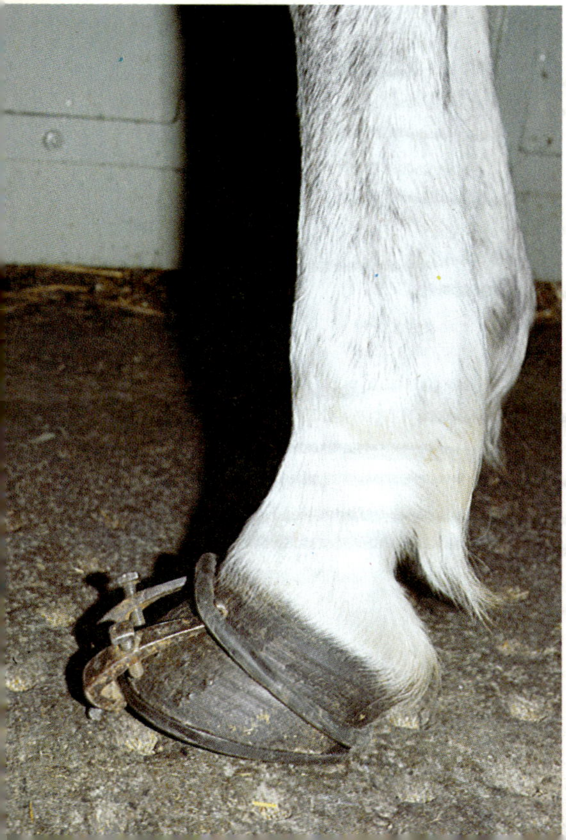
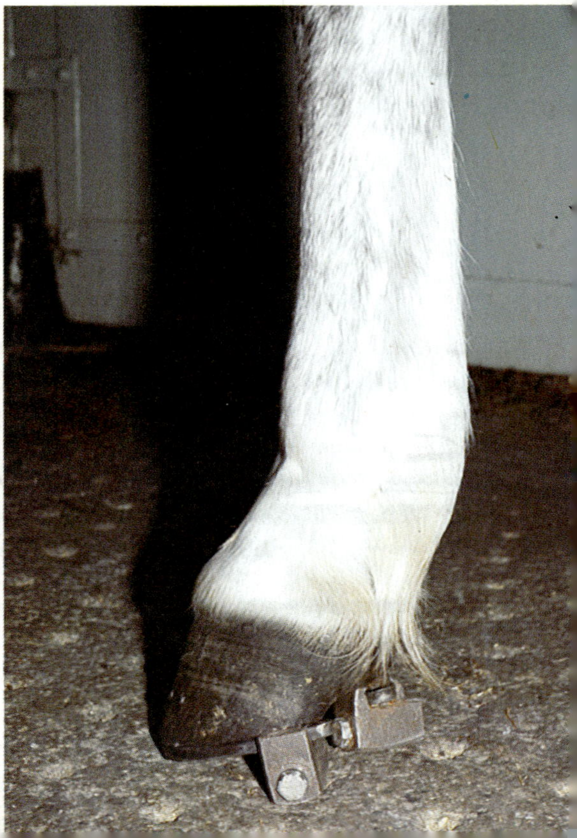

Wegleitend und oft ausschlaggebend als diagnostisches Hilfsmittel ist die Verwendung von Haken und Griffen. Diese werden heutzutage eher zuwenig bei Lahmheitsuntersuchungen oder Gesundheitsbeurteilungen verwendet

Bild 1
Huf mit ausgeschraubtem Griff

Bild 2
Darstellung der Wirkung des Griffes durch die Höherstellung der Zehe

Bild 3
Huf mit festgeschraubten Haken

Bild 4
Darstellung der Wirkung der Haken durch die Höherstellung der Trachten

Anlegen eines Hufverbandes

Bild 1
Der Huf wird ganz mit Watterollen eingewikkelt

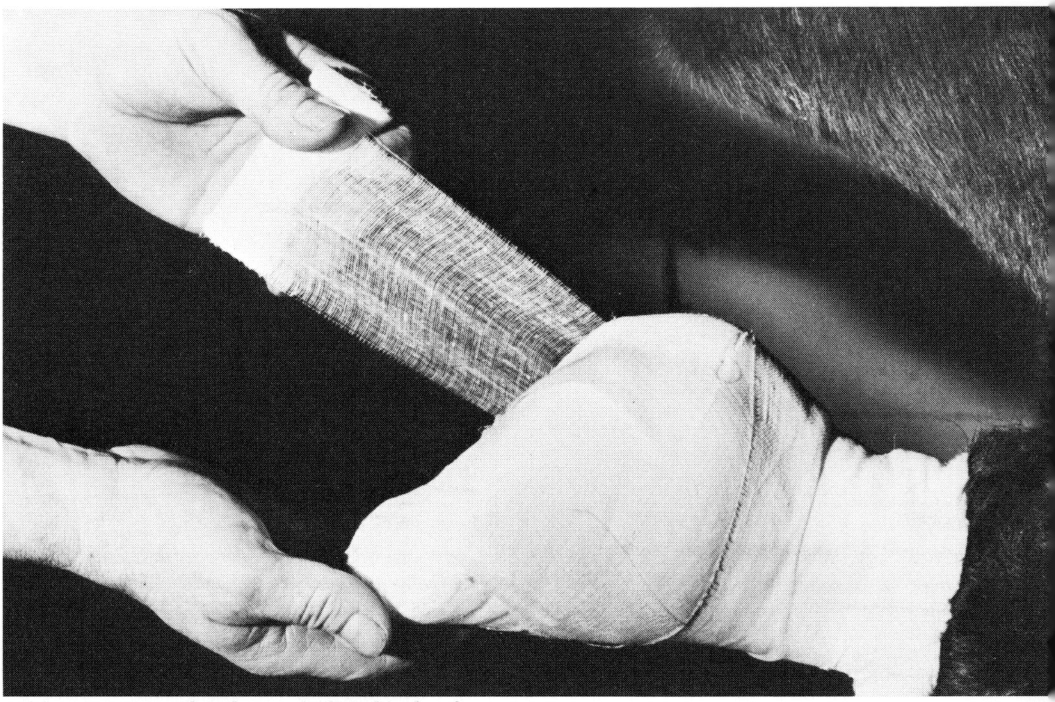

Bild 2: Diese werden dann mit Gazebinden festgezogen

Bild 3: Der Huf wird in die Mitte des dreieckigen Sacktuches gestellt

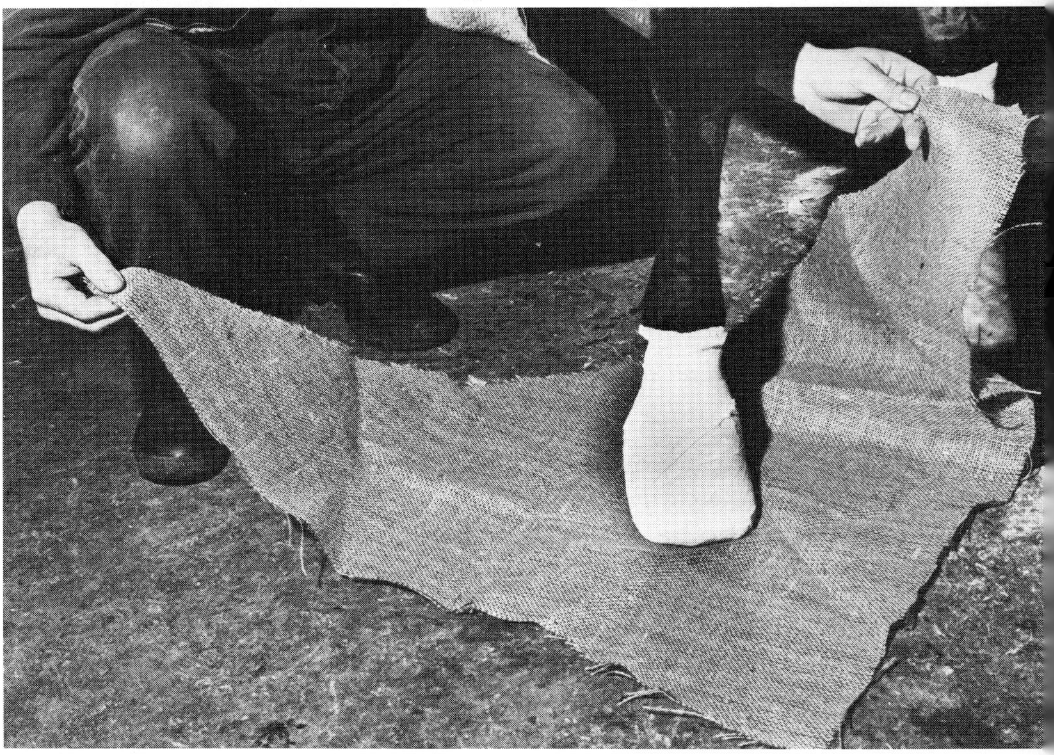

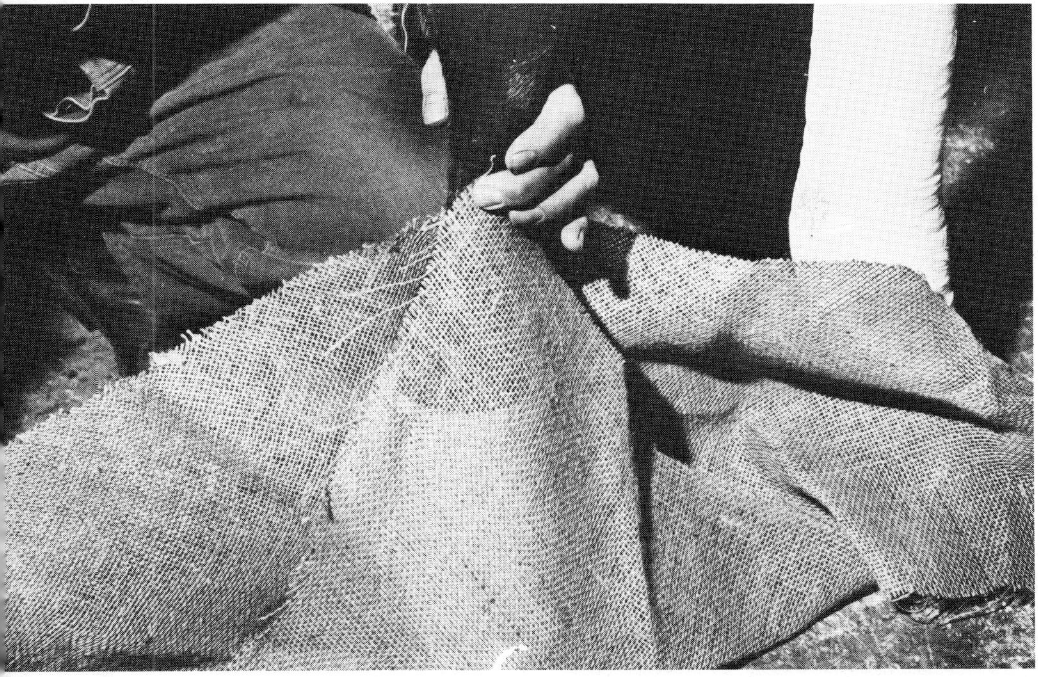

Bild 4: Die vordere Spitze des Tuches wird nach oben geklappt

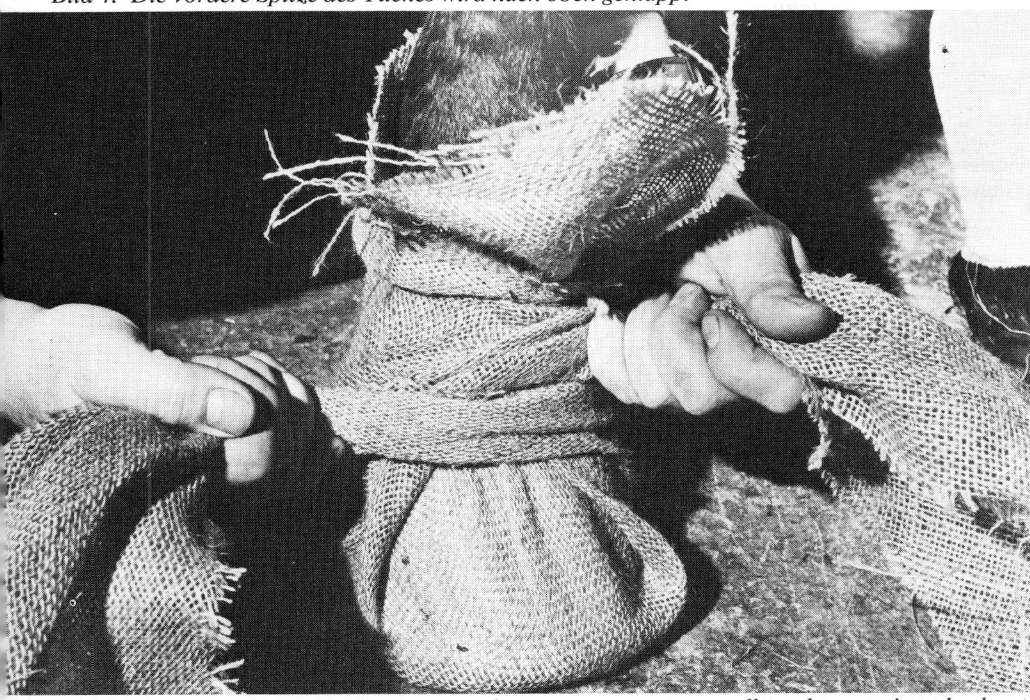

Bild 5 – 7: Die seitlichen Tuchspitzen werden etwas zusammengerollt und vorne einmal geknotet und dann hintenherum und nochmals über den unterdessen heruntergeklappten Vorderspitzen geknotet. Mit der Schnur werden diese Seitenspitzen verlängert und nochmals mehrfach rundherum geführt und anschließend endgültig verknotet

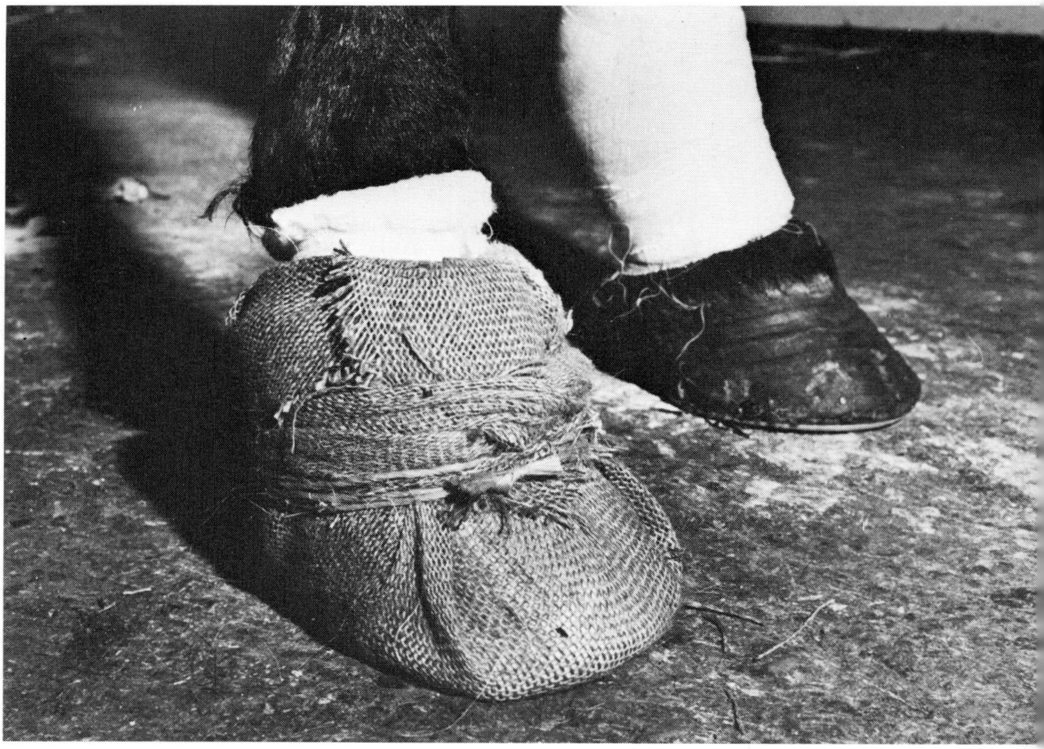

Steingalle
ist die Bezeichnung für ein Leiden im Huf, welches Blutungen in der Huflederhaut zur Folge hat. Oft treten diese Blutungen im Sohlenwinkel auf. Die Ursache dafür können eine falsche Hufform, ein fehlerhafter Beschlag, das Reiten über lange Distanzen auf harter Unterlage etc. sein. Aus der Steingalle kann sich ein Hufabszeß entwickeln. Die Behandlung besteht in der Entfernung des Eisens, dem Ausschneiden des Hufes und einem kalten Desinfektionsumschlag. Anschließend soll der Huf möglichst bald mit einer Leder- oder Plastiksohle beschlagen werden.

Der Hufabszeß
ist eine sehr häufig vorkommende Krankheit. Er tritt auf und zeigt sich durch eine hochgradige Lahmheit, stark pochenden Puls, Anzeichen von Schmerzen bei der Hufuntersuchungszange, warmen Hufen und nicht selten durch ein angeschwollenes Bein bis über die Fessel. Im frühen, «noch nicht reifen» Stadium kann der Abszeß oft schwer nachzuweisen sein. Wenn der Abszeß nicht geöffnet wird, kann der schwarzgefärbte Eiter sich nach oben drängen und am Kronrand oder im Ballengebiet austreten. Die Ursachen für einen Hufabszeß sind vielfältig, wie Nagelstich, -druck, oder -tritt, aber auch als Folge einer Hufspalte im Sohlenhorn. Das letztere kommt vor allem bei Jungpferden vor, die sich auf gefrorenen Weiden tummeln. Ein Hufabszeß muß richtig geöffnet werden, man soll jedoch nicht beim Suchen des Abszesses übereifrig den ganzen Huf zerschneiden.
In all diesen Fällen muß eine Starrkrampfprophylaxe vorgenommen werden.

Rehe
Die Rehe ist in der Regel eine Allgemeinerkrankung mit den vordringlichsten

Pferd mit beidseitiger Hufbeinsenkung an beiden Vorderbeinen und der dafür bei Hufrehe typischen «sägebockartigen» Stellung

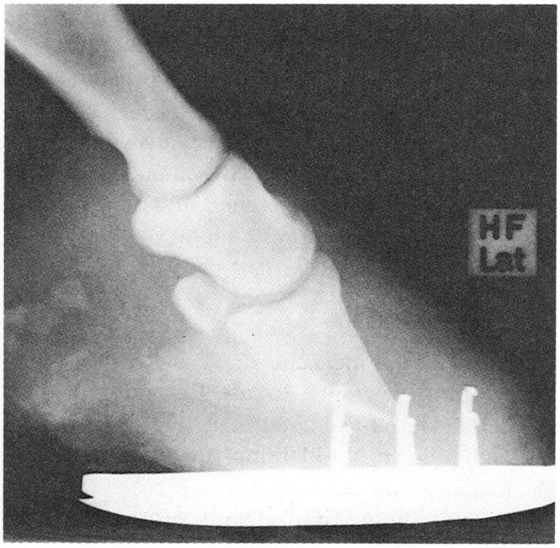

Das Röntgenbild zeigt die Senkung des Hufbeines und die Rotation bei Hufrehe

Symptomen in den Hufen. Ein Pferd mit Rehe ist allgemein erkrankt, hat oft Fieber und schwitzt. In vielen Fällen sind alle vier Hufe entzündet. Das Gehen wie das Stehen fällt dem Pferd schwer. In der Bewegung schiebt es den Hinterteil unter sich und geht mit einem sogenannt doppelschlägigen Schritt, d.h. es setzt zuerst die Trachten des Hufes auf und belastet erst dann den Zehenteil. Rehe kann vom Dickdarm des Pferdes als Folge falscher Ernährung oder durch zu raschen Futterwechsel ausgelöst werden. Rehe kann auch im Zusammenhang mit einer Gebärmutterentzündung oder nach der Geburt entstehen, wenn die Nachgeburt nicht abgeht. Hier spricht man von der Geburtsrehe. Die sogenannte Überanstrengungsrehe kommt heutzutage sehr selten vor. Die Behandlung besteht in erster Linie in der Bekämpfung der Ursachen.

Das Pferd soll so rasch als möglich abgeführt werden, wodurch der schädliche Darminhalt entfernt wird. Daraufhin folgt eine Behandlung mit Antihistaminen, Schmerzmitteln wie Butazolidin sowie das Anlegen eines kalten Hufumschlages. Wir warnen in diesem Zusammenhang vor der Anwendung von Cortisonpräparaten bei akuter Rehe. Diese Krankheit kann sogar durch eine ausgedehnte Cortisonbehandlung ausgelöst werden.

Shetlandponys und Gotland-Russ-Pferde sind für Rehe besonders anfällig. Die akute Rehe wird oft durch die sogenannte Hufbeinsenkung und/oder Rotation kompliziert, was bedeutet, daß sich das Hufbein in der Hornkapsel senkt und/oder dreht. In schweren Fällen kann es vorkommen, daß die Hufbeinspitze die Hufsohle durchsticht.

Bei der Hufbeinsenkung ist ein Korrekturbeschlag unbedingt notwendig. In Schweden wird der sogenannte PG-Beschlag angewendet und allen anderen Beschlagsformen vorgezogen. Er besteht in der starken Kürzung der Zehe und im Anbringen einer Metallplatte und einem Stück Autoreifen-Gummi.

Es erfordert oft 4 bis 5 Beschlagsperioden mit einem Zwischenraum von ca. 6 Wochen, bevor eine mäßige Hufbeinsenkung korrigiert werden kann und das Pferd somit wieder arbeitsfähig wird. Es ist außerordentlich wichtig, dieser schweren Krankheit durch eine langsame Futteränderung vorzubeugen. Eine Gebärmutterentzündung kann vermieden werden, indem man nach der Geburt die Nachgeburtsteile sorgfältig entfernt.

Hornspalten

Diese sieht man vor allem bei aus USA importierten Trabern, wobei vor allem die inneren Wände der Vorderhufe ergriffen sind. Die Hornspalten können vom Kronrand bis zum Tragrand verlaufen und bluten. Sie können so tief sein, daß sie das darunterliegende Gewebe schädigen. Sog. schiefe Hufe disponieren für Hufspalten. Eine effiziente Art, einen Hufspalt zur Abheilung zu bringen, besteht darin, daß man das Pferd «barfuß» gehen läßt. Dies ist jedoch aus verschiedenen Gründen oft nicht möglich. Ist der Hornspalt blutend oder infiziert, muß er aufgeschnitten und anschließend mit Gips abgedeckt werden. Wenn die Heilung an der Basis des Spaltes eingesetzt hat, kann der Spalt mit einem Plastmaterial ausgefüllt oder die Kanten mit Schlauchklemmen fixiert werden.

Die Hornkluft
ist im Gegensatz zum Hornspalt, der in der Längsrichtung des Hufes verläuft, ein querverlaufender Spalt und ist oft die Folge eines Krontrittes, der nach unten wächst. Die Hornkluft sollte ausgeschnitten und mit einer Gips-Druckbandage versehen werden.

Der Ballen- und Kronttritt
ist eine häufig auftretende Verletzung. Sie entsteht dadurch, daß sich das Pferd selber tritt, was eine Ablösung des Hornes im Bereich der Balle oder des Kronrandes zur Folge hat. Diese Verletzung entsteht häufig im Winter, wenn die Pferde Stollen tragen, oder während des Transportes. Leider werden Pferde allzuoft gerade im Winter, wenn sie Stollen tragen, über längere Distanzen transportiert. Vor allen Transporten sollten deshalb scharfe Haken und hervorstehende Gegenstände sowie die Stollen entfernt werden, zumindest auf der Innenseite des Hufes.
Die Verletzungen an Krone und Ballen sollten ausgeschnitten und sämtliches unterminiertes Horn entfernt werden. Anschließend bringt man eine Druckbandage an. In der Regel kann das Pferd weiterarbeiten. Starrkrampfprophylaxe muß in die Behandlung einbezogen werden.

Sprödes Horn
oder schlechte Hornqualität kommt vor allem bei unpigmentierten (weißen) Hufen vor. Das Wandhorn löst sich ab, und die Pferde können leicht ihre Hufeisen verlieren. Nicht selten ist dieser Vorgang konstitutionell bedingt. Aus diesem Grunde sollte man keine Pferde mit spröden Hufen in der Zucht verwenden.

Eine Maßnahme besteht in der zweckmäßigen Fütterung mit ausreichender Mineralstoffzufuhr. Die Erfahrung zeigt, daß sich tägliches Einmassieren des Kronrandes mit Lebertran positiv auswirkt. Um ein Festsitzen des Beschlages zu garantieren, kann man Zehen und Seitenkappen verwenden. Eine Zugabe von Biotin (Vitamin H) zum Futter wird empfohlen.
Die Hornsäule ist eine Neubildung von Horn an der Innenseite der Hornkapsel. Die Ursache ist eine lokale Entzündung im Huflederhaut-Gebiet. Die Hornsäule entsteht durch Verklebung der einzelnen Lamellen, was eine fehlerhafte Hornbildung zur Folge hat. Diese Hornsäule drückt dann auf das Hufbein, das sich dadurch zurückbildet. Dadurch entstehen Schmerzen, und das Pferd beginnt zu hinken. Diese Hornsäulen müssen operativ entfernt werden, und es dauert mindestens 2 Monate, bis ein operiertes Pferd wieder ganz arbeitsfähig ist.

Die Strahlfäule
besteht aus einem schmierigen Zerfall des Hornes im Strahlgebiet, der aus dem Gebiet der mittleren Strahlfurche ausgeht. Oft sind mehrere Hufe gleichzeitig befallen. Die Ursache liegt in einer ungenügenden Hufpflege und einem schlechten Strohbett. Die Behandlung besteht in der Entfernung des zerfallenen und unterminierten Hornes, so daß Luft dazukommt. Um das restliche zerfallene Gewebe zu entfernen, kann die Strahlfurche mit Blauspray, Kupfersulfat oder Nelex behandelt und mit einer Gipseinlage im Sohlenbereich versehen werden. Diese Einlage muß täglich gewechselt werden. Darauf kann die gründlich gereinigte Sohle mit den Strahlfurchen mit Blauspray zweimal täglich über längere Zeit hinweg behandelt werden. In schweren Fällen muß ein Deckeleisen angebracht werden, bei welchem zur Reinigung der Deckel abgenommen werden kann.

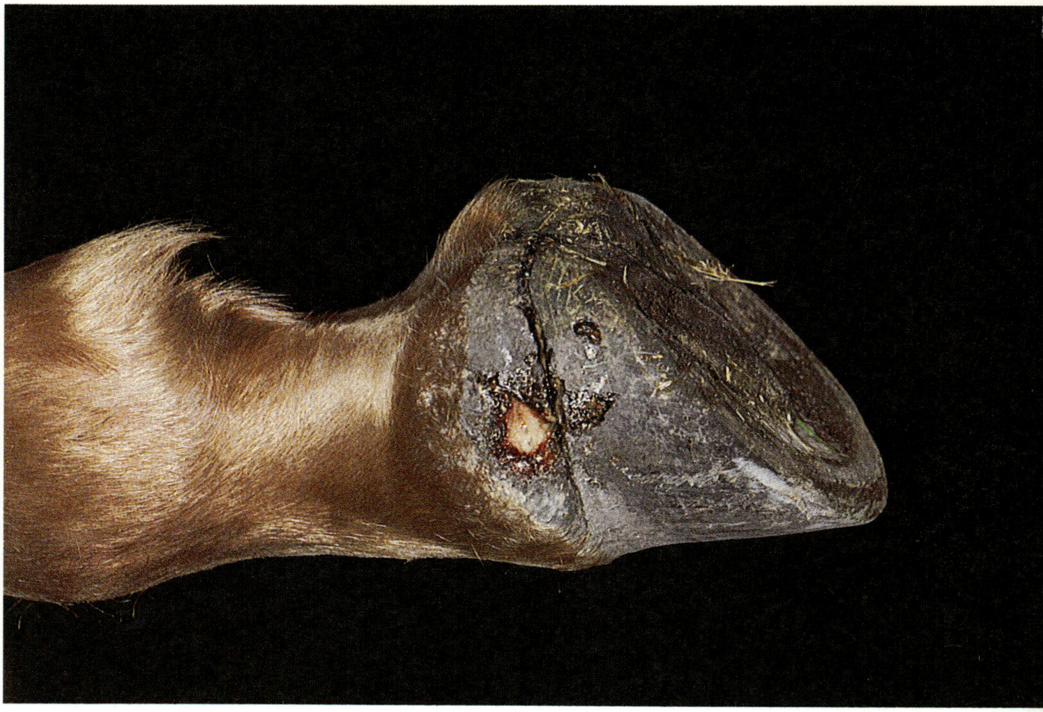

Bild 1 – 3: Eiternde Fistel am Kronrand nach Aufbrechen eines Hufabszesses nach Nageltritt

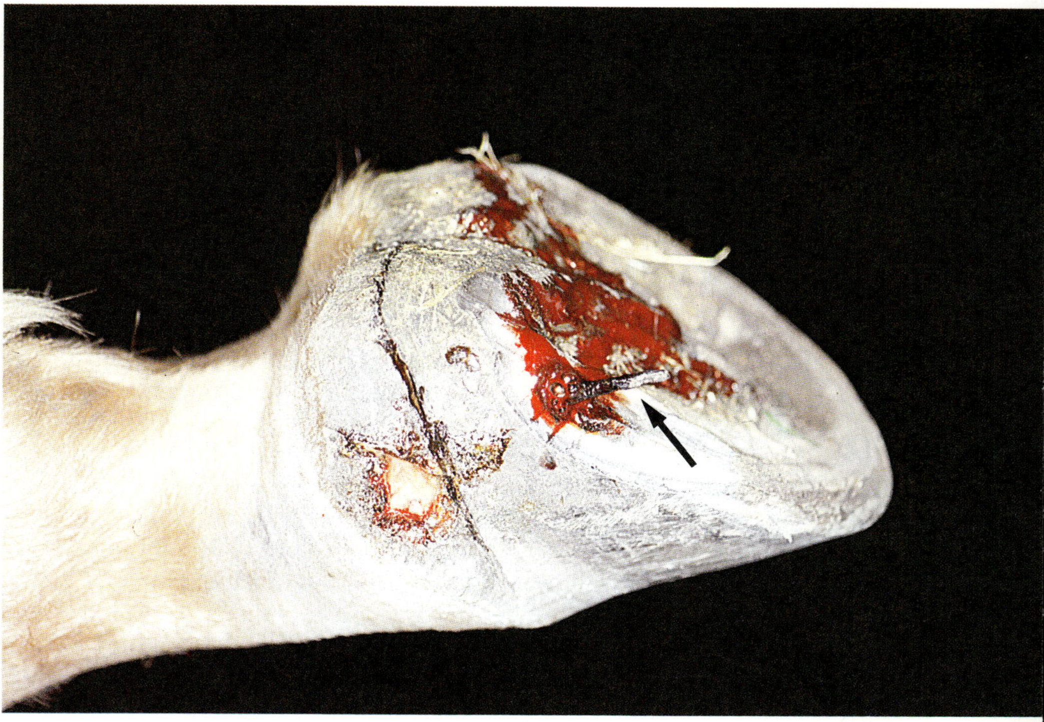

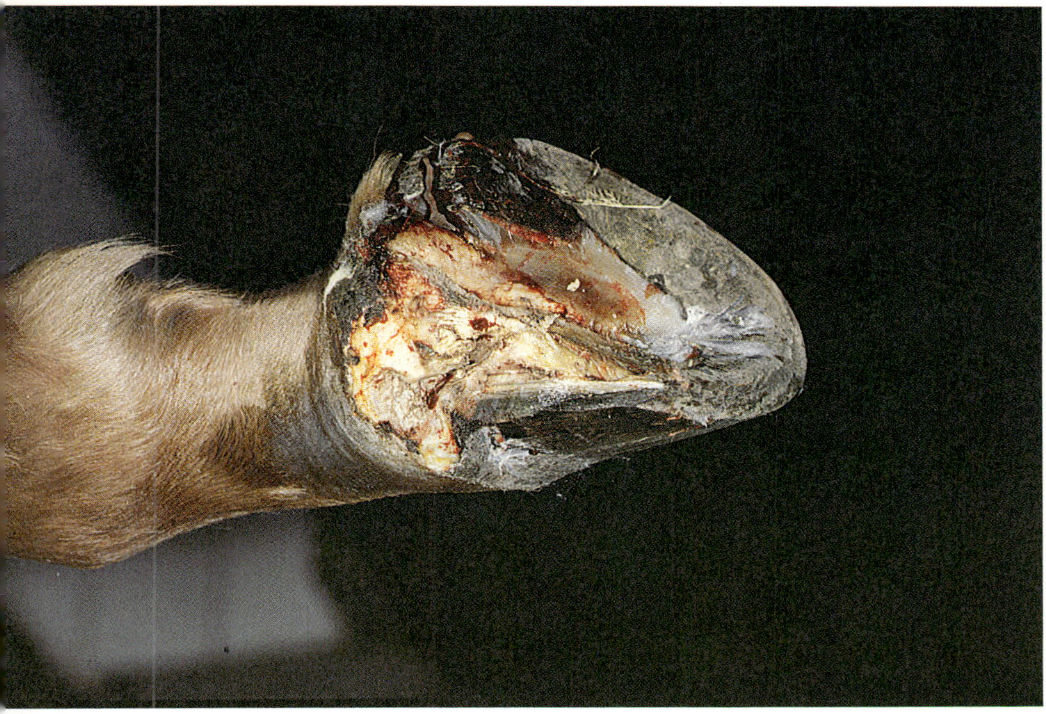

Bild 4: Krontritt nach Behandlung, d. h. Abschneiden des losgelösten Hornes

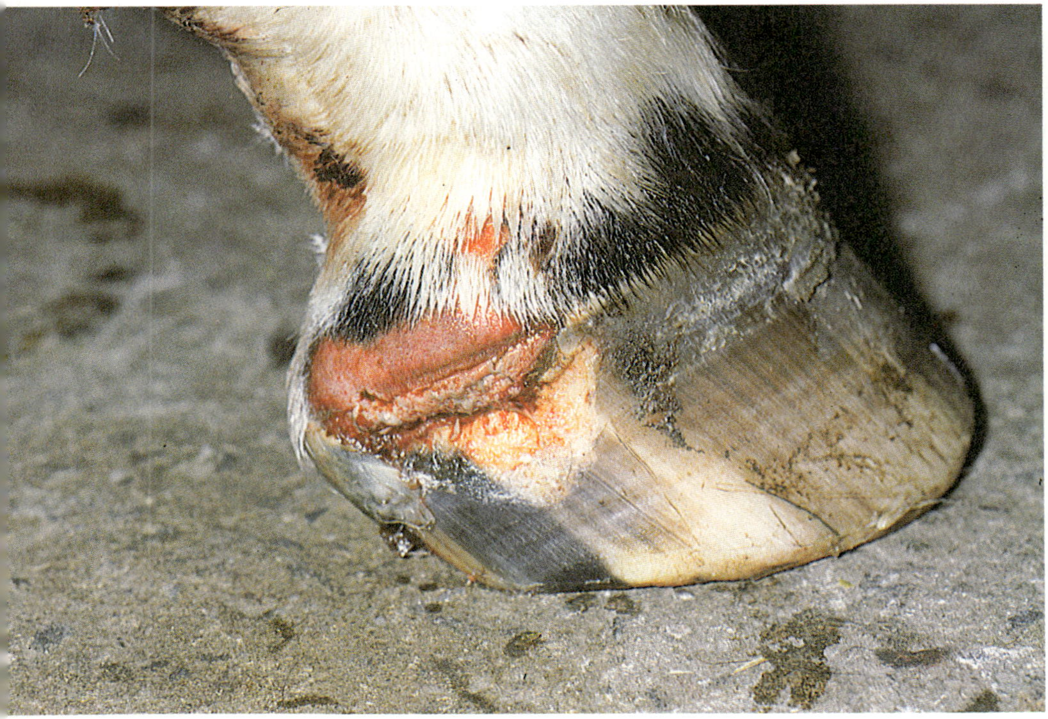

Behandlungsbeispiele von Hornspalten

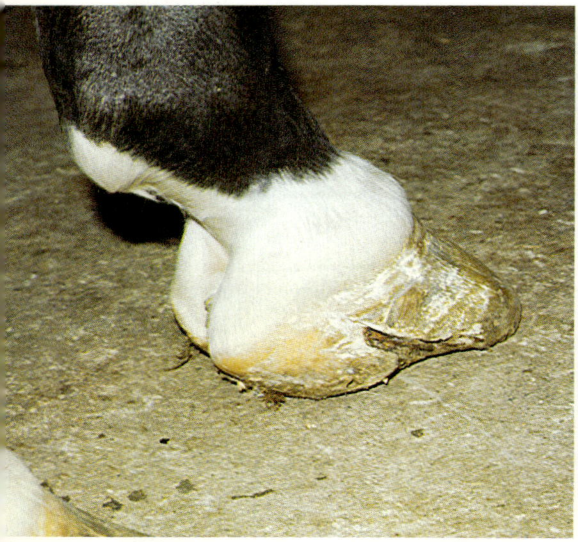

Ein Hornspalt nach dem Ausschneiden

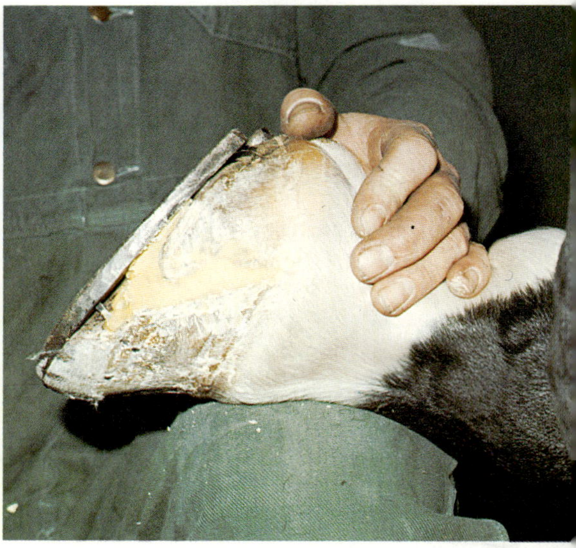

Ein Hornspalt nach dem Ausfüllen mit plastischem Material (flüssigem Horn) und nach dem Beschlag

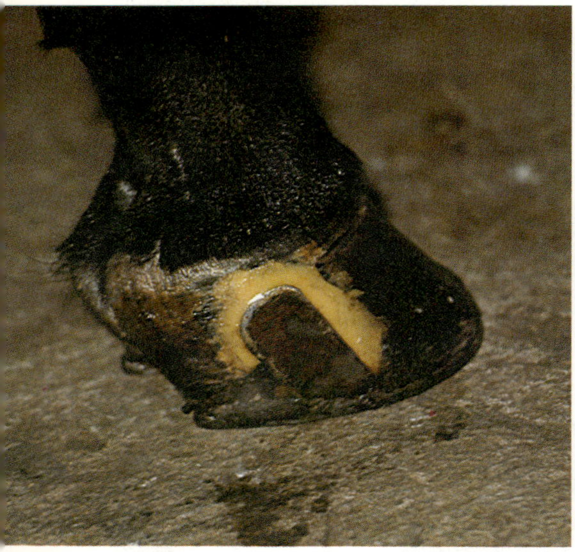

Ein Hornspalt nach dem Ausfüllen mit flüssigem Horn und Beschlag mit einem Eisen mit schützenden Seitenklappen

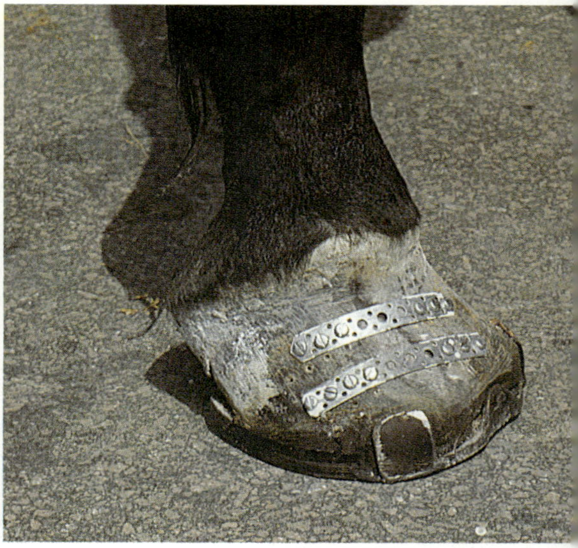

Ein Hornspalt nach Verschrauben mit zwei Stücken von einer Gartenschlauch-Klemmbride und Beschlag mit Zehen- und zwei seitlichen Zehenklappen

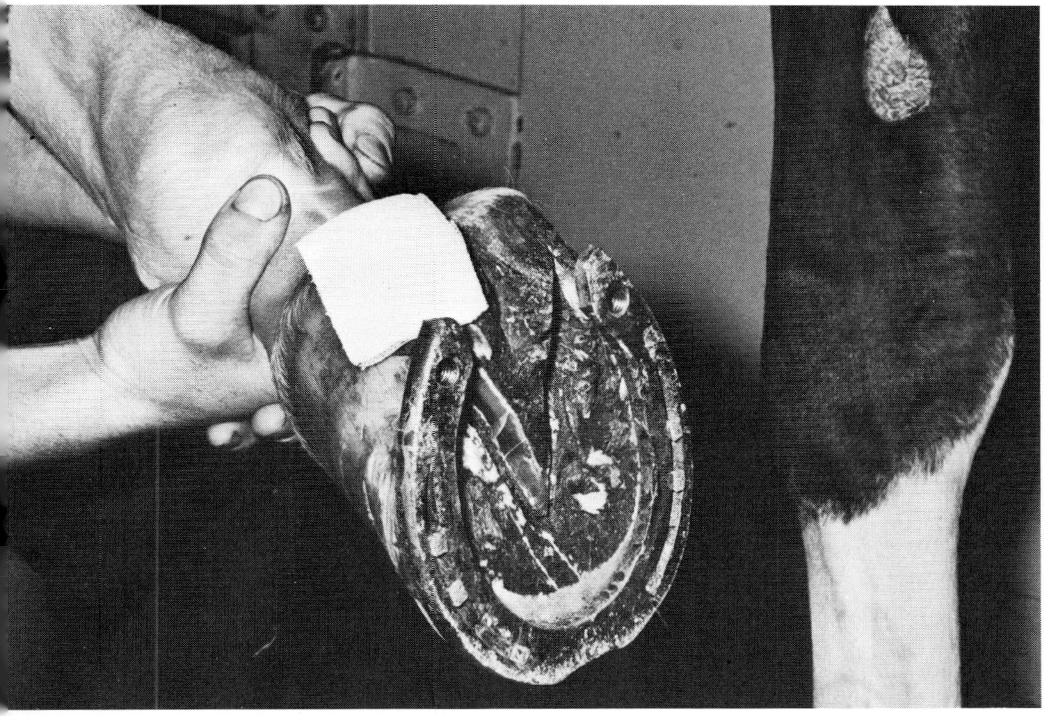

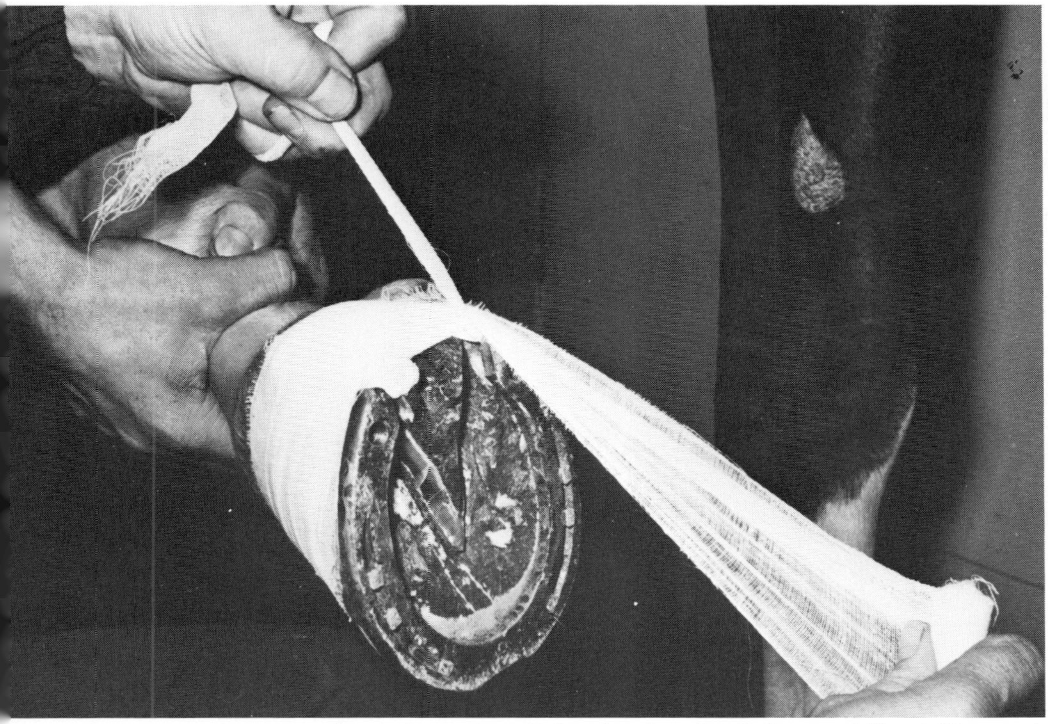

Bilder 1, 2 und 3 zeigen das Anlegen einer Galoppbandage bei Ballen- und Krontritten sowie anderen Verletzungen am Kronrand

3.

Behandlung einer hohlen Wand

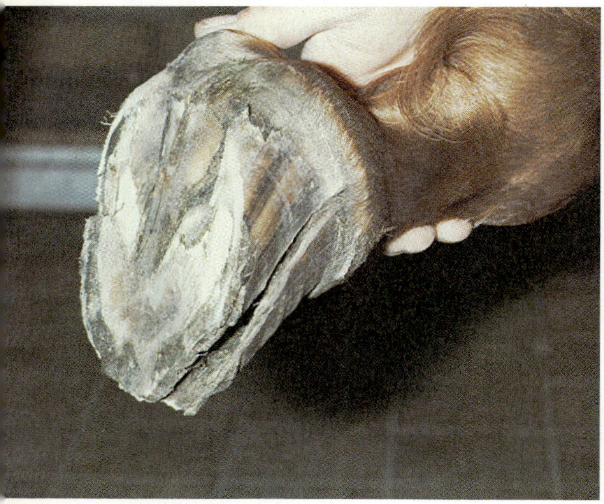

Die hohle Wand

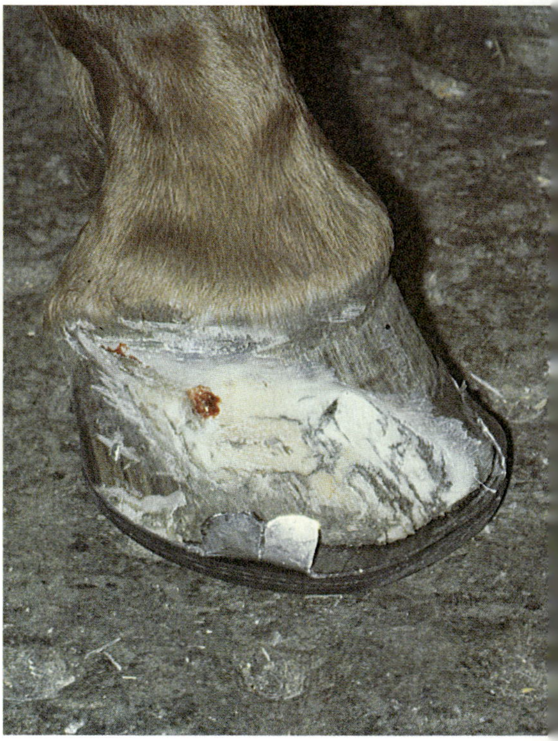

Die hohle Wand nach dem Ausschneiden und mit einem sogenannten PG-Beschlag mit zusätzlichen Seitenklappen

Der Hufkrebs
ist eine Huferkrankung vor allem im Strahl- und Sohlenwinkelgebiet. Sie äußert sich durch den Zerfall des normalen Hornes und durch die Neubildung von schlechtem, übelriechendem Horn. Das Leiden trat sehr häufig bei den Ardennern auf und war sehr schwer zu behandeln. Der Ausdruck «Krebs» ist eigentlich nicht richtig und bezieht sich nur auf die Schwierigkeit der Behandlung. Oft sind mehrere Beine gleichzeitig angegriffen. Beim Traber kommt ein anderer Typ dieser Erkrankung vor, den man dementsprechend den Traber-Hufkrebs nennt. Hier findet man über weite Teile des Hufes einen Zerfall zwischen den plättchenbildenden Teilen und den gebildeten Hornplättchen. In diesen Fällen ist häufig nur ein Huf angegriffen. Die Ursache ist unbekannt. Eine Übertragung der Infektion mit Beschlagswerkzeugen ist denkbar. Der Traber-Hufkrebs hat eine deutlich bessere Prognose als der echte Hufkrebs. Die Behandlung und die Abheilzeit sind jedoch sehr zeitraubend. Oft bedarf die Ausheilung mehrerer Monate. Die Behandlung besteht in der operativen Entfernung des gesamten kranken und unterminierten Hornes. Der Huf wird eingegipst und während eines Monates mit Penicillin behandelt. Anschließend wird ein Deckeleisen angebracht.

Die Hufknorpelverknöcherung
ist heutzutage eine seltene Lahmheitsursache. Dem war nicht so, als in Schweden noch hauptsächlich mit Ardennern die schwere Arbeit in Land- und Waldwirtschaft geleistet wurde. Eine hochgradige Hufknorpelverknöcherung, oft mit einer Hufgelenkentzündung und Strahlbeinveränderung verbunden, verursacht häufig ein chronisches Hinken.
Professor Eric Åkerblom war der Vorkämpfer in den damaligen Prämierungsgremien für den Ausschluß von Zuchtpferden mit Hufbeinverknöcherung. Diese Krankheit scheint eindeutig vererbbar zu sein.
Die Pferde haben bekanntlich auf jeder Seite zwei Hufknorpel, die auf der innern und äußern Seite oberhalb des Kronrandes deutlich ertastet werden können. Normalerweise ist der Hufknorpel elastisch und nimmt mit seinem elastischen Kissen am Hufmechanismus teil. Bei der Hufknorpelverknöcherung wird der elastische Knorpel in hartes Knochengewebe umgewandelt, auf welchem sich vor allem bei den Ardennern häufig große Knochenauflagerungen bildeten. Heutzutage sehen wir bei Lahmheitsuntersuchungen noch oft verknöcherte Hufknorpel, aber immer ohne Auflagerungen und in der Regel nur bei Halbblut-Pferden des schweren Typs. Diese Hufknorpelverknöcherungen verursachen jedoch in der Regel keine Lahmheit. Das Wesentliche ist aber, daß man seine Aufmerksamkeit auf Stuten und Hengste richtet, die solche Hufbeinverknöcherungen aufweisen, da sie ja von der Zucht ausgeschlossen sind. Es gibt auch Fälle von erworbenen, nicht erblich bedingten Hufbeinverknöcherungen, bei welchen die Ursache eine äußere Gewalteinwirkung war, z. B. ein Krontritt.

Die Hufknorpelfistel
ist eine eitrige Entzündung eines Hufknorpels. Die Ursache ist ein Kronrandtritt oder eine Stichverletzung und nicht selten das Einklemmen eines Hufes unter den Boxenwänden. Das betroffene Pferd hinkt stark, und man stellt eine deutliche Schwellung im Bereich des Kronrandes über dem verletzten Hufknorpel fest. Dabei fließt in unterschiedlichen Abständen Eiter aus der Wunde. Diese Fälle müssen in einer Klinik behandelt werden. Mit den modernen Arzneimitteln und den chirurgischen Behandlungen ist es in der Regel möglich, diese Pferde innert einiger Monate wieder herzustellen. Früher waren dies große Eingriffe, die mindestens eine halbjährige Rekonvaleszenz verlangten.

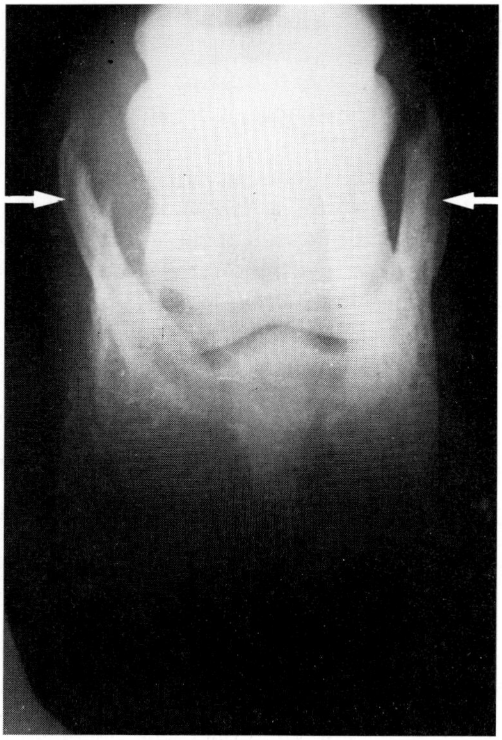

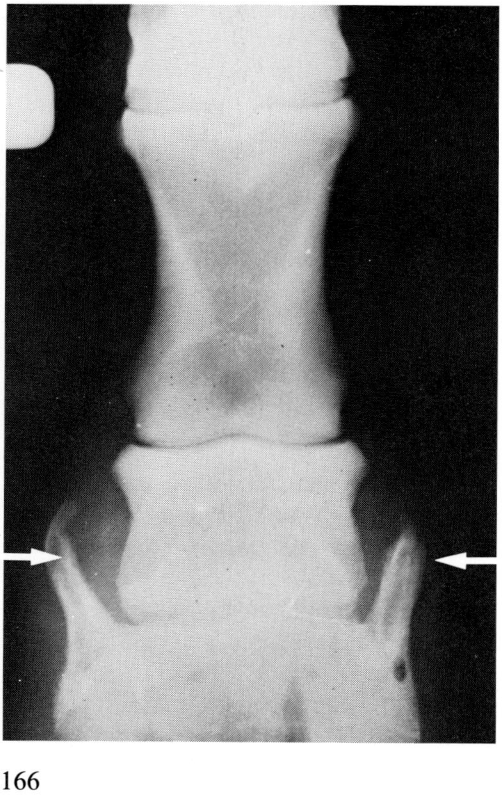

Krankheiten im Skelett und in den Gelenken

Knochenrisse oder Fissuren
können in allen Skeletteilen auftreten. Häufig treten Knochenrisse oder Fissuren im Fesselbein, Hufbein, in den Gleich- oder Griffelbeinen auf. Die Traber scheinen sehr empfänglich für Risse im Fesselbein und in den Gleichbeinen zu sein. Sehr verräterisch sind Fissuren im Bereich des Vorarmes bzw. am Unterschenkel nach einem Hufschlag oder einem Schlag auf den nicht von Muskulatur überdeckten Teil dieser Knochen. Jede Fissur kann zu einem vollständigen Beinbruch führen. Dies ist verhängnisvoll, wenn diese langen Vorarm- oder Unterschenkel-Beine betroffen werden. Ein typisches Anzeichen für das Vorliegen einer Fissur ist eine plötzliche, hochgradige Lahmheit. In gewissen Fällen nimmt der Schmerz rasch ab, und schon nach einigen Tagen kann die Lahmheit unbedeutend sein. Wird dieses Pferd dann wieder zur Arbeit eingesetzt, bevor eine vollständige Heilung erfolgt ist, besteht ein großes Risiko, daß sich aus einer Fissur eine Fraktur, d. h. ein Knochenbruch, entwickelt. Es ist in diesen Fällen unbedingt notwenig, mittels einer Röntgenaufnahme festzustellen, ob ein Knochenriß oder eine Fissur vorliegt. Gewisse Fissuren müssen operiert und geschraubt werden, damit ein weiterer Schaden vermieden werden kann. Zum Beispiel müssen Fissuren im Fesselbein, die bis ins Krongelenk reichen, unbedingt verschraubt werden. Wenn dies nicht geschieht, können diese die Bildung einer periartikulären Schale oder eines Ringbeines mit chronischem Hinken zur Folge haben. Die Abheilzeit kann von 2 Monaten

Röntgenbilder von Hufbeinast-Verknöcherungen

Rechts:
Fohlen nach Schienbeinbruch-Operation

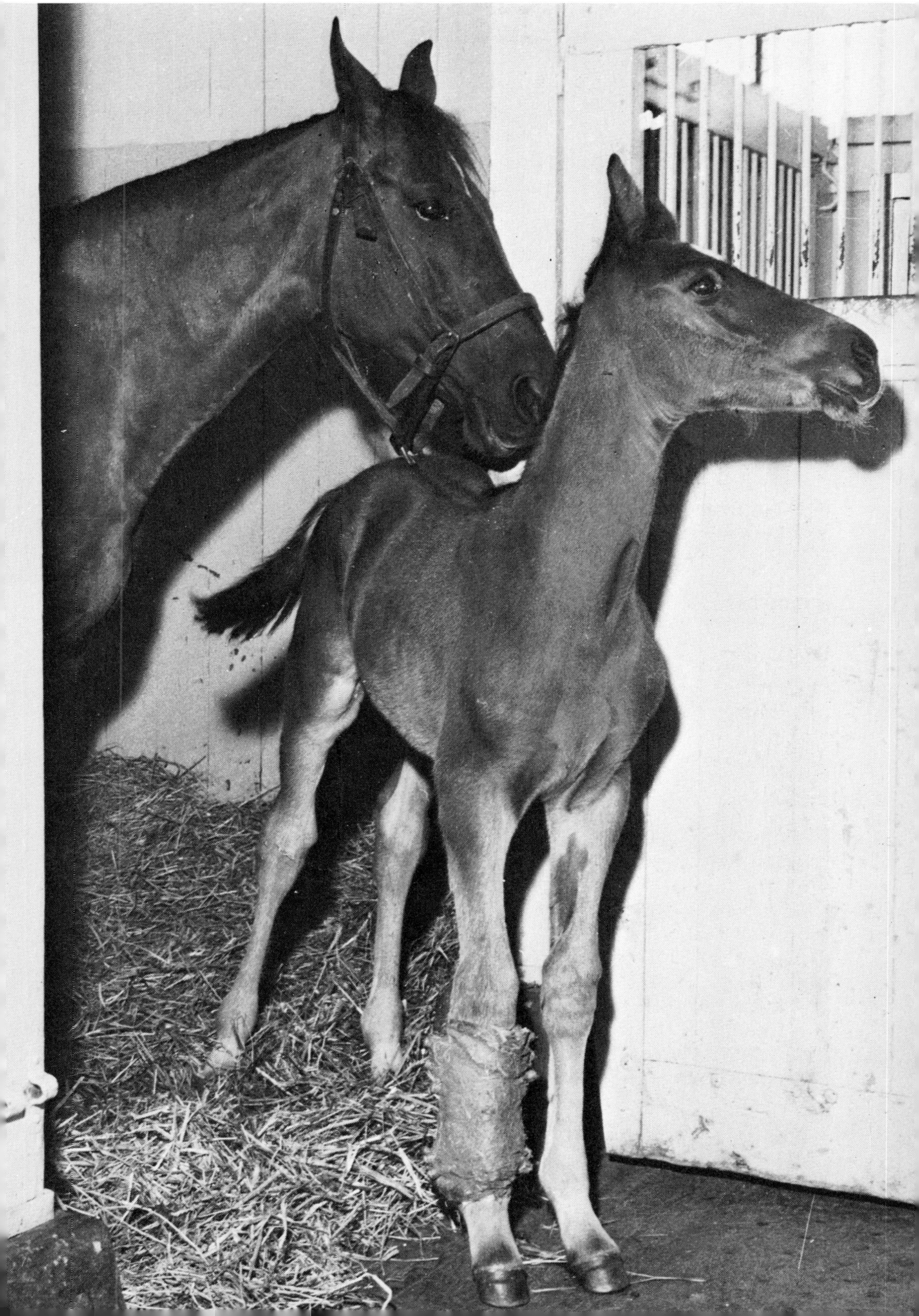

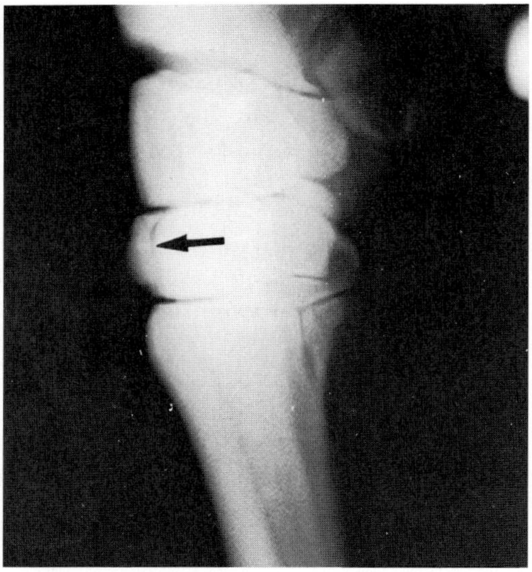

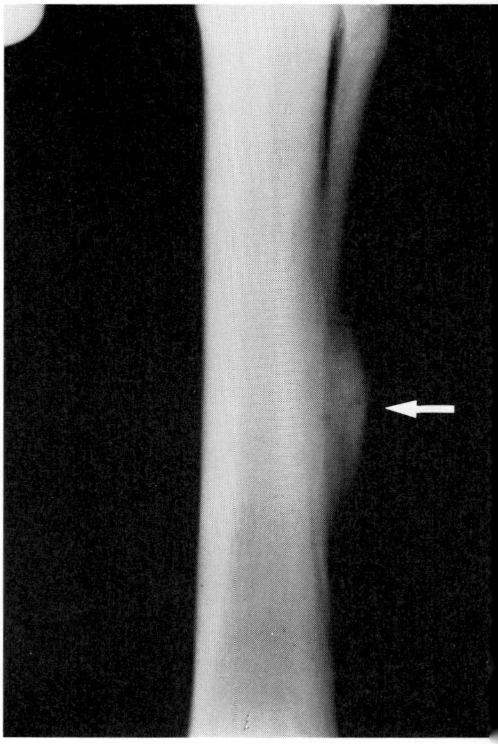

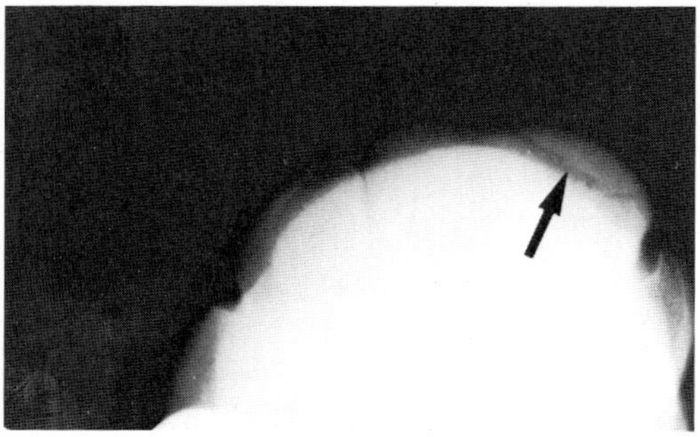

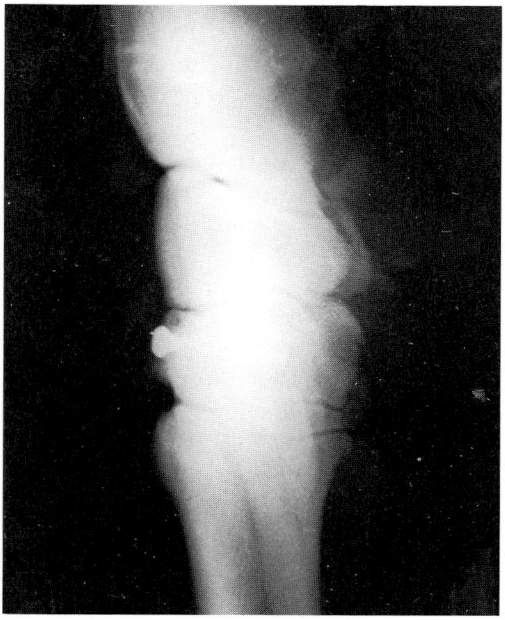

Bilder 1 – 3
zeigen die Verschraubung eines Knochens im Vorderknie (Os carpale III, die sogenannte slab fracture)

Bild 1
von der Seite

Bild 2
von oben nach unten geröntgt (die sogenannte Skyline-Projektion)

Bild 3
nach der Verschraubung mit einer AO-Schraube (AO = Abkürzung für einen weltweiten Zusammenschluß von Ärzten, Zahn- und Tierärzten zu einer Arbeitsgemeinschaft für Osteosynthesefragen, engl. ASIF = Association for Study of Internal Fixation)

Bild 4
Knöchernes Überbein, meistens an der Innenseite der Schienbeine

bis zu einem halben Jahr dauern. Wird ein Knochenriß oder eine Fissur bei einem ausgewachsenen Pferd an einem Vorarm oder einem Unterschenkel diagnostiziert, muß es unbedingt während zweier Monate in einer Aufhängegurte gehalten werden. Unter Umständen ist auch ein Verschrauben oder ein Verplatten notwendig.

Knochenbruch

Knochenbrüche können bei Pferden jeden Alters auftreten. Das neugeborene Fohlen kann von seiner Mutter in der Boxe getreten werden. Das ältere Pferd kann sich einen Knochenbruch zuziehen, während es in der Weide galoppiert oder trabt. Das Symptombild eines Knochenbruches ist je nach seiner Lokalisation und Ausdehnung sehr unterschiedlich zu beurteilen.

Der Genickbruch

Bricht sich ein Pferd das Genick, bleibt es bewegungslos am Boden liegen. Es ist bewußtlos, die Augäpfel bewegen sich in den Augenhöhlen (Nystagmus), und normalerweise blutet es aus einem Ohr. Dies geschieht zum Beispiel, wenn ein Pferd mit dem Hinterbein im Anbindestrick hängenbleibt und im Stand stürzt, beim Sturz über ein Hindernis oder wenn es sich rückwärts überschlägt.

Wenn ein Rückenwirbel gebrochen ist, ist das Pferd total oder im hinteren Teil des Körpers, je nachdem, welcher Wirbel gebrochen ist, gelähmt. Ein gebrochener Rücken kann bei einem Pferd nicht abheilen, und das Tier sollte so rasch als möglich von seinem Leiden erlöst werden.

Es ist in diesem Zusammenhang wichtig zu wissen, daß eine Hirnerschütterung ebenfalls Ursache dafür sein kann, daß ein Pferd umfällt und bewußtlos liegenbleibt. Deshalb soll man nicht in einer Panik das Pferd töten, bevor man einen Tierarzt zur Diagnosestellung gerufen hat.

Beckenbruch

Der Beckenbruch entsteht meistens auf einer Seite des Beckenringes. Das Pferd ist dann deutlich einhüftig. Es kann unter Umständen wieder eingesetzt werden. Für Dressurzwecke ist ein solches Pferd jedoch meistens nicht mehr geeignet. Man kann ebensowenig damit rechnen, daß ein Traber nach einer solchen Fraktur wieder seine frühere Wettkampfleistung erbringen kann.

Sogar komplizierte Brüche, die den Beckenring betreffen, können in vielen Fällen mit einem zufriedenstellenden Resultat abheilen. Hingegen sind Brüche, die durch das Hüftgelenk gehen, immer mit einem bestehenden Schaden verbunden. Die meisten Tierärzte haben nur die Möglichkeit, diese Art von Brüchen mittels einer Untersuchung durch den Enddarm festzustellen. Dies ist in der Regel nicht sehr einfach. Zur Zeit sind es in Schweden lediglich die Röntgenabteilung an der Veterinärhochschule in Uppsala und die Tierspitäler in Helsingborg und Skara, welche die personellen und technischen Einrichtungen für eine vollständige Untersuchung solcher Beckenbrüche zur Verfügung haben und eine sichere Diagnose und Prognose stellen können.

Die Behandlung beim Bruch des Beckengürtels beruht auf einer Ruhigstellung während mindestens zweier Monate in der Gurte, wobei die gesamte Abheilzeit bis zu 6 Monaten dauert. Der Entscheid zur Durchführung einer Behandlung muß von Fall zu Fall abgeklärt werden.

Vollständige Frakturen an langen Röhrenknochen

wie Ober- und Unterarm, Ober- und Unterschenkel sind im allgemeinen mit den heute zur Verfügung stehenden Behandlungsmethoden bei ausgewachsenen Pferden von normaler Größe sehr beschränkt heilbar, auch wenn es vor allem in den USA, dank personeller und technischer Möglichkeiten, eher möglich ist, auch die-

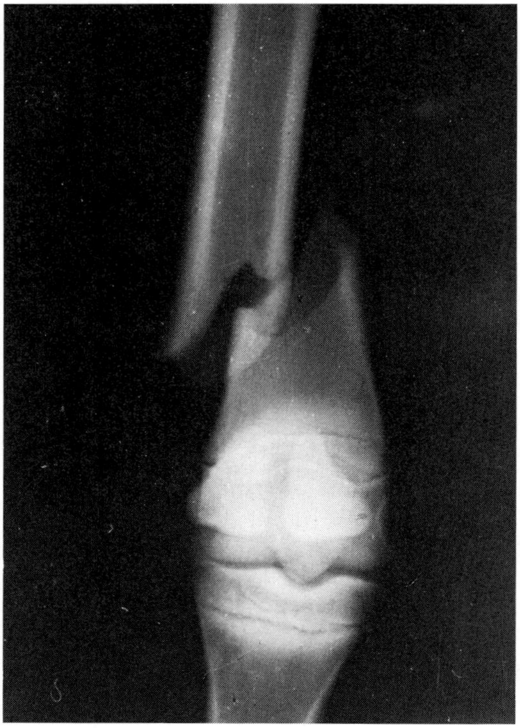

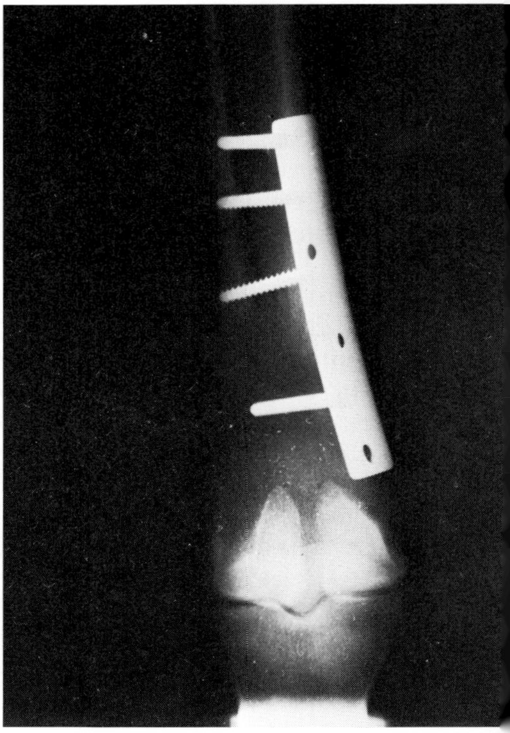

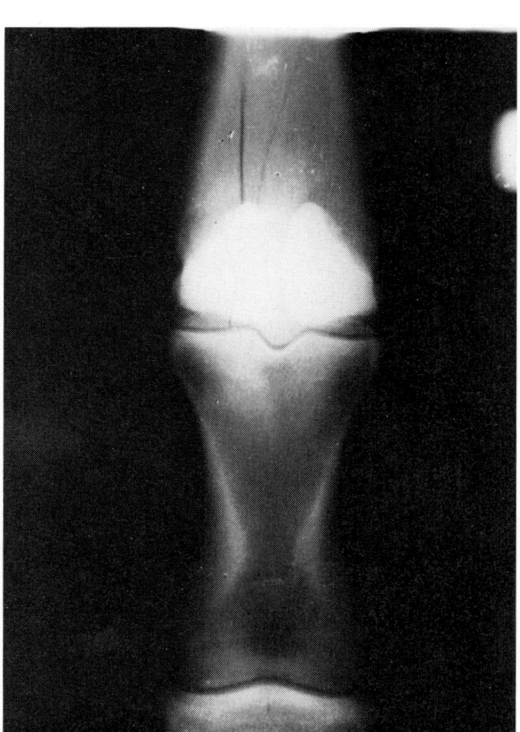

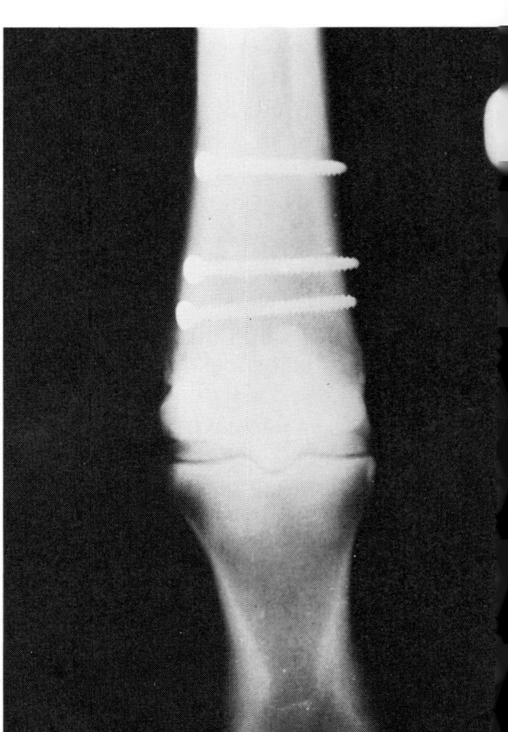

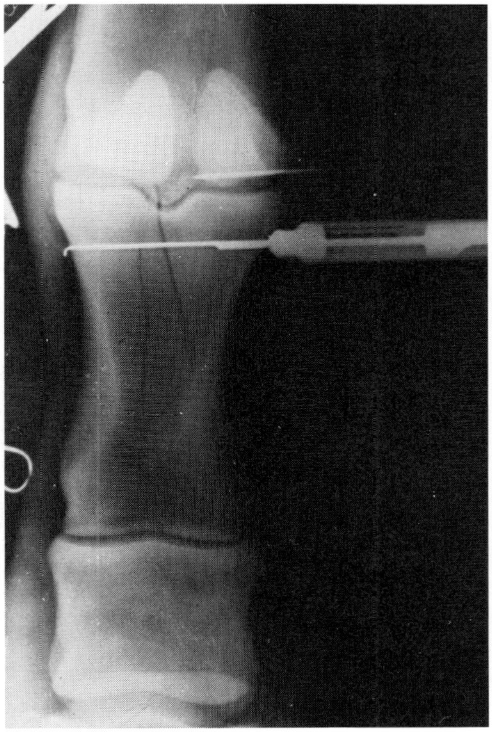

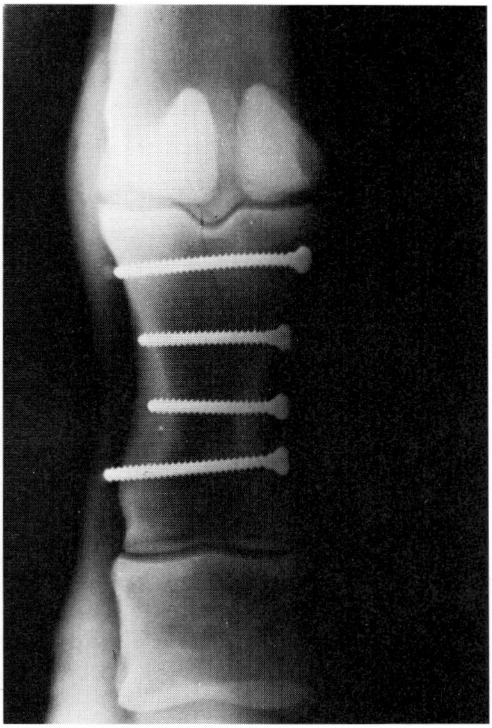

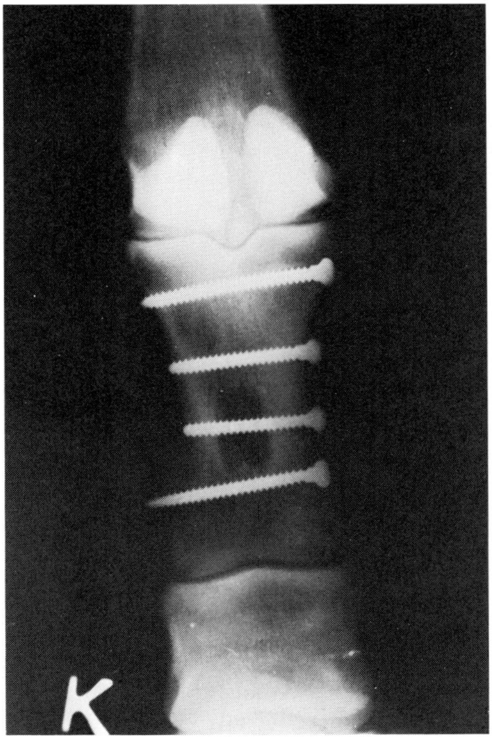

Linke Seite: Röntgenaufnahmen einer offenen Schienbeinfraktur (1) und 6 Monate nach der Verplattung (2)

Röntgenaufnahme einer Fissur, eines Knochenrisses oder sogenannten Haarlinienbruches am untersten Teil der Schiene, der ins Gelenk führt (3) und 3 Monate nach der Fixierung mit 3 AO-Schrauben (4)

Rechte Seite: Intra- und postoperative Röntgenbilder bei einem Fesselbeinbruch

1 Messen der Länge der zu verwendenden Schraube

2 Aufnahme direkt nach der Operation. Die Fissurlinie ist nur noch schwach zu erkennen

3 6 Monate nach der Verschraubung mit 4 Schrauben. Die Fissur kann nicht mehr festgestellt werden

se Arten von Frakturen erfolgreich zu operieren. In Europa bleibt es vorderhand dabei, daß nur gewisse Frakturen im Bereich der Gelenke mit der Verwendung von Schrauben oder Platten aus hochwertigem Stahl operiert werden können. Bei Fohlen, Jungpferden und Ponys ist es hingegen auch in Europa möglich, diese Frakturen an langen Röhrenbeinknochen mit Erfolg zu behandeln.

Frakturen an Huf-, Kron-, Fessel- und kleinen Knochen- und Kniegelenken, am Vorderknie und Sprunggelenk
können meistens mit gutem Resultat operiert werden. In einigen Fällen genügt eine Verschraubung, in anderen Fällen muß eine Verplattung durchgeführt werden. Manchmal können bei den Knochen in den erwähnten Gelenken die abgeschlagenen Stücke entfernt werden und es kommt dann zu einer Abheilung.
1989 wurde eine Untersuchung über das Resultat der Behandlung von verschiedenen Knochenbrüchen am regionalen Tierspital in Helsingborg in der Zeit von 1970 bis 1987 durchgeführt. Es wurden die Erfahrungen der konservativen mit der operativen Behandlung mit Schrauben und Platten vom Hufbein bis zum Vorarmknochen an der Vordergliedmaße sowie vom Hufbein bis und mit den kleinen Sprunggelenkknochen an der Hintergliedmaße überprüft. Zwischen 60 bis 90 Prozent der Knochenbrüche heilten ab, und die Pferde konnten wieder ihre normale Arbeit verrichten. Lediglich bei komplizierten Frakturen an den Gleichbeinen, den Schienbeinen und den Vorarmknochen war der Prozentsatz der abgeheilten Fälle tiefer. Die Frakturen im Bereich der darüberliegenden langen Röhrenknochen wurden nicht in diese Untersuchung miteinbezogen.
Die Knochenhautentzündung und die Überbeine sind eine häufige Ursache für Lahmheit bei einem Pferd. Es kann sowohl ein Schlag gegen die Knochenhaut oder ein Stich sein, die zu einer lokalen Knochenhautentzündung (Periostitis) führen. Oft sind es aber auch allgemeine Knochenhautentzündungen, die am meisten am Unterarm und am Schienbein der Vorderbeine auftreten. Die betroffenen Pferde sind sehr schmerzempfindlich in diesem Gebiet, und es entsteht in wenigen Wochen eine Knochenauftreibung, die man als langgestrecktes oder kleineres, scharf abgegrenztes Überbein schon mit bloßem Auge sehen kann. Wenn man diese Überbeine im akuten Stadium röntgt, findet man eine sehr aufgelockerte und poröse Oberfläche. Im späteren Stadium wird diese Oberfläche glatt, verbunden mit einer sehr langsamen Abheilung. Pferde mit Veränderungen im Schienbein gehen sehr steif und zeigen verschiedene Lahmheitsgrade.
Oft sind es Pferde während der Einreitzeit, in der Ausbildung zu Spring- oder Dressurpferden oder Vollblutpferde während der Trainingszeit zum ersten Start als 2jährige oder jüngere Trabrennpferde im Training. Für diese Überbeinbedingte Lahmheit wird auch der Name «Remonten-Lahmheit» verwendet. Ein typisches Anzeichen für diese Krankheit ist eine zunehmende Steifheit des Pferdes. Von Tag zu Tag erfordert es eine etwas längere

Verschraubungen von Hufbeinbrüchen

Bild 1
Fraktur des Strecksehnenfortsatzes am Hufbein

Bild 2
Verschraubung dieser Fraktur mit einer AO-Schraube

Bild 3
Verschraubung einer sagitalen Hufbeinfraktur

Bild 4
Nach der Operation und dem Verdecken des Schraubenkopfes durch das Einsetzen des herausgesägten Wandhornteiles

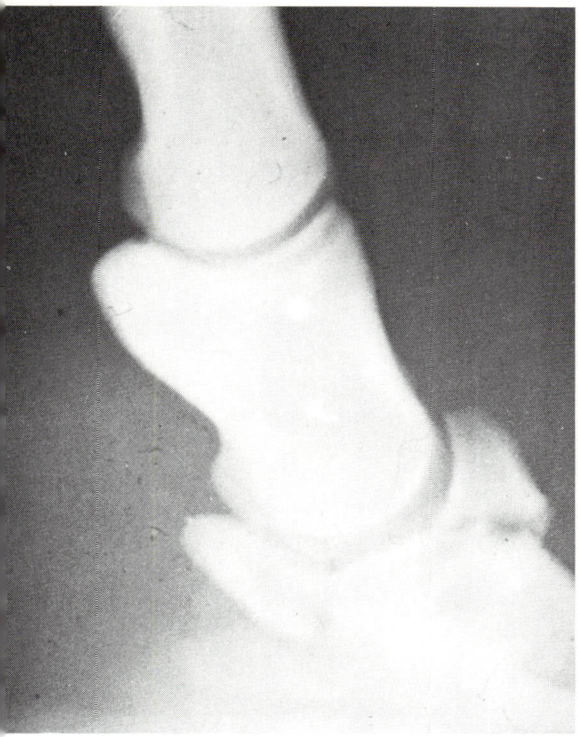
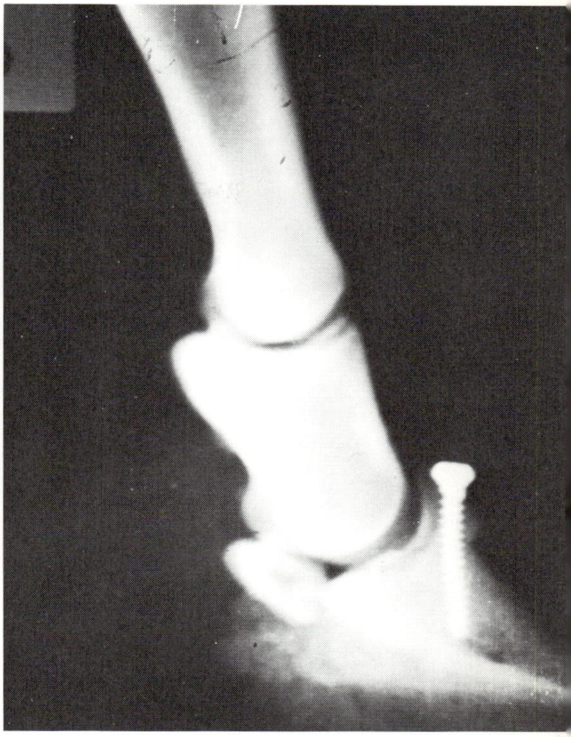

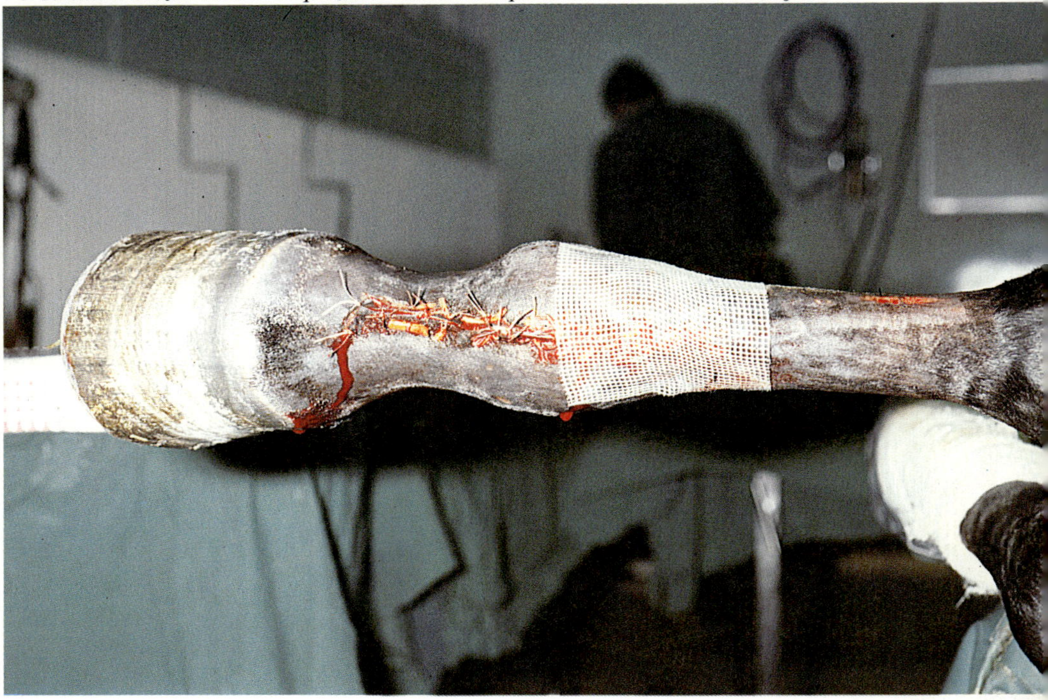

Zustand nach der Verschraubung einer Splitterfraktur. Vorbereitung des Verbandes mit einem Gehbügel

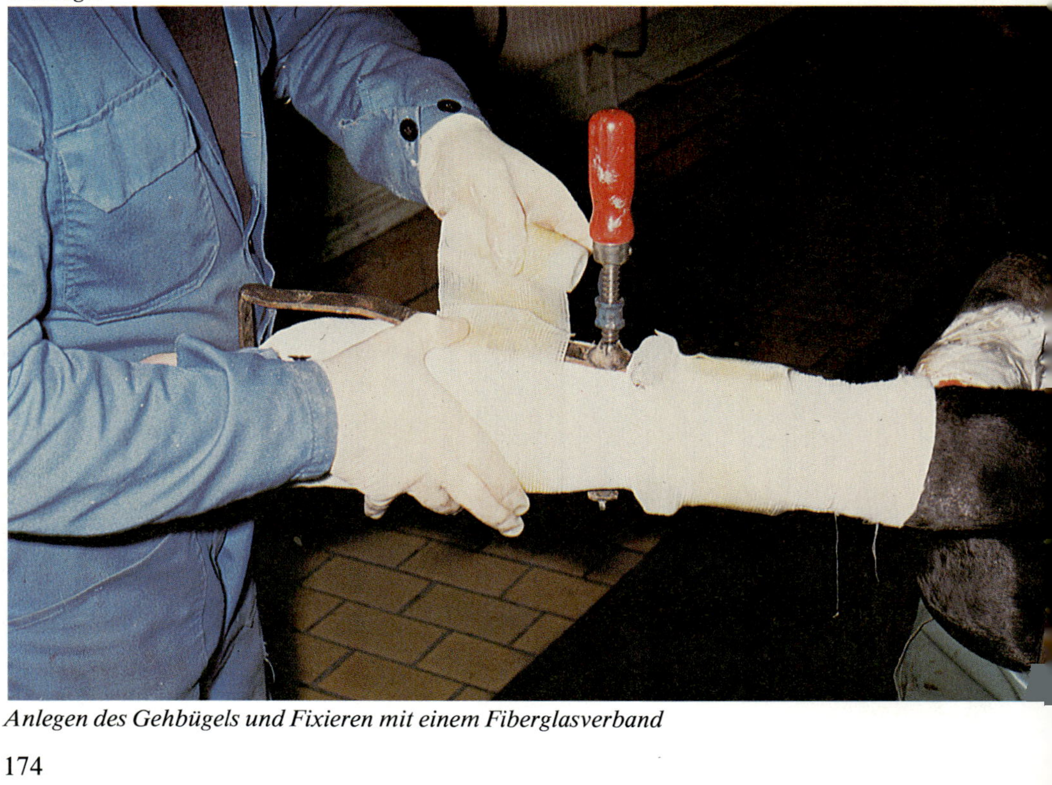

Anlegen des Gehbügels und Fixieren mit einem Fiberglasverband

Durch das Aufhängen des Beines im Gehbügel wird die operierte Fraktur entlastet

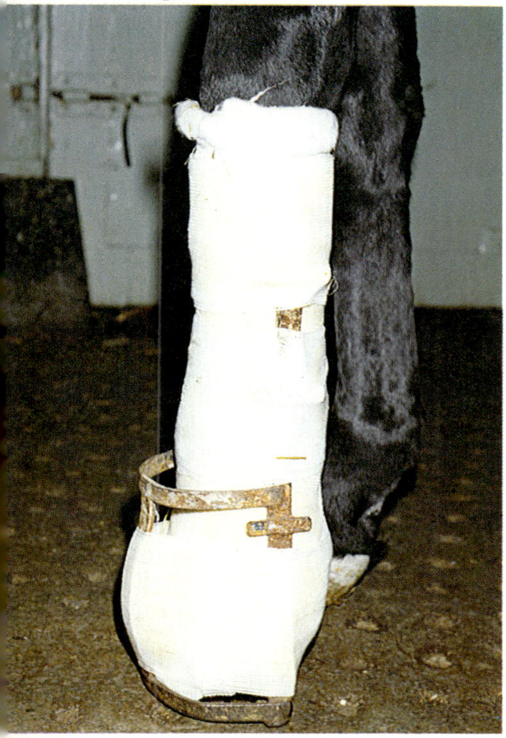

Röntgenbild einer Fraktur an der Spitze eines Sesambeines. Kleinere Fragmente werden entfernt und größere Fragmente mit einer AO-Schraube fixiert

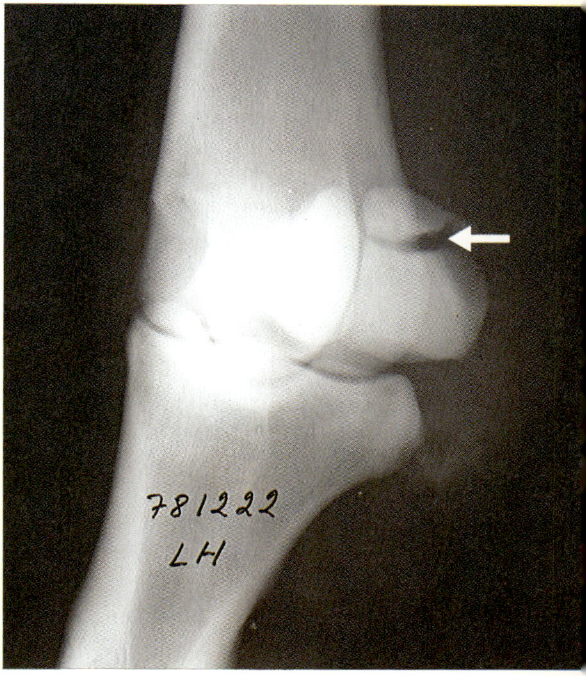

Pferd mit einem Gehbügel nach der Operation eines komplizierten Schienbein-Bruches

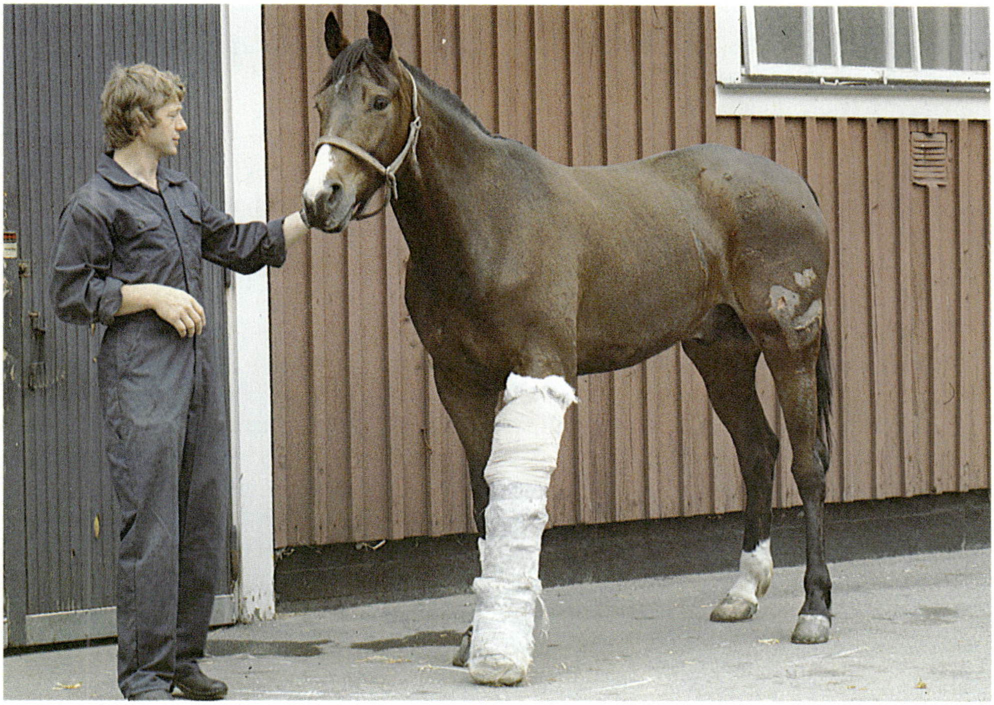

Einreitzeit, bis sich das Pferd löst. Ein Pferd mit Schmerzen im Schienbein wirkt müde und unzufrieden. Wenn die Arbeit nicht vermindert wird, verliert das Tier den Appetit und seine Muskulatur. Es ist die Aufgabe des Reiters oder Trainers, die Krankheit frühzeitig festzustellen und die Arbeit des Pferdes entsprechend zu vermindern. Es kommt leider häufig vor, daß man das Pferd auf einen Wettkampf hin forciert trainiert, anstatt es erst im Wettkampf einzusetzen, wenn seine Ausbildung abgeschlossen ist.
Jedes Pferd benötigt, entsprechend seinem Erbgut, seiner Aufzucht, seinem Körperbau, seiner Umgebung, seiner Fütterung etc. eine individuelle, eigens für es vorbereitete und angepaßte Arbeit und Ausbildung. In leichteren Fällen dieser schmerzhaften Zustände der Knochenhaut genügt es, mit einem leichten Blister die Blutzufuhr lokal etwas zu steigern und die Arbeit des Pferdes während einiger Wochen einzuschränken. Eine fortgeschrittene Knochenhautentzündung (Remonten-Lahmheit) erfordert aber trotzdem nicht selten eine über 4 bis 5 Monate dauernde Rekonvaleszenz. Dabei sollte das Pferd unter keinen Umständen nur in der Boxe gehalten werden, sondern bei mäßiger Fütterung täglich bewegt werden. Ebenso sollten Umschläge und eine Behandlung gegen allgemeine Entzündungen vorgenommen werden.
Das stachlige, eindeutig Lahmheit auslösende Überbein mit einseitiger oder beidseitiger Lokalisation verlangt ein Punktfeuer und eine Abheilzeit von mindestens 2 Monaten. Selten muß ein Überbein «abgemeißelt» werden. Wenn man sich Zeit nimmt, werden all diese «Schienbein-hinkenden» Pferde wieder gesund.
Der Ausdruck «Sore-Skin» bezeichnet die klassische Knochenhautentzündung an den Vorderbeinen des 2jährigen Vollblutpferdes. Die Knochenhaut ist so stark entzündet, daß sich an beiden Vorderseiten der Schienbeine große Auflagerungen bilden. Auch in diesen Fällen ist dasselbe Behandlungsprinzip wie bei den übrigen Knochenhautentzündungen anzuwenden, nämlich: protein- oder eiweißarme Fütterung, Fortsetzung eines ruhigen, deutlich verminderten Trainings und die Anwendung von Schmerzmitteln.

Eitrige Knochen- und Knochenhautentzündungen

Ein chirurgischer Eingriff ist nötig, wenn die Entzündung als Folge einer Verletzung entstanden ist. In einzelnen Fällen muß das abgestoßene Knochengewebestück (Sequester) entfernt und eine über längere Zeit dauernde Antibiotikabehandlung eingesetzt werden.

Gelenkverletzungen

Die Verletzung eines Gelenkes mit oder ohne Infektion ist immer schwerwiegend und erfordert eine sofortige und spezifische Behandlung. Eine sehr unbedeutende kleine Stichverletzung in einem Gelenk kann Ursache für den Tod oder eine Invalidität sein, sofern das Pferd nicht unverzüglich behandelt wird. Eine abgeheilte Gelenkverletzung verlangt oft eine sehr lange Rekonvaleszenzzeit.

Ausrenkung oder Luxation

Diese kann im Zusammenhang mit schweren Unglücksfällen jedes Gelenk betreffen. In den meisten Fällen treten jedoch solche Schäden in den Kron- und Fesselgelenken oder in Sprung- und Hüftgelenken auf.
Die Gewebeschäden mit ausgerissenen Gelenkbändern, zerrissenen Gelenkkapseln und gequetschtem Gelenkknorpel, die solchen vollständigen Luxationen folgen, sind schwerwiegend. Auch wenn ein Einrichten möglich ist, wird das Pferd für immer invalid bleiben. Durch eine Versteifung des luxierten Gelenks kann ein betroffenes Pferd in einzelnen Fällen wie-

Wichtig!

Ratschläge für den Transport eines Pferdes mit einem Beinbruch

1. Es ist von größter Wichtigkeit, daß ein Pferd vor dem Transport bandagiert wird. Man läuft sonst Gefahr, daß aus einer geschlossenen Fraktur eine offene entsteht. Dies bedeutet, daß das die Fraktur umgebende Gewebe so stark geschädigt wird, daß die Bruchenden aus der Haut treten.

2. Bei einem Bruch der unteren Anteile der Gliedmaße (Huf-, Kron- oder Fesselbein) wird mit Vorteil ein kräftiger Gipsverband angelegt. Ein höhergelegener Beinbruch, z.B. am Schienbein oder Unterschenkel, verlangt einen kräftigen Watteverband, mit Schienen oder Metall verstärkt.

3. Folgendes Material ist für einen solchen Verband notwendig: ca. 5 Kilo Watte, 6 Rollen Gazebinde, 12 Rollen elastische Binde, 4 Holz- oder Metallschienen von entsprechender Länge, sogenannte Robert-Jones-Bandage.

4. Die Watte wird in dicken Lagen rund um das Bein vom Huf bis zum Ellbogen bzw. bis unters Knie angebracht. Die Konturen des Beines werden vollständig ausgefüllt. Mit großem Vorteil wird abwechslungsweise eine Lage Watte und eine Lage Gazebinde angelegt, wobei mit der Gazebinde immer unten angefangen wird. Nachdem man etwa 3 bis 4 solcher Lagen angebracht hat, wird der ganze Verband mit elastischen Binden verstärkt.

5. Anschließend wird der ganze Verband mit den Stützschienen sowohl vorn außen und innen als auch hinten außen und innen und einer zusätzlichen Lage elastischer Binden noch einmal verstärkt. Es muß darauf geachtet werden, daß die Schienen gut dem Verband angepaßt werden. Aus diesem Grunde eignen sich am besten Holz- oder Plastschienen, welche man mit einer Säge selber in die notwendige Länge schneiden kann.

6. Wenn keine Möglichkeit besteht, dieses Material zu beschaffen, kann auch improvisiert werden! Mit Hilfe von Kissen, Stahlbandagen, alten Wadenbinden, Hosenträgern und Gürteln ist es ohne weiteres möglich, einen dicken, kräftigen Verband zu machen. Je dicker und kräftiger, desto besser! Der Verband darf auf kein Gelenk drücken.

7. Beim Transport muß das Pferd beidseitig von mindestens 3 Personen gestützt werden. Zusätzlich werden 2 Personen am Kopf und 2 am Schweif benötigt. Unter dem Pferd werden mehrere Sattelgurte oder ein Sack durchgezogen, mit welchen das Pferd ebenfalls gestützt werden kann. Das Pferd darf auf keinen Fall beim Einsteigen in den Transporter stürzen. Am besten wird das Pferd in einer Ambulanz transportiert, die mit einer Hängegurte ausgerüstet ist.

8. Unter Umständen kann das Pferd auch mit Heu- und Strohballen gestützt werden. Der Fahrer muß sehr vorsichtig fahren, um so einen Sturz des Pferdes im Transporter zu verhindern.

9. Das Tierspital muß vorgängig unbedingt avisiert werden.

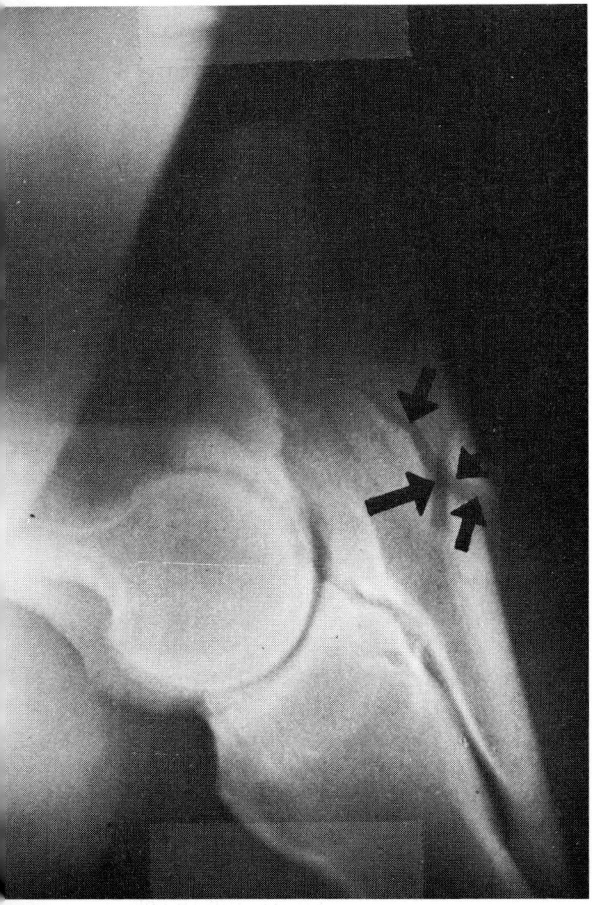

Fraktur des Ellbogenhöckers vor der Operation mit verschiedenen Fraktur- und Fissurlinien

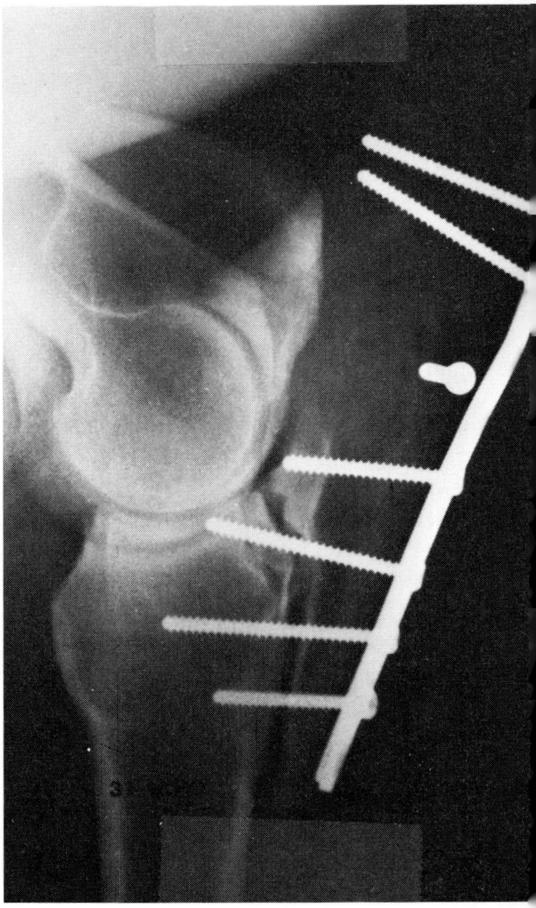

Derselbe Bruch nach der Fixierung mit einer AO-Platte

derhergestellt werden und kann mit wenigen Ausnahmen trotz dieser Versteifung, zumindest in der Zucht, Verwendung finden.

Die Subluxation des Krongelenkes

Darunter versteht man eine Teilluxation des Krongelenkes. Sie kommt vor allem beim Vollblutpferd und beim Traber vor. In den meisten Fällen bedingt sie keine Lahmheit und stellt kein funktionelles Hindernis dar. Die Ursache ist unbekannt.

Die Gelenkverstauchung

ist eine häufig gestellte Diagnose im Zusammenhang mit Lahmheit beim Pferd, die aber in Tat und Wahrheit sehr selten vorkommt. Die klassischen Symptome bei einer Gelenkverstauchung sind eine plötzlich auftauchende starke Lahmheit mit deutlicher Wärmezunahme über dem Gelenk sowie ein stark angefülltes Gelenk. Wenn ein tiefer gelegenes Gelenk angegriffen ist, ist der verstärkte Puls ein charakteristisches Symptom. In hochgradigen Fällen findet man auch Blutbestandteile in der Gelenkflüssigkeit. Die Behandlung besteht in der Auskühlung des betroffenen Gelenkes mit vorsichtigem Bewegen und in der Anwendung von schmerzstillenden Mitteln. Bei schwereren Schäden muß das Gelenk punktiert und ein Gips oder Stützverband angebracht werden. Geht ein Pferd im Zusammenhang mit einer Gelenkverstauchung lahm, muß es mindestens 2 Wochen von seiner Arbeit dispensiert werden. Vorsichtiges Bewegen ist jedoch meistens vorteilhaft. Das Fesselgelenk ist das häufigst befallene Gelenk sowohl am Vorder- wie auch am Hinterbein.

Die akute Hufgelenkverstauchung
zeigt eine hochgradige Lahmheit bis zum dritten und vierten Grad im Trab mit Schwellungen im Kronrandgebiet, verstärktem Puls sowie Blutbeimengung in der Gelenkflüssigkeit. Ein solches Hufgelenk muß unbedingt entlastet und das Pferd mit schmerzstillenden und entzündungshemmenden Mitteln behandelt werden. Die Rekonvaleszenz beträgt mindestens 2 Monate. Diese Verstauchung ist nicht selten mit einem Bruch des Streckfortsatzes verbunden. Dieser kann unter Umständen wieder festgeschraubt werden oder er muß entfernt werden.

Die Gelenkentzündungen oder Arthritiden

Diese können eine Folge der oben beschriebenen Gelenkverletzungen, -infektionen oder -verstauchungen sein. Sie können jedoch auch infolge Überanstrengung, schlechter Fütterung, Einwanderung von Darmbakterien und Allergien entstehen. Ebenso kann eine erbliche Disposition vorliegen. Man unterscheidet seröse (mit vermehrter Flüssigkeit verbundene) oder trockene Gelenkentzündungen. Bei der serösen Gelenkentzündung ist die vermehrte Flüssigkeit im Gelenk, die eine Gelenkgalle bildet, das deutlichste Symptom. Im zweiten Fall dominieren oft harte Knochenablagerungen an den Gelenkenden und Defekte im Gelenkknorpel. In der Regel sind diese Pferde lahm. Es kommen jedoch auch große Gelenkgallen oder ausgedehnte Knochenablagerungen um die Gelenke vor, ohne daß die Pferde lahmgehen. Dies ist vor allem bei schweren Kaltblutpferden zu beobachten. Nicht selten kann man auch bei Jungpferden, die zu früh und zu hart arbeiten müssen, Gelenkgallen und Anfüllen der Sehnenscheiden beobachten. Man spricht dann von einer funktionellen Anpassung. Die seröse Gelenkentzündung mit vermehrter Flüssigkeit und Lahmheit kommt

Deformierende Gelenkentzündungen in den Gelenken des Vorderknies mit Beugehaltung des Beines

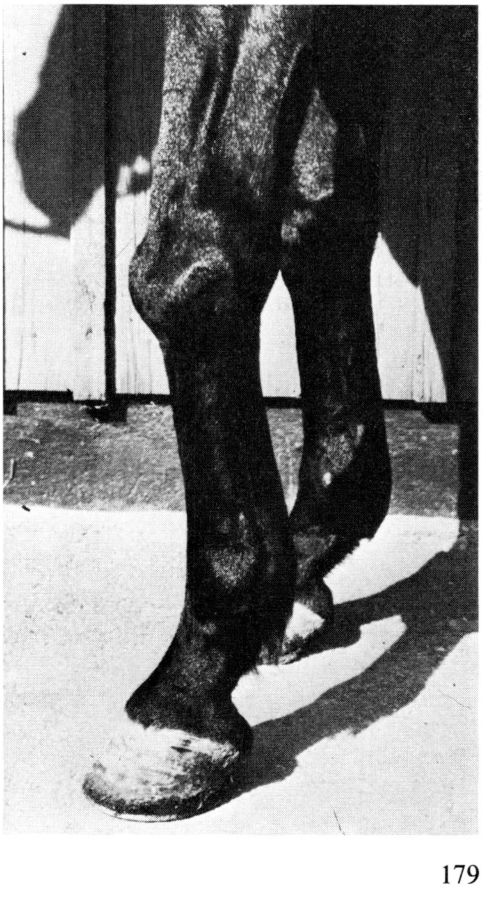

vor allem in den Huf- und Fesselgelenken, in den Abteilungen der Vorderkniegelenke und im Schultergelenk an den Vorderbeinen vor. An den Hinterbeinen sind es Fessel- und Sprunggelenk, Knie- und Hüftgelenk, welche von diesen Veränderungen häufig befallen werden.

Die seröse Hufgelenkentzündung
erkennt man am deutlichsten am doppelten Klang beim Absetzen des Hufes sowie an einer Anfüllung am Kronrand. Diese Krankheit wird am besten mit einem Korrekturbeschlag behandelt. Beim Traber beschlägt man mit einem «Birnen-Schuh», bei den übrigen Pferden wird ein Beschlag mit kurzer Zehe und seitlichen Zehenkappen angebracht. Der bereits beschriebene PG-Beschlag eignet sich hier besonders gut.
Über das Pausieren der Pferde bestehen verschiedene Ansichten. In einigen Fällen werden die Pferde weiter im Training gehalten, in anderen werden sie für 2 Monate oder mehr vollständig von der Arbeit suspendiert. Die Behandlung besteht nicht selten in einer leichten Blisterung des Kronrandes.

Die seröse Fesselgelenkentzündung
ist heutzutage die häufigste Lahmheitsursache an Vorder- und Hinterbeinen von Trabrennpferden. Studien mit der High-Speed-Kamera haben gezeigt, wie ungleich die Fesselgelenke auf Bahnen mit einer ungenügenden Kurvenerhöhung belastet werden.
Im Jahre 1985 wurden deshalb die meisten Trabrennbahnen entsprechend den Forschungsresultaten von Ingvar Fredricson umgebaut. Damit die Pferde diesbezüglich geschont werden, begann man, die Trainingsbahnen möglichst gerade zu bauen. Die Maßnahmen bei serösen Fesselgelenkentzündungen wechseln von Fall zu Fall und sind vom Einsatz und Alter

Starke Gelenkausweitung (Galle) am Hinterknie

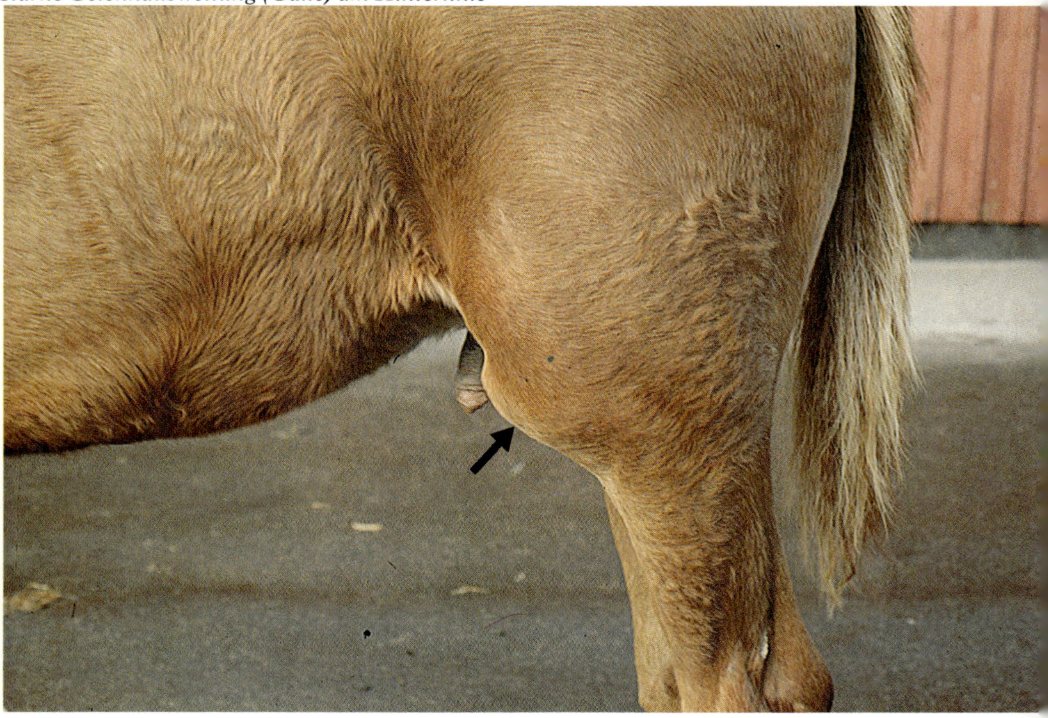

des Pferdes abhängig. Gewöhnlich werden lokale und allgemeine entzündungshemmende Medikamente zur Behandlung angewendet. Oft werden die Pferde eine Weile ruhiggestellt und dann wieder vorsichtig bewegt.

Zur Entzündung im mittleren Vorderkniegelenk

Dies ist eine recht interessante und beinahe bei allen Pferderassen vorkommende Erkrankung, die sowohl in einer Überanstrengung als auch in einer fehlerhaften Stellung der Gliedmaße liegt. Wir sehen sie häufig bei zwei- und dreijährigen Trabern, Vollblutpferden sowie bei älteren Reitpferden. Die Erkrankung kann eigentlich nur mittels einer direkten Betäubung dieses Gelenkes gesichert werden. Typisch für diese Krankheit ist die Tatsache, daß die Lahmheit durch die Arbeit verstärkt wird. Die Behandlung besteht in vollständiger Ruhigstellung und sehr häufig der Injektion eines Gleitmittels, der sogenannten Hyaluronsäure.

Sprunggelenkgalle

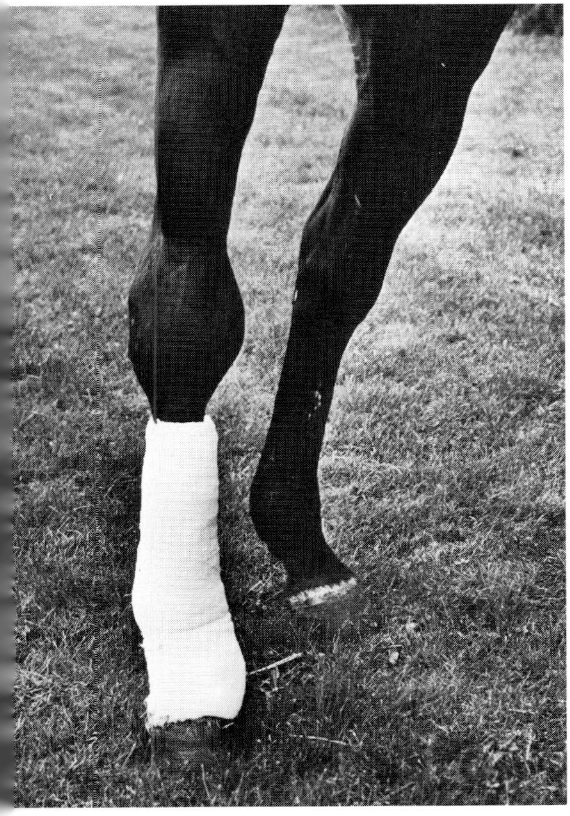

Dieses Hyaluronat ist ein biologisches Produkt, das aus menschlichen Nabelsträngen oder aus den Kämmen des Geflügels gewonnen wird. Es aktiviert die Zellen der inneren Schicht der Gelenkkapsel, vermindert die entzündlichen Reaktionen oder hebt sie sogar ganz auf und verbessert dadurch die Schmierung des Gelenkes. In einzelnen Fällen können auch Cortisonpräparate von großem Nutzen sein. Ihre schädlichen Nebenwirkungen sind jedoch zu beachten. Die kürzeste Abheilzeit für diese Entzündung im Kniegelenk beträgt 2 Monate. Sie kann jedoch auch bis zu einem Jahr dauern. Wenn man ihnen Zeit läßt, heilen die meisten Pferde. Eine Behandlung ist jedoch unbedingt notwendig, da es ohne sie nie zu einer Abheilung kommt.

Die seröse Entzündung des Schultergelenkes

wird bei einer Lahmheitsuntersuchung oft übersehen. Sie kommt jedoch recht häufig vor. Auch sie kann lediglich durch eine lokale Betäubung des Gelenkes eindeutig diagnostiziert werden. Die Behandlung geschieht wiederum mit entzündungshemmenden Mitteln ins Gelenk, die jedoch häufig wiederholt werden müssen. Die Abheilzeit nimmt mindestens 2 Monate in Anspruch.

Die seröse Sprunggelenkgalle

finden wir ebenfalls bei den meisten Pferderassen, und zwar häufig während der Wachstumsphase. Ungenügende oder überhaupt vergessene Entwurmungen, ungenügende Zufuhr von Mineralstoffen oder die häufigste Ursache, eine zu eiweißhaltige Fütterung, führen oft zu dieser Erkrankung. In zunehmendem Maße, dies besonders bei Trabrennpferden, kann die Ursache auch in einer Ablösung einer Knorpelscheibe im Gelenk (OCD) liegen. Ein erkranktes Pferd ist am Anfang nicht lahm. Die Galle resp. Gallen, sie kommen nämlich oft beidseitig vor, können ein recht bedeutendes Ausmaß erlangen. Die Grundursachen müssen vorerst eliminiert werden. Dies erreicht man mit einer regelmäßigen Entwurmung, einer ausgewogenen Fütterung sowie vernünftiger Bewegung. Liegen Knorpelablösungen im Gelenk vor, können diese operativ entfernt werden. Dies geschieht heute in der Regel mit Arthroskopie. Sind die Sprunggelenkgallen älteren Datums, können ein- oder mehrmalige Entleerungen mit einigen Wochen Zwischenraum nötig werden. Wenn gleichzeitig die vorgängig erwähnten Mängel behoben werden, können sich die Gallen langsam verkleinern, was jedoch oft bis zu einem Jahr oder mehr in Anspruch nimmt. In gewissen Fällen können solche Gallen über die gesamte Lebenszeit eines Pferdes bestehen bleiben, ohne daß sie jedoch die Funktionen des Pferdes einschränken.

Die seröse Entzündung des Kniegelenkes
Diese Veränderung sehen wir in zunehmendem Maße beim heranwachsenden Jungpferd aller Rassen sowie beim wettkampfmäßig beanspruchten Trabrennpferd. Bei diesem erkennt man die Unregelmäßigkeiten im Trab besonders in den Kurven. Typisch für diese Lahmheit ist das Einsinken in der Phase des Auftretens, sowohl im vorderen Kniescheibengelenk wie im äußeren und inneren Hauptgelenk, sowie ein deutliches Schwinden der Streckmuskulatur im Knie. Häufige Ursache beim heranwachsenden Jungpferd ist eine Knorpelablösung auf dem äußeren Rollkamm des Kniegelenkes. In diesem Falle ist eine radikale chirurgische Behandlung mit Entfernung der sich lösenden Knorpelstücke notwendig. In Fällen ohne Knorpelablösung können Kniegelenkgallen punktiert und wie bei anderen Gelenkbehandlungen ebenfalls Hyaluronsäure oder Cortisonpräparate angewendet werden. Dabei ist eine vollständige, mindestens zweimonatige Ruhigstellung notwendig.

Die ausgehängte Kniescheibe
Diese besteht darin, daß die Kniescheibe über einen kürzeren oder längeren Zeitraum auf dem inneren Rollkamm des Kniegelenkes hängenbleibt. Dieses Hinterbein ist dann völlig gestreckt, da seine Gelenke nicht abgebogen werden können. Oft gleitet die Kniescheibe jedoch von selbst wieder nach vorn, wodurch sich der Blockiermechanismus löst. Vor allem junge Tiere werden im Herbst nach längerem Weidegang befallen. Die Pferde sind dann meistens großgewachsen und durch die futterarme Herbstweide schlecht ernährt. Diese ausgehängten Kniescheiben können jedoch auch nach der Rekonvaleszenz einer Erkrankung festgestellt werden. Wenn sich diese häufig wiederholen, muß eine Operation vorgenommen werden. Es sollte immer beidseitig operiert werden, wobei immer nur ein Bein pro Sitzung mit einer Woche Abstand operiert wird. Es ist eine einfache Operation. Die Rekonvaleszenz beträgt ca. 6 Wochen. Während dieser Zeit sollte das Pferd leicht bewegt werden. Viele Pferde aus unterschiedlichen Kategorien wurden wegen ausgehängten Kniescheiben operiert und konnten sich trotzdem zu hervorragenden Dressurpferden bis in die höchsten Plazierungen und zu siegreichen Trabrennpferden entwickeln. Wenn sich ein Pferd mit einem solchen Kniescheiben-Aushängen in einem schlechten Allgemeinzustand befindet, kann man zuerst mit einer ausgewogenen Ernährung, Vitaminen und Beschlagskorrektur versuchen, das Leiden zu beheben. Es besteht dann immer noch die Möglichkeit der Operation. Eine erbliche Disposition kann nicht ausgeschlossen werden.

Die seröse Entzündung im Hüftgelenk
Sie wird oft übersehen und kann nur von einem hochqualifizierten Lahmheitsdiagnostiker festgestellt und mit einer direkten Betäubung des Gelenks nachgewiesen werden. Die Behandlung besteht wiederum in entzündungshemmenden Mitteln direkt ins Hüftgelenk mit einigen Wochen Abstand und einer Ruhigstellung von mindestens 2 Monaten.

Die trockene Gelenkentzündung (Arthrose)
hat viele Ursachen. Eine Gelenkinfektion oder eine schwere Verstauchung kann die Grundursache sein. Daraus kann sich dann schleichend eine Arthrose entwikkeln. Die häufigsten Typen von Arthrose sind die Krongelenkentzündung oder Krongelenkschale, der Spat oder die Entzündung der kleinen Sprunggelenke. Die trockene Gelenkentzündung kann jedoch in allen Gelenken vorkommen, so auch in den Gelenken der Rückenwirbel.

Das Ringbein
oder die Krongelenkschale kommt vor allem beim heranwachsenden Pferd vor. Man nimmt an, daß auch hier eine Wachstumsstörung vorliegt. Daneben entsteht sie auch traumatisch bedingt bei Rennpferden. Beide Typen werden durch knochenharte Auftreibungen um die Krongelenke charakterisiert und dementsprechend als sogenannte Schalen bezeichnet. Die Röntgenaufnahmen können die Knochenablagerungen an den Gelenkkanten und den verkleinerten Gelenkspalt infolge des Verschwindens des Gelenkknorpels nachweisen. Bei jungen Pferden können auch Zysten im Knochen unter dem Gelenkknorpel beobachtet werden. Beim Jungpferd bis zu 4 Jahren kann sich ein Ringbein konsolidieren, und das Pferd kann vollumfänglich eingesetzt werden. Der Handelswert des Pferdes bleibt jedoch für sein Leben lang schlecht. Beim Versichern des Pferdes muß dies als Mangel angeführt werden. Bei einem ausgewachsenen Reitpferd hat jedoch ein lahmheitsauslösendes Ringbein bei den heute angewandten Behandlungsmethoden eine schlechte Prognose zur Heilung. Eine Versteifung des Gelenkes kann ein Pferd zur vollständigen Einsatzfähigkeit zurückführen. Die Rekonvaleszenz beträgt ein Jahr. Ringbeine können sowohl an den Vorder- als auch den Hinterbeinen vorkommen. Sie treten hingegen bei Trabrennpferden nur selten auf. Eine Subluxation im Krongelenk kann unter Umständen ein Ringbein vortäuschen. Eine Röntgenaufnahme zur genauen Diagnosestellung ist deshalb unbedingt notwendig.

Hufschmidt- Hufschmied

Spat
ist eine Arthrose in den unteren Gleitgelenken des Sprunggelenkes oder den straffen Gelenken. Diese Veränderungen können beim ausgewachsenen Pferd aller Rassen vorkommen. Ein klassisches Symptom ist die deutlich positive Beugeprobe, d.h. das Pferd hinkt nach dem Abbiegen des Sprunggelenkes. Eine Auflagerung auf der vorderen inneren Partie des unteren Teils des Sprunggelenkes der sog. Spathöcker und ein Schwinden der Kruppenmuskulatur sind Anzeichen für das Vorliegen von Spat. Spat kann auch beidseitig auftreten und muß nicht von einer Lahmheit begleitet sein. Mittels einer Röntgenaufnahme kann man oft das Fehlen des zerstörten Gelenkknorpels in einem oder sogar allen drei Gelenkabteilungen nachweisen. Wenn der Spatprozeß nur auf die oberste Gelenkreihe beschränkt ist, sogenannt hoher Spat, ist die Aussicht auf eine Heilung sehr schlecht. Die Heilung besteht im Zusammenwachsen der Gelenkoberflächen bis zu ihrem Verschwinden. Dieser Prozeß geht sehr langsam vor sich und dauert oft bis zu einem Jahr. Ein Pferd mit Spat, das Lahmheit zeigt, sollte operiert werden. Durch die Operation verkürzt man die An-

Bild 1
Der Pfeil zeigt die Stelle, wo die Krongelenkschale liegt

Bild 2
Röntgenbild mit den deutlichen Auflagerungen im Bereich des Krongelenkes, eine sogenannte Krongelenkschale

Bild 3
Knochenzyste im Kronbein

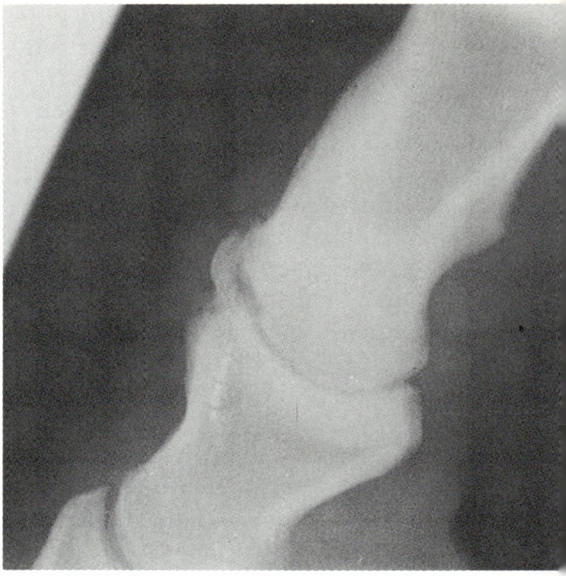

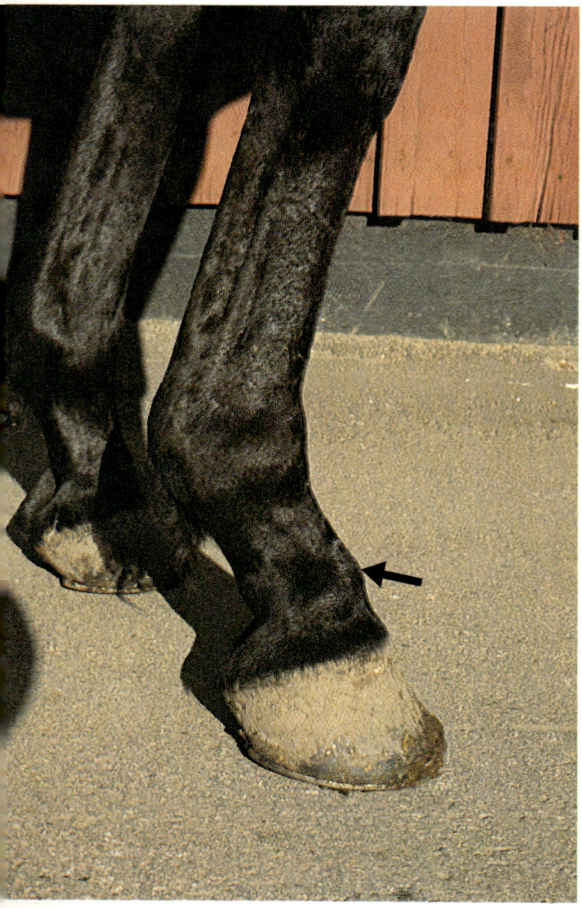

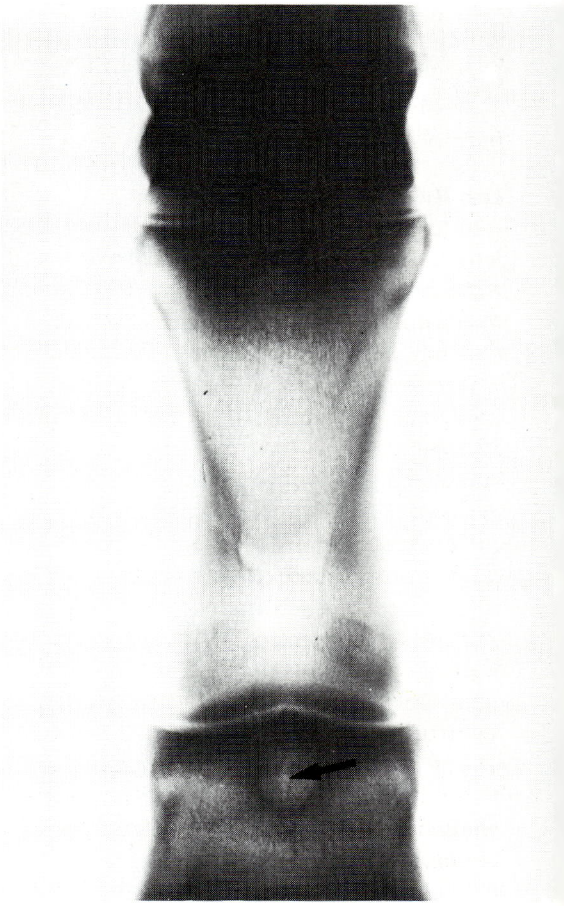

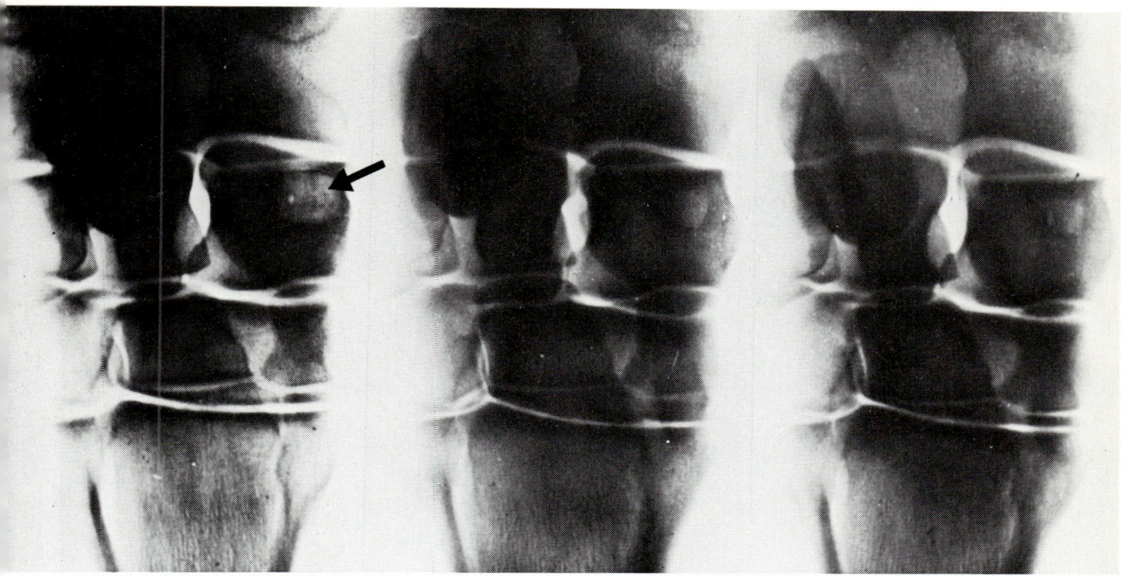

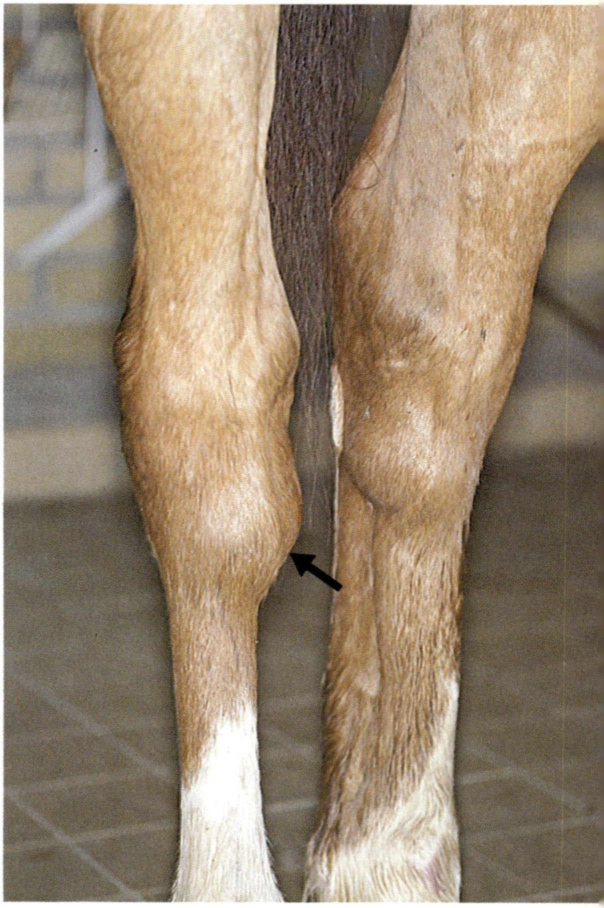

Bild 1
Knochenzyste in einem Knochen des Vorderknies (verschieden starke Belichtungen)

Bild 2
Spathöcker an der Innenseite der Sprunggelenke (→)

wendungszeit, jedoch nicht die Abheilzeit, wobei das Pferd während der Rekonvaleszenz stets leicht bewegt werden soll. Sogenannter Hasenspat, eine Veränderung an der hinteren Unterseite des Sprunggelenkes, und Hahnentritt, krampfartiges Hochziehen des Fußes, sind ebenfalls Leiden, deren Ursache in der Spatregion liegt, die aber einen vollständig anderen Charakter haben.

Der Hahnentritt
zeigt sich im ruckartigen Anheben eines oder beider Hinterfüße. Die Ursache ist nicht bekannt. Diese Erkrankung bedeutet für ein Dressurpferd wie auch für ein Trabrennpferd Disqualifikation. In einzelnen Fällen kann das Leiden durch Herausschneiden eines ca. 3 cm langen Stükkes der seitlichen Zehenstrecken unter-

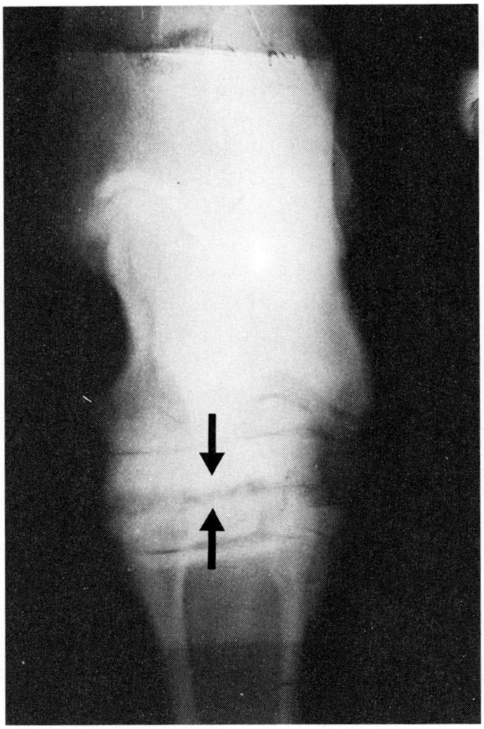

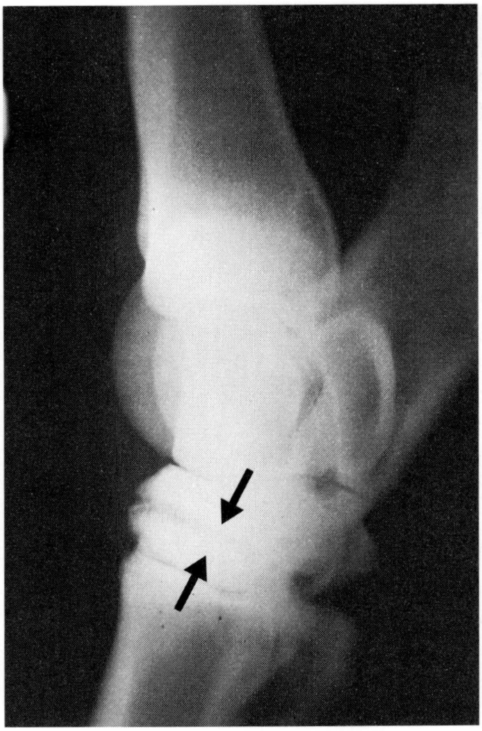

Spatveränderungen im mittleren der unteren Sprunggelenke (von vorn und von der Seite)

halb des Sprunggelenkes behoben werden. Wenn dieser Eingriff nach 3 Monaten nicht zum Erfolg geführt hat, kann man versuchen, das mediale gerade Kniescheiben-Band (dieselbe Operation wie bei der Kniescheiben-Aufhängung) durchzuschneiden. Trotzdem gibt es noch zahlreiche Fälle, die weder durch den einen noch den anderen Eingriff geheilt werden können. Histologisch konnte man in einigen Fällen, bei denen man durch eine Operation keinen Erfolg erzielte, eine Entzündung im Rückenmark nachweisen.

Der Hasenspat
ist eine Konturstörung auf der Hinterseite des Sprunggelenkes am Übergang zur Schiene. Die Ursache ist normalerweise ein fehlerhaftes Einbinden der Gliedmaße. Es kommt vor allem bei Trabrennpferden vor. Wenn ein Pferd mit dieser Veränderung trainiert wird, reagiert häufig das tiefliegende hintere Sprunggelenkband. Die hintere Sprunggelenkkontur ist angeschwollen, überwärmt und wird druckempfindlich. Zur Heilung dieses Leidens kann das perforierende Nagelbrennen empfohlen werden. Die Rekonvaleszenz dauert mindestens 6 Wochen.

Die metastatischen Gelenkentzündungen
Bakterien werden über die Blutbahnen von einem Eiterabszeß im Körper (Fokalherd), der zu Beginn der Krankheit oft übersehen wird, in ein oder mehrere Gelenke transportiert. Das klassische Leiden in diesem Zusammenhang ist die Fohlenerkrankung. Die Infektion beginnt in diesen Fällen im Nabel und erreicht über die Blutbahn die Gelenke. Wird eine Fohlenlähme oder Fohlenerkrankung frühzeitig erkannt und behandelt, kann das Tier gesund werden, wenn das verursachende Bakterium gegen ein Antibiotikum emp-

findlich ist. Fohlen mit Fohlenlähme haben Fieber, angeschwollene Gelenke und Mühe, sich zu erheben und zu bewegen. Es ist äußerst wichtig, daß die Fohlen regelmäßig saugen.
Weitere metastatische Gelenkinfektionen kann man bei Druse, bei ansteckender Kehlkopf- und Lungenentzündung und bei Darmstörungen beobachten. Leider kann dieser Fokalherd oft nicht lokalisiert werden. Auch wachsen oft in der abgezapften Gelenkflüssigkeit keine Bakterien, obwohl solche an unzugänglichen Teilen des Gelenkes vorhanden sind. Man muß sich dann klinisch durchtasten und mit unterschiedlichen Antibiotika die Behandlung beginnen, meist mit Penicillin. Die Bestimmung der Anzahl weißer Blutkörperchen in einem Gelenk ist deshalb wertvoll, da man an ihrer Anzahl den Erfolg der Behandlung messen kann. In der Regel sind alle infizierten Gelenke sehr schmerzhaft. Deshalb sollte gleichzeitig eine schmerzstillende Behandlung einsetzen.

Rückenerkrankungen

Während der letzten Jahre sehen wir immer häufiger Pferde mit Rückenproblemen. Die Symptome variieren sehr stark. Immer verändern sich jedoch das gesamte Erscheinungsbild und das Temperament des Pferdes. Ein stets umgängliches Pferd wird plötzlich schwierig, und man hat große Mühe, mit ihm zu arbeiten. Das Pferd wehrt sich gegen das Bürsten und Striegeln der Rückenpartie. Es hat Schwierigkeiten, die Hinterbeine während einer längeren Zeit aufzuheben, z. B. während des Beschlages. Die einen Pferde haben Schwierigkeiten, seitwärts zu gehen, wieder andere können die Nahrung nicht mehr vom Boden aufnehmen und liegen nicht mehr ab. Die Rückenerkrankung hat eine deutliche Leistungsverminderung zur Folge. Die Pferde wollen nicht mehr voll arbeiten. Unter dem Reiter zeigen sie keinen Raumgriff mehr, schleppen die Hinterbeine nach sich, was oft zu einem deutlichen Anschleifen des Zehenteiles führt. Pferde mit Rückenproblemen wollen nicht mehr springen und verweigern Kombinationen. Unter dem Reiter zeigt das Pferd, daß es Schmerzen hat, indem es mit dem Kopf schlägt oder mit dem Schweif peitscht. Beim Anziehen des Sattelgurtes zeigt das Pferd ebenfalls starke Reaktionen und versucht den Reiter beim Aufsitzen abzuwerfen. Unterschiedliche Lahmheiten können ebenfalls ein Rückenproblem anzeigen. Es ist oft schwierig, eine Rückenerkrankung eindeutig zu diagnostizieren, deshalb ist es äußerst wichtig, daß der Reiter oder Fahrer soviele Beobachtungen wie möglich mitteilt. Daraufhin wird das Pferd in der Ruhe und in der Bewegung untersucht. Die Untersuchung wird noch durch eine Blutanalyse (speziell ASAT und CK) vor und nach der Arbeit ergänzt. Auch die Entnahme von Muskelbiopsien kann von Bedeutung sein. Die lokale Betäubung zwischen den Dornfortsätzen und die Röntgenaufnahme der Wirbelkörper und der Dornfortsätze können aufschlußreiche Befunde liefern.
In einer Publikation von Newmarket, England, konnte nachgewiesen werden, daß die Schäden bei Rückenerkrankungen in erster Linie in den Muskeln liegen, zweitens durch sich aneinanderreibende Dornfortsätze, und drittens durch die Überdehnung des Gelenkes zwischen dem Kreuz- und dem Beckenbein (Ileosakral-Gelenk) entstehen können.

Weichteilschäden

Eine Überdehnung der langen Rückenmuskeln tritt oft im Zusammenhang mit der Arbeit auf. Die Schäden können im Bereich der ganzen Muskulatur oder vor oder hinter der Sattellage liegen. Das Pferd reagiert beim Betasten und zeigt eine verminderte Leistung. Mit Hilfe einer kombinierten Behandlung von Ruhe und

Massage, Wärmelampe, Ultraschall und entzündungshemmenden Medikamenten könnten die meisten Pferde wiederhergestellt werden. In diesem Zusammenhang muß man auch an die Sehnenplatte oder Sehnenansatzstellen denken, die über die Dornfortsätze in den Rückenbereich verlaufen. Diese Veränderungen hängen mit den oben erwähnten Schäden in den langen Rückenmuskeln zusammen. Die Behandlung ist dieselbe, nur dauert die Abheilzeit wesentlich länger.

Aneinanderreibende Dornfortsätze (Kissingspines)

Dies ist ein Arbeitsschaden, der vor allem beim Reitpferd auftritt. Die Dornfortsätze der Rückenwirbel werden in der Mitte des Rückens aneinandergepreßt, wenn sich dieser nach unten senkt. Das Pferd hat Schmerzen. Es entstehen Knochen- und Knochenhautreaktionen am oberen Teil der Dornfortsätze, wo sich mit der Zeit auch falsche Gelenke bilden. Die anhaltenden Schmerzen sind während des Reitens am ausgeprägtesten. Das Pferd zeigt während der Arbeit keine Freude mehr, und seine Leistung vermindert sich. Die lokale Betäubung des Gebietes rund um den Dornfortsatz hemmt die Schmerzen, und das Pferd zeigt keine Symptome mehr, damit kann die Diagnose gesichert werden. Viele Pferde werden durch Ruhigstellung, Massagen und die Anwendung von entzündungshemmenden Medikamenten wieder gesund. Allerdings muß die Rückenmuskulatur des Pferdes mit einem spezifischen Trainingsprogramm wieder aufgebaut werden. Wenn diese konservative Behandlung nicht ausreicht, kann mit einer Operation unter Umständen ein gutes Resultat erreicht werden. Diese besteht darin, daß man bei einem oder mehreren Dornfortsätzen den oberen Teil entfernt, so daß keine Reibung mehr erfolgen kann. Der Dornfortsatz wird so abgesägt, daß genügend Platz bis zum nächsten Dornfortsatz entsteht, d. h. ca. 1 Zentimeter. Nicht selten sind aber die Veränderungen über mehrere Dornfortsätze ausgedehnt. Dies bedeutet, daß 3 bis 4 Dornfortsätze abgesägt werden müssen. In diesen Fällen wird dann jeder zweite Dornfortsatz gekürzt. Die Wundheilung verläuft in der Regel ohne Komplikationen. Das Pferd kann nach 2 Wochen etwas bewegt und nach 7 Wochen sorgfältig angeritten werden. Es soll jedoch nicht vor 3 Monaten zu arbeiten beginnen. In vielen Fällen erstreckt sich jedoch die Rekonvaleszenz über 6 Monate, in Ausnahmefällen dauert sie bis zu einem Jahr. Am regionalen Tierspital in Helsingborg wurde eine Auswertung der Rükkenpatienten von den Jahren 1986/87 durchgeführt, die konservativ und operativ behandelt wurden. Ein Vergleich zwischen den Gruppen bezüglich der Arbeit zum Zeitpunkt der Untersuchung: Von den konservativ behandelten Pferden waren 23 Prozent und von den operativ behandelten Pferden 67 Prozent wieder in der Arbeit, d. h. in Wettkämpfen oder im Training. Das Resultat der chirurgischen Behandlung kann demzufolge als positiv bewertet werden. Eine erneute Untersuchung im Jahre 1989 zeigte, daß 72 Prozent der operierten Pferde, nach Auskunft des Reiters, wieder vollständig gesund wurden. Die Abheilzeit beträgt 2 bis 4 Monate. Viele erfolgreiche Pferde wurden mit gutem Resultat operiert.

Mißbildungen in den Rückenwirbeln

Eine angeborene Verbiegung des Pferderückens kann vorkommen. Man bezeichnet sie als Skoliose. Es kann oft sehr schwierig sein, den Grad der Verbiegung durch eine klinische Untersuchung festzustellen. Eine Röntgenuntersuchung ist in solchen Fällen zur Prognosenstellung sehr aufschlußreich. Leichtere Fälle können vollständig abheilen. Hochgradige Fälle hingegen führen oft zu Euthanasie, da die Aussichten einer Heilung sehr gering sind. Eine weitere angeborene Mißbildung ist das Zusammenwachsen von Rückenwirbeln. Die sogenannte Synostose führt nicht selten zu einer sekundären Skoliose.

Der angeborene Senkrücken

Die sogenannte Lordose entsteht als Folge einer Unterentwicklung der Gelenkfortsätze der Wirbelkörper. Bei erwachsenen Pferden können verschiedene Grade von erworbener Lordose (Senkrücken) oder Kyphose (Karpfenrücken) beobachtet werden. Beide Veränderungen disponieren für Rückenleiden. Eine Röntgenuntersuchung bestätigt die Diagnose. Bei einer Lordose ist die Senkung der Wirbelsäule im vorderen Teil der Brustwirbelsäule (Brustwirbel 5 bis 10), und beim Karpfenrücken sind die Veränderungen im vorderen Teil der Lendenwirbelsäule (Lendenwirbel 1 bis 3).

Zerrungen im Ileosakralgelenk

Dieses Gelenk befindet sich zwischen dem Kreuzbein und dem Becken. Diese Zerrungen kommen auch beim Pferd vor. Die Pferde zeigen starke Schmerzen in diesem Gebiet. Oft kann man eine beidseitige Hinterbeinlahmheit feststellen, wobei die Pferde beide Hinterbeine am Boden nachschleifen. Die Folge davon ist ein deutlicher Muskelschwund im Rücken und in der Kruppe. Zeitweise wird auch der Schweif auf eine Seite gehoben. Mit Röntgenuntersuchungen kann höchstens im akuten Stadium eine Verbreiterung des Gelenkspalts festgestellt werden. In fortgeschrittenen Fällen sieht man auf den Röntgenaufnahmen Veränderungen in Form von Knochenbildungen in diesem Gebiet. Wenn der Schaden frühzeitig erkannt wird, kann er abheilen, vorausgesetzt, das Pferd arbeitet während 6 bis 9 Monaten nicht.

Zusammenfassend kann gesagt werden, daß Rückenerkrankungen immer häufiger als Folge von Arbeit auftreten. Die Aussichten auf eine Heilung sind in vielen Fällen gut, vorausgesetzt, daß eine richtige Diagnose vorliegt. Massage, Wärme, Kurzwellen-Ultraschall und Akupunktur sind einige der möglichen Behandlungsmethoden, die mit gutem Resultat bei Rückenschäden angewendet werden. Eine ausreichende Ruhezeit ist ebenso wichtig wie ein entsprechendes Aufbauprogramm für die Rückenmuskulatur.

Schwankender oder atakischer Gang

Diese Erkrankung muß im Anschluß an die Skeletterkrankung ebenfalls beschrieben werden. Der schwankende Gang bedeutet, daß das Pferd ataktische Bewegungen hat. Die häufigste Ursache eines ataktischen Ganges sind Rückgrat- und Rückenmarkerkrankungen. Vor allem bei weidenden Jungpferden tritt der ataktische Gang häufig auf. In der Herde sieht man plötzlich ein Tier, das schwankt und taumelt, aber im übrigen einen normalen Allgemeinzustand zeigt. Die Ursache liegt häufig in einer Subluxation, d.h. in einer Verschiebung von zwei Halswirbeln, welche einen Druck auf das Halsmark ausüben.

Auch die Osteochondrose an einem Halswirbel kann bei jungen Pferden einen Schaden am Rückenmark zu Folge haben. Es können auch Risse (Fissuren) oder Frakturen in diesem Bereich auftreten. Eine Röntgenuntersuchung kann in diesem Fall zu einer sicheren Diagnose verhelfen. Ein solches Pferd muß mindestens während zweier Monate beobachtet werden, um sicherzugehen, ob es sich vielleicht nur um einen leichten Schaden handelt. Die Symptome nehmen in diesem Fall meistens ab. Nach einem Jahr ist das Schwanken dann unbedeutend und kann nur noch in starken Wendungen festgestellt werden. Ein Nachziehen der Hinterbeine oder ein Schleifen der Hinterhufe bleibt häufig bestehen. Ein Pferd mit einer Ataxie ist oft schwierig zu transportieren. Es hat große Mühe, in den Kurven das Gleichgewicht zu behalten und bei einem Stopp nicht nach vorn zu fallen. Trotzdem können diese Pferde nicht selten sowohl geritten als auch gefahren werden. Sie erreichen jedoch nie eine vollständig normale Kapazität. Aus diesem Grunde kann ein Pferd mit einer Ataxie, welches nach zwei Monaten keine deutliche Besserung zeigt, mit gutem Gewissen der Versicherung gemeldet werden. Eine weitere Art von Ataxie, die ebenfalls bei Jungpferden auftritt, wird durch eine Entzündung im hintersten Teil des Rükkenmarks (Caudae equine) verursacht. In diesen Fällen war das Pferd einige Monate bevor sich die Ataxie zeigt, von einer Allgemeininfektion, die von den oberen Luftwegen ausgeht, befallen. Hier handelt es sich meistens um Rhinopneumonitis (Virusabort) in seiner zentralnervösen Form. Eine Blutprobe für eine serologische Untersuchung kann in der Diagnosestellung wegleitend sein. Diese Art von Ataxie tritt in der Regel nicht plötzlich auf und ist oft so gering, daß sie vom Laien schwer zu erkennen ist und dieser somit den Zusammenhang zwischen der Bewegungsstörung und der Rückenmarkserkrankung nicht feststellen kann. Das Endresultat kann selten vor einem Jahr beurteilt werden. Es gilt im übrigen für alle Gehirn- und Rückenmarkserkrankungen, daß sie nur sehr langsam abheilen.

Sehnenerkrankungen

Sehnenverletzungen

Vollständig durchgeschnittene oberflächige oder tiefe Beugesehnen sowohl an den Vorder- wie auch an den Hintergliedmaßen sind bei ausgewachsenen Pferden sehr selten heilbar. Die Sehnennähte halten in diesen Fällen sehr selten. Die Folge ist oft eine hochgradige Stellungsänderung des unteren Teiles der Gliedmaße. Die Fessel sinkt und berührt den Boden, und der Zehenteil des Hufes ragt in die Luft. Hier ist es grundsätzlich wichtig, zu überlegen, ob ein solches Pferd überhaupt behandelt werden soll. Bei Fohlen sind die Voraussetzungen für eine Heilung und eine vollständige Funktion deutlich besser. Ist nur ein Teil der Beugesehne durchgeschnitten oder abgetreten, gibt es gute Heilungsmöglichkeiten. Es bedarf jedoch einer sehr langen Abheilzeit. Charakteristisch für diese Verletzung ist das gleichmäßige Anschwellen der Sehne in ihrer ganzen Länge. Auch wenn die tiefe Beugesehne im Bereich der Ballengrube vollständig durchgeschnitten wurde und der Zehenteil des Hufes in die Luft ragt, bestehen gute Aussichten für eine Heilung und eine normale Funktion. Die Behandlung besteht darin, daß die Sehne genäht wird und das Pferd anschließend mit einem Eisen und sehr langen Trachten beschlagen wird.

Die Strecksehnen haben bei Verletzungen eine deutlich bessere Prognose als die Beugesehnen. Auch wenn die Strecksehne vollständig durchgeschnitten wurde und es nicht möglich ist, die Sehnenenden zusammenzufügen und zu vernähen, wird die Sehne trotzdem wieder voll funktionsfähig. Das Überköten, das zu Beginn der Abheilzeit vorliegt, verschwindet innert 6 – 8 Wochen. Die Fessel muß während dieser Zeit mit einem zweckmäßigen Verband gestützt werden.

Das Bersten der Strecksehne

bei neugeborenen Fohlen, die Überköten, kommt häufig vor. Dabei ist die Sehne innerhalb der Sehnenscheide beim Vorderknie, wo gleichzeitig eine weiche Wölbung besteht, zerrissen. Mit dem Anlegen eines Stützverbandes erreicht man eine Abheilung. Sowohl Stellung als auch Funktion des Beines normalisieren sich nach einigen Wochen.

Zu kurze Beugesehnen beim Fohlen

verursachen den sogenannten Bockhuf. Dieser muß mit einem Sehnenschnitt ope-

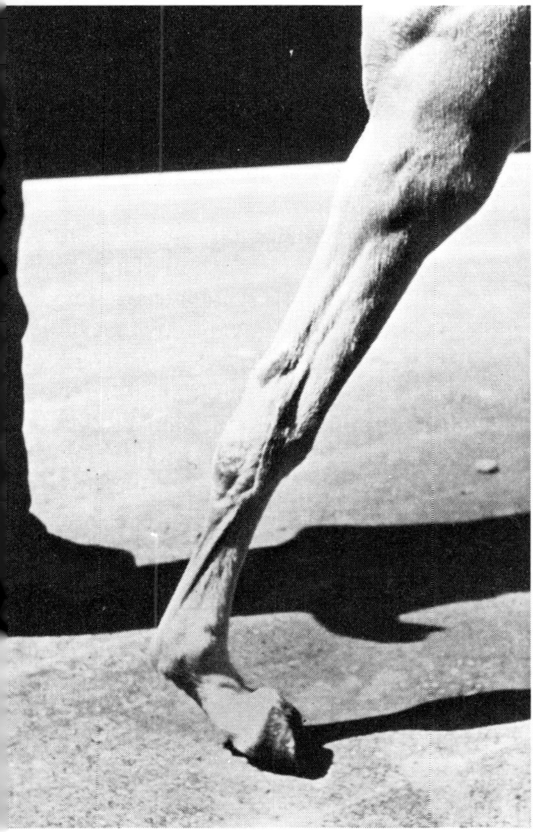

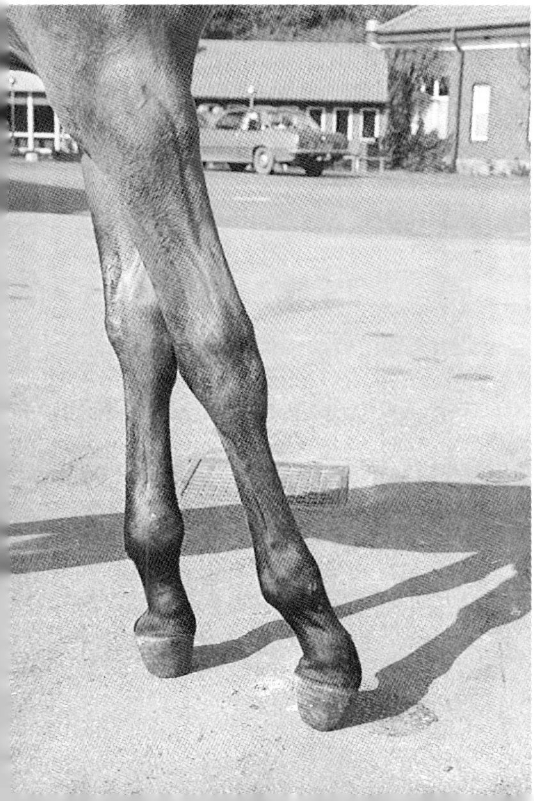

riert werden, wenn er nicht innerhalb einiger Monate mittels einer konservativen Behandlung mit Schnabelschuh und gekürzten Trachten abheilt. Die mit einer Operation erzielten Resultate sind zufriedenstellend.

Die Sehnenkontraktur bei Ein- und Zweijährigen entwickelt sich während des Winterhalbjahres sehr rasch mit einer Steilstellung der Fesseln an allen vier Beinen und einem hochgradigen oder minderstarken Überköten. Diese Krankheit ist oft absolut nicht zu beeinflussen, die Ursache ist ebenfalls unbekannt. Ein befallenes Jungpferd wird seine geraden Fesseln zeitlebens behalten und immer zum Überköten neigen. Die angewandte Behandlungsart beim Jungpferd hat auf die Abheilung keinen Einfluß.

Die Sehnenverstreckung oder -entzündung kommt beim Galopp-Pferd hauptsächlich an der oberflächlichen Beugesehne am Vorderbein vor. Beim Trabrennpferd erkranken sowohl die oberflächliche Beugesehne an den Vorderbeinen und an den Hinterbeinen sowie das Gleichbeinband. Beim Reitpferd erkrankt hauptsächlich die oberflächliche Beugesehne und in einzelnen Fällen auch das Gleichbeinband an den Vorderbeinen.

Als in Schweden noch Zugpferde im Einsatz waren, hat man nicht selten Sehnenentzündungen im Bereich der tiefen Beugesehne und am Verstärkungsband an den Vorderbeinen feststellen können. Beim älteren Sportpferd aller Kategorien findet man aus unerklärlichen Gründen oft eine chronische Entzündung am Verstärkungsband der tiefen Beugesehne an den Vor-

Bild 1
Strecksehnenriß bei einem Fohlen

Bild 2
Beugesehnenverkürzung mit Bockhufbildung

derbeinen. Sie ist oft nicht zu beeinflussen und verursacht nicht selten starke Schmerzen für das Tier. Die Sehnenverstreckung tritt hauptsächlich in zwei Formen auf: Entweder in einer akuten Überdehnung als Folge eines Unfalles (hier ist eine normale Sehne betroffen), wobei einzelne Risse der Sehnenfasern bis zum vollständigen Zerriß der ganzen Sehne entstehen können. Kleinere und mäßigere Schäden sind das Normale. Diese Sehnenschäden werden Unglücksschäden genannt. Die andere Hauptgruppe besteht in einem primären, langsam auftretenden Ermüden des Sehnengewebes, bedingt durch intensive Trainingsarbeit und Wettkämpfe. Die Sehnenzellen und die Blutgefäße degenerieren. Sie zerreißen, und Blutungen entstehen. Die ersten Reaktionen in einer Sehne werden oft als «Warnung» bezeichnet. Die Sehne schwillt wie eine Fadenspule an, erwärmt sich und wird druckempfindlich. Da ein Pferd mit einem solchen «primären» Sehnenschaden oft nicht lahmt, wird das Training leider fortgesetzt und auch weiterhin an Wettkämpfen teilgenommen. Mit jeder Anstrengung entstehen neue Schäden. Die Sehne schwillt weiterhin an und kann unter Umständen vollständig zerreißen. Seit ca. 4 bis 5 Jahren besteht die Möglichkeit, mit Hilfe von Ultraschall den Grad des Sehnenschadens festzustellen. Dies ist ein ausgezeichnetes diagnostisches Hilfsmittel, mit dem auch kleinere Schäden in der Mitte der Sehne nachgewiesen werden können. Bei nachfolgenden Untersuchungen kann man mit einiger Sicherheit feststellen, ob der Sehnenschaden ausgeheilt ist. Diese Art von Schäden an der Beugesehne und am Gleichbeinband nennt man «Ermüdungsschäden». Sie wurden bereits vor über 50 Jahren von dem berühmten Pferdeorthopäden Gerhard Forssell (1882 bis 1964), Professor an der chirurgischen Veterinärshochschule in Stockholm, untersucht. Berndt Strömberg, ein Röntgenologe aus Helsingborg, hat vor einigen Jahren mit modernen angiographischen Methoden und mit Hilfe der Thermovision die biologischen Zusammenhänge über die «Ermüdungsschäden» der Sehnen studiert. Diese «Ermüdungsschäden» treten in erster Linie bei Galopp- und Trabrennpferden auf.

Die «Unglücksschäden» haben in der Regel eine gute Prognose, wenn dem erkrankten Pferd eine genügend lange Ruhe- und Abheilzeit gewährt wird. Was die «Ermüdungsschäden» an der oberflächlichen Beugesehne bei Vollblutpferden betrifft, finden wir dort eine Rückfallquote bis zu 50 Prozent. Unabhängig davon ist die dabei angewendete Behandlungsart. Wird die Karriere eines solchen Rennpferdes frühzeitig abgebrochen, kann es ein gutes Reitpferd werden. Die «Ermüdungsschäden» beim Trabrennpferd haben eine bessere Prognose. Beim Reitpferd kann man behaupten, daß die Sehnenschäden deutlich geringere Schäden verursachen. Ein akuter oder rückfälliger Sehnenschaden kann mit kalten Umschlägen, die alle drei Stunden erneuert werden, und mit allgemeinen entzündungshemmenden Medikamenten behandelt werden. Liegt eine Stellungsänderung des Beines mit tieferliegender Fessel vor, muß auch ein Stützverband angelegt werden. Das Pferd sollte nur leicht bewegt werden. Nach 2 bis 3 Tagen kann ein Zinkleimverband oder ein leichter Gipsverband angebracht werden, welcher jede Woche erneuert werden muß. Ungefähr 3 Wochen nach Auftreten der Erkrankung, wenn alle akuten Symptome wie Schwellung und Wärme verschwunden sind, kann das ganze Gebiet leicht geblistert werden. Wird ein «Ermüdungsschaden» diagnostiziert, kann auch ein operativer Eingriff vorgenommen werden. In jüngster Zeit scheint das Durchtrennen des Unterstützungs-Bandes an der oberflächlichen Beugesehne oberhalb des Vorderknies erfolgreich zu sein. Für das Wohlbefinden des Pferdes wie auch aus wirtschaftlichen Überlegungen wird ein Vollblutpferd mit einem Sehnenschaden mit Vorteil als Reitpferd verwendet. Die Rekonvaleszenz verkürzt sich somit auf einige Monate. Nach einem operativen Eingriff muß mit einer Abheilzeit bis zu 6 Monaten gerechnet werden. Es kann jedoch keine Garantie für die Haltbarkeit des Pferdes gegeben werden.

Die Zerreißung des Haltebandes der oberflächlichen Beugesehne im Bereich des Sprunggelenkes
Dieser Schaden tritt hie und da auf, häufig jedoch bei Vollblutpferden. Die oberflächliche Beugesehne gleitet dabei neben den Fersen nach außen. Mit einer chirurgischen Behandlung, bei welcher das innere Halteband wiederum vernäht und die Naht mit Plastik verstärkt wird, ist es in einigen Fällen gelungen, die Sehne wieder in ihre normale Lage zu bringen. Die Abheilzeit dauert jedoch mindestens 3 Monate.

Erkrankungen in Sehnenscheiden und Schleimbeuteln

Die Strahlbeinerkrankung
ist eine chronische, meist beidseitig auftretende Entzündung im Bereich der Strahlbein-Schleimbeutel an den Vorderhufen. Äußerst selten treten Strahlbeinerkrankungen an den Hinterhufen auf. In der Regel werden Reitpferde von dieser Erkrankung befallen, Trabrennpferde hingegen äußerst selten. Charakteristisch für das Vorliegen einer Strahlbeinerkrankung ist der kurze, stumpfe Schritt. Der Reiter beobachtet, daß das Pferd nicht mehr aus den Schultern heraus geht, wodurch man oft glaubt, der Schmerz liege in der Schulterpartie. Ein Pferd mit fortgeschrittener Strahlbeinerkrankung dreht sich häufig auf dem hinteren Teil, um das Körpergewicht von den Vorderhufen zu entlasten. Dabei setzt es die Vorderhufe mit den Zehenspitzen voran ab. Betäubt man den einen Vorderhuf, so wird die Lahmheit auf dem anderen deutlicher. Bei der Röntgenuntersuchung findet man meistens Entkalkungsherde im Bereich der Knochenstruktur des Strahlbeines. Die Diagnose einer Strahlbeinerkrankung darf nie nur aufgrund einer Röntgenaufnahme gestellt werden. Das klinische Bild muß ebenfalls alle typischen Symptome für eine Strahlbeinerkrankung aufweisen. Die Ursache ist unbekannt. Für das Entwickeln des Krankheitsbildes können ein hohes Körpergewicht und ungenügende Bewegung mit unregelmäßiger Reitweise disponierend wirken. Steht das Pferd in einem Stand und nicht in einer Boxe, wirken sich die langen Stehperioden noch negativer aus. Die Strahlbeinerkrankung, die bisher als unheilbar galt, war in der letzten Zeit in England und Dänemark Gegenstand für viele wissenschaftliche Untersuchungen. Von besonderem Interesse sind die dänischen Untersuchungsresultate, die nachweisen, daß die Strahlbeinerkrankung ausheilt, wenn sie frühzeitig erkannt wird, bevor es zu einem Zusammenwachsen zwischen dem Strahlbein und den ausgefransten Fasern in der tiefen Beugesehne kommt. Der Druck von der tiefen Beugesehne auf das Strahlbein wird mit einem speziellen Beschlag (dänische Methode) deutlich verringert. Dabei werden die Pferde mit Strahlbeinlahmheit mit einem Ringeisen mit erhöhtem Vorderteil und drei Nagellöchern in jeder Hälfte (Ei-Stangenschuh, engl. egg bar shoe) beschlagen. Die Eisen sind nach den individuellen Maßen jedes einzelnen Pferdes handgeschmiedet. Beim Beschlagen müssen abweichende Zehenachsen korrigiert und der Zehenteil erhöht werden. Der Druck auf den Strahl vom Eisen soll vermieden werden. Die Rekonvaleszenz mit leichter Bewegung beträgt 3 Monate.
In den dänischen Untersuchungen wird mitgeteilt, daß 60 Prozent der auf diese Weise behandelten Pferde nach der Be-

handlung problemlos für die Arbeit eingesetzt werden können. In England besteht die Auffassung, daß vor allem die Blutversorgung zum Strahlbein, als Folge von Kalkablagerungen in den zuführenden Blutgefäßen und Thromben in diesen Arterien, gestört ist. Eine Verbesserung der Symptome wurde mit blutverdünnenden Mitteln (z. B. Dikumarin) erzielt. Sowohl die dänische als auch die englische Auffassung scheint zu stimmen, da die Strahlbeinerkrankung eine sehr komplexe Krankheit ist, die von vielen Faktoren abhängt. Auch eine erbliche Disposition für eine Strahlbeinlahmheit kann vorliegen.

Die Entzündung der Fesselsehnenscheide
mit mehr oder weniger gespannten Gallen sowohl an den Vorder- als auch an den Hinterbeinen kann die Ursache für eine Lahmheit sein. Das Absaugen von überschüssiger Flüssigkeit und das Desinfizieren mit einem entzündungshemmenden Medikament kann ein gutes Resultat ergeben. Die Abheilung und Rekonvaleszenz beträgt jedoch mindestens 2 Monate. Sind die Sehnen innerhalb der Sehnenscheide ebenfalls beschädigt, kann dies die Prognose deutlich verschlechtern. Hier kann jedoch das kräftige Ringband, welches die Sehnen stützt, abgetrennt werden, wodurch man nach 4 bis 5 Monaten eine deutliche Besserung der Zustände erhält.

Erguß in die Strecksehnenscheide
am Vorderknie bei Springpferden und Ergüsse unter die Haut bei Trabrennpferden auf der Innenseite des Vorderknies müssen sofort behandelt werden, da sonst chronische Verdickungen entstehen, die den vorgesehenen Einsatz verunmöglichen. Ungefähr 10 Tage nach dem Erguß sollte die Flüssigkeit entfernt und ein entsprechendes Medikament (Kortison) gespritzt werden. Ebenfalls sollte ein elastischer Stützverband angelegt werden. Die Behandlung sollte ca. 10 Tage später wiederholt werden. Die Rekonvaleszenzzeit beträgt mindestens 6 Wochen.

Bei einem kräftigen Schlag mit der Sehnenscheide der Strecksehnen auf der Vorderseite des Vorderknies können bei Springpferden unter Umständen schwerwiegende Schäden entstehen. Die Strecksehnen können bersten. Anschließend kommt es zu Verwachsungen zwischen den Sehnen und den Sehnenscheiden und in Ausnahmefällen auch zum Platzen der darunterliegenden Gelenkkapsel. In solchen Fällen kann man mit einem chirurgischen Eingriff ein gutes Resultat erreichen.

Die Stollbeule
ist ein Erguß in den vergrößerten Schleimbeuteln über der Ellbogenspitze, der durch Druck entstand. Dies kommt häufig bei Pferden vor, die in einem ungenügend eingestreuten Stand stehen. Zu lange Eisenschenkel können ebenfalls zur Bildung einer Stollbeule führen. Frische Ergüsse werden mit einer kühlenden Salbe behandelt. Gleichzeitig sollten die Ursachen bekämpft weren. Ältere Stollbeulen werden wie normale Ergüsse behandelt. Infizierte Stollbeulen müssen operiert werden. In allen übrigen Fällen wird jedoch von einem operativen Eingriff gewarnt, da er eine langwierige Abheilungszeit zur Folge hat.

Die Entzündung der Bursa unter der Bizepssehne mit Bildung im Schultergelenk (Bursitis intertuberkularis)
kann auch eine Lahmheit zur Folge haben. Sie entsteht meistens durch eine äußere Gewalteinwirkung auf das Ellbogengelenk, z. B. durch einen Hufschlag oder einen Sturz. Die Diagnose wird durch eine lokale Betäubung gestellt. Die Behandlung besteht in wiederholten Injektionen mit entsprechenden entzündungshemmenden Medikamenten. Die Prognose hat sich seit der Anwendung dieser Behandlung deutlich verbessert. Auch in diesen Fällen muß mit einer zweimonatigen Ruhestellung gerechnet werden.

Die Piphake oder Kappe
ist ein Erguß in den Schleimbeuteln unter der Haut an der Sprunggelenkspitze. Sie kommt häufig bei Pferden vor, die an die Stand-, Boxen- oder Transportwände schlagen. Ein ungenügendes Strohbett bei der Aufstallung im Stand disponiert ebenfalls für diesen Erguß. Die Behandlung eines akuten Schadens besteht in der Anwendung einer kühlenden Salbe. Ältere Fälle werden punktiert. In einzelnen Fällen können auch frei umherschwimmende Knorpelteilchen im Schleimbeutel festgestellt werden. Diese werden chirurgisch entfernt. Auch in diesen Fällen wird jedoch von einem radikalen Eingriff abgeraten, solange die Piphake nicht infiziert ist.

Die Entzündung des Schleimbeutels unterhalb der Plantarsehne
zwischen der oberflächlichen Beugesehne und der Achillessehne am Sprunggelenk ist ebenfalls ein Erguß, welcher der eben beschriebenen Kappe oder Piphake gleicht, im Unterschied zu diesem aber häufig eine Lahmheit mit sich führt. Das Punktieren und das anschließende Einspritzen eines entzündungshemmenden Mittels ist heutzutage eine gängige Behandlungsart. Die Rekonvaleszenz beträgt wiederum 2 Monate. Die Aussichten für eine funktionelle Wiederherstellung sind gut, sofern die Beugesehne, welche über die Sprunggelenkspitze verläuft, nicht beschädigt ist. Es ist oft schwierig, dies klinisch zu beurteilen. Heute steht natürlich eine Ultraschalluntersuchung eigens dafür zur Verfügung.

Die durchgehende Sprunggelenkgalle
ist ein Erguß in die gemeinsame Sehnenscheide der tiefen Beugesehne beim Sprunggelenk und breitet sich sowohl in die Innen- wie auch Außenseiten aus. Eine Lahmheit tritt selten auf. Die Pferde können somit weiterhin geritten werden. Sollte eine Lahmheit vorliegen, empfiehlt es sich, die Punktierung und die entsprechenden Injektionen vorzunehmen. Die Rekonvaleszenz beträgt in diesen Fällen 2 Monate.

Muskelerkrankungen

Der Kreuzschlag
Die bekannteste Muskelerkrankung beim Pferd ist der Kreuzschlag. Dieser war früher bei den schweren Zugpferden recht häufig anzutreffen, wenn sie nach einigen Ruhetagen die Arbeit wieder aufnahmen. Die Ursache für einen Kreuzschlag war stets, daß den Pferden während der Ruhepause dieselbe Ration Kraftfutter gegeben wurde wie während der Arbeit und sich

Durchgehende Sprunggelenkgalle oder sogenannte Kreuzgalle

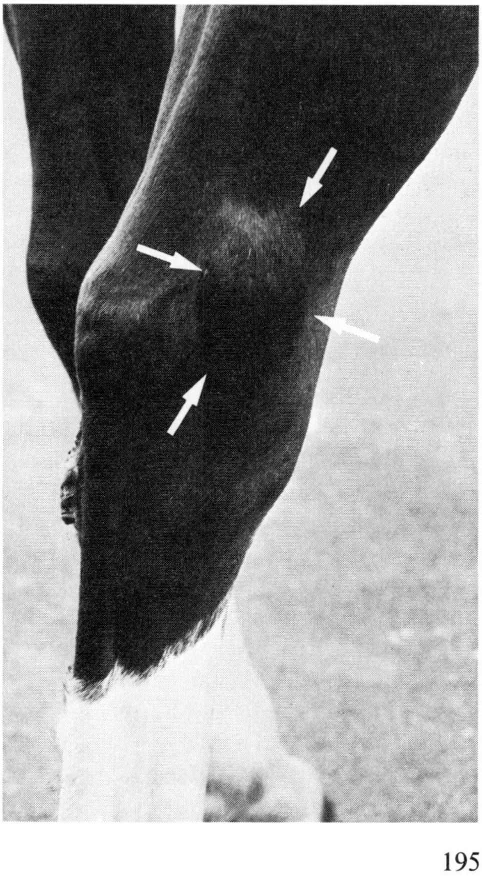

deshalb eine große Glykogen-Reserve in der Muskulatur aufgebaut hatte. Wenn die Pferde nun wieder zu arbeiten begannen, wurde das Glykogen rasch abgebaut, und es entstand eine große Menge an Milchsäure. Diese Bildung von Milchsäure in der Muskulatur verursacht große, ausgedehnte Schäden, vor allem in den Muskeln der Kruppe und der Oberschenkel. Die Krankheit konnte nur einen leichten Verlauf zeigen. In vielen Fällen jedoch konnten die Pferde nicht mehr stehen und fielen um. Viele Pferde starben an den Folgen dieser Krankheit. Heutzutage sehen wir den Kreuzschlag oder die Kreuzlähme auch bei unseren Sportpferden. Sehr oft kommt er beim Trabrennpferd vor und wird «tying up» genannt. Aber auch Vollblut- und Reitpferde können Kreuzschläge erleiden. Die Ursachen für die Krankheit sind derer viele, wiederum Ruhe im Zusammenhang mit reichhaltiger Kohlehydrat-Nahrung und zuwenig Arbeit. Im weiteren hat eine Untersuchung gezeigt, daß auch Pferde erkrankten, die einer Streßsituation ausgesetzt waren, z. B. Transport, Umgebungsveränderung oder chirurgische Eingriffe. Anhand der Symptome und der Enzymuntersuchungen teilt man heute die Krankheit nach Arne Lindholm, der darüber grundlegende Untersuchungen anstellte, in verschiedene Typen ein.

1. Geringer Kreuzschlag

Dieser äußert sich mit einer gewissen Versteifung nach der Arbeit. Die Pferde kratzen mit den Vorderbeinen etwas im Stroh und bewegen den hinteren Teil des Körpers so wenig wie möglich. Die Symptome klingen rasch ab, oft ohne daß sie der Pferdebesitzer bemerkt hat.

2. Mäßiger Kreuzschlag

Dieser ist bedingt durch ein mäßiges Schwitzen während der Arbeit. Das Pferd hat Mühe, sich in der Boxe zu bewegen. Die Muskulatur in der Kruppe wird hart und schmerzempfindlich. Die Symptome klingen jedoch nach 3 bis 4 Stunden wieder ab.

3. Kräftiger Kreuzschlag

Hier erscheinen die Symptome bereits nach 10 bis 20 Minuten Arbeit. Kräftiges Schwitzen und eine starke Versteifung im hintern Teil des Körpers können festgestellt werden. Das Pferd zeigt einen schwankenden Gang auf den Hinterbeinen, und die Muskulatur ist hart und gespannt. Die Symptome an den Hinterbeinen verschwinden zum größten Teil nach ca. 4 Stunden. Eine Bewegungsstörung bleibt jedoch während mehreren Tagen bestehen. Man weist die Krankheit durch eine Blutprobe, in welcher man die Enzyme CK und ASAT untersucht, nach. Früher wurden die Enzyme CPK resp. GOT genannt. Der CK-Wert steigt bei einem vorhandenen Schaden rasch an und fällt nach einigen Tagen wiederum rasch ab. Der ASAT-Wert steigt erst nach einigen Tagen an und stagniert über mehrere Wochen. Wiederholte Blutbestimmungen können uns anzeigen, wann das Pferd wieder arbeitsfähig ist. Die Behandlung besteht in der Abgabe von Medikamenten mit Selen, Vitamin E und B sowie mit einer Ruhigstellung. Eine Korrektur der Fütterung für ein nicht arbeitendes Pferd ist von größter Wichtigkeit. Eine Gewebeprobe von den befallenen Muskeln kann darüber Auskunft geben, welchen Charakter der Schaden hatte und ob er bereits abgeheilt ist. Wenn die Krankheit wieder auftritt, muß das Trainingsprogramm geändert werden. Auch hier erscheint die Möglichkeit einer erblichen Disposition vorzuliegen.

Die allgemeine Muskeldegeneration beim Fohlen

Beim Fohlen kann eine schwerwiegende Muskelerkrankung auftreten, die zum Tode führt. Die Erkrankung tritt in einer begrenzten geografischen Umgebung auf. Vor einigen Jahren sah man viele dieser Fälle in Südschweden, und in einem Gestüt in Dänemark erkrankten viele Fohlen im gleichen Frühjahr. Die Krankheit äußert sich in einer allgemeinen Muskelversteifung. Die Fohlen haben Mühe, sich zu erheben sowie Nahrung vom Boden aufzunehmen. Die Rücken- und Kruppenmuskeln sowie die Extremitäten sind hart und gespannt. Die Kaumuskulatur ist ebenfalls verspannt. Der Mähnenkamm ist oft verdickt und schmerzempfindlich. Die Atem- und Herzfrequenz ist erhöht. Der Urin kann rot gefärbt sein, was durch den Muskelfarbstoff bedingt ist, welcher bei einem Zerfall der Muskelfasern ausgeschieden wird. Die Ursachen der Erkrankung werden heutzutage als Mangel an Selen und den Vitaminen E und B im Euter gesehen. Natürlich können auch Infektionen Ursache einer allgemeinen Muskelentzündung sein. Die Behandlung besteht in der Zuführung von Selen und Vitamin E und B. In leichten Fällen ist eine Heilung möglich, während in hochgradigen Fällen die Fohlen sterben oder invalid bleiben. Es ist wichtig, daß die Fohlen während der Krankheit absolut ruhig gehalten werden, damit sich der Muskelschaden nicht steigert. In einer Umgebung, in der die Fohlen von dieser allgemeinen Muskelentzündung befallen werden, sollte man als vorbeugende Maßnahme den trächtigen Stuten im späten Teil der Trächtigkeit Selen und Vitamin E verabreichen.

Lahmheitsauslösende Nervenerkrankungen

Der Ataxie-Komplex wurde bereits besprochen.

Die Nervenschäden

Bei einem kräftigen Trauma über der Schulterpartie kann ein Nerv, der über den Schulterblatthals hinwegzieht, beschädigt werden. Dadurch kann die Muskulatur, die das Schulterblatt gegen den Brustkorb zieht, nicht mehr arbeiten, und die ganze Schulter bei der Bewegung nach außen fällt. Dies bezeichnet man als «Abplatten». Dieser Nervenschaden kann bei leichten Fällen in einigen Wochen abheilen, schwere Fälle brauchen bis zu einem Jahr für die Heilung. Die Hälfte der Fälle kann jedoch nicht abheilen, und die Pferde müssen getötet werden. Wir warnen allerdings vor zu frühem Töten und Überschreiben an die Versicherung, da Fälle vorkamen, die nach langer Zeit wieder einsatzfähig wurden. Der Nervenplexus unter dem Schulterblatt kann ebenfalls im Zusammenhang mit einem schweren Unglücksfall oder nach einer längeren Operation in Seitenlage geschädigt werden. Ein Pferd, dessen Nerven auf diese Weise geschädigt werden, kann sein Bein nicht vorführen, schwitzt und zeigt deutliche Schmerzsymptome. Nach 3 bis 4 Tagen kann sich dieser Zustand jedoch deutlich verbessern.

Ein Schlag auf die Nervenbahnen im Bereich der Fessel kann dann auftreten, wenn sich das Pferd selbst auf der Innenseite verletzt. Dies kann eine plötzliche, stark schmerzende Lahmheit zur Folge haben. Werden diese Nerven mehrmals einem Schlag ausgesetzt, bilden sich an dieser Stelle schmerzhafte Nervengeschwulste (Neurom), die operativ entfernt werden müssen.

Lahmheitsauslösende Gefäßerkrankungen

Mit dem Begriff der intermittierenden Lahmheit bezeichnet man eine Funktionsstörung im Hinterbein, die auf dem Vorkommen von Thromben (Blutpfropfen) in den Arterien des Hinterbeines beruht. Es kommen alle möglichen Grade der Lahmheit vor. Typisch daran ist, daß sich das Pferd, wenn es aus dem Stall geführt wird, völlig normal bewegt. Nach einer gewissen Zeit beginnt es dann auf einem oder auf beiden Beinen (je nachdem, wo sich die Blutpfropfen befinden) zu hinken. Bewegt man das Pferd weiterhin oder treibt es sogar noch etwas an, z. B. an der Longe, beginnt es stark zu schwitzen und zeigt deutliche Schmerzen, verbunden mit zunehmender Lahmheit an den Hinterbeinen. Die Ursache dieser Pfropfenbildung ist nicht klar, man vermutet jedoch, daß sie von einer gewissen Wurmart, welche die Gefäßwände durchbohren, entsteht. Wenn man das Krankheitsbild entdeckt, sind die Blutbahnen bzw. die Arterien in diesem Bereich bereits so stark gestört und die Thromben «organisiert», daß sie nicht operativ entfernt werden können, um das Pferd zu retten. Sind nur einzelne Blutgefäße angegriffen, kann mit der Zeit eine Anpassung stattfinden, indem andere Blutgefäße für die nötige, sauerstoffhaltige Blutzufuhr in das Bein aufkommen. Diese Umstellung kann jedoch Jahre dauern.

Die Krankheiten der Verdauungsorgane

Zahnerkrankungen

Der Zahnpflege wird in den letzten Jahren immer mehr Bedeutung zugemessen. Nach einer englischen Untersuchung macht die Zahnbehandlung der englischen Pferdepraktiker etwa 10 Prozent der praktischen Tätigkeit aus. Dies ist in Schweden nicht der Fall. Die schwedischen Tierärzte sollten jedoch mehr Interesse für die Zahnpflege und -untersuchung zeigen. Eine regelmäßige Zahnkontrolle muß deshalb in die Routineuntersuchung der Pferde eingehen. Es bestehen gewisse Tendenzen, daß die Pferdebesitzer «Nicht-Tierärzte» bitten, ihren Pferden die Zähne zu untersuchen. Im Tierspital von Helsingborg wurden Fälle gesehen, die von nicht ausgebildeten Personen direkt mißhandelt, anstatt von qualifiziertem Personal einer korrekt ausgeführten Zahnkontrolle unterzogen wurden.

Die Zahnuntersuchung

Durch die Beurteilung der Stellung und Abnutzung der Schneidezähne kann das Alter eines Pferdes bestimmt werden. Dies verlangt jedoch viel Training und eine große Erfahrung. Die Zähne der Pferde werden, mit Hilfe einer Lampe, mit den Händen abgetastet und allenfalls auch geröntgt. Man stellt das Pferd dazu am besten in einen Zwangsstand. Es kann jedoch auch in einer Boxenecke oder im Stallgang untersucht werden. Um sich gegen ein allfälliges Schlagen der Pferde zu schützen, legt man am besten einige Strohballen vor die Vorderfüße der Pferde. Es gibt heute gute Mittel, die Pferde etwas zu dämpfen, worauf man sie dann gefahrlos und eingehend untersuchen kann. Um eine gründliche Inspektion und Palpation durchführen zu können, muß die Mundspalte mit einem Maulkeil so weit als möglich geöffnet werden. Ein Fiberendoskop ist zu dieser Untersuchung sehr geeignet. Es ist sehr wichtig, daß man scharfe Kanten und Haken an den Zähnen bemerkt sowie Zahnlücken und Wunden in der Mundschleimhaut feststellt. Eingeklemmte Futterteile zwischen den Zähnen verursachen einen übelriechenden Geruch. Vermutet man einen Wurzelabszeß oder eine Zahnfraktur, so ist eine zusätzliche Röntgenuntersuchung unerläßlich.

Der heutige Gebiß-Status des schwedischen Pferdes

Das regionale Tierspital von Helsingborg führte 1986 und ’87 eine Untersuchung durch, um sich ein Bild über den Zustand des Gebisses und der Mundhöhle zu verschaffen. Bei 156 Pferden, die im Zusammenhang mit einer Operation narkotisiert wurden, wurde der Zustand der Mundhöhle untersucht. Es wurden alle Veränderungen notiert und eine Einteilung gemacht. Es zeigte sich, daß 92 von 156 Pferden Veränderungen irgendeiner Art in diesem Bereich zeigten. Es muß nochmals betont werden, daß dies nicht Pferde waren, die aufgrund eines Zahnproblems behandelt wurden. Folgende Veränderungen wurden festgestellt: 10 Prozent der Pferde zeigten einen Überbiß, d.h. einen verlängerten Oberkiefer. Bei keinem Pferd wurde jedoch ein verlängerter Unterkiefer festgestellt. Die Hälfte der Pferde, meist im Alter zwischen 5 und 6 Jahren, wiesen scharfe Emaildefekte auf.

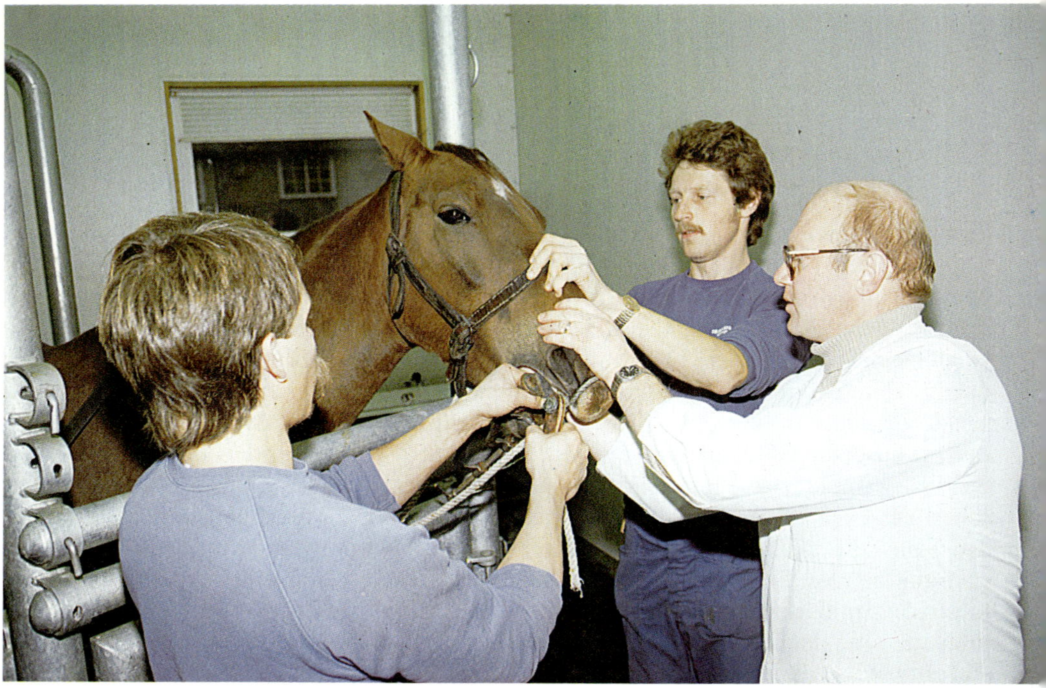

Gebißkontrolle

Raspeln der Zähne mit Maulkeil

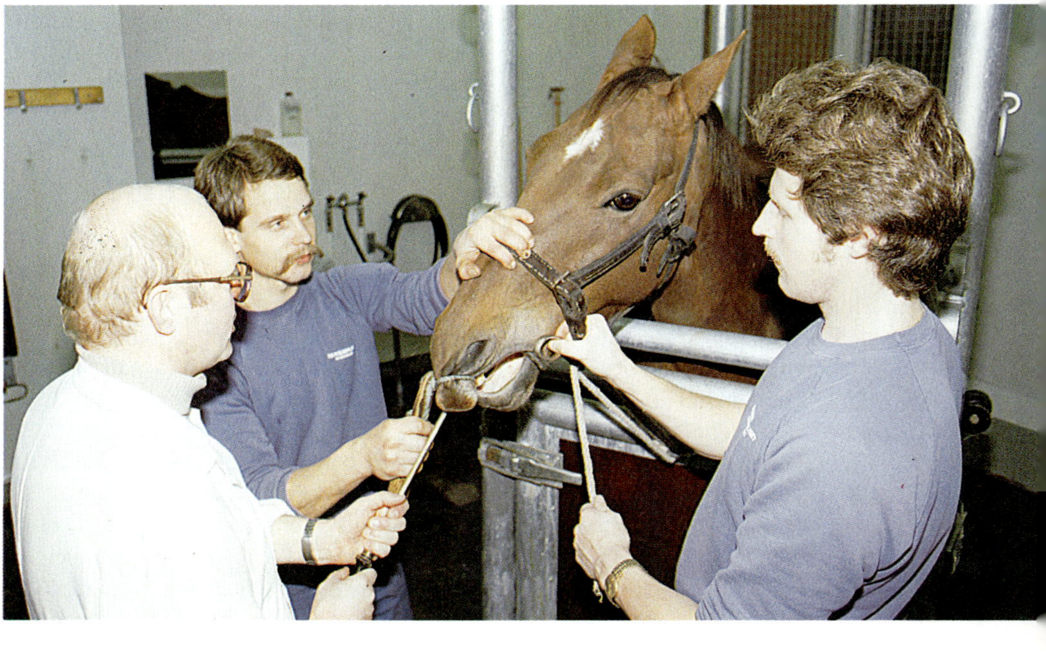

Maulkeil und «Maulgatter»

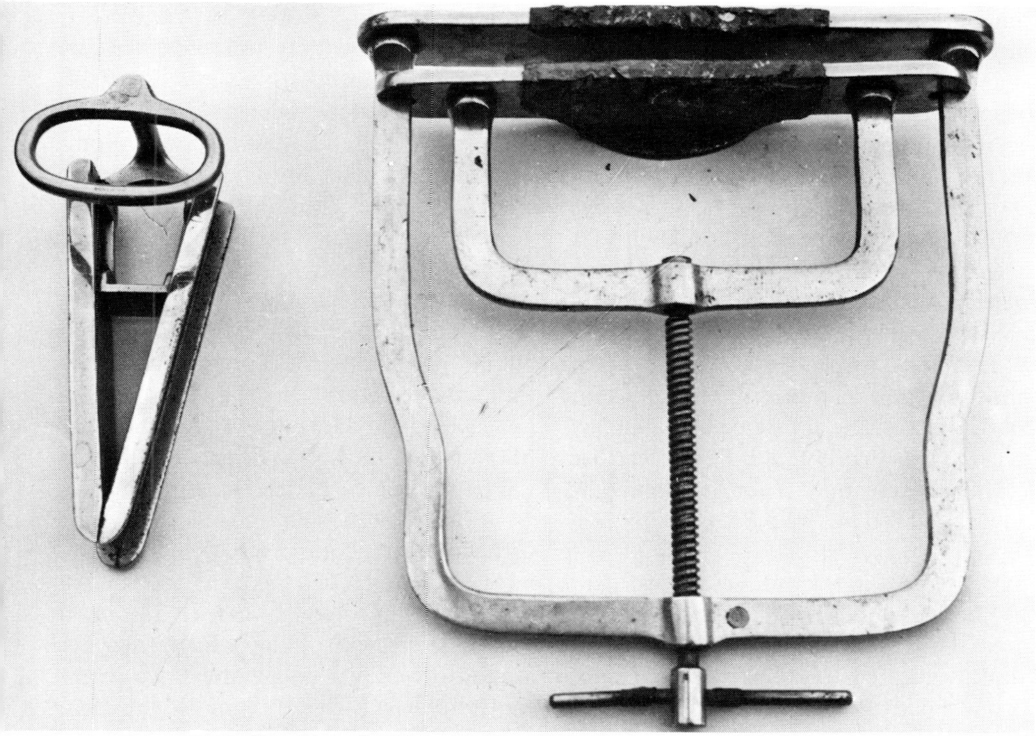

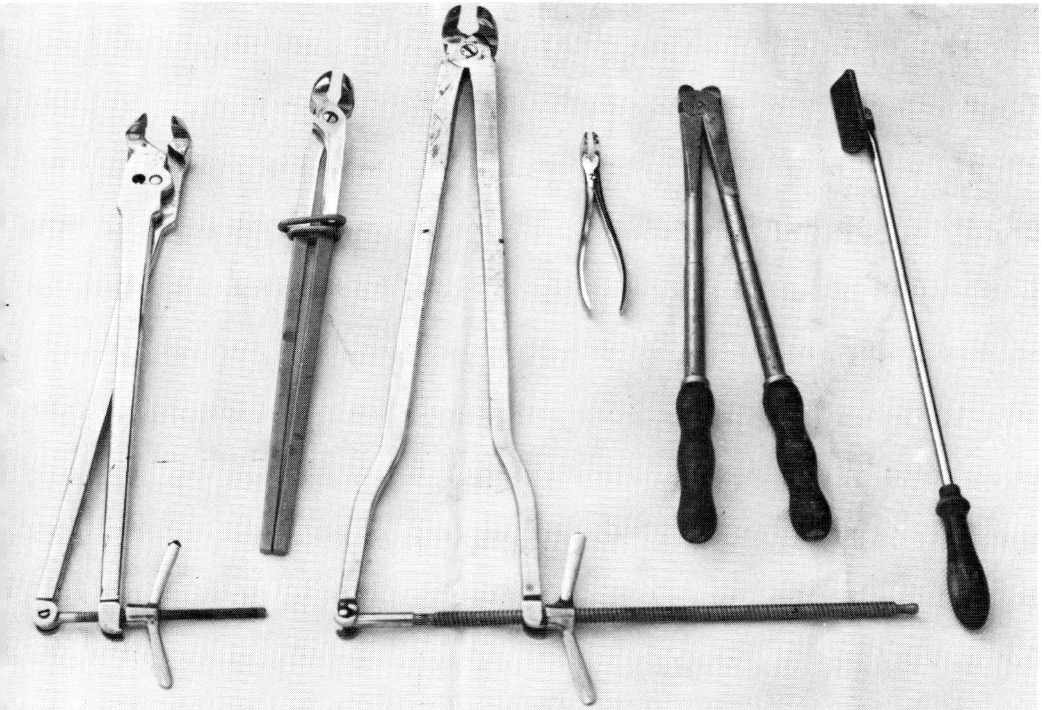

Verschiedene Zahninstrumente: Zangen und Raspeln

Wirklich scharfe Gebisse, d.h. scharfe Kanten resp. Spitzzähne, die Verletzungen im Bereich der Mundhöhle zur Folge haben, wurden bei einer älteren Altersgruppe, von 7 Jahren an aufwärts, in 14 Prozent der Fälle gefunden. 18 Prozent der Fälle zeigten ein sogenanntes Hakengebiß, d.h. das teilweise Abnutzen des vordersten oder hintersten Zahnes in der Zahnreihe, wobei der restliche Zahnteil einen deutlichen Haken bildet. Nicht gewechselte Milchzähne sah man vor allem bei Pferden zwischen 2 und 4 Jahren. Zahnstein fand man häufig am Eckzahn, und dies besonders im Bereich des Unterkiefers bei 5 Prozent der Fälle. Kariöse Veränderungen und Zahnfleischentzündungen wurden zu je 5 Prozent bei den Pferden festgestellt.
Zusammenfassend kann gesagt werden, daß bei dieser Untersuchung scharfe Emailschäden, d.h. die Schicht über den Zahnkronen, scharfe Gebisse (Spitzzähne) und Hakengebisse die dominierenden Befunde bei einer allgemein ausgewählten Anzahl von Pferden darstellten. Deshalb ist eine regelmäßige Zahn- und Mauluntersuchung, besonders bei Pferden über 5 Jahren, dringend zu empfehlen. Eigentlich sollten die Ursachen für die häufig auftretenden Emailschäden und ihre Auswirkungen auf das Wohlbefinden und die Leistungsfähigkeit der Pferde näher untersucht werden.

Angeborene Zahnfehler

Es können überzählige Zähne vorkommen. Liegen diese in der Zahnreihe, haben sie normalerweise keine Folgen. Liegen sie hingegen neben den Zahnreihen, können sie Schäden, vor allem im gegenüberliegenden Kieferteil, bewirken. Da sie nicht abgenutzt werden, können sie sich in den gegenüberliegenden Kiefer einbohren. Der sogenannte Wolfszahn kommt vor allem beim Trabrennpferd vor. Er liegt meistens vor dem normalen vordersten Backenzahn im Oberkiefer. Oft wird die Meinung vertreten, daß der Wolfszahn dem Pferd Beschwerden verursacht, wenn die Oberkiefertrense eingesetzt wird. Viele Trabtrainer lassen ihn deshalb entfernen. Andere überzählige Backenzähne treten selten auf. Wenn sie vorkommen, können sie ein Hakengebiß oder eine sekundäre Zahnfäule (Einklemmen von Futterteilen) hervorrufen.

Angeborene Zahnzysten

Diese treten bisweilen bei Fohlen und Jungpferden auf. Sie können durch die Zahnanlage des zweiten Zahnes entstehen, wobei sie dann direkt unterhalb des Milchzahnes im Kiefer liegen. In anderen Fällen können sie in den Nebenhöhlen des Oberkiefers auftreten. Nicht selten verursachen sie eine ausgesprochene Auftreibung im Bereich des Oberkiefers, was erhebliche Symptome hervorruft. In diesen Fällen ist ein vollständiges Entfernen der Zyste notwendig, da sie sonst die ganze Kieferhöhle ausfüllen kann. Es bestehen gute Aussichten auf eine vollständige Abheilung.

Die angeborene Ohrenfistel

Diese entsteht aus einer falschplazierten Zahnanlage. Am Ohrgrund liegt meistens ein kleines Zähnchen fest mit dem Knochen verbunden. Von dort führt eine oft schleimabsondernde Fistel an den Ohrgrund. Bei der operativen Entfernung dieser Fistel muß die Zahnanlage stets entfernt werden.

Die angeborenen Zahnstellungsfehler

sind wahrscheinlich erblich bedingt und können in vier unterschiedlichen Formen auftreten, nämlich als Überbiß, Unterbiß, Kreuzbiß oder Lückengebiß.
Beim Überbiß oder Karpfengebiß werden die Zähne nicht normal abgenutzt. In hochgradigen Fällen berühren sich die Flächen der Schneidezähne überhaupt nicht. Das Pferd kann dann beim Weiden Schwierigkeiten haben, das Gras abzurei-

ßen. Dies gilt vor allem beim Überbiß. Oft kommen der Überbiß und das Lückengebiß beim selben Pferd vor. Beim Lückengebiß können sich Futterteile zwischen den einzelnen Zähnen einklemmen und eine Zahnfleischentzündung mit anschließender Zahnlockerung zur Folge haben. Das Hakengebiß ist eine Folge des Überbeißens, wobei es immer der erste Backenzahn ist, der nicht vollständig abgenutzt wird, so daß sein vorderer Teil einen Haken bildet. Dieser Haken muß geschliffen, abgeschnitten oder abgeknipst werden. Der Unterbiß oder das Hechtgebiß ist sehr selten und hat keine größere Bedeutung. Der Kreuzbiß (Campylognatie) tritt nur in seltenen Fällen auf. Im fortgeschrittenen Stadium führt diese Mißbildung zum Euthanasieren der Tiere. Schwache Fälle bereiten dem Pferd jedoch keine größeren Beschwerden. Das Lückengebiß kann jedoch auch als einzelne Veränderung oder Mißbildung auftreten. Für die Schneidezähne bildet das Lückengebiß keine größeren Probleme. Bei den Backenzähnen kann es jedoch zu Futtereinklemmungen und zu den bereits erwähnten Zahnlockerungen kommen.

Fehler im Zahnwechsel

Ein verspäteter Wechsel eines Schneidezahnes kann eine falsche Richtung des nachstoßenden, definitiven Zahnes zur Folge haben. Deshalb soll der verbleibende Milchzahn so bald als möglich entfernt werden. Der verspätete Wechsel der Milchbackenzähne 2 und 3 kann dem Pferd Schwierigkeiten beim Kauen bereiten. Das Futter wird dann unter den Milchzahn gepreßt. Dabei kann eine Entzündung des Zahnfleisches entstehen, die leicht auf den definitiven Zahn übergreifen kann und dort einen Wurzelspitzenabszeß auslöst. Sowohl Karies als auch Spitzzähne können als Folge von verspätetem Zahnwechsel entstehen. Die verbliebenen Milchzähne, sogenannte Kappen, werden mit der Zahnraspel, den Fingern oder einer Zange entfernt.

Erworbene Zahnfehler

Das scharfe Gebiß oder die Spitzzähne sind das bei Pferden am häufigsten vorkommende Zahnleiden. Nicht selten beginnt es bereits in der Zeit des Zahnwechsels. Dabei bilden sich scharfe Kanten und Spitzen an den Backenzähnen. Im Oberkiefer treten diese auf der Außenseite, d.h. gegen die Backentasche, und im Unterkiefer auf der Innenseite, d.h. gegen die Zunge, auf. Der Mechanismus, der zu dieser Veränderung führt, hat seine Ursache darin, daß die seitliche Zungenbewegung nicht genügend stark ist. Die Backenzähne sind ganz anders aufgebaut als die beim Hund oder Schwein. Die Zähne der Pferde werden einerseits abgeschliffen und andererseits von unten nach oben aus dem Zahnfach geschoben. Wenn das Pferd Futter aufnimmt, wird dieses zuerst auf der einen Seite mit 40 bis 50 Schlägen gekaut. Anschließend wird der Futterballen auf die andere Seite geschoben und dort mit weiteren 40 bis 50 Schlägen gekaut.

Beim scharfen Gebiß, resp. bei Spitzzähnen, entstehen Wunden in der Schleimhaut. Das Pferd nimmt das Futter nur noch ungern auf und kaut nicht mehr richtig. Dadurch kommt es zu einer Verstärkung der scharfen Kanten, was sich schlußendlich in einem verminderten Nährzustand und Leistungsvermögen äußert.

Die Behandlung der Spitzzähne besteht im Abfeilen der Zahnspitzen. Dieses soll aber vorsichtig durchgeführt werden. Es darf auf keinen Fall zuviel geraspelt werden. Es ist darauf zu achten, daß das Pferd nicht noch mehr verletzt wird.

Das Hakengebiß ist ein erworbener Mangel und ist im Zusammenhang mit dem Überbiß bereits beschrieben worden.

Das Wiederkäuergebiß, das Wellen- und das Treppengebiß sind Beispiele für Ver-

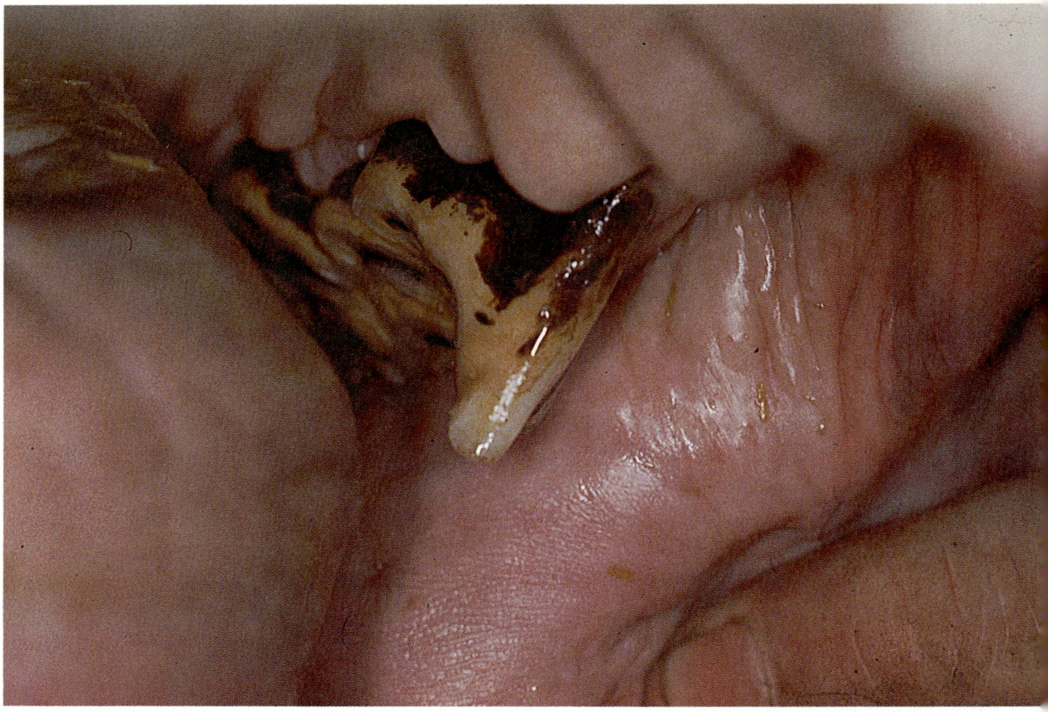

Hakengebiß

änderungen an den Oberflächen der Backenzähne, die meistens durch unterschiedliche Härte der Zahnoberflächen entstehen. Bei der Behandlung versucht man die Kauflächen mit der Raspel oder mit einer Schleifmaschine auszugleichen.

Das Scherengebiß an den Backenzähnen oder das Kreuzgebiß an den Schneidezähnen entwickelt sich dann, wenn das Pferd aus irgendeinem Grund einseitig kaut. Die Ursache kann eine chronische, schmerzhafte Entzündung in einem Kiefergelenk, ein chronischer Zahnfehler, schwere Zahnfäulnis, eine Zahnfraktur oder eine Geschwulst im Kieferknochen sein. Als Folge davon wachsen die Zähne aneinander vorbei und wirken wie zwei Scherenschenkel auf der nichtkauenden Seite. Hier sollte zuerst die Grundursache behandelt werden, und erst dann müssen die Zähne abgeschnitten oder abgeschliffen werden. Die Prognose ist jedoch häufig schlecht, da in vielen Fällen das Grundleiden nicht beseitigt wird.

Unter dem Koppergebiß versteht man ein Abschleifen der Vorderkante der Schneidezähne. Diese Veränderung hat jedoch keinen Einfluß auf die Kaufunktion.

Das Lückengebiß des alten Pferdes kommt nur bei sehr alten Pferden vor. In solchen Fällen sind die Emailkanten auf den Kauflächen vollständig abgeschliffen. Die Kaufläche wird glatt, und der Mahleffekt ist sehr schlecht. Junge Pferde mit schlechter Zahnqualität können bereits in jungen Jahren ein solches Gebiß entwickeln. Diesen Pferden muß ein spezielles und weiches Futter verabreicht werden. Bei alten Pferden kann es auch zu einer Lockerung und zum Ausfall der Zähne führen.

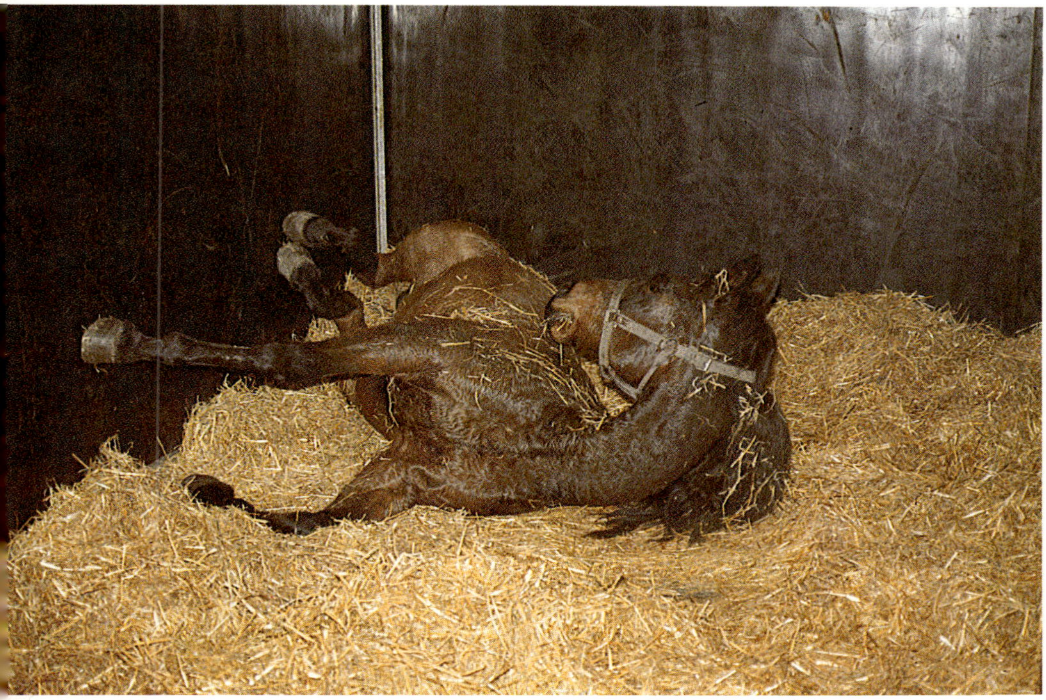

Pferd mit Bauchschmerzen (Kolik)

Dünndarmeinstülpung (Dünndarm-Invagination)

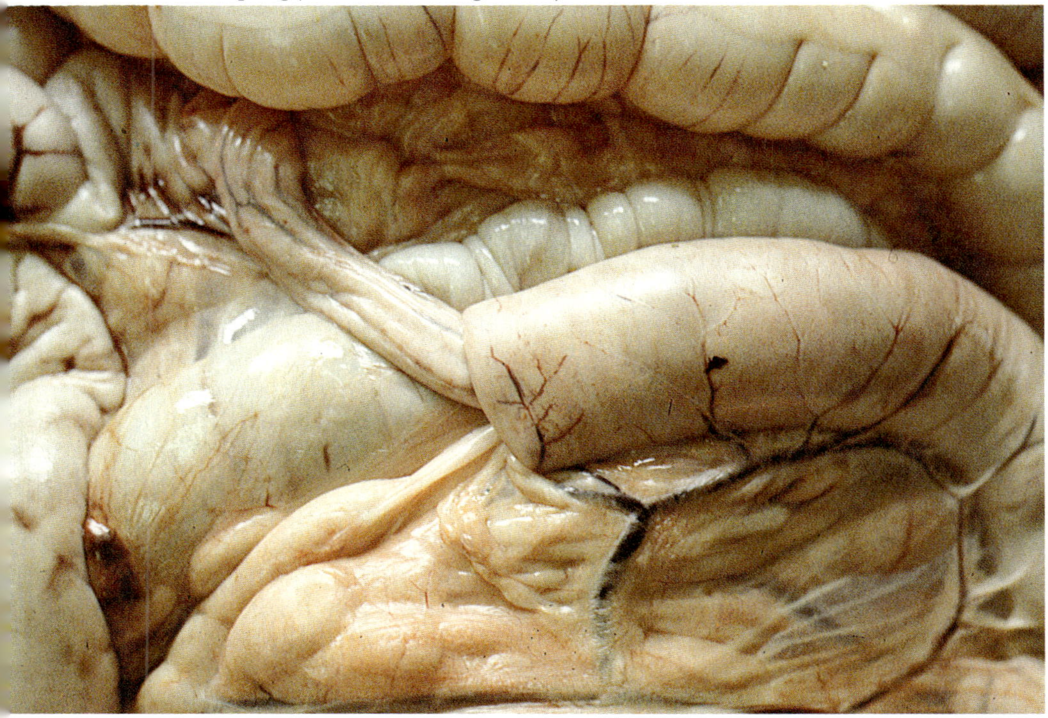

Kolik

Unter Kolik versteht man Schmerzen im Bereich der Bauchhöhle. Dies bedeutet, daß der Begriff «Kolik» ein Symptom mit einer Lokalisation ist, jedoch ohne Diagnose. Dieser Zustand verlangt deshalb eine diagnostische Untersuchung. Sie beginnt mit dem Abhören der Bauchhöhle, der sogenannten Auskultation, im Bereich von beiden Flanken, wobei man sich hier auf die Darmgeräusche konzentriert. Als weiterer Schritt wird der Puls oder die Herzschlagfrequenz gemessen. Anschließend überprüft man den Bauchumfang, um festzustellen, ob dieser durch Gasansammlung aufgetrieben ist. Die Maul- und Augenlidbindehäute werden auf ihre Farbe hin untersucht, die hellrot und nicht verfärbt sein müssen. An den Beinen wird die periphere Zirkulation überprüft, diese dürfen deshalb nicht kalt sein. Es darf nie vergessen werden, die Temperatur zu messen. Als weitere Maßnahme kann man das Pferd etwas an der Hand bewegen oder longieren und dabei kontrollieren, ob Gas oder Kot abgeht. Anschließend soll eine Beurteilung erfolgen.

Wenn sich der Zustand des Pferdes durch die Bewegung verbessert, es im Stall wieder zu fressen beginnt und normale Darmgeräusche festgestellt werden, kann mit Beiziehen des Tierarztes etwas zugewartet werden. Wird das Pferd jedoch im allgemeinen Befinden schlechter und zeigt einen Puls von 60 bis 80 Schlägen pro Minute, muß der Tierarzt gerufen werden. Auch eine erhöhte Atemfrequenz ist in diesem Zusammenhang ein schlechtes Zeichen.

Der Tierarzt wird in den meisten Fällen das Pferd rektalisieren, d. h. via Enddarm den Zustand in der Bauchhöhle abklären, und nicht selten wird dann auch der Magen mit der sogenannten Nasenschlundsonde sondiert, um diesen von Gas und Flüssigkeit zu befreien oder auch um Arzneimittel einzugeben. In vielen Fällen gibt man ein leichtes Abführmittel, wie z. B. Paraffinöl, wenn eine Verstopfung vorliegt. In diesem Zusammenhang muß man von der unkritischen Anwendung der starken Schmerzmittel (Prostaglandine, wie z. B. Finadyne und Banamine) warnen. Diese dürfen nie ohne eine vorgängig gestellte Diagnose abgegeben werden! Mit diesen Präparaten können die Symptome überdeckt werden. Dadurch kann eine chirurgische Kolik, z. B. eine Darmverdrehung, zu spät erkannt werden. Bei frühzeitiger Einlieferung in eine Klinik mit der Möglichkeit für Bauchchirurgie hätte dem Pferd geholfen werden können. In der Regel wird das Pferd in einer solchen Klinik nochmals gründlich untersucht, bevor eine definitive Stellungnahme zu einer Operation genommen wird. Meistens wird die Rektalisierung und die Sondierung des Magens wiederholt. Oft wird auch eine Blutprobe entnommen, um die Bluteindickung und das Eiweiß im Blut zu bestimmen. Diese beiden Werte sind sehr wichtig, um die Aussichten der Operation zu beurteilen und den Austrocknungszustand des Pferdes festzustellen. Ist das Abdomen des Pferdes stark gasig aufgetrieben, wird nicht selten eine Punktion mit einem Trokar von außen durchgeführt. Diese Maßnahme kann den Allgemeinzustand des Pferdes deutlich verbessern und Puls- und Atemfrequenz wieder normalisieren. Anschließend wird auch die Bauchhöhle punktiert. Gewinnt man dabei eine Flüssigkeit, die Blut enthält, ist der Verdacht auf eine Darmverdrehung oder -einklemmung naheliegend.

Zeitweise haben die Pferde so starke Koliksymptome, daß diese weder mit krampf- noch mit schmerzstillenden Mitteln zu beheben sind. In solchen Fällen muß entschieden werden, ob man einen Operationsversuch durchführen soll oder ob das Pferd getötet werden muß. Dabei sind auch Alter und Wert des Pferdes zu berücksichtigen. Wenn möglich sollte auch die Pferdeversicherung angefragt werden.

Falls die Symptome nicht abklingen, empfiehlt es sich, das Pferd zuzudecken, um es nach dem häufig starken Schwitzen warm zu halten. Das Pferd soll während der nächsten Tage kein Kraftfutter erhalten, und die gesamte Fütterung muß überprüft werden. Es ist auch abzuklären, ob unter Umständen schlechtes Futter oder verunreinigtes Wasser die Ursachen der Kolik waren. Es empfiehlt sich auch, das Entwurmungsschema durchzusehen und die Zähne zu kontrollieren. Es zeigte sich, daß in vielen Fällen zu wenig Bewegung und zu starke Fütterung die Ursachen von leichteren Kolikanfällen waren.

Die Dickdarmverstopfung

Dies ist die häufigste Kolikursache beim Pferd. Sie ist in den meisten Fällen einfach zu beheben. Aber auch sie muß frühzeitig erkannt und behandelt werden. Sehr viele Ursachen können für eine Verstopfung im Dickdarm vorliegen. Zum Beispiel kann ein zu rascher Übergang vom einen zum anderen Futtermittel das Leiden verursachen. Ebenfalls kann die Stallfütterung nach dem Weidegang während eines ganzen Sommers eine Kolik auslösen. Die Fütterung von schimmligem Heu und faulem Stroh kann ebenfalls Kolik zur Folge haben. Die Pferde sind träge und trotzdem unruhig. Sie kratzen mit den Vorderfüßen. Sie legen sich immer wieder nieder, rollen sich und schauen auf ihren Bauch. Der Puls ist bis auf 60 Schläge pro Minute erhöht, die Körpertemperatur ist jedoch normal. Die Diagnose sichert der Tierarzt durch eine Rektaluntersuchung. Die Behandlung besteht im Entzug des Futters, und einem ausgewachsenen Pferd werden mit der Nasenschlundsonde ca. 2 bis 3 Liter Paraffinöl zugeführt. Wenn das Pferd ausgetrocknet ist, soll man ca. 10 Liter einer geeigneten Tropfinfusionslösung zweimal täglich infundieren. In gewissen Fällen kann sich eine Verstopfung nach 3 bis 4 Tagen lösen. Hat das Pferd starke Schmerzen, spritzt man ihm zwei- bis dreimal täglich ein krampflösendes Mittel.

Einer Dickdarmverstopfung kann vorgebeugt werden, indem man gutes und frisches Futter verwendet und etwas Rübenschnitzel, Melasse oder Rüben dazugibt. Man soll brüske Futterwechsel vermeiden und um regelmäßige Bewegung und entsprechende Futtermengen besorgt sein. Das Pferd muß periodisch entwurmt, die Zähne kontrolliert und allenfalls abgeraspelt werden. Beim Übergang von der Weide zur Stallfütterung soll man speziell etwas loses Futter, wie oben erwähnt, beigeben. Bei Bedarf können dem Futter 2 bis 3 Deziliter Paraffinöl beigemischt werden.

Unter diesem Abschnitt soll auch die Sandkolik besprochen werden. Diese entsteht bei Pferden, die auf sandigen Böden geweidet werden und die dadurch mit Gras und Wurzeln viel Sand im Futter aufnehmen. Dieser Sand wird am tiefsten Punkt des Abdomens in der zweiten Dickdarmlage gesammelt.

Bei einer mäßigen Füllung kann es schwierig sein, bei der Rektaluntersuchung diesen Ort zu erreichen. Oft wird jedoch etwas Sand im Enddarm selbst oder in den Kotballen festgestellt. In diesen Fällen ist ein intensives Abführen, Bewegung und evtl. Einführen von Flüssigkeit per Nasenschlundsonde oder mit Infusionen äußerst wichtig. Viele von diesen Sandkolikfällen müssen jedoch operiert werden. Man versucht dabei nach Öffnung der Bauchhöhle den Dickdarm durch intensive Massage nach hinten zu entleeren. Dies gelingt jedoch nicht in allen Fällen, woraufhin der Darm geöffnet und ausgespült werden muß. Nach der Operation und der Narkose stellt sich immer das Problem, die Darmtätigkeit in Gang zu bringen. Eine intensive Überwachung und eine Behandlung mit darmtätigkeitsstimulierenden Mitteln (Neostigmin jede halbe bis ganze Stunde) während mehrerer Tage ist notwendig. Mittels Infusionen kann der Wasserhaushalt korrigiert werden, Antibiotika und schmerzstillende Mittel werden oft über längere Zeit hinaus verabreicht. Heute kann in solchen Fällen das neuere, stark wirkende Präparat Finadyne oder Banamine angewendet werden. Die Wundheilung ist nicht immer unproblematisch, und es ist nicht selten notwendig, das Pferd ein bis zwei Monate nicht zu belasten und auf einer kleinen Weide zu halten.

Die Verstopfung beim Fohlen (Mekoniumverstopfung)

Die Mekoniumverstopfung löst sich am ehesten, wie bereits beschrieben, durch die notwendigen ersten Pflegemaßnahmen oder allenfalls durch Klistiere. Anstelle eines Klistiers kann in leichteren Fällen das im Handel erhältliche Mikrolax verwendet werden. Bei den geringsten Anzeichen einer Austrocknung kann etwas Paraffinöl verabreicht und eine sofortige Flüssigkeitszufuhr mittels einer Tropfinfusion eingeleitet werden. In einzelnen Fällen ist es sogar notwendig, die Bauchhöhle zu öffnen und das Mekonium oder Darmpech herauszumassieren. In anderen Fällen stellt man bei diesen Verstopfungsoperationen eine Darmmißbildung fest. Fehlen zum Beispiel ganze Darmteile, kann ein chirurgischer Eingriff an Ort und Stelle erfolgreich vorgenommen werden. Bei halbjährigen Fohlen kann eine Verstopfung in Form eines Zapfens im kleinen Dickdarm auftreten. Dieser ist im allgemeinen nur durch Öffnen der Bauchhöhle und direkte Massage zu eliminieren. Ebenso kann eine massive Invasion von Spulwürmern Ursache einer Verstopfung beim Fohlen sein, und nicht selten bewirkt diese eine Darmeinstülpung.

2jähriges Pferd mit akuter Graskrankheit. Man beachte die Apathie, den aufgezogenen Bauch und die umschriebenen Schweißstellen

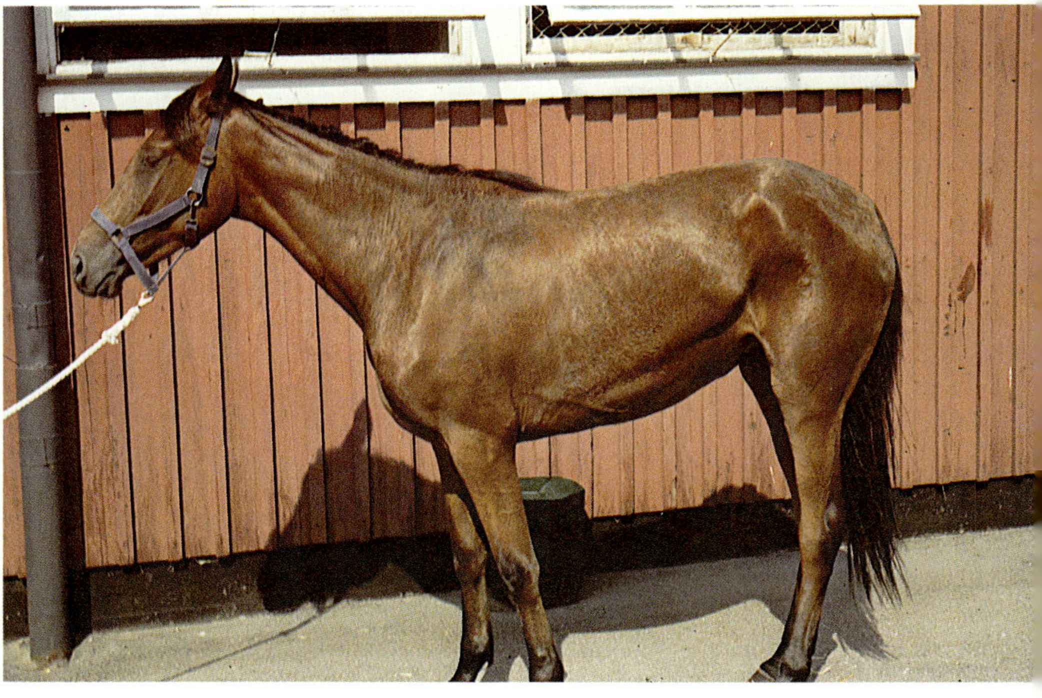

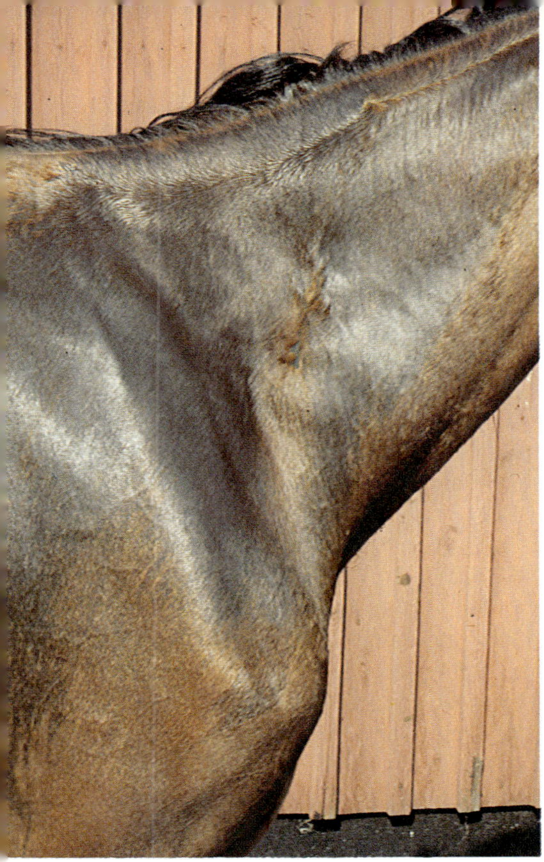

Die Gaskolik

Bei ihr füllt sich der Darm mit Gas und bereitet dem Pferd starke Schmerzen. Die Pferde werfen sich zu Boden, wo sie sich oft an hervorstehenden Körperteilen (Arm-, Augen-, Hüftbogen, Vorderknien und Sprung- und Fesselgelenken) Schürfverletzungen zuziehen. Der Bauch spannt sich außerordentlich, der Puls erhöht sich auf 70 bis 80 Schläge pro Minute. Die Ursache kann wiederum verdorbenes Futter sein. In den meisten Fällen sind es jedoch Thrombosen (Blutpfropfen), die sich von der Gekrösearterie gelöst haben und nun in den kleineren Gefäßen des Dünndarmes steckenbleiben. Die Darmtätigkeit wird dadurch unterbrochen, worauf sich eine abnorme Gasbildung einstellt.

Umschriebene schwitzende Stelle über der Schulter bei akuter Graskrankheit

Chronische Graskrankheit. Das Pferd ist stark abgemagert, und der aufgezogene Bauch gibt ihm das Aussehen eines Windhundes

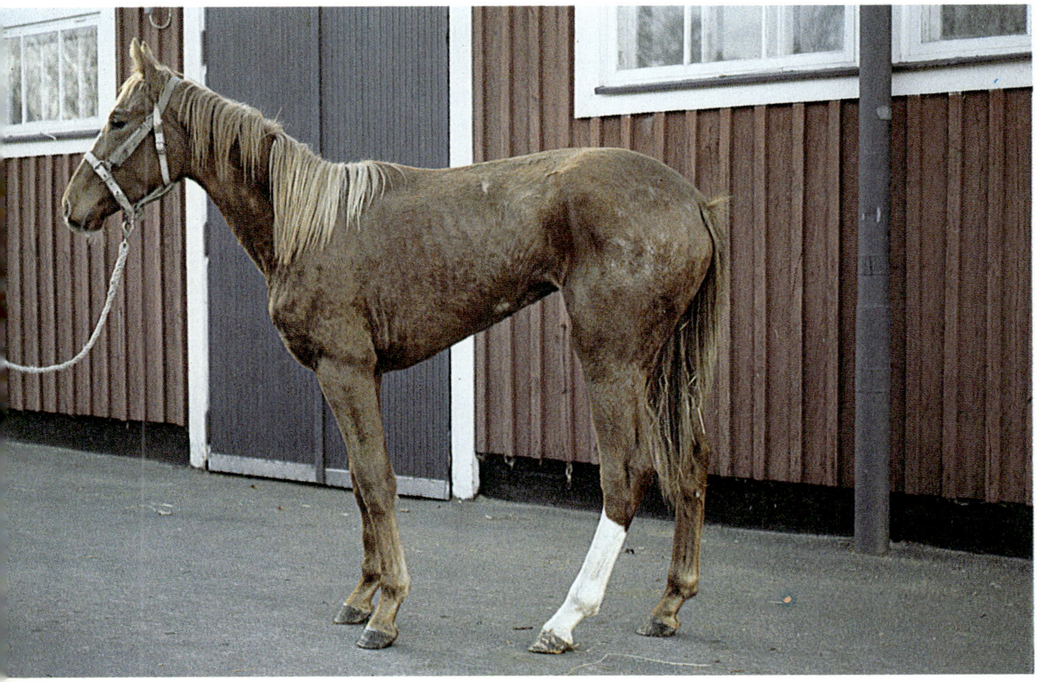

Die Ursache der oben erwähnten Blutpfropfen liegt in den Gekrösearterien. Bei der Gaskolik besteht immer das Risiko, daß entweder der Magen oder andere gefäßgeschädigte Darmteile auseinanderbrechen. Die Behandlung besteht im Entfernen von Gas und Flüssigkeit aus dem Magen mit Hilfe der Nasenschlundsonde. Oft muß der mit Gas überfüllte Dickdarm auf der linken oder rechten Flankenwand punktiert (trokarisiert) werden. Dadurch werden die starken Schmerzen im Darm etwas gelindert. Es ist selbstverständlich, daß gleichzeitig krampflösende Medikamente injiziert werden. Die Aussichten für das Pferd sind zu diesem Zeitpunkt oft schwierig zu beurteilen. Voreilige Schlüsse sollten auf keinen Fall gezogen werden, bevor nicht eindeutig feststeht, daß die Situation hoffnungslos ist. Dies bedingt jedoch eine genaue Überprüfung des Krankheitsverlaufes. Die Schäden an den Gekrösearterien, deren Verursacher Parasitenlarven sind, und die in der Folge auftretenden Gaskoliken heilen mit der Zeit aus. Es kann jedoch Jahre dauern! Eine tägliche Paraffinölbehandlung über längere Zeit hinweg ist oft unumgänglich.

Die Darmeinstülpung (Invagination)
ist eine Kolik, die meistens beim Fohlen mit Durchfall vorkommt. Beim erwachsenen Pferd ist es der letzte Teil des Dünndarms, der sich in den Enddarm hineinstülpt, was jedoch eher selten vorkommt. Beim Fohlen wird dabei meistens der Dünndarm befallen. Typisch für eine Darmeinstülpung sind die anfangs geringen Koliksymptome, die sich jedoch durch die üblichen Behandlungen nicht beeinflussen lassen. Die Diagnose ist oft sehr schwierig zu stellen und wird letztlich durch die Blutprobe im Labor gesichert. Wenn die Symptome nach einem halben Tag nicht nachlassen und sich die Kolikanfälle eher vermehren, öffnet man das Abdomen. Das invaginierte und eingestülpte Darmstück wird herausgezogen oder amputiert. Ohne operativen Eingriff hat das Pferd keine Überlebenschance.

Die Darmverdrehung
kommt in verschiedenen Formen vor und zeigt stets sehr starke Koliksymptome.

Den eingeklemmten Hodenbruch
zählt man ebenfalls zu den Fällen der Darmverdrehungen. Dieser tritt relativ häufig bei den amerikanischen Trabrennpferden auf. Er kann bei Pferden jeden Alters vorkommen. Die Traberfohlen kommen oft mit einem Hodenbruch zur Welt. Dieser verwächst in den meisten Fällen, kann jedoch auch einklemmen. Bei ausgewachsenen Trabrennpferden entsteht dieser Hodenbruch in vielen Fällen nach einem Trainingslauf. Neben den üblichen Koliksymptomen kann ein angeschwollener und schmerzempfindlicher Hodensack beobachtet werden. Eine sofortige Operation ist notwendig. Unabhängig davon, in welchem Alter ein Hengst operiert wird, sollte er gleichzeitig doppelseitig kastriert werden, da ein großes Risiko besteht, daß sich der eingeklemmte Hodenbruch wiederholt. Zudem sollte ein Hengst, der mit einem Hodenbruch geboren wird, nicht zur Zucht verwendet werden. Die Aussichten auf eine Abheilung sind bei dieser Art von Kolik sehr gut, wenn man die Erkrankung und ihre Ursache rechtzeitig feststellt und die Operation unverzüglich d.h. innerhalb weniger Stunden eingeleitet wird.

Die Dünndarmverschlingung (Volvulus), das Aufhängen des Dickdarmes am Milz-Nierenband und die Dickdarmverdrehung
Dies sind alles Beispiele von Darmverdrehungen mit sehr starken Symptomen. Der Puls erhöht sich in der Regel auf 100 Schläge pro Minute. Die sichtbaren Schleimhäute im Maul, in den Bindehäuten und in der Scheide färben sich blaurot. Die Pferde schwitzen und haben sehr

starke Schmerzen. Die Diagnose sichert man unter anderem durch die Rektaluntersuchung. Dabei kann man gasgefüllte Dünndarmschlingen feststellen, die sich bei einer Dünndarmverdrehung wie harte Fahrradschläuche anfühlen. Beim anschließenden Punktieren der Bauchhöhle erhält man meistens ein mit Blut vermischtes Punktat. Sehr oft liefert jedoch erst das Öffnen der Bauchhöhle die endgültigen Beweise zur Sicherung der Diagnose. Eine Voraussetzung für ein Gelingen der Operation besteht in der Intensivpflege sowohl während der Operation als auch in den darauffolgenden Tagen. Dies ist jedoch alles sehr kostspielig. Es gibt Fälle von Darmverdrehungen, die bei einem sofortigen, chirurgischen Eingriff korrigiert werden können, dazu gehören die Einklemmungen in den Kanal des großen Netzes (Foramen Winslowi) und kleinere Verdrehungen im Darm von gestielten Fett-Tumoren (Lipomen), die frei in der Bauchhöhle hängen. Das letztgenannte kommt vor allem bei älteren Pferden vor. Ein Pferd mit einer Darmverdrehung und sehr starken Symptomen wird in der Schlußphase plötzlich ruhig. Dies bedeutet, daß es innert der nächsten 4 bis 6 Stunden stirbt. In diesen Fällen ist in der Regel der Magen geplatzt, und die allgemeine darauffolgende Vergiftung dämpft alle lebenswichtigen Organfunktionen und Schmerzen.

Die beste Form von diesen Lageveränderungen ist ein Aufhängen des Dickdarmes am Milz-Nierenband. Diese sieht man vor allem bei großgewachsenen Wallachen. Ältere Pferde sind oft sehr wenig mitgenommen, und der Verlauf kann mehrere Tage dauern. Junge Pferde sind dagegen oft sehr stark davon betroffen. Es ist nicht einfach, ohne Operation eine Diagnose zu stellen, wenn man nicht über eine sehr große Erfahrung verfügt. Bei einer sicheren Diagnose kann man das Pferd während der Narkose über den Rücken rollen oder an den Hinterbeinen hochziehen und so eine Lösung des aufgehängten Darmes erreichen. Wenn darauf ein starkes Darmgeräusch einsetzt, hat sich der Zustand normalisiert. Anschließend kann das Pferd mit Neostigmin nachbehandelt werden, bis die Darmfunktion normal ist. Wenn das Pferd operiert wird, muß man häufig den Darm entleeren, durchspülen und ihn in die richtige Lage bringen.

Die wichtigsten Voraussetzungen für eine erfolgreiche Kolikchirurgie sind ein rechtzeitiges Erkennen und eine richtige Diagnose, ein schonender Transport zur Klinik mit einer frühzeitig eingeleiteten Behandlung mit krampflösenden Mitteln und Entleerung von Gas aus dem Magen. Im weiteren ist ein rasches Beginnen der Operation an einem gut vorbereiteten Patienten, die Zuführung von Flüssigkeit und Elektrolyten mit Infusionen, eine kurze Narkose, eine rasche Chirurgie und eine intensive Nachbehandlung für den guten Verlauf der Krankheit unerläßlich.

Operationen im Bereich des Dickdarmes sind jedoch am günstigsten. Bei Veränderungen im Bereich des Dünndarmes wird der Allgemeinzustand des Pferdes deutlich stärker belastet, weshalb Narkose und Operation öfters ungünstig ausgehen. Gefürchtete Spätkomplikationen bei Kolikoperationen sind Verwachsungen, sogenannte Adhäsionen im Bereich der Bauchhöhle. Im weiteren können Funktions- und Zirkulationsstörungen das Zerreißen des Darmes zur Folge haben. Fohlen sind in der Regel dankbarere Operationspatienten als erwachsene Pferde.

Die Graskrankheit

muß in diesem Zusammenhang ebenfalls erwähnt werden. Die Krankheit ist häufig mit Koliksymptomen verbunden, welche die Folgen einer Dickdarmverstopfung sind. Diese entsteht durch das Austrocknen des Darminhaltes und durch das Einstellen der Darmbewegungen (Darmperistaltik). Die Graskrankheit tritt in gewissen Jahren ungefähr 3 bis 4 Wochen nachdem die Pferde auf die Weide gebracht werden auf. In Schweden tritt die Krankheit vor allem im südlichen Drittel auf. Sie wurde jedoch auch in Dänemark beobachtet, und der Ausbruch der Krankheit stimmte zeitlich mit demjenigen in Schweden überein. Das führte zum Verdacht, daß eine Vergiftung auf den Weiden die Ursache der Krankheit sei. Allerdings hat eine Untersuchung der Pflanzen, des Trinkwassers und der Düngeverhältnisse kein Resultat geliefert. In Dänemark nimmt man an, daß der Mehltau, und zwar dessen Ruheform, gewisse Pflanzen befällt. Gewöhnlich ist es das langsam wachsende Sommerrispengras *(poa annua),* das angegriffen wird. Dieses wächst oft an Orten, an welchen die Grasnarbe stark abgenutzt wird, z. B. bei Treppen, Durchgängen, Weidezäunen etc. Entlang von Gräben und Bächen wird vor allem eine andere Grasart, das «Kärrkavle»-Gras *(alospecurus geneculatus)* vom Mehltau befallen. Aus diesem Grund sollte man die Weide von Bächen und Gräben abgrenzen. Die befallenen Pflanzen sondern einen süßen Stoff ab, den sogenannten Honigtau, welchen die Pferde sehr gern mögen. Bei Pferden mit weißen Fellteilen färben sich diese mit einem schwarzen, teerartigen Belag. Das Gift dieses Pilzes greift dann die Ganglienzellen der Sympathicusnerven an, die die Darmmotorik ankurbeln. Dadurch kann sich der Magen nicht mehr entleeren, und die Darmbewegung (Peristaltik) stoppt, was ein Austrocknen des Darminhaltes (Verstopfung) zur Folge hat. Früher vermutete man, daß die Krankheit durch ein Virus bedingt sei. Die Krankheit konnte jedoch weder durch die Fütterung von mit Mehltau infiziertem Gras noch durch Blut oder Magen- oder Darminhalt übertragen werden. Im weiteren ist erwähnenswert, daß auch saugende Fohlen nicht erkranken, obwohl die Stute von der Krankheit befallen ist. Auch sind Pferde, die während des Winters im Stall gehalten wurden, an der Graskrankheit erkrankt. Das Leiden erscheint in drei Formen: einer sehr rasch zum Tode führenden Form, einer langsam zum Tode führenden Form sowie einer chronischen Form, bei der die Pferde überleben. Diese Pferde haben dann einen kräftig angeschwollenen Bauch, sind sonst jedoch mager. Ihr gesamtes Aussehen gleicht dem eines Windhundes. Vor allem jüngere Pferde (nicht Fohlen) leiden an dieser Krankheit. Bei der rasch zum Tode führenden Form kommt es oft nicht einmal zu Symptomanzeichen. Man findet das Pferd tot in der Boxe vor. Man kann beobachten, daß sie zur Entlastung des überfüllten Magens auf einen kleinen Hügel steigen. Die Todesursache ist eine Magenruptur oder ein Magenriß. Die akuten Fälle zeigen einen «aufgezogenen» Bauch, Muskelzittern und fleckenartiges Schwitzen. Die Pferde sondern sich von der Herde ab, sind apathisch, zeigen leichte Koliksymptome und Appetitlosigkeit, und nicht selten kann ein Temperaturanstieg festgestellt werden. Bei der Einführung einer Nasenschlundsonde rinnen 20 bis 30 Liter übelriechende Flüssigkeit aus dem Magen. Bei der Rektaluntersuchung kann man festen, eingetrockneten Dickdarminhalt nachweisen. Charakteristisch ist auch der träge Enddarm, der sich mit seinem zugekniffenen Schließmuskel rund um den Darm legt – ein mit der Dickdarmverstopfung verglichen völlig anderer Zustand. Überlebt ein Pferd die ersten Krankheitstage, wird der Bauch mehr und mehr «aufgezogen», das Pferd wird apathischer, und die Schweißflecken nehmen ab. Typisch ist das Spielen der Pferde mit dem Getränkebecken, das sie mit schaumigem Speichel füllen. Man hat den Eindruck, daß die Pferde durstig sind, ohne jedoch trinken zu können. Die Pferde stellen dann häufig die Hinterbeine unter den Bauch und drücken das Hinterteil in eine Boxenecke. Die männlichen Tiere zeigen einen Penisvorfall. Zudem kratzen die Pferde mit den Vorderbeinen am Boden. Diese Fälle können dann leicht in ein chronisches Stadium übergehen oder die Pferde sterben. Eine sichere Diagnose kann oft erst bei der Sektion gestellt werden. Die Behandlung kann nur unterstützend sein. Mit intravenös zugeführten Tropfen kann der Kot flüssig gemacht werden, mit Hilfe eines weiteren Medikamentes wird das Öffnen des Magenmundes und die Bewegung der Darmfunktion veranlaßt. Ist der Darminhalt bereits zu hart, ist jede Behandlung vergeblich. Als vorbeugende Maßnahme gilt in Gegenden, wo die Graskrankheit vorkommt, die Pferde nicht zu früh auf die Weide zu bringen. Diese Weiden können erst im Juli/August von Pferden benutzt werden. Es besteht jedoch die Möglichkeit, in den andern Monaten Rinder auf diese Weiden zu bringen, da sie von der Krankheit nicht befallen werden. Es muß vermieden werden, daß Bäche und Gräben durch die Weiden führen. Im weiteren muß mit stickstoffhaltigen Düngemitteln sehr sparsam umgegangen werden, da die mehltauanfälligen Pflanzen dadurch viel besser wachsen. Stellt man in einem Bestand einen Fall von Graskrankheit fest, darf nur noch Heu gefüttert werden, und die Darmfunktion muß durch Abhören überwacht werden. Bei Unsicherheit kann ein Tierarzt mit Rektaluntersuchung eine vorliegende Graskrankheit feststellen. Ist der Darminhalt bereits trocken, muß die Behandlung unverzüglich eingesetzt werden. Ein Pferd mit einer frühzeitig diagnostizierten und entsprechend behandelten Graskrankheit kann gerettet werden.

Die Schlundverstopfung

Die Schlundverstopfung kommt heutzutage recht häufig vor. Sie kann sämtliche Pferdekategorien erfassen, die mit nicht

Präparat eines aufgeschnittenen Schlundes mit der typischen ringförmigen Verletzung, die dann die Verengung und dadurch den Futteraufstau zur Folge hat

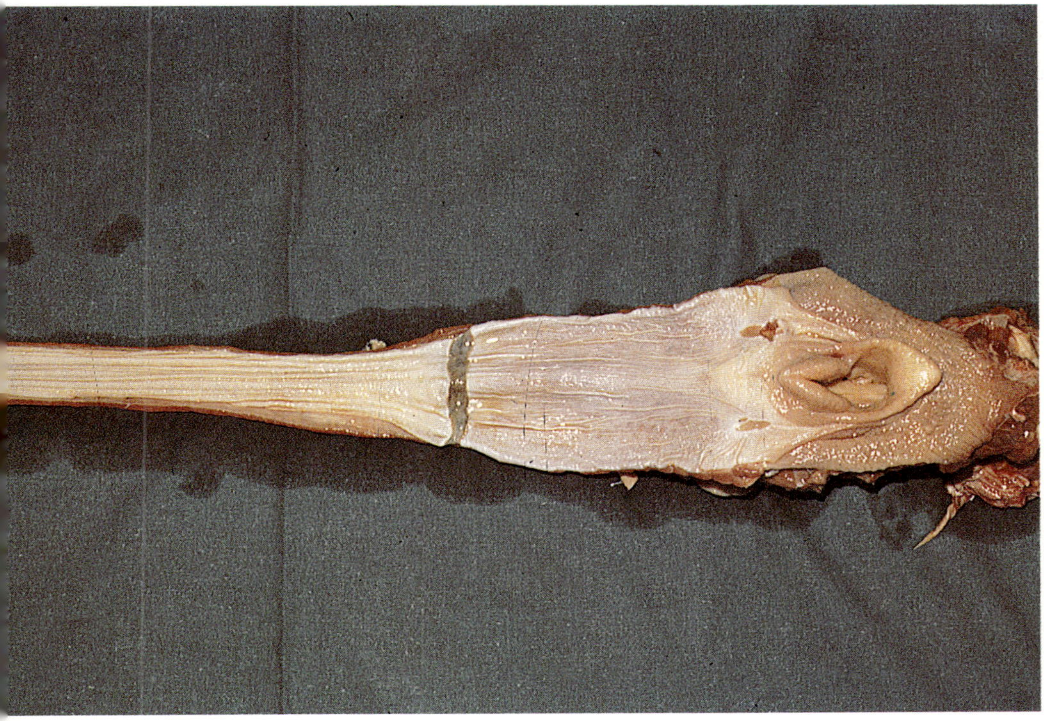

eingeweichten Rübenstücken oder Futterwürfeln gefüttert werden. Das symptomatische Bild ist sehr charakteristisch mit ausgesprochen allgemeinen Beschwerden. Aus beiden Nasenlöchern rinnt ein mit Futterresten vermischtes Sekret und das Pferd steht mit gesenktem Kopf in der Boxe und «sabbert» mit der Zunge. In einzelnen Fällen zeichnet sich in der unteren linken Hälfte des Halses ein Knoten ab, dies ist ebenfalls ein Anzeichen für die Schlundverstopfung. Der Nasenausfluß wird nicht selten als plötzlich eintretende Luftwegsinfektion angesehen. Bei der Einführung der Nasenschlundsonde spürt man jedoch das Hindernis rasch. In einigen Fällen genügen einige krampflösende Spritzen, die eine Lösung der angestauten Futtermassen bewirken. Bei einer starken Verstopfung genügt jedoch diese Behandlungsmethode nicht. Die angestaute Futtermasse muß ausgespült werden. Dazu muß das Pferd narkotisiert werden, da die Behandlung sehr schmerzhaft und nicht risikofrei ist. Es dauert oft mehrere Stunden, bis die Futterverstopfung gelöst wird. Bei diesem Eingriff kann auch eine Atemwegsverlegung auftreten, die dann die Anwendung einer Beatmungskanüle (Tracheotubus), die in die Luftröhre eingelegt wird, erfordert. Eine gleichzeitig verabreichte Tropfinfusion mit großen Mengen von physiologischer Kochsalzlösung ist oft auch notwendig, um einer Gewebeaustrocknung entgegenzuwirken, die häufig die Folge einer solchen Futterverstopfung ist. Obwohl die Behandlung einer Futterverstopfung sehr dramatisch aussieht, ist das Endresultat in den meisten Fällen erfolgreich.
Als vorbeugende Maßnahme gilt, nie unaufgelöste oder trockene Rübenschnitzel zu verfüttern. Wenn mehrere Pferde in derselben Boxe gehalten wie auch gefüttert werden, ist die Gefahr einer Futterverstopfung groß, auch wenn keine Pellets oder trockene Rübenschnitzel gefüttert werden. Futterneid bedingt, daß die Pferde nicht genügend kauen und die Nahrung zu wenig mit Speichel durchsetzt wird. Oft kommt es dann zu Schlundverstopfungen, die jedoch rasch abklingen. Pferde, die solche Symptome zeigen, sollten getrennt gefüttert werden. Wenn sie trotzdem zu rasch fressen, kann man große Steine in die Krippe legen, damit sie nicht zu leicht an das Futter kommen. Auch der Zahnwechsel, bei dem sich sogenannte Zahnkappen bilden, kann das Kauen erschweren, wodurch ebenfalls Schlundverstopfungen entstehen können. Infolge einer Schleimhautverletzung können bei Fohlen und Jungpferden chronische Schlundverstopfungen vorkommen. Diese Verstopfung entwickelt sich, obwohl nicht die obengenannten Futtermittel verabreicht werden. Die Ursache liegt in einer ringförmigen Verletzung, deren Ursache jedoch bis heute unbekannt ist. Diese Verletzung heilt nie ab, und durch die niedrige Funktion des Schlundes magern die Pferde ab. Häufig müssen diese Pferde getötet werden.

Der Durchfall

Eine Darmentzündung mit Durchfall ist recht häufig bei Fohlen anzutreffen. Nicht selten werden sie bereits am neunten Tag nach der Geburt davon befallen, dies nachdem die Stute ihre erste Brunst nach der Geburt hat. Der Durchfall bleibt in vielen Fällen bestehen, obwohl die Brunstzeit der Stute bereits wieder abgeklungen ist. Die Fohlen scheinen dabei oft kaum geschädigt, der Kot ist jedoch so dünn, daß der Schweif des Fohlens naß bleibt und die Haare an der Innenseite der Schenkel ausfallen. Es ist wichtig, daß man sowohl die Milch der Stute als auch den Kot des Fohlens bakteriologisch untersucht. Bis man ein Resultat erhalten hat, beginnt man die Behandlung durch Zuführung von Kohle, einem Sulfatpräparat, Streptomycin oder Chloramphenikol.

Der akute Darmkatarrh
mit Durchfall kommt ebenfalls beim ausgewachsenen Pferd vor. Ungeeignetes Futter, z. B. schimmliges Heu oder Hafer, aber auch Viren oder Bakterien können Ursachen dafür sein. In unhygienischen Stallbedingungen können sich Pferde gegenseitig mit solchen Darminfektionen anstecken.

Salmonelleninfektionen
können auch das Pferd angreifen. Sowohl Fohlen als auch ausgewachsene Pferde mit Durchfall und Fieber sollten unbedingt auf Salmonellen untersucht werden. An einer großen landwirtschaftlichen Ausstellung in Südschweden vor ca. 25 Jahren mit einer großen Tierausstellung wurden ungefähr zehn aufgeführte Fohlen mit Salmonellenbakterien angesteckt und starben. Ein infiziertes Fohlen mit leichtem Durchfall nahm an der Ausstellung teil. Alle Tiere waren infolge der hohen Sommertemperatur stark verschwitzt. Durch einen plötzlichen Temperatursturz mit kaltem und regnerischem Wetter verminderte sich die Resistenzkraft der Fohlen stark. Dies war die Ursache dieses traurigen Ereignisses. Wenn Salmonella diagnostiziert wird, müssen der Bezirks- und der Kantonstierarzt sowie die Gesundheitsbehörde unverzüglich informiert werden.

Die Dickdarmentzündung
Bei Pferden, die im Wettkampf oder im Training stehen, vor allem bei Trabern, kommt eine Dickdarmentzündung (Colitis) vor, die sehr leicht chronisch werden kann. Die befallenen Pferde haben sehr losen, übelriechenden Kot. Die Dickdarmentzündung ist sehr schwer zu beeinflussen. Durch eine strikte Diät, das Eingeben von Sauermilch sowie einer medizinischen Behandlung kann der Zustand teilweise verbessert werden. Auch das Zuführen von Colikultur-Bakterien mittels der Nasenschlundsonde kann zu einer Verbesserung des Zustandes führen. Die chronische Entzündung des Dickdarmes kann aber zu einer solchen Verminderung der Darmwand führen, daß die Wand platzen kann und das Pferd nach kurzer Zeit stirbt. Man vermutet, daß der Trainings- und der Wettkampfstreß sowie die eiweißhaltigen Kraftfutter zur Entwicklung der Colitis beitragen. Sehr selten werden Pferde, denen Heu und Hafer gefüttert wird, von dieser Krankheit befallen.

Die Darminfektion mit Clostridienbazillen
oder wie sie populär nach dem größten schwedischen Trabrennplatz «Solvalla-Erkrankung» oder nach dem berühmten schwedischen Pferd, welches an dieser Krankheit starb, «Baron-Gruff-Erkrankung» genannt wird, ist ein Leiden mit einem sehr dramatischen Verlauf. Ein gesund erscheinendes Pferd leidet plötzlich an sehr starkem Durchfall und in der Folge davon an einer starken Austrocknung. Trotz intensiver und rasch eingesetzter Behandlung können die Tiere oft nicht gerettet werden. Man vermutet, daß es im Dickdarm zu einem Überwachsen der Darmflora mit diesen Clostridiumsbakterien kommt, deren Gifte diese ernsten Symptome hervorrufen. Den gleichen Krankheitsverlauf kann man auch beim Fohlen sehen, das auf eine Kleeweide kommt. Das Fohlen, das oft in gutem Nährzustand ist, wird plötzlich auf der Weide mit starken Koliksymptomen und stark gestörtem Allgemeinzustand angetroffen.
Die Fohlen zeigen eine starke Blutungstendenz mit dunklem, schlecht koagulierendem Blut. Der Krankheitsverlauf führt meistens zum Tod. Für eine erfolgreiche Behandlung muß sofort mit Infusionen begonnen werden.

Die Gelbsucht

Die Leber ist die größte Drüse im Körper. Ihre Funktion ist die Entgiftung und Entschlackung im Körper. Giftige Stoffe, die entweder zugeführt oder im Darm gebildet werden, werden aufgesaugt und kommen dann über das Blut in die Leber, wo die Umwandlung der giftigen Stoffe in ungiftige geschieht, die dann ausgeschieden werden. Im weiteren werden auch die verbrauchten roten Blutkörperchen in der Leber abgebaut und in Gallenfarbstoffe umgewandelt, die dann mit dem Darminhalt abgehen. Eine große Rolle spielt die Leber im weiteren beim Kohlenhydrat- und Fettstoffwechsel im Körper. Die Eiweißstoffe werden aufgenommen und zu Kohlehydraten umgebaut. So bilden sich in der Leber für den Körper äußerst wichtige Stoffe, wie z. B. die Gallensäure, welche eine Aufnahme der Fette aus dem Darm ermöglichen.
Die Bezeichnung «Leberkoller» wird ebenfalls im Zusammenhang mit dieser Krankheit angewandt. Dabei unterscheidet man verschiedene Stadien. Man spricht im allgemeinen von «Leberkoller», wenn gleichzeitig mit der Gelbsucht auch Symptome im Gehirn und im Rükkenmark festgestellt werden. Das Pferd zeigt große Müdigkeit, stützt seinen Kopf auf, schwankt und geht zeitweise im Kreis in der Boxe. Die Aussichten auf eine Abheilung sind im fortgeschrittenen Stadium eines «Leberkollers» sehr klein. In frühzeitig erkannten Fällen ist eine Abheilung möglich, und ein Pferd kann durch eine Futteränderung und durch eine unterstützende Behandlung gerettet werden.
Im allgemeinen äußert sich eine Lebererkrankung mit Gelbsucht. Darunter versteht man die Gelbfärbung der sichtbaren Schleimhäute, d.h. diejenigen der Augen, der Maulhöhle und der Scheide. Der Harn ist ebenfalls gelbbraun gefärbt. Die Gelbfärbung rührt von den großen Mengen von Gallenfarbstoffen im Blut her.
Wenn die Gallengänge von Parasiten verstopft sind oder eine Entzündung diese einengt, entsteht ebenfalls Gelbsucht. Eine Ursache für Gelbsucht ist eine über längere Zeit hinweg dauernde Verstopfung des Dick- und Blinddarmes. Kann eine solche Verstopfung gelöst werden, verschwindet die Gelbfärbung der Schleimhäute sehr rasch. Eine weitere Ursache für das Entstehen von vermehrten Gallenfarbstoffen ist die Zerstörung von roten Blutkörperchen, der mehrere Ursachen zugrunde liegen können. Dadurch entsteht ebenfalls eine starke Gelbfärbung oder Gelbsucht. Beispiele von Erkrankungen, welche große Mengen von roten Blutkörperchen zerstören, sind gewisse Viruserkrankungen, wie zum Beispiel die infektiöse Anämie, Virusarteritis.

Hyperlipämie

ist die Ansammlung von ungewöhnlich vielen Fetten im Blut, wie zum Beispiel das Cholesterol und die Triglyceride. Diese Erkrankung kann relativ häufig bei hochträchtigen oder frisch abgefohlten Ponystuten beobachtet werden. Die Leber ist dabei sehr stark geschädigt. Eine ungenügende Fütterung ist eine Ursache dieser Krankheit.
Hyperlipämie ist in Schweden erst in den letzten Jahren aufgetreten. Vor allem bei Ponystuten, die zusätzlich zu ihrer Trächtigkeit einem Streß (Umgebungsveränderung, lange Transporte, Futterwechsel etc.) ausgesetzt wurden. Sehr häufig waren es auch Ponys, die aus dem Ausland (vor allem aus Holland) importiert wurden. Die Erkrankung tritt wenige Tage nach dem Transport auf und beginnt dann meistens mit Futterverweigerung. Die Pferde bekommen Fieber und wasserähnlichen Durchfall. Anfangs können die Pferde noch trinken, doch schon bald sind sie nicht mehr fähig, Wasser zu schlucken. Sie strecken die Nase ins Was-

serbecken, doch gelingt es ihnen nicht, Wasser aufzunehmen. Sie ermüden sehr rasch und sind an der Umgebung nicht mehr interessiert. Bei einer frischen Blutprobe kann man bereits nach wenigen Minuten eine milchähnliche Schicht an der Blutoberfläche feststellen. Nicht behandelte Tiere sterben in den meisten Fällen. Durch eine intensive, spezifische, medizinische Behandlung kann man jedoch ungefähr 65 Prozent der kranken Pferde retten.

Vergiftungen

Die Ursachen einer Gelbsucht können auch Vergiftungen (chemischer oder pflanzlicher Art oder Gifte von Infektionserregern) sein, welche das Lebergewebe zerstören und die Galle an ihrem normalen Abfließen hindern. Unter den chemischen Giften sind vor allem Arsen, Blei, Kupfer, Phosphor, Schwefel und Phenothiazin bekannt.
Viele Entwurmungsmittel enthalten zum Beispiel Phenothiazin und Schwefel. Aus diesem Grunde muß bei der Entwurmung eines Pferdes unbedingt die vorgeschriebene Dosierung beachtet werden. Auch eine zu große Menge von Klee kann einen Leberschaden mit der Folge von typischer Gelbsucht verursachen. Diese Erkrankung kann nicht selten zu einer sogenannten Schrumpfleber führen. Die Eibe (Taxus baccata), ein auch in Mitteleuropa vorkommender Baum, ist vor allem während der Winterzeit sehr giftig. Dabei sind alle Teile der Pflanze außer der roten Frucht giftig. Diese Pflanzenteile enthalten zwei giftige Substanzen (Taxin und Ameisensäure). Das Taxingift wirkt vor allem auf das Herz. Die tödliche Dosis von Eibe für ein Pferd wird mit 50 Gramm angegeben. Die Tiere können dabei innerhalb einer Stunde eingehen. Da es kein entsprechendes Gegengift gibt, muß man sehr darauf achten, daß die Pferde keine Eibe fressen. Weitere giftige Pflanzen für das Pferd sind die verschiedenen Robinienarten (Pseudoakazien). Dort sind es jedoch nur die Rinde, die Zweige und die Wurzeln, die giftig sind. Die giftigen Substanzen sind das Robin und verschiedene Glykoside. Die Vergiftungssymptome sind Kolik, Durchfall, Veränderungen im Herz, Nervosität und Lähmungserscheinungen. Die Schäden bilden sich an den Blutkörperchen, an der Leber und an der Niere. Hier sind jedoch wenig Todesfälle bekannt. Vergiftungsfälle durch den Hahnenfuß werden ebenfalls vermutet. Durch ihren Geschmack werden sie jedoch von den Pferden nicht sehr geschätzt und deshalb nicht gefressen.

Die Leberuntersuchung

Die Leberfunktionen werden oft mit Blutuntersuchungen überprüft. Die Leber kann unter Umständen auch angestochen und ein Stück unter dem Mikroskop untersucht werden. Diesen Vorgang nennt man eine Leberbiopsie. Die Leber kann dabei mittels einer Lokalbetäubung der Haut angestochen werden. Mit einer feinen Nadel saugt man etwas Lebermaterial ab. Nach der Fixierung und Färbung dieser Probe kann eine mikroskopische Untersuchung durchgeführt werden. Diese Untersuchung liefert in der Beurteilung einer Lebererkrankung sehr wertvolle Resultate.

Atmungs- oder Kreislauferkrankungen

Nasenbluten

Das Nasenbluten kommt bei Pferden vor allem im Zusammenhang mit Wettkampf-Training oder im Wettkampf selbst vor. Wettkampf-Pferde, die während der Arbeit wiederholtes Nasenbluten haben, leiden an Blutzirkulationsstörungen oder an Schlund-, Luftröhre- oder einer allgemeinen Muskelerkrankung. In diesen Fällen kommt es in der Folge zu Blutungen in den Lungen, und der Zustand wird als EIPH (Exercise Induced Pulmonary Haemorrhage) bezeichnet. Zudem kann ein lebensbedrohliches Nasenbluten durch eine Pilzinfektion in den Luftsäcken hervorgerufen werden. Bei der Anwendung der Nasenschlundsonde oder bei der Untersuchung mit dem Fiberendoskop kann ebenso ein starkes Nasenbluten vorkommen. Dies besonders dann, wenn sich das Pferd während der Untersuchung plötzlich bewegt. Die so entstandene Nasenblutung sieht sehr unangenehm aus, klingt jedoch in den meisten Fällen nach 10 bis 15 Minuten wieder ab. Wenn man den Kopf des Pferdes hochhält, kann die Blutung rascher abklingen.

Der Husten

Nasenausfluß und Husten sind die häufigsten Symptome bei Erkrankung der Luftwege. In akuten Fällen ist die Hauptursache meistens eine Virusinfektion. Die Pferde leben heutzutage in einem «Dschungel» von allerlei Virustypen. Der ausgedehnte Pferdehandel und Wettkampfsport zwischen den Ländern und im eigenen Land tragen zu einer fortwährenden Verbreitung der verschiedenen Viren bei.

Influenzavirus A1 und A2 sowie die Rhinopneumonitis (Virusabort) sind Beispiele von ansteckenden Virusstämmen, die Nasen- und Luftröhrenkatarrh mit starkem Schnupfen, Husten und Fieber zur Folge haben. Die Inkubationszeit beträgt oft nur 48 Stunden.

Das einleitende Fieberstadium dauert in vielen Fällen nicht länger als einen Tag und wird in vielen Fällen übersehen. Nach einigen Tagen kann Nasenausfluß und Husten festgestellt werden. Die Symptome können dann allerdings rasch abklingen oder verschwinden vollständig. Im Anschluß daran kann jedoch leicht eine Sekundärinfektion erfolgen. Das Pferd bekommt erneut Fieber. Der bis anhin klare Nasenausfluß wird gelblich und eitrig. Die Lymphknoten im Kieferwinkel schwellen an, und es können bereits Symptome einer Lungenentzündung festgestellt werden. Diesen Verlauf beobachtet man vor allem bei Fohlen und Jungpferden, die für solche Lungenentzündungen empfänglicher sind als ausgewachsene Pferde. Die Ansammlung mehrerer Stuten während der Decksaison auf einem Gestüt ist die einfache Erklärung für das häufige Auftreten von Lungenentzündungen beim Fohlen.

Der Verlauf dieser Infektion hängt von der Art der Sekundärinfektion, die dem Virusangriff folgt, ab. Man spricht von Druse, wenn es sich um Drusestreptokokken handelt. Dabei entstehen Abszesse in den Lymphknoten im Kieferwinkel und im Gebiet der Speicheldrüsen. Die Drusestreptokokken waren bis heute sehr empfindlich auf Penicillin. Deshalb sind sie im

allgemeinen bei richtiger Penicillindosierung relativ einfach zu bekämpfen. Es können aber Sekundärinfektionen von anderen Bakterienarten, die viel schwieriger zu bekämpfen sind, auftreten. Ein Beispiel hierfür sind die hämolysierenden Staphylokokken und die Shigellen, die im Gegensatz zu Streptokokken nicht auf Penicillin empfindlich sind. Aus diesem Grund müssen andere Antibiotika gesucht werden, welche oft nur eine geringe Wirkung zeigen. Die Lungenentzündung mit Abszessen in den Lungen bei den nur wenige Monate alten Fohlen, die von Corynebakterien Equi verursacht werden, wurde bereits beschrieben.
Tabelle über Körpertemperatur, Atmungs- und Pulsfrequenz sowie die normalen Mengen der Wasseraufnahme und der Harnproduktion.

1. Normaltemperatur beim erwachsenen
Pferd: 37,5 – 38 °C
Jungpferd: 37,5 – 38,5 °C
Fohlen: 38,0 – 39,3 °C
Die Temperatur kann beim Pferd mit einem gewöhnlichen Fieberthermometer im Enddarm gemessen werden. Am besten fixiert man das Thermometer an einer Schnur, welche mit einer Wäscheklammer an den Schweifansatz geheftet wird.
Da Pferde oft unterschiedliche Normaltemperaturen aufweisen können, empfiehlt es sich, die Temperatur des eigenen Pferdes zu messen.

2. Atmungsfrequenz beim erwachsenen
Pferd:* 8 – 16 Züge/Min.
Beim Jungpferd und Fohlen können die Werte etwas höher liegen. Am besten stellt man sich schräg vor das Pferd und beobachtet die Bewegungen des hintersten, untersten Punktes des Rippenbogens.

3. Pulsfrequenz beim erwachsenen
Pferd: 28 – 40 Schläge/Min.
Jungpferd: 40 – 55 Schläge/Min.
Fohlen: 100 – 120 Schläge/Min.
Die Pulsfrequenz spürt man am besten, indem man die Fingerkuppe des Mittelfingers an die innere Kante in der Mitte eines Unterkieferastes legt.
* Beachte, daß sowohl Atem- wie Pulsfrequenz stark von der Kondition und der psychischen Verfassung des Pferdes abhängen. Deshalb lohnt es sich auch bei diesen Werten, diejenigen des eigenen Pferdes im Normalzustand zu kennen.

4. Wasseraufnahme
Man rechnet mit einer täglichen Wasseraufnahme von 40 cc/kg Körpergewicht. Dies bedeutet 20 lt/24 h für ein Pferd ohne besondere körperliche Anstrengung oder besondere klimatische Verhältnisse.
Bei starker körperlicher Leistung oder hohen Temperaturen kann der Wasserverbrauch um das Mehrfache steigen.

5. Harnmenge
Diese beträgt ca. 10 cc/kg Körpergewicht und 24 h.
Sie hängt ebenfalls stark von der Wasseraufnahme und allfälligem Schwitzen ab.

Maßnahmen beim Ausbruch einer Infektion der oberen Luftwege in einem Pferdebestand

Der befallene Stall muß isoliert werden. Keine Pferde dürfen aus dem Stall genommen werden, ebensowenig dürfen neue Pferde in den Stall gebracht werden. Morgens und abends sind sämtliche Pferde zu thermometrieren. Pferde, die Fieber und weitere Symptome aufweisen, sollten nur leicht bewegt werden.
Antibiotika oder Chemotherapeutika sind nur beim Auftreten von Sekundärinfektionen mit Fieberschüben, Nasenfluß und Husten anzuwenden. Es muß alles daran

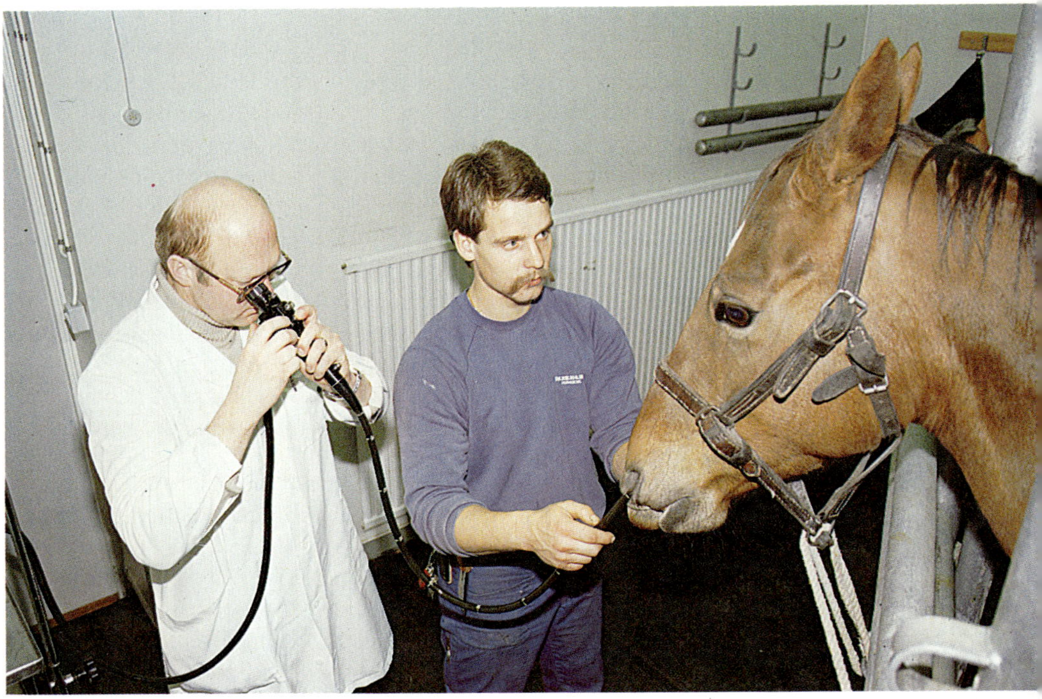

Untersuchung der Nasenhöhle, des Rachens, des Schlundkopfes und der Luftröhre mit dem Fiberendoskop

Weidegang ist die beste Behandlungsmethode bei chronischen Luftwegserkrankungen

gesetzt werden, die körpereigenen Abwehrkräfte zu aktivieren. Wenn eine Antibiotika- oder Sulfonamidbehandlung eingeleitet werden muß, muß sie mindestens während 7 Tagen weitergeführt werden. Nur eine Penicillindosis zu applizieren und anschließend die Behandlung abzuschließen, ist ein ernsthafter Fehler und kann zu einer Antibiotikaresistenz der angreifenden Mikroorganismen führen. Wenn sich Druseabszesse bilden, müssen diese, wenn sie gereift sind, gespalten werden. Oft ist es von Vorteil, gleichzeitig mit den Antibiotika Phenylbutazon einzusetzen, da dadurch eine bessere Durchsetzung des Gewebes mit dem Heilmittel erfolgt.
Die Dauer der Rekonvaleszenz der kranken Pferde hängt vom Grad der Infektion ab. In der Regel können die Pferde, nachdem sie 14 Tage fieberfrei sind, leicht arbeiten. Vorbeugende Maßnahmen wie Impfung etc. wurden bereits unter dem Kapitel «ansteckende Krankheiten» beschrieben. Die Trab- und Galoppsportorganisationen haben zusammen mit der Landwirtschaftsdirektion eine Broschüre mit dem Titel «Im Falle einer Ansteckung» herausgegeben, die detaillierte Instruktionen zur Handhabung ansteckender Tierkrankheiten im schwedischen Trab- und Galoppsport behandelt.

Folgekrankheiten der Infektionen der oberen Luftwege

Der Nebenhöhlenkatarrh (Sinusitis)

tritt recht häufig auf. Ein ein- oder doppelseitiger, meistens sehr übelriechender Nasenausfluß sowie Wärme und Schmerzen in Stirn und Kieferhöhle sind typische Symptome. Bei einer Operation werden die Kiefer- und Stirnhöhle geöffnet, drainiert und gespült. Eine anschließende Antibiotikabehandlung bringt eine raschere Heilung.

Die Infektion des Atemrachens

mit bläschenartigem Ausschlag auf der Schleimhaut in diesem Bereich kommt bei jungen Pferden im Training sehr häufig vor. Die Diagnose wird am sichersten mit Hilfe eines optischen Instrumentes (Fiberendoskop) gestellt. Die Atemracheninfektionen, die oft sehr leicht chronisch werden, verringern das Arbeitsvermögen des Pferdes wesentlich und verursachen ein störendes Atemgeräusch. Die Behandlung besteht im Spülen des Atemrachens sowie in Injektionen von Sulfonamiden oder Antibiotika. Die chronische Form der Atemrachenentzündung ist bei den Trabrennpferden sehr häufig und wird oft CPH (Chronic Pharyngitis) genannt.

Die Luftsackentzündung

Die Luftsäcke sind spezielle, nur beim Pferd vorkommende Ausbuchtungen der Ohrentrompete zwischen dem Innenohr und dem Atemrachen. Die Entzündung eines oder beider Luftsäcke zeigt sich durch Ausfluß aus den Nasenöffnungen. Die Diagnose wird auch hier mit Hilfe der Endoskopie oder durch Röntgen gestellt. Die Behandlung erfolgt medizinisch, chirurgisch oder mit einer Kombination der beiden.

Luftsackstympanismus

(Anfüllung der Luftsäcke mit Luft)
Bei Fohlen tritt oft eine krankhafte Luftansammlung in einem oder beiden Luftsäcken auf. Die Fohlen sehen dabei aus wie wenn sie «Mumps» (Ziegenpeter) hätten. Drückt man auf diese Anschwellungen, entweicht die Luft durch die Nase. Die Luftsäcke füllen sich jedoch sofort wieder mit Luft. Ein chirurgischer Eingriff muß vorgenommen werden. Die Behandlung mit Cortison kann einen bleibenden Effekt erzielen, wobei immer das Risiko eines Rückfalles besteht.

Das schlaffe Gaumensegel

ist bei den Trabrennpferden und Vollblütern eine häufige Folgeerscheinung einer Atemracheninfektion. Das schlaffe Gaumensegel kann die Luftpassage vor allem bei der Ausatmung behindern. Dies kommt leicht bei der Anstrengung und besonders beim Aufwärmen vor, wobei ein charakteristisches, «glucksendes» Geräusch entsteht. Das schlaffe Gaumensegel wird operativ gekürzt und der zurückbleibende Teil mittels Diathermie (Brennen) zur Narbenbildung angeregt, wodurch es straffer wird.

Das Kehlkopfpfeifen oder Roaren

ist eine nicht selten auftretende Folgeerkrankung der oberen Luftwegsinfektion. Unter Umständen kann für diese Krankheit aber auch eine erbliche Disposition verantwortlich sein. Sie kann bei den größeren Voll- und Halbblütern vorkommen, bei kleineren Trabrennpferden und Ponys tritt sie jedoch sehr selten auf. Das Kehlkopfpfeifen ist ein Geräusch, das beim Einatmen auftritt. Es entsteht durch die Lähmung des Rekurrensnervs, der die Muskeln des linken Stimmbandes versorgt. Das gelähmte linke Stimmband wird beim Einatmen gegen den Schlundkopf gesogen, wobei er die Luftzufuhr verhindert, was das charakteristische Pfeifen zur Folge hat. Die Krankheit ist meist einseitig, kann jedoch so hochgradig sein, daß dem Pferd keine Anstrengung zugemutet werden kann. Die Behandlung muß wiederum chirurgisch erfolgen. Eine sogenannte Prothese wird auf der oberen Seite des Kehlkopfes angebracht. Diese besteht aus einem elastischen, kräftigen Faden, der das linke Stimmband mit dem entsprechenden Knorpel (Aryknorpel) nach außen zieht. Dadurch kann dieses Gewebe den Luftstrom nicht mehr behindern. In den meisten operierten Fällen ist eine deutliche Besserung festzustellen, wobei das Geräusch des Kehlkopfpfeifens nicht immer vollständig verschwindet. Die Abheilzeit und Rekonvaleszenz beträgt ca. 10 Wochen. Eine Nachuntersuchung hat ergeben, daß ca. 85 Prozent aller behandelten Pferde im Sport eingesetzt werden können. Der Zustand der restlichen 15 Prozent wurde zwar verbessert, jedoch waren die Pferde nie mehr voll leistungsfähig.

Das Entrapment des Kehldeckels

Diese Erkrankung tritt häufig im Zusammenhang mit Infektionen der oberen Luftwege auf. Sie konnte erst in den letzten Jahren diagnostiziert werden. Es gibt keinen entsprechenden deutschen Ausdruck für dieses Leiden. Man kann die Krankheit wie folgt beschreiben: Normalerweise zieht eine Schleimhautfalte beidseitig vom Kehldeckel zum Kehlkopf. Im Zusammenhang mit den oben erwähnten Luftwegsinfektionen vergrößert sich diese Falte und wölbt sich nun wie eine Spange über den Kehldeckel, wodurch der Eingang zum Kehlkopf deutlich verkleinert wird. Das Pferd bekommt Ein- und Ausatmungsbeschwerden. Es entsteht ein flatterndes und rasselndes Geräusch, und die Pferde zeigen ein vermindertes Leistungsvermögen. Auch diese Diagnose wird mit einer endoskopischen Untersuchung sichergestellt. Die Prognose mit einer chirurgischen Behandlung, welche im Durchtrennen dieses spangenartigen Schildes über dem Kehldeckel besteht, ist gut.

Zysten auf dem Kehldeckel

Diese Veränderung kann sehr ähnliche Symptome wie das Entrapment des Kehldeckels aufweisen. Mit dem Endoskop kann ein ca. haselnußgroßes Gebilde an der unteren Seite des Kehldeckels festgestellt werden. Auch hier ist das Resultat eines operativen Eingriffes sehr gut.

Chronischer Husten

Nach einer überstandenen Infektion kann der Husten sehr lange bestehenbleiben.

Bei Reitpferden, Ponys und einigen Trabrennpferden kann sich daraus ein unheilbarer «Dampf» entwickeln. Die moderne Bezeichnung heißt COPD (Chronic Obstructive Pulmonary Disease), d.h. eine chronische, verstopfende Lungenerkrankung. Beim Trabrennpferd ist die COPD nicht sehr häufig, da bei ihm die vielen Veränderungen in den oberen Luftwegen lokalisiert bleiben.

Die Entwicklung einer COPD beginnt meistens mit einer Virusinfektion, die anfangs oft sehr gering sein kann. Dabei liegt sie so weit zurück, daß sich der Pferdehalter oft nicht mehr daran erinnert. Die häufigsten Viruserreger, die man in diesem Zusammenhang nachweisen kann, sind das EHV-I-Virus, das Reovirus I, II oder III und das Rhinovirus. Ein Pferd, dessen Gesundheit durch diese Viren reduziert wurde, ist für Neuinfektionen sehr empfänglich. Da zudem die Immunität gegen diese Erreger sehr kurz ist, kann das Pferd von derselben Infektion mehrmals befallen werden. Dadurch wird auch die Immunabwehr der Schleimhäute geschädigt, und das Pferd wird sehr empfindlich auf Durchzug, Staub und Feuchtigkeit. Eine gewisse allergische Disposition kann ebenfalls festgestellt werden, diese ist jedoch häufig erblich bedingt.

Der Verlauf

Bei der chronischen Luftröhrenentzündung entsteht in den Luftröhren oder Bronchien eine Sekretstauung und eine entzündliche Wandverdünnung. All dies bewirkt ein Verdrängen der Bronchien und eine erschwerte Atmung. Dabei ist es vor allem die Ausatmung, die davon betroffen ist. Die Restluft in der Lunge vergrößert sich, die Lungenbläschen (Lungenalveolen) weiten sich aus und verlieren ihre Elastizität. Dies wird Emphysem genannt. Wird das Pferd so rasch als möglich mit krampf- und schleimlösenden, entzündungshemmenden Medikamenten (z.B. Cortison, Antibiotika oder Sulfonamiden) behandelt, können die Symptome abklingen. Wenn nichts unternommen wird, entwickelt sich die Krankheit weiter. Die Lungenbläschen weiten sich immer mehr aus, die Wände werden immer dünner und die darin liegenden Blutkapillaren können die Zellen nicht mehr mit dem nötigen Nähr- und Sauerstoff versorgen, worauf diese platzen. Dieser Prozeß kann mit einem Ballon verglichen werden, der bis zum Platzen aufgeblasen wird. Nach dem Platzen einer großen Anzahl solcher Lungenbläschen ist eine Wiederherstellung unmöglich. Die Lunge wird zunehmend größer, enthält jedoch immer weniger funktionierende Lungenbläschen, wodurch der Gasaustausch (Sauerstoff gegen Kohlendioxyd) nicht mehr gewährleistet ist. Nun liegt ein interstitielles Emphysem, der sogenannte «Dampf» vor. Dieser zieht eine vermehrte Atmungsfrequenz, Bauchatmung, ein vergrößertes Lungenfeld mit pfeifenden Nebengeräuschen und verminderte Arbeitskapazität nach sich. Da die Lungen Millionen von Lungenbläschen enthalten und nie alle gleichzeitig platzen, ist der Übergang zu den einzelnen Formen fließend. Eine mikroskopische Untersuchung des Lungengewebes nach einer Biopsie kann sehr aufschlußreich sein. Bei der Biopsie wird unter Lokalanästhesie ein kleines Stück der Lunge mittels einer Kanüle aufgesogen und dann unter dem Mikroskop untersucht.

Das Röntgen kann gewisse Informationen geben, doch ist der Wert dieser Untersuchung begrenzt. Das oben beschriebene Vorgehen wiederholt sich jeden Herbst, und diese Pferde haben immer mehr zerstörte Alveolen, d.h. der Lungendampf entwickelt sich langsam weiter. Der Weidegang ist nach wie vor eine der besten Behandlungsmethoden solcher Lungenaffektionen. Sobald die Pferde wieder in den Stall zurückkehren, beginnen die Symptome aufs neue.

Nicht selten wird versucht, solche husten-

Die Untersuchung der Luftwege des Pferdes mit dem Fiberendoskop. Bei einem gesunden Pferd kann man mit diesem Instrument bis zur ersten Verteilung der Bronchien gelangen, ohne einen Hustenreiz auszulösen oder Schleim nachzuweisen. Während der Untersuchung muß das Pferd lediglich «gebremst» werden

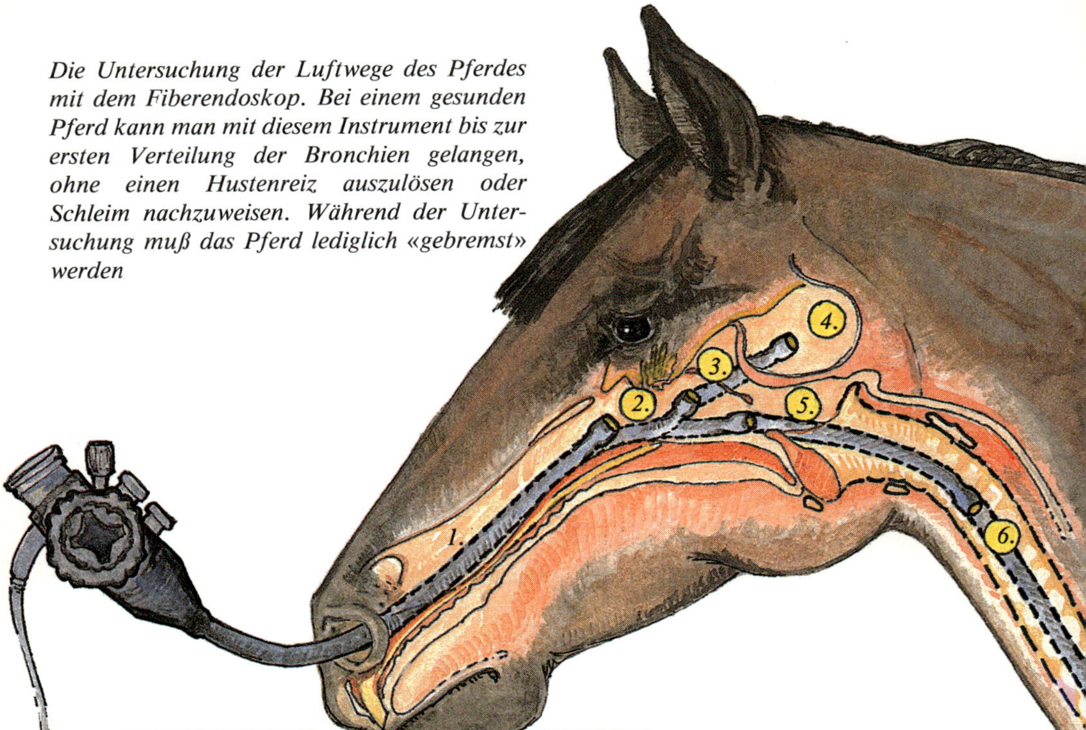

1. *Ansicht der Nasenhöhle mit ihrem Labyrinthsystem*

2. *Die Ansicht der Siebbeinregion*

3. *Der Spülkatheter liegt in den schlitzförmigen Eingängen zu den Luftsäcken*

4. *Mit einem schmalen Instrument kann man die Luftsäcke, eine Ausbuchtung der Ohrentrompete, die vom Mittelohr zum Rachen führt, untersuchen*

5. *Übersicht des Kehlkopfes mit dem Aryknorpel, den Stimmbändern und dem Kehldeckel (Epiglottis)*

6. *Blutspuren in der Luftröhre bei einer Lungenblutung*

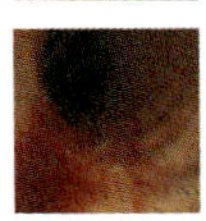

7. *Schleim in der Luftröhre bei chronischer Luftröhrenentzündung. Der Schleim sammelt sich hier oft am tiefsten Punkt der Luftröhre an*

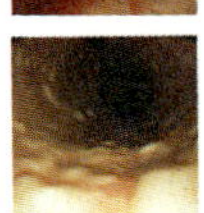

8. *Zur weiteren Untersuchung muß das Pferd narkotisiert werden*

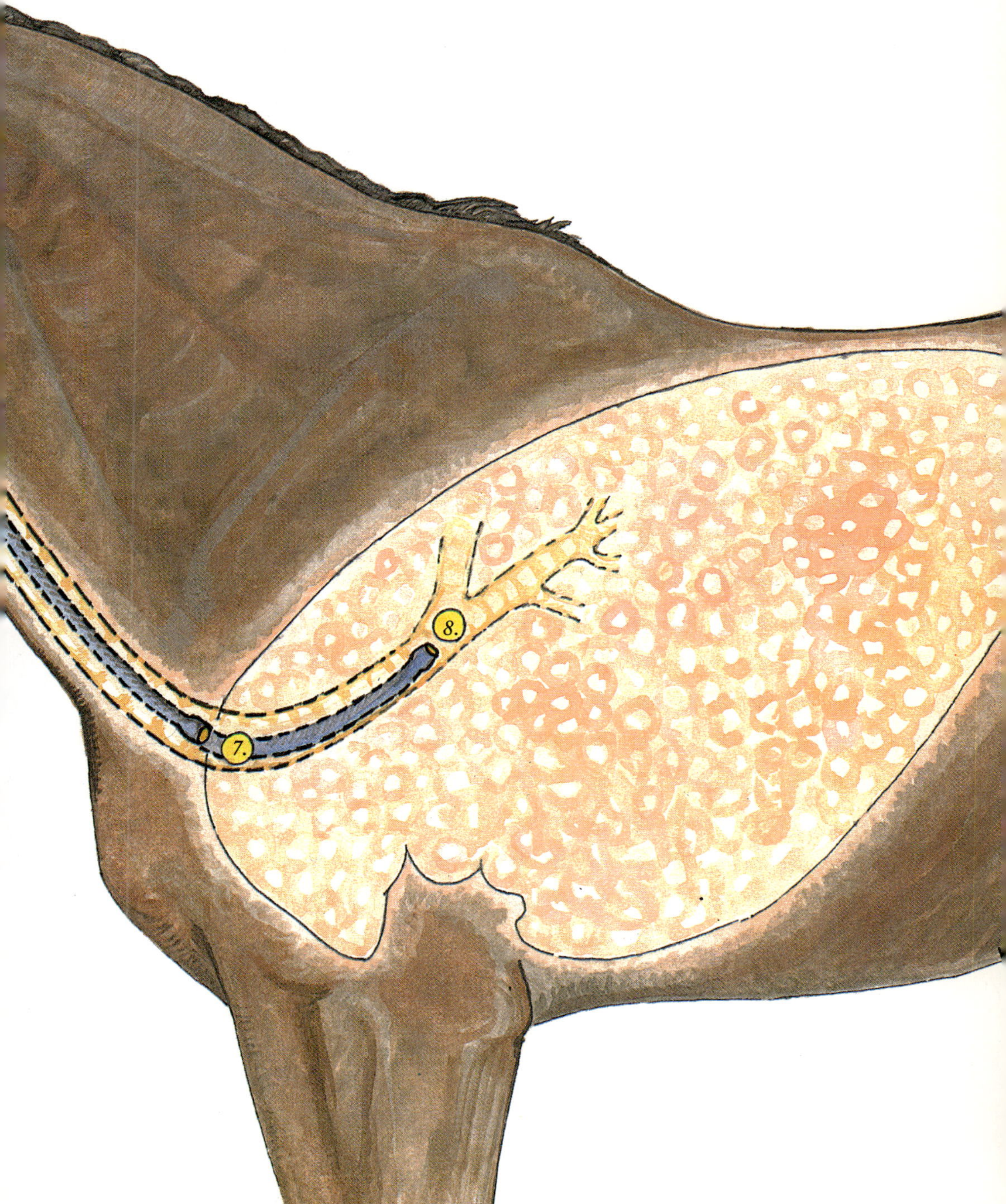
8.
7.

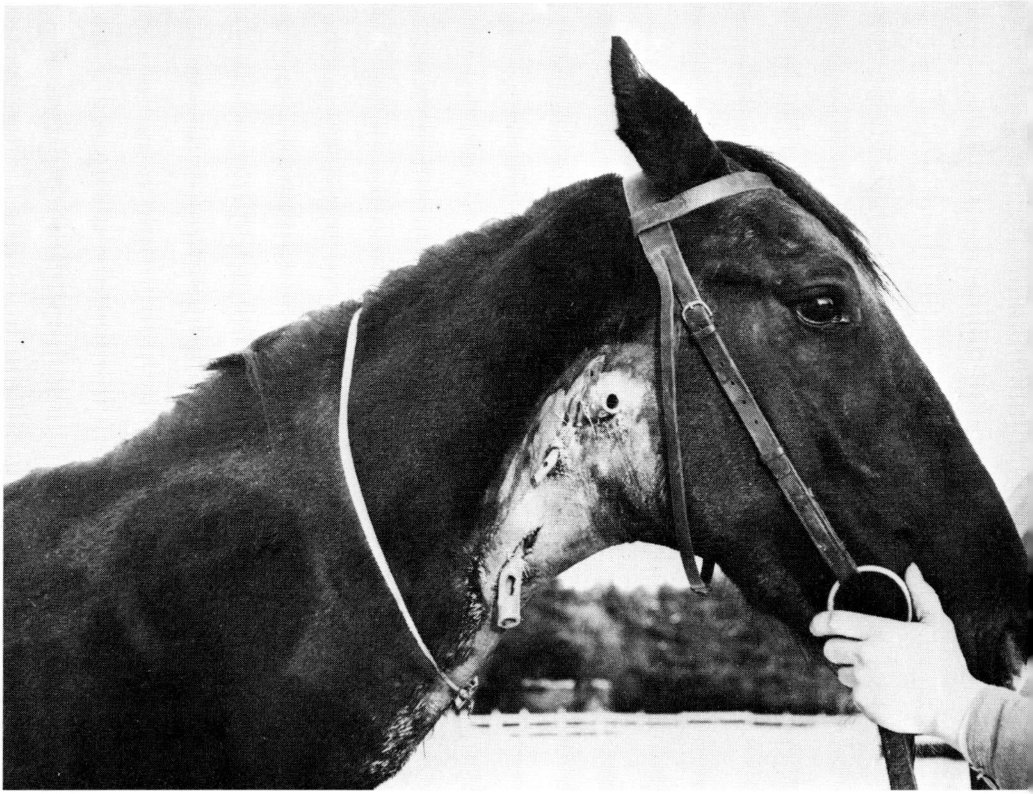

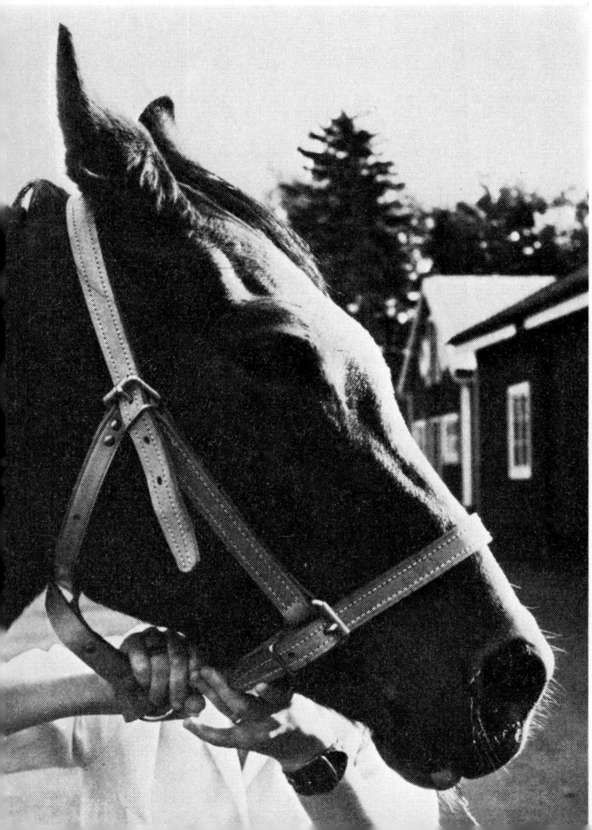

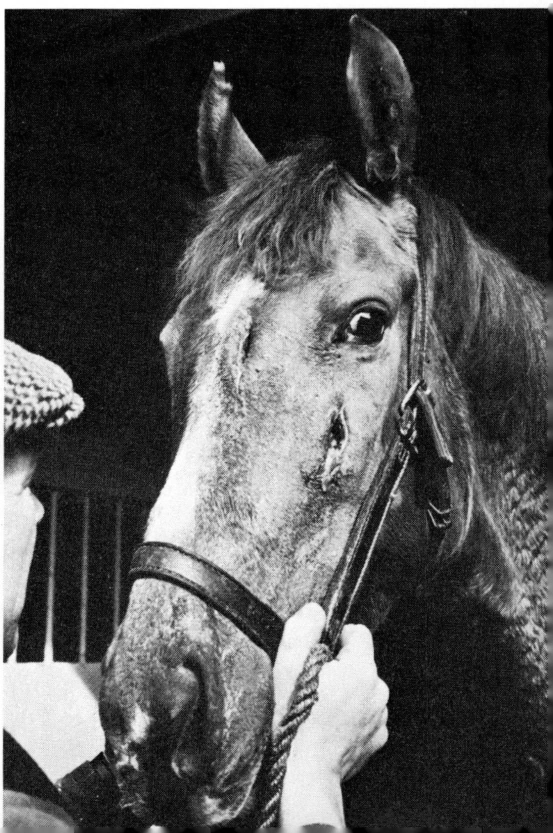

Bild 1
Operierte eitrige Luftsackentzündung mit eingelegten Gummidrains und einer sogenannten Trachealkanüle

Bild 2
Chronische Nebenhöhlenentzündung mit einer Ausbuchtung des Stirnbeines

Bild 3
Pferd, das wegen eitriger Nebenhöhlenentzündung operiert wurde

den Pferde frühzeitig im Herbst zu verkaufen, da während des Sommers eine gewisse Besserung stattgefunden hat. Sobald der neue Besitzer das Pferd in den Stall stellt, beginnt es dann zu husten.
Beim Pferdekauf zu dieser Jahreszeit wird deshalb große Vorsicht empfohlen. Im weiteren ist es von Wichtigkeit, das Pferd von einem Tierarzt genauestens untersuchen zu lassen. Der neue Eigentümer sollte bei dieser Untersuchung immer mit anwesend sein. Vermutet man ein Husten-, Kehlkopf- oder ein Atmungsrachen-Problem, muß das Pferd mittels Endoskopie untersucht werden, da zu diesem Zeitpunkt beim Abhören oft noch keine ungewöhnlichen Symptome festgestellt werden können. Höchstens eine Blutprobe kann einen gewissen Aufschluß ergeben.

Wann husten die Pferde
Es muß besonders darauf geachtet werden, bei welchen Gelegenheiten die Pferde husten. Husten sie im Stall, nicht aber auf der Weide, kann vermutet werden, daß etwas im Stall ihre Schleimhäute reizt. Im weiteren soll darauf geachtet werden, ob die Pferde bei der Fütterung oder im Umgang mit Heu und Stroh husten. Der Stallstaub enthält allergieerzeugende Pilzsporen oder andere mechanisch reizende Substanzen. Ein Hustenanfall kann auch durch eine rein mechanische Reizung der Schleimhaut entstehen, z.B. wenn die Pferde grobes Futter oder Hafer fressen oder kaltes Wasser trinken. Auch wenn die Pferde aus einem warmen Stall genommen werden und kalte Luft einatmen, reizt dies die Schleimhäute, und die Pferde beginnen zu husten. Wenn die Pferde jedoch eine Weile im Freien sind, kühlen sich die Schleimhäute ab, der Hustenreiz klingt ab und die Pferde können eine Arbeit ohne die geringsten Beschwerden ausführen. Husten die Pferde jedoch nur im Stall und ohne die erwähnten Ursachen wie Fütterung, Stallreinigung, Reinigung der Pferde, so muß das Stallklima untersucht werden. Kalte und feuchte Luft kann ebenso reizen wie staubige und trockene. Ammoniak, welcher sich beim Abbau des Harns bildet, riecht außerordentlich scharf und reizt die Schleimhäute im höchsten Grade. All diese reizerzeugenden Stoffe sollten durch eine gute Stallventilation und entsprechende Pflegemaßnahmen vermindert werden.
Die Stallumgebung spielt, wie bereits erwähnt, eine außerordentlich wichtige Rolle bei der Entstehung von Schlund- und Luftwegsentzündungen. Weidegang und die Bewegung im Freien ist wohl die beste Behandlung. Das nördliche Klima ist nicht ideal. Die oft dünnhaarigen und geschorenen Wettkampfpferde werden oft naß und frieren. Der englische Boxentyp mit den halboffenen Türen ist eine gute Lösung, obwohl er die rationelle Pflege etwas erschwert. Das Decken der Pferde mit einer Blache oder einem Regenschutz auf der Weide ist eine mögliche Alternative. Wie bereits beschrieben, ist deshalb die Ventilation von größter Wichtigkeit für Pferde mit COPD.
Eine genügende Luftumsetzung ohne Zug und Feuchtigkeit ist eine Grundbedingung für die Leistungsfähigkeit dieser Pferde. Es sei noch einmal in Erinnerung gerufen, daß man versuchen soll, sie so oft und so lange wie möglich im Freien zu bewegen, da die frische Luft die beste Medizin ist. Die Luftfeuchtigkeit im Stall muß stets kontrolliert werden und sollte nie über 75 Prozent betragen.

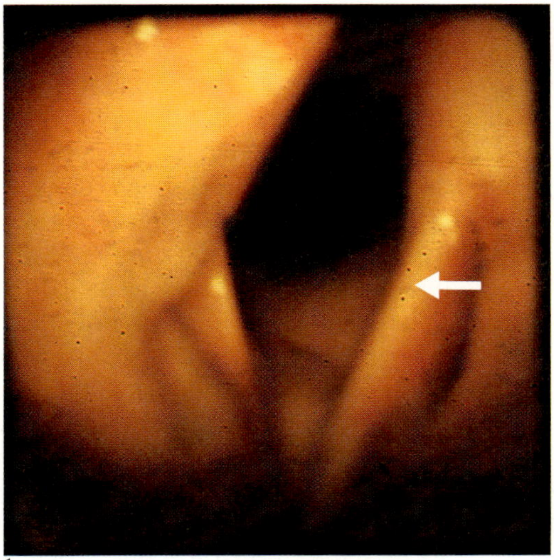

1

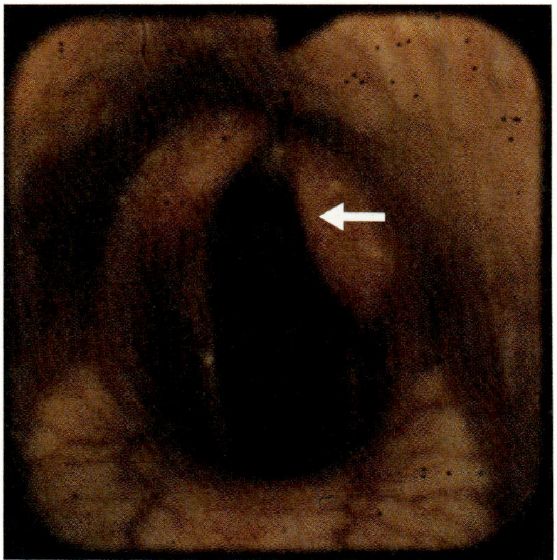

2

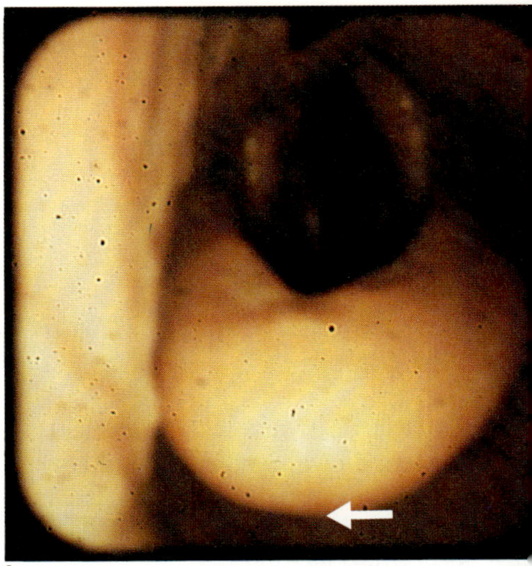

3

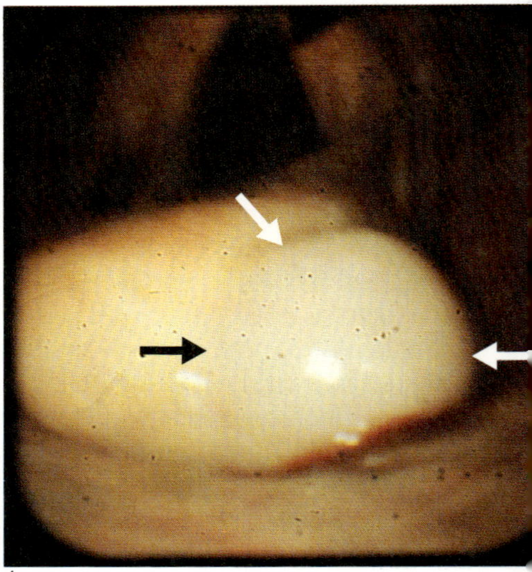

4

Bild 1
Endoskopisches Bild des Kehlkopf-Pfeifers (Roaren) mit Schrägstellung des Stimmbandes, das zu weit nach innen liegt und dadurch die Luftzufuhr erschwert

Bild 2
Das Bild eines Kehlkopf-Pfeifers mit der Schrägstellung des Aryknorpels nach unten und innen

Bild 3
Das Entrapment des Kehldeckels. Eine Schleimhautfalte legt sich über den Kehldeckel, der somit ein abgerundetes Aussehen erhält

Bild 4
Eine Zyste an der unteren Seite des Kehldeckels

Der Staub

Dieser ist in erster Linie zu vermeiden. Der Stallstaub aus Futter und Stroh enthält die gefährlichen Pilzsporen, welche wie erwähnt Allergien verursachen können. Es ist deshalb besonders zu beachten, daß auch die Frischluft staubfrei bleibt. Deshalb ist es nicht zweckmäßig, vorgewärmte Luft vom Heuboden her einzuführen. Zudem muß staub- und schimmelfreies Heu zum Einstreuen verwendet werden. Eine weitere Möglichkeit ist das Einstreuen mit Sägespänen. Eine neue Methode ist die Verwendung von Papierschnitzeln, die ein lockeres Einstreuen der Boxe ermöglichen. Wenn der Ammoniakgeruch sehr stark ist, kann mit einem Kalkanstrich an den Boxenwänden Abhilfe verschafft werden. Dies ist vor allem bei der sogenannten Matratzenhaltung oder Tiefstreue zu empfehlen. Empfindliche Pferde sollten sich während dem Einstreuen nicht in den Boxen aufhalten und auch im Freien geputzt werden. Außerdem sollten sie nicht auf einer sandhaltigen Weide gehalten werden, da die aufgewirbelten Sandmassen ebenfalls Hustenreize verursachen können. Die Stalleinrichtungen müssen regelmäßig mit dem Staubsauger gereinigt werden. Der Stallgang muß vor dem Kehren mit dem Besen angefeuchtet werden. Auch das Heu kann für hustende Pferde angenetzt werden. Die beste Methode ist, das Heunetz vor der Fütterung anzufeuchten. Dadurch werden mindestens die Hälfte der Pilzsporen, die in der Luft herumfliegen, ans Heu gebunden, wodurch sie in den Verdauungskanal und nicht in die Lungen gelangen. Am besten ist es, das Heu außerhalb des Stalles zu füttern oder anstelle des Heus Heuwürfel abzugeben. Empfindlichen Pferden kann auch zerquetschter Hafer oder Hafer gemischt mit Melasse verabreicht werden. Bei diesen Pferden muß der Zahnkontrolle besondere Beachtung geschenkt werden. Man kann auch den Kot auf unzerkaute Haferkörner kontrollieren. Um das Verdauen des Hafers zu verbessern, wurde Heuhäcksel eingeführt. Bei den Heuhäckselmaschinen muß jedoch ein Staubsauger angeschlossen werden, welcher den Staub in einen geschlossenen Behälter aufnimmt. Hafer kann auch pelletiert verfüttert werden. Mischt man Weizenkleie dazu, muß diese immer angefeuchtet oder mit Melasse vermischt werden. Zum Schluß sei noch einmal wiederholt, daß bei COPD-Pferden keine Art von Fütterung die wohltuende Wirkung des Weideganges übertreffen kann.

Die Symptome

sind anfänglich unbedeutend, nur die Leistung und dementsprechend der Einsatz der Pferde ist etwas vermindert. Die Pferde husten bei der Arbeit und bei der Fütterung. Beim Abhören dieser Pferde hört man nicht selten keine besonderen Geräusche, höchstens im Bereich des Schlundes, der Halsröhre und des Halsansatzes ist ein verschärftes Atemgeräusch wahrzunehmen. Hingegen kann der Husten mit einem Druck hinter dem Kehlkopf auf die Luftröhre leicht ausgelöst werden. Die Blutproben geben oft nur unsichere Informationen. Zur sicheren Diagnosestellung des COPD eignet sich eine Endoskopie der Luftwege. In leichteren Fällen kann man eine Rötung im Schlund und in der Luftröhre feststellen. Auch diese Untersuchung kann einen Hustenanfall auslösen. Haben die Veränderungen über längere Zeit hinweg bestanden, findet man immer Sekret in der Luftröhre und im Atemrachen. In hochgradigen Fällen, das heißt wo wir von Dampf sprechen, sind die Schleimhäute im Bereich der Aufzweigung der Bronchien mit dikken Schleimpfropfen bedeckt. Auch das Lungenfeld ist in diesen Fällen stark vergrößert. Hat man keine Möglichkeit zur Endoskopie, kann man die Art der Atmung in der Ruhe und nach der Arbeit beurteilen. Bei vollentwickeltem Dampf kann man eine Bauchatmung, mit der Bildung der sogenannten Dampfrinne, feststellen. Diese entsteht durch eine Überentwicklung der Bauchmuskulatur, bedingt durch Mehrarbeit und durch die Bildung eines deutlichen Absatzes, wo sie in die Faszienplatte übergeht. Hört man bei diesen Pferden die Lungengeräusche mit dem Stethoskop ab, kann man ein pfeifendes Geräusch über den Lungen feststellen. In hochgradigen Fällen erweitern sich die Nasenöffnungen bei jeder Einatmung. Die Atemfrequenz kann von 16 auf 40 Atemzüge pro Minute steigen.

Behandlung

Die medizinische Behandlung solcher Erkrankungen geschieht wiederum mit Antibiotika und Sulfonamiden, evtl. mit Zusätzen von Cortison, krampf- und schleimlösenden Mitteln sowie Antihistaminika und Antiallergika. Ätherische Öle, Jodpräparate etc. werden auch als Nebel verwendet. Sie haben jedoch keine Möglichkeit, bis in die kleinsten Lungenbläschen vorzudringen, sondern bewirken nur eine leichte Linderung der Symptome im Bereich der oberen Luftwege. Mit sogenannten Ultraschallverneblern, die sehr kleine Partikel entwickeln, gelingt es aber, auch die tieferen Lungenteile zu erreichen. Mittels einer breitwirkenden Vakzinen-Impfung ist es in gewissen Fällen möglich, den virusbedingten Herbsterkältungen vorzubeugen. Hingegen helfen bei solchen Virusinfektionen weder Antibiotika noch Sulfonamide. Eine weitere Möglichkeit besteht in der Stimulation des Immunsystems des Pferdes mit gewissen Medikamenten, um seine eigene Abwehrbereitschaft zu erhöhen. Auch Entwurmungsmittel, Spurenelemente, Algen etc. kommen zur Anwendung. Im Reigen der Behandlungsmethoden werden auch viele Arten von Naturmitteln, Akupunktur und andere alternative Behandlungsarten eingesetzt. Auch die Änderung der Umgebung kann in gewissen Fällen von Nutzen sein. Gewöhnlich ändert man dabei nur den Stall. In gewissen Fällen haben auch geographische Veränderungen zum Abklingen der Krankheit beigetragen.

Die Transporterkrankung

Diese Erkrankung entsteht oft durch Streß, dem die Pferde bei langen Transporten ausgesetzt sind, in Verbindung mit den heute überall vorkommenden Luftwegsviruserkrankungen, dem verschlechterten Schleimtransport in den Luftwegen als Folge des Fixierens des Pferdekopfes, schlechter Luft und dem Einatmen von Futter- und Staubpartikeln sowie ungenügender Luftumwälzung. In Schweden sind es oft hochträchtige Stuten, welche aus den USA über den Atlantik geflogen werden. Den Flug überstehen sie eigentlich ganz gut, erkranken dann jedoch auf den anschließenden langen Straßentransporten. Die langen Zugreisen, vor allem in den Oststaaten, mit ungenügender Pflege und Überwachung, sind ein noch größeres Problem. Zudem werden die Pferde oft von den Fähren auf die Eisenbahn oder auf Lastwagen umgeladen.

Ein typisches Krankheitssymptom ist das Anheben der Oberlippen. Die Pferde beginnen zu frieren und trinken nicht mehr. In diesem Zusammenhang ist es wichtig, die Pferde gut zu beobachten. Es ist von großem Vorteil, die Pferde sofort auszuladen, etwas an der Hand weiden zu lassen und ihnen frisches Wasser zu geben. Gewisse Pferde harnen nur sehr ungern in den Transportern. Deshalb muß genügend Stroh unter den Pferden, vor allem vor den Vorderbeinen, ausgelegt werden. Oft setzen sie dann spontan Harn ab, dies gilt besonders für Hengste und Wallache, die ihre Beine nicht mit Harn verschmutzen wollen.

Ignoriert man diese vorzeitige Warnung, entwickelt sich die Krankheit sehr rasch weiter. Die Pferde bekommen Fieber, und eine erhöhte Atmungs- und Pulsfrequenz kann festgestellt werden. Nasenfluß, Husten und Lungengeräusche sind die weiteren Folgen. Eine Brustfellentzündung mit Flüssigkeitsbildung in der Brusthöhle, Zusammenkleben von Lunge und Brustwand bis zu Abszeßbildung sind weitere Folgen. Dieses Stadium wird erst nach einigen Tagen erreicht. Die Pferde haben Brustschmerzen, legen sich nur ungerne hin, stehen mit den Ellbogen abgespreizt vom Körper und sind auf Schläge gegen den Brustkorb sehr empfindlich. Wasseraustritt mit Schwellungen, sogenannte Ödeme, sieht man am unteren Teil der Brust im Bereich des Präputiums und an den Beinen. In fortgeschrittenem Stadium zeigen die Pferde einen üblen Mundgeruch. In diesem Fall ist es höchste Zeit, das Pferd in eine Klinik einzuweisen.

Die Blutproben zeigen erhöhte Fibrinogenwerte sowie eine Erhöhung der weißen Blutkörper. Mit Röntgen oder Ultraschall kann ein Flüssigkeitsspiegel nachgewiesen werden.

Die Brusthöhle muß punktiert und entleert werden. Eine Maßnahme, die die Atmung der Pferde stark erleichtert. Riecht die aus dem Brustkorb gewonnene Flüssigkeit schlecht, so ist auch die Prognose schlecht. Massive Antibiotika und entzündungshemmende Medikamente müssen eingesetzt werden. Infusionen sind unerläßlich, um den Allgemeinzustand des Pferdes etwas zu verbessern, besonders wenn die Pferde schlecht trinken. Eine unterstützende Behandlung mit Herzmitteln, bronchienerweiternden und schleimlösenden Präparaten sind vorteilhaft. Die Prognose ist in fortgeschrittenen Fällen ziemlich schlecht. Einige Pferde sind sogar während des Transportes gestorben.

Gemäß den einschlägigen schwedischen Bestimmungen dürfen Pferde nicht länger als 24 Stunden, ohne getränkt und gefüttert zu werden, transportiert werden. Trächtige Stuten dürfen in den letzten drei Trächtigkeitswochen überhaupt nicht mehr transportiert werden. Dauert der Transport einer Stute länger als einen Tag, beträgt die Frist sogar 6 Wochen. Frühestens eine Woche nach der Geburt darf eine Stute transportiert werden. Zudem müssen die Pferde so angebunden sein, daß sie den Kopf in einer natürlichen Stellung halten können und genügend Bewegungsfreiheit haben. Diese Maßnahmen erleichtern ebenfalls den Schleimtransport in den Luftwegen. Es empfiehlt sich auch, den Genickriemen der Halfter zu polstern, die Pferde erleiden sonst leicht Schürf- und Friktionsschäden der Haut. Die Pferde sollten dreimal zu den üblichen Zeiten gefüttert und alle 3 Stunden getränkt werden. Man sollte für eine gute Ventilation sorgen, Durchzug muß jedoch vermieden werden. Beim Stillstehen der Transportmittel sollte so gut als möglich gelüftet werden. Man sollte sich so oft als möglich beim Pferd aufhalten, damit sich dieses nicht vergessen und verlassen vorkommt. Gleichzeitig können die Pferde kontrolliert und auf allfällige Erkrankungen untersucht werden. Bei fraglichen Fällen mißt man ebenfalls die Temperatur.

Bei Fähretransporten lohnt es sich, frühzeitig dort zu sein und alle Papiere in Ordnung zu haben, so daß das Transportfahrzeug im Boot möglichst weit vorne plaziert ist und dementsprechend beim Ausladen rasch durch den Zoll zur grenztierärztlichen Untersuchung kommt. Es lohnt sich ebenfalls, das Fahrzeug an einen gut belüfteten Ort zu stellen. Die Türen sollten so oft wie möglich geöffnet werden. Die Pferde sollten, wenn es nicht zu warm ist, gedeckt bleiben und ständig überwacht werden. Es ist selbstverständlich, daß die Grenztierärzte rechtzeitig avisiert werden, um so unnötige Wartezeiten zu vermeiden.

Allgemein sollte man die Kraftfutterzugabe bereits 1 bis 2 Tage vor der Reise reduzieren. Wenn der Transport bei warmer

Witterung stattfindet und die Pferde dadurch stark schwitzen, empfiehlt es sich, den Tieren bereits 14 Tage im voraus regelmäßig Elektrolytpulver zu verabreichen. Während der Reise sollte das Pferd stets Zugang zu Heu haben. Das Risiko einer Schlundverstopfung ist bei seltener Fütterung bedeutend höher, da sich die Pferde dann mit Heißhunger auf das Heu stürzen und es, ohne genügend zu kauen und einzuspeicheln, verschlingen. Auch die Pferde schauen auf der Reise gerne zum Fenster hinaus! Man hat festgestellt, daß hinten im Lastwagen stehende Pferde deutlich mehr erkranken als die Pferde im vorderen Teil des Fahrzeuges. Ein empfindliches und leicht zu stressendes Pferd sollte deshalb nie hinten eingeladen werden. Die Fahrweise sollte langsam und regelmäßig sein. Man sollte auch nicht zuviel Gepäck, wie Sattelkisten etc., im Pferdeabteil mitführen, da diese das Luftvolumen im Transporter vermindern. Leicht streßbare Pferde können mit schwachen Mitteln direkt ins Maul oder ins Futter beruhigt werden. Dabei müssen jedoch unbedingt die Dopingbestimmungen beachtet werden. Am Fahrziel angekommen, sind die ersten Stunden am kritischsten. Die Pferde sollten keiner Temperaturschwankung ausgesetzt werden, und die Körpertemperatur muß zweimal täglich gemessen werden. In einigen Fällen erkranken die Pferde erst einige Tage oder Wochen nach dem Transport. Werden neu gekaufte Pferde transportiert, sollte unbedingt eine Transportversicherung abgeschlossen werden. Werden hochträchtige Ponystuten transportiert, kann eine allfällige Komplikation mit Hyperlipämie nicht ausgeschlossen werden.

Die Transporterkrankung trat früher während der langen Zugreisen sehr oft auf. In letzter Zeit hat sie wieder an Aktualität gewonnen. Heutzutage werden hauptsächlich aus den USA importierte Pferde oder Wettkampfpferde, die auf der ganzen Welt eingesetzt werden, davon erfaßt.

Die Herzuntersuchung

Bei der Herzuntersuchung hört man mit dem Stethoskop beide Seiten des Brustkorbes ungefähr im Bereich der siebten Rippe ab. Dabei kann man Abweichungen, Rhythmus der Frequenz und des Tones feststellen. Dies muß in der Ruhe und nach der Arbeit geschehen. Bei Verdacht kann auch eine EKG-Untersuchung durchgeführt werden. Mit einem speziellen Apparat (Elektrokardiograph) werden die elektrischen Ströme, die vom linken Vorhof ausgehen und über den ganzen Herzmuskel ziehen, worauf sich das Herz zusammenzieht, registriert. Mit ableitenden Drähten, die an verschiedenen Stellen am Pferdekörper befestigt werden, notiert ein Schreiber diese Impulse auf Papier. Dieses Elektrokardiogramm muß anschließend untersucht und beurteilt werden.

Eine weitere Methode zur Herzuntersuchung ist das Registrieren der Herzgeräusche, ähnlich dem EKG. Diese Methode wird als Phonokardiographie bezeichnet. Damit können die Herztöne mit großer Zuverlässigkeit lokalisiert werden und allfällige Geräusche wie z. B. das Blasengeräusch festgestellt und in Verbindung mit der Phase der Herzaktion gebracht werden. Auf diese Weise werden die diagnostischen Möglichkeiten der Herzuntersuchungen stark erhöht. Die Methode ist allerdings nicht sehr einfach und deshalb größeren Kliniken vorbehalten.

Hingegen hat die Ultraschalldiagnostik große Verbreitung gefunden. Sie ist für die Herzdiagnostik ein sehr wertvolles Hilfsmittel. Man kann damit feststellen, wie das Herz arbeitet und wie es aussieht.

EKG-Untersuchung

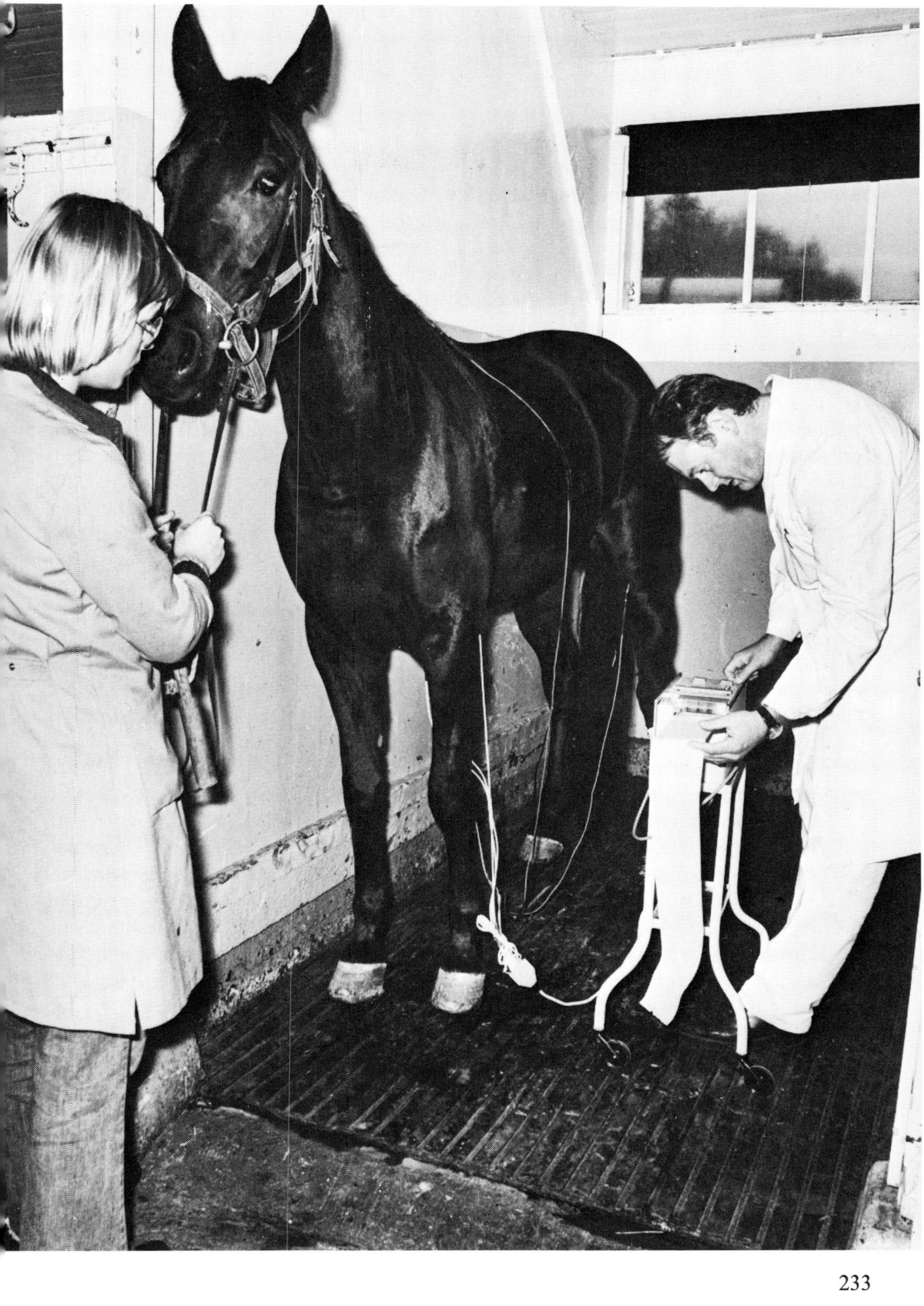

Das Herz wird in Form von Kurven abgebildet, deren Größe und Bewegung bestimmt werden kann. Auf diese Weise werden Defekte in der Herzwand, Auflagerungen an den Herzklappen oder undichte Stellen nachgewiesen. Die Untersuchung kann auch mit Kohlendioxyd als Kontrastmittel ergänzt werden. Damit erkennt man den Weg besser, den das Blut durch das Herz nimmt. Im weiteren können Blut oder andere Flüssigkeitsansammlungen im Herzbeutel oder in der Brusthöhle nachgewiesen werden.

Der Funktionstest, die sogenannte Arbeitsprobe, erfolgt durch Longieren, Fahren oder auf der Rollbahn. Die Blutprobe für eine Enzymbestimmung, wie sie in der Humanmedizin häufig angewandt wird, hat beim Pferd leider einen sehr geringen Stellenwert.

Die Herzmuskelentzündung

Mit einigen Fachkenntnissen können mit einem EKG Veränderungen am Rhythmus der Herzfrequenz abgelesen und somit entschieden werden, ob ein Herzmuskelschaden vorliegt. Hingegen können mit dem EKG keine Herzklappenfehler diagnostiziert werden. Im Zusammenhang mit Druse können auch Herzmuskelentzündungen auftreten. Dies gilt ebenso für andere Infektionen und einige Vergiftungen, die ähnliche Schäden am Herzmuskel verursachen können. Die Diagnose wird gestellt aufgrund der verringerten Leistung, der EKG-Veränderungen und der Blutprobe als Zusatzuntersuchung für die Beurteilung des Infektionsbildes sowie des Zustandes der Muskulatur. Dies kann dann zum plötzlichen Tode eines Pferdes während eines Wettkampfes führen. Bei der Sektion hat man in einigen Fällen von unbekannter Ursache eine Herzmuskelveränderung als Folge einer versteckten Infektion gefunden. Nicht selten wurden bei solchen Fällen auch Infektionen der oberen Luftwege festgestellt. Auch akute Darmerkrankungen in Form von Entzündungen und Verdrehungen können durch die rasche Bildung von giftigen Stoffen solche Schäden am Herzmuskel bewirken. Häufig sind dies sogenannte Reizleitungsstörungen, die den normalen Rhythmus des Pferdeherzes beeinflussen. Die Frequenz kann stark ansteigen, und Ausfälle von einzelnen Partien des Herzes können auftreten. Im weiteren können auch sogenannte Extraschläge des Herzes vorkommen, die jedoch in den meisten Fällen ungefährlich sind. Leidet ein Pferd an einer Herzmuskelentzündung, ist es wichtig, daß es möglichst lange ausruhen kann und entsprechend medizinisch behandelt wird. In einzelnen Fällen genügt eine Ruhepause von einem Monat. In den meisten Fällen beträgt die Rekonvaleszenz jedoch 2 bis 3 Monate. Bevor das Pferd sein Training wieder aufnimmt, muß unbedingt ein Kontroll-EKG durchgeführt werden, welches eine Normalisierung der Herzaktion zeigen muß. Es lohnt sich auch, solche Pferde weiterhin zu überwachen.

In gewissen Fällen können solche Herzmuskelentzündungen auch chronische Auswirkungen haben. Heilt ein Schaden nie ganz aus, bildet sich im entzündeten Gewebe ein Herzschatten.

Das Vorhofflimmern

Im Ausland wird das Vorhofflimmern oft als eine Komplikation zu COPD angesehen. Hier in Schweden wurde dies jedoch sehr selten beobachtet, obwohl eine große Anzahl von COPD-Pferden untersucht wurde. Unter dem Vorhofflimmern versteht man eine erhöhte Frequenz des Vorhofes im Vergleich zu derjenigen der Kammer und der Pulswelle. Zur Diagnosestellung muß ein EKG durchgeführt werden. Der Rhythmus der Vorhöfe kann in solchen Fällen mit einer Chinidinbehandlung normalisiert werden. Rückfälle treten jedoch nicht selten auf. Die Prognose ist deshalb eher ungünstig.

Herzklappenschaden
Es können auch an anderen Stellen im Herz Schäden auftreten. Bei akuten Allgemeininfektionen können die Schadstoffe der Infektionen Schäden an der Innenseite des Herzmuskels und an den Herzklappen hervorrufen. Dabei werden die Herzklappen auf die Seite gedrängt, wodurch das Blut nur mit Mühe durchfließen kann und ein sogenanntes Blasengeräusch entsteht. Die Ultraschalldiagnose ist in diesem Fall sehr wertvoll. Das Blasengeräusch hört man vor allem in der Ruhe, besonders bei Pferden mit guter Kondition und einem tiefen Ruhepuls bis zu 30 Schlägen pro Minute. Dies ist oft ein beunruhigender Faktor und ein Problem bei Verkaufsuntersuchungen oder Versicherungsaufnahmen. Das Blasengeräusch verschwindet nämlich meistens, wenn das Pferd zu arbeiten beginnt und der Puls gegen 80 bis 100 Schläge pro Minute steigt. In diesen Fällen ist es ohne größere Bedeutung. Wenn aber das Blasengeräusch bei der Arbeit zunimmt und das Arbeitsvermögen sinkt, wird dies als pathologisch angesehen. Es muß näher untersucht werden, und dies geschieht z. B. mit einer Ultraschalluntersuchung, was eine größere Arbeitsleistung des Herzes erfordert. Wenn die Klappen nicht mehr vollständig schließen, fließt ein Teil des Blutes wieder zurück. Auch dies bedingt wiederum eine spezielle Belastung des Herzmuskels. Als Folge davon vergrößert sich das Herz, und es muß seine Reservekraft einsetzen. Es entstehen keine Probleme, solange das Herz über Reserven verfügt, mit der Zeit jedoch weitet sich das Herz derart aus, daß es schlußendlich nicht mehr genügend Blut in Umlauf bringen kann. Dadurch entsteht ein chronischer Herzfehler, und das Pferd kann keine Arbeit mehr leisten.

Das Platzen von Gefäßen und des Herzens
kann sowohl im Vorhof als auch in der Kammer vorkommen. Weitaus häufiger finden wir dieses Phänomen an größeren Körperschlagadern, die nahe am Herz liegen. Bei diesen Fällen stellt man fest, daß sich die Gefäßwand zurückgebildet hat. Steigt dann der Blutdruck, kommt es bei einer körperlichen Anstrengung zum Zerplatzen des Gefäßes. Das Pferd stirbt nach wenigen Minuten an innerer Verblutung.

Angeborene Herzfehler
kommen beim Fohlen sehr selten vor. Die Mißbildungen bestehen oft in Defekten in den Herzwänden und zwar häufig zwischen den einzelnen Herzkammern. In den meisten Fällen sind die Fohlen sehr schwach und sterben kurz nach der Geburt. Fohlen mit kleineren Mißbildungen können überleben.

Die medizinische Abklärung bei Leistungsverminderung

Pferde, bei welchen, populär ausgedrückt, «nichts mehr drinliegt», benötigen eine genaue medizinische Abklärung. Zuerst wird beim Pferd die bereits erwähnte EKG-Untersuchung sowie eine Allgemeinuntersuchung durchgeführt. Herz und Lunge werden auf Nebengeräusche untersucht. Mit dem Fiberendoskop kontrolliert man die oberen Luftwege sowie die Nase und den Schlund. Gleichzeitig werden Blutuntersuchungen vorgenommen sowie die Muskel-, die Leber- und die Nierenfunktion überprüft. Auch der Kot wird auf das Vorkommen von Parasiten getestet. Oft findet man eine Ursache für die Formveränderung des Pferdes und kann die Behandlungsmaßnahmen danach richten. Es ist natürlich außerordentlich wichtig, daß der Tierhalter die Vorschriften des Tierarztes genau befolgt. Zudem sollten diese Pferde stets nochmals überprüft werden, bevor sie mit der Arbeit beginnen. Es ist bekannt, daß es dem Tierhalter oft nicht leichtfällt, die ersten Symptome einer medizinischen Erkrankung festzustellen. Wenn man das Pferd selbst pflegt und genau überwacht, besteht die größte Chance, daß Veränderungen möglichst frühzeitig erkannt werden.

Arbeitsproben

Das Longieren

Seit längerer Zeit wurde in Schweden ein einfacher Funktionstest als sogenannte Arbeitsprobe angewandt. Dieser wird routinemäßig bei der Kaufs- und Verkaufsuntersuchung sowie bei der Versicherungsbeurteilung durchgeführt. Das Pferd wird während 15 bis 20 Minuten im Trab longiert. Der Ruhepuls und die Atmung werden gezählt. Die Messungen werden alle 5 Minuten wiederholt. Gleichzeitig wird die Hand beim Longieren gewechselt. Wenn das Pferd in guter Kondition ist, muß die Pulsfrequenz während der ganzen Zeit über der Atemfrequenz liegen. Ist dies nicht der Fall, muß das, wie oben beschrieben, näher untersucht werden. Jungpferde und Pferde, die noch nicht in guter Kondition sind, z. B. nach dem Weidegang, müssen vorsichtig beurteilt werden. Mit diesem einfachen Test erhält man viele wichtige Zusatzinformationen. Zudem können ein Blasengeräusch oder Rhythmusstörungen, wie Herzblöcke oder Extrasystolen, eine evtl. Lahmheit, z. B. das beidseitige Lahmen, das besser auf der Volte erkannt wird, die Tendenz für eine habituelle Kniescheiben-Aufhängung, der Hahnentritt etc., erkannt werden. Ein versteckter Husten kommt ebenfalls bei der Arbeit besser zum Vorschein sowie weitere negative Nebengeräusche wie z. B. das Kehlkopfpfeifen (Roaren). Das letztere kann am besten beurteilt weren, wenn das Pferd nach dem Trab noch etwas galoppiert.

Die Ergometerprobe oder der Rollbahntest

Für Trabrennpferde wurde ein Modell einer Funktionsprüfung von Prof. Sune Persson an der Landwirtschafts-Universität und deren veterinärmedizinischen Fakultät in Uppsala entwickelt. Diese Methode hat auf internationaler Ebene große Aufmerksamkeit auf sich gezogen. Dabei wird eine sogenannte Rollbahn oder Ergometer verwendet. Man hat eine gewisse Neigung des Bandes und fährt mit einer gewissen Geschwindigkeit während einer vorgeschriebenen Zeit. Auf diese Weise teilt man dem Pferd eine bestimmte Arbeit zu und kann anschließend die Werte der verschiedenen Pferde mit- und gegeneinander beurteilen.

Die Blutprobe für den Hämatokrit und die Milchsäurebestimmung (Laktat) werden vor und während eines bestimmten Intervalles in einer gewissen Geschwindigkeit sowie nach der Arbeit durchgeführt. Im weiteren wird der CK-Muskelwert kurz vor und 3 bis 5 Stunden nach der Arbeit bestimmt. Dieser Wert spricht sehr rasch auf Veränderungen an.

Durch diese Untersuchungstechnik entleert man die große Reserve an roten Blutkörperchen, die in der Milz gespeichert ist, und setzt sie für den Sauerstofftransport ein. Da die gesamte Kapazität für den Sauerstofftransport, die sogenannte Aerobekapazität, ausgenützt ist, liegt der Puls auf ca. 200 Schlägen/Minute. Nun tritt die Anaerobeverbrennung ein. Dies geschieht ohne weitere Zufuhr von Sauerstoff, wodurch eine «Sauerstoffschuld» entsteht. Diese spiegelt sich im Blut in Form einer Steigerung des Milchsäurewertes wider. Wenn diese Milchsäuresteigerung (Laktatsteigerung) zu lange anhält, kann das Pferd Schaden nehmen, wie z. B. Verlust der Koordination des Bewegungsapparates, woraus leicht Mißtritte und Verstauchungen resultieren.

Der V-200-Test
Die Geschwindigkeit in Meter/Sekunde, die das Pferd bei einem Pulswert von 200 Schlägen/Minute liefert, wird als V-200-Wert bezeichnet. Dabei ist die Sauerstofftransportkapazität voll ausgenützt, da alle roten Blutkörperchen in Zirkulation sind. Mit der Rollbahn hat man die Möglichkeit, das Pferd sofort anzuhalten und eine Blutprobe zu entnehmen. Daraufhin wird eine bestimmte Menge des Farbstoffes «Evans blue» injiziert, womit das Blutzellvolumen bestimmt werden kann. Nach 15 Minuten entnimmt man eine weitere Blutprobe. Das Blutzellvolumen wird in Proportion zum Körpergewicht gesetzt. Die erwartete Leistung bei einer Pulsgeschwindigkeit von 200 Schlägen/Minute kann nun errechnet werden, ohne daß das Pferd maximal angestrengt werden muß. Diese erwartete Leistung wird nun mit der effektiven Leistung verglichen. Auf diese Weise kann eine Abweichung festgestellt werden, wofür die gewöhnlichste Ursache das Übertraining, die sogenannte Polyzytämie, ist. Diese sieht man vor allem bei hochtrainierten Trabhengsten. Die Behandlung besteht darin, das Pferd aus der Arbeit zu nehmen und die Trainingsmethoden zu ändern. Sollten diese Maßnahmen nicht zum Ziel führen, muß das Pferd evtl. kastriert werden. Mit dieser Rollbahn können auch noch andere Untersuchungen durchgeführt werden. Zum Beispiel die Blutgasbestimmung (Säure-, Kohlendioxyd- und pH-Werte im arteriellen Blut) und evtl. Muskelbiopsien.

Die Erholungszeit von Puls- und Atemfrequenz nach einer bestimmten Arbeit kann ebenfalls als Funktionstest verwendet werden. Dabei kann ein einfacher Pulsmesser angewendet werden. Um ein Basistraining zu erreichen, sollte man stets im Bereich der Milchsäureschwelle liegen. Trainiert man ein Pferd knapp über dieser Schwelle, wird das Herz gezwungen, mehr Milchsäure zu verkraften, da das Gewebe und die Muskulatur mit mehr Blut versorgt werden müssen.

Die verschiedenen Muskelarten

Wir unterscheiden verschiedene Arten von Muskelfasern. Die langsamen, ausdauernden Muskelfasern vom Typ I und die raschen, ausdauernden Muskelfasern vom Typ II A, die beide bis zum Erreichen der Milchsäureschwelle arbeiten. Wird die Arbeit noch mehr gesteigert, beginnt der Laktatwert im Blut zu steigen. Daraufhin werden die raschen Muskelfasern vom Typ B eingesetzt, die jedoch rasch ermüden. Anhand einer Muskelbiopsie können die unterschiedlichen Faserntypen bestimmt und das Training entsprechend reguliert werden.
In letzter Zeit hat das Interesse der Distanz- und der Militaryreiter für die Trainingsphysiologie deutlich zugenommen. Dies gilt auch für die anderen Disziplinen im Pferdesport.

Die Krankheiten der Harnorgane

Die Nierenerkrankungen

Die Nieren sind die Absonderungsorgane des Körpers. Sie haben unter anderem die Aufgabe, Wasser, Salze und Endprodukte des Stoffwechsels auszuscheiden.
Im Gegensatz zu den «Allesfressern» oder besonders den Fleischfressern sind die Pflanzenfresser weniger für Nierenentzündungen anfällig. Eitrige Infektionen können jedoch als Folge von solchen Entzündungen im Körper, z. B. bei streuender Druse oder Gelenkentzündung, auftreten. Im Zusammenhang mit Fohlenerkrankungen kommt es oft auch in den Nieren zu Herdbildungen. Zudem können die Infektionen durch die Harnblase oder -röhre aufsteigen. Im weiteren können Nierenveränderungen nach dem Zerfall von großen Muskelmassen, Vergiftungen und Leberschäden entstehen.
Bei sehr alten Pferden sieht man zeitweise eine chronische Nierenentzündung, wobei die Nieren ihre Funktionsfähigkeit verlieren können. Es kommt aber bei diesen selten zu einer allgemeinen Nierenvergiftung. Die Symptome der Nierenschäden sind Abmagerung, Austrockung und all-

Ein Stein aus der Harnblase

gemeine Schwäche. In einem langwierigen Krankheitsverlauf können Ödeme am Unterbauch und in allen vier Gliedmaßen auftreten.
In einigen Fällen stellt man eine erhöhte Harnausscheidung fest, in anderen Fällen ist diese deutlich vermindert. In vielen Fällen können bei der Untersuchung der Nieren und Harnblase durch den Enddarm und durch chemische Urin- und Blutuntersuchungen Anhaltspunkte für eine Diagnose gefunden werden, entsprechend kann eine Behandlung eingesetzt werden.
Ein infektiöses Leiden kann mit Sulfonamiden und Antibiotika behandelt werden, vor allem nachdem man mit einer bakteriologischen Untersuchung des Harnes und einer Resistenzbestimmung die Art des Infektionserregers bestimmt hat.

Die Erkrankung der Harnröhre und der Harnblase

Die Entzündung der Harnblase sieht man häufiger bei der Stute als beim Hengst und beim Wallach. Die Symptome sind ein deutliches Harndrängen und eine Vermischung von Blut im Harn. Die Pferde setzen häufig kleinere Mengen von Harn ab. Eine bakteriologische und eine herkömmliche Harnuntersuchung müssen durchgeführt werden, um das richtige Sulfonamid oder Antibiotikum einzusetzen. Nicht selten wird lokal und allgemein behandelt. Da solche Harnwegsinfektionen eine große Tendenz zur Wiederholung haben, muß die Behandlung über mehrere Wochen hinweg weitergeführt werden. Wenn es nicht gelingt, eine solche Infektion endgültig zu eliminieren, kann dies leicht zu einer eitrigen Nierenentzündung führen.

Harnsteine
können sich überall in den Harnwegen bilden. Die häufigst auftretenden sind jedoch die Blasensteine. Die Pferde stellen sich hin, als wollten sie Harn absetzen, es kommen jedoch nur kleine Mengen. Es können auch Koliksymptome beobachtet werden, ebenso wie ein steifer Gang. Beim Katheterisieren kann man ohne weiteres harte Steine spüren. Am besten wird die Diagnose mit einer Rektaluntersuchung gesichert. Oft sind die Steine so groß, daß sie nur durch Öffnen der Bauchhöhle operativ entfernt werden können. Die Aussichten auf eine Abheilung sind jedoch sehr gut.

Das Platzen der Harnblase
Bei der Geburt können vor allem bei Hengstfohlen die Harnblasen platzen. Man vermutet, daß es sich um überfüllte Blasen handelt, die bei der Geburt im Bekken der Stute eingeklemmt werden und dann platzen. Das auffälligste Symptom für den Züchter besteht darin, daß das Fohlen häufig versucht Harn abzusetzen, was ihm jedoch nur tropfenweise gelingt. Die Fohlen ermüden rasch und zeigen leichte Koliksymptome. Sie legen sich oft hin, erheben sich dann wieder, gehen rückwärts und peitschen mit dem Schweif. Langsam füllt sich der Bauch mit Harn und bekommt eine «birnenähnliche» Form. Sticht man den Bauch an, kann eine große Menge Harn abfließen. In diesen Fällen ist eine rasche Operation notwendig. Die Bauchhöhle wird geöffnet und entleert und die geplatzte Blase wieder zusammengenäht. Das Fohlen muß im Anschluß an die Operation mit Infusionen behandelt werden, wobei vorzugsweise ein Dauerkatheter eingenäht wird. Wenn die Operation rechtzeitig vorgenommen wird, ist die Prognose gut. Ist ein Fohlen jedoch durch die giftigen Harnstoffe bereits stark geschädigt, sind die Aussichten bedeutend schlechter.

Die Urachusfistel

Normalerweise schließt sich der Urachus bei der Geburt oder rasch danach. Bei einigen Fohlen bleibt jedoch eine Vertiefung zwischen der Harnblase und dem Nabel bestehen. In manchen Fällen ist dann das Gebiet um den Nabel immer etwas feucht, da beim Harnlösen stets einige Tropfen durch den Nabel fließen. Diese Fistel kann zu einer Infektion im Nabelgebiet und im Harnweg führen. Oft heilt diese Fistel spontan ab. In gewissen Fällen bleibt sie jedoch bestehen, und eine Behandlung wird notwendig. Dies kann durch Einstreichen eines leichten Blisters rund um die Fistel geschehen, was ein Verkleben oder Verschließen der Fistel zur Folge hat. In diesem Zusammenhang muß gleichzeitig eine Antibiotikabehandlung durchgeführt werden, um eine allgemeine Infektion zu verhindern.

Der Harnblasenvorfall

Dieser kommt selten vor und wenn, dann vor allem bei den Stuten kurz nach der Geburt. Durch die starken Preßwehen kann die Blase nach außen gestülpt und durch die kurze Harnröhre herausgedrückt werden. Eine Behandlung muß so rasch wie möglich erfolgen. Sie geschieht unter lokaler Betäubung, während der man die Harnblase in die richtige Lage zurückmassiert.

Die Kastration

Unter «Kastration» versteht man die Entfernung von Hoden und Nebenhoden. Mit der Operation erreicht man eine Verbesserung der Arbeitseigenschaften, da Wallache ein umgänglicheres Temperament haben als Hengste. Die Aufzucht wird dadurch vereinfacht, da man nun Stuten und Wallache auf derselben Weide halten kann. Dies ist in den Fällen bedeutungsvoll, wo für viele Pferde nur eine beschränkte Weidefläche zur Verfügung steht.
Viele Hengste sind zu wild, als daß sie als Arbeitstiere eingesetzt werden könnten. In einzelnen Fällen müssen die Pferde auch aus medizinischen Gründen «kastriert» werden, z.B. bei Hodenentzündungen, Hodengeschwulsten oder bei Hodensackbrüchen. Es kann auch bei Pferden notwendig sein, die einen schweren Schaden an den Extremitäten erlitten, welcher eine lange und ruhige Rekonvaleszenz erfordert.
Es war eine alte Sitte, Arbeitspferde als Einjährige zu kastrieren, vorzugsweise im Frühjahr. In den letzten Jahren wurde die Kastration jedoch erst im dritten oder vierten Lebensjahr durchgeführt. Man will dadurch das Pferd während längerer Zeit wachsen lassen und erhofft sich mehr Masse und Hengstcharakter.
Trabrennpferde und Vollblüter werden selten vor dem dritten oder vierten Lebensjahr kastriert. Bei diesen beruht dies u.a. darauf, daß gewisse klassische Rennen für Wallache noch nicht geöffnet sind. Man nimmt auch an, daß das Rennvermögen bei Hengsten größer ist als bei Wallachen. Der bekannte amerikanische Traber «Greyhound» war jedoch ein Wallach. «Greyhound» ist innerhalb des Trabrennsportes zur Legende geworden und hielt über Jahrzehnte den Weltrekord im Trabrennsport. «Legolas» ist ein weiteres Beispiel.
Die Kastration eines Pferdes ist in der Regel ein einfacher Eingriff. Dieser kann unter Lokalbetäubung am stehenden Pferd oder unter Allgemeinnarkose am liegenden Pferd durchgeführt werden. Es ist die Ansicht des Verfassers, daß Hengste, bei denen ein Risiko eines Darmvorfalles vorliegt, unbedingt liegend unter Allgemeinnarkose kastriert werden müssen.
Man operiert unter strenger Asepsis, ligiert die Samenleiter und vernäht die Wunden. Dadurch vermeidet man jegliches Risiko eines Darmvorfalles. Auch wird die Gefahr einer Infektion deutlich verringert. In der Regel kann das Pferd nach einem Monat wieder arbeiten.
Die Kastration sollte heutzutage vermehrt durchgeführt werden, da nicht selten jüngere Menschen mit geringer Erfahrung Umgang mit den Pferden haben.

Hodentumore

In diesem Zusammenhang muß auch das Auftreten von Hodentumoren besprochen werden. Diese findet man zeitweise bei alten Hengsten. Bei einseitigem Tumor ist die Operation erfolgreich. Der Hoden mit dem Tumor wird entfernt, und es scheint keine Tendenz zur Verbreitung im Körper zu bestehen.

Hautkrankheiten

Juckreiz

Läuse

Ein Pferd, das sich häufig kratzt, muß in erster Linie auf Läuse untersucht werden. Diese kommen vor allem im Winter vor, wenn die Pferde ihr langes Winterfell tragen. Von Läusen befallene Pferde scheuern sich häufig über dem Sitzbeinhöcker wund und beißen sich in die Flanken. Die Läuse und ihre Eier findet man am Hals unter der Mähne, auf dem ganzen Rücken sowie an den Schwanzwurzeln.

Für die Entlausung verwendet man ein gängiges Entlausungsmittel. Die Behandlung muß mit zehntägigen Intervallen zwei- bis dreimal wiederholt werden.

Sämtliche Pferde in einem Stall sind gleichzeitig zu behandeln. Im weiteren muß auch der gesamte Stall gereinigt und desinfiziert werden. Das Putzzeug darf dabei nicht vergessen werden. Jungtiere können so hochgradig befallen sein, daß sie abmagern und blutarm werden.

Die Fußräude (Chorioptes-Milbe)

Die Fußräude befällt die Haut an den Gliedmaßen, und zwar hauptsächlich an den Hinterbeinen, und hat eine kräftigen Juckreiz zur Folge. Die Pferde stampfen auf den Boden und schlagen dauernd mit den Hinterbeinen an die Wand. Bei der näheren Untersuchung findet man einen schuppigen Haarausfall. Die Milben sind mikroskopisch leicht nachzuweisen. Die Behandlung besteht in wiederholten Reinigungen der Beine mit einem Shampoo, welches die Parasiten abtötet. Auch Stallgeräte und Putzzeug müssen desinfiziert werden.

Die Krätzräude (Sarcroptes-Milbe)

bewirkt Haarausfall am ganzen Körper mit einem starken Juckreiz. Die Krankheit kommt in Schweden zur Zeit nicht vor und wurde das letzte Mal 1957 diagnostiziert. Bei der Einfuhr von Pferden aus dem Ausland muß ihre Haut besonders eingehend untersucht werden. Die Erkrankung ist anzeigepflichtig und unterliegt dem Tierseuchengesetz.

Die Ringflechte (Trychophyti)

ist eine Pilzerkrankung, die eine Entzündung der Haut mit runden, haarlosen Flecken verursacht. Es kann Juckreiz vorkommen. Die Krankheit tritt oft enzootisch auf, d.h. verbreitet sich rasant in einem umschriebenen, lokalen Bereich, z.B. in einem Reitstall. In erster Linie werden die Jungtiere befallen, und die Übertragung kann explosionsartig geschehen. Innert weniger Tage kann der Bestand eines Gestütes oder eines Pferdezentrums mit dieser Flechte befallen sein.

Die befallenen Pferde dürfen nicht gestriegelt und gebürstet, sondern nur mit sauberen Tüchern abgewischt werden. Die veränderten Hautpartien müssen mit entsprechenden Medikamenten behandelt werden. Wenn die Haut im Bereich der Sattel- oder Gurtenlage befallen ist, dürfen die Pferde nicht gesattelt werden, bis die Haut vollständig abgeheilt ist. Die Flechte der Pferde kann ebenso wie diejenige anderer Haustiere übertragen werden. Im Stall sollten daher stets Überkleider und Handschuhe im Umgang mit diesen Pferden getragen werden.

Wegen der unterschiedlichen Anfälligkeit für verschiedene Parasitenarten läßt man oft Rinder und Pferde auf die gleiche

Weide. Wenn die Rinder mit Flechte befallen sind, kann dies über die Weidezäune, an denen sich die Tiere gerne reiben, auf die Pferde übertragen werden. Aber auch andere Pilzarten als die Trichophyten können Hautveränderungen mit Juckreiz verursachen, z. B. Aspergillus. In diesen Fällen beißen sich die Pferde in die Flanken, ohne daß man deutliche Hautveränderungen vorfindet. Zur Behandlung verwendet man über längere Zeit Jodopaxlösung. In Norwegen wurden vielversprechende Versuche mit einer Vakzine gegen Flechten durchgeführt. Die in Schweden erhältliche Vakzine für Rinder ist für Pferde nicht anzuwenden.

Streptotrichose

Dies ist eine bakterielle Hauterkrankung, die sehr stark der Flechte gleicht und oft mit dieser verwechselt wird. Behandelt man diese Erkrankung mit Flechtenpräparaten, wird man kein Resultat erreichen. Der Erreger ist ein Strahlenpilz (Dermatophilus congolensis). Die Streptotrichose tritt vor allem in feuchten Witterungsperioden auf. Die weitere Verbreitung der Erkrankung geschieht mit Sporen, die inaktiv auf der trockenen Haut liegen können. Stark schwitzende Pferde infizieren sich leichter. Die Symptome sind Haarausfall, zum Teil Fieber und Schmerzen am ganzen Körper. Die Haare bilden kleine Bündel, an deren Basis man kleine Krusten und Schuppen findet. Eine mikroskopische Untersuchung liefert nur im Zusammenhang mit einer spezifischen Fragestellung zur Streptotrichose ein Resultat. Bei einer gewöhnlichen Untersuchung auf Pilz und Bakterien ist die Lokalisation vor allem auf der Kruppe, der Lende, der Sattellage und am Hals festzustellen. Unpigmentierte Hautpartien sind, wie gewöhnlich, eher disponiert.

Die Erkrankung heilt oft spontan durch Austrocknen während der warmen Jahreszeit. Ein Shampoonieren und ein Entfernen der Hautkrusten ist empfehlenswert. Dabei soll ein Jodshampoo und ein Chlorhexidinwaschmittel mit einer Penicillinbehandlung kombiniert werden.

Mähnen- und Schwanzgrind

Dies ist eine in ihrer Ursache ungeklärte Erkrankung im Mähnen- und Schwanzbereich, die wiederum mit einem gewaltigen Juckreiz verbunden ist.

Es werden vor allem Ponys befallen, und zwar häufig im Anschluß an die ersten Weidegänge. Häufig wiederholen sich die Krankheiten jährlich. Die Pferde scheuern sich die langen Schutzhaare in Mähne und Schwanz weg, und die darunterliegende Haut ist stark gereizt und entzündet. Gewisse Pferde scheinen für diese Krankheit disponiert zu sein. Die eiweißreiche Frühjahrsweide sowie das Sonnenlicht sind auslösende Faktoren. Es wird deshalb ein allmählicher Übergang auf die Frühjahrsweide empfohlen. Der Mähnenkamm und die Schwanzwurzel werden geschoren, und die wunde Haut wird ein- bis zweimal mit einer Woche Unterbrechung mit entsprechenden Mitteln gereinigt. In gewissen Fällen kann auch das Eingeben von Colikulturen oder die Anwendung eines Antihistaminpräparates helfen. Chlorokinphosphattabletten in Kombination mit Sonnenschutzcreme oder -öl wurden mit gutem Resultat verwendet. Eine Entwurmung mit Ivomec hat in 50 Prozent zur Abheilung geführt.

Juckreiz am Schweif

Peitschenwürmer können diesen Zustand verursachen. Wo man keine spezielle Ursache für den Juckreiz am Schweif findet, kann er mit wiederholten Reinigungen mit einer Seifenlösung behandelt werden.

Nesselfieber (Urticaria)

Dieses tritt beim Pferd mit flachen, kissenartigen Anschwellungen in der Haut über den größten Teil des Körpers auf und ist gewöhnlich mit starkem Juckreiz verbunden. Die Ursache liegt in einer un-

Flechte

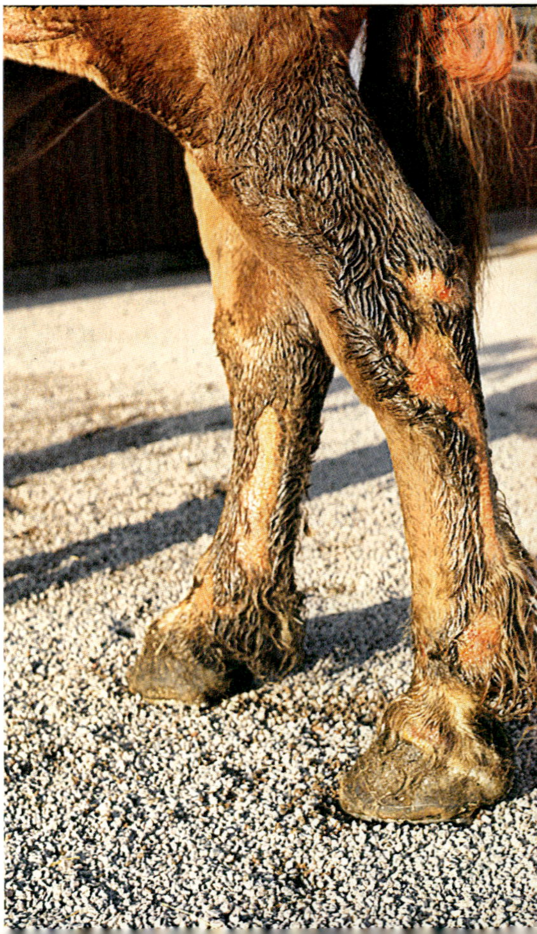

geeigneten Fütterung oder einer Überempfindlichkeit auf ein bestimmtes Heilmittel, z.B. Penicillin. Die Behandlung besteht in der Entfernung der Ursache, indem man das Pferd abführt und ihm ein Antihistamin- oder Cortisonpräparat verabreicht.

Hauttumore

Warzen (Viruspapillom)
Tumorerkrankungen sind beim Pferd relativ ungewöhnlich. Doch sieht man zeitweise vor allem bei jungen Pferden im Alter bis zu 3 Jahren kleine gestielte Wärzchen, vorzugsweise im Bereich der Ober- und Unterlippen.
Die Warzen sind durch ein Virus ver-

Hautentzündung mit ausgedehntem Haarausfall

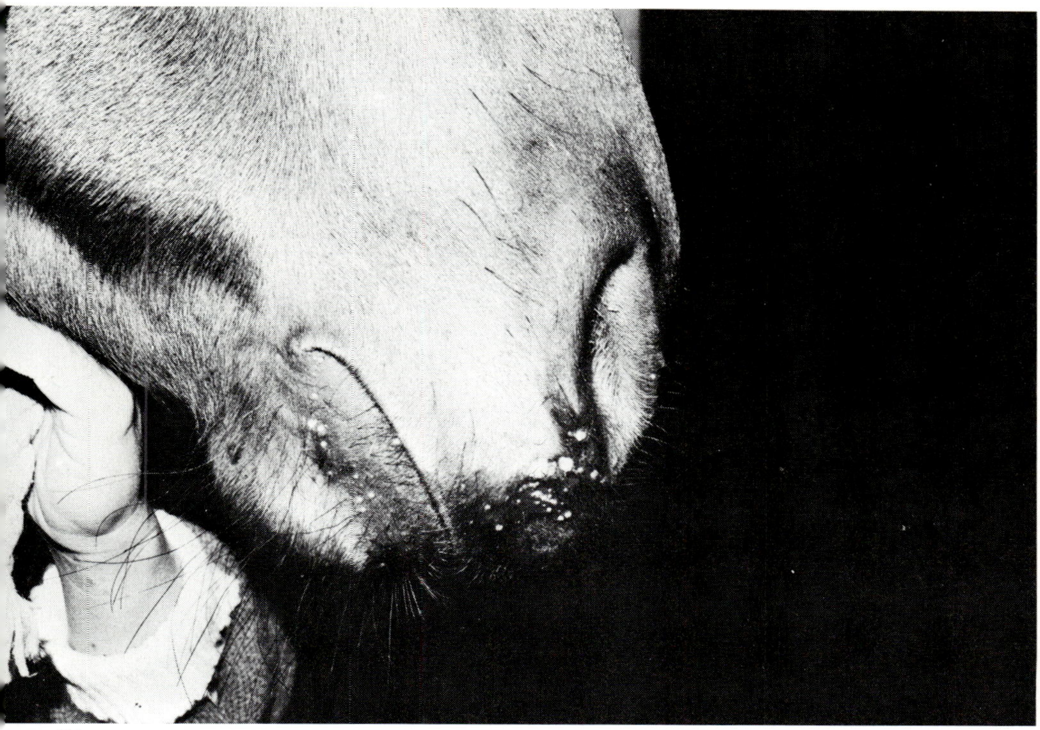

Warzen

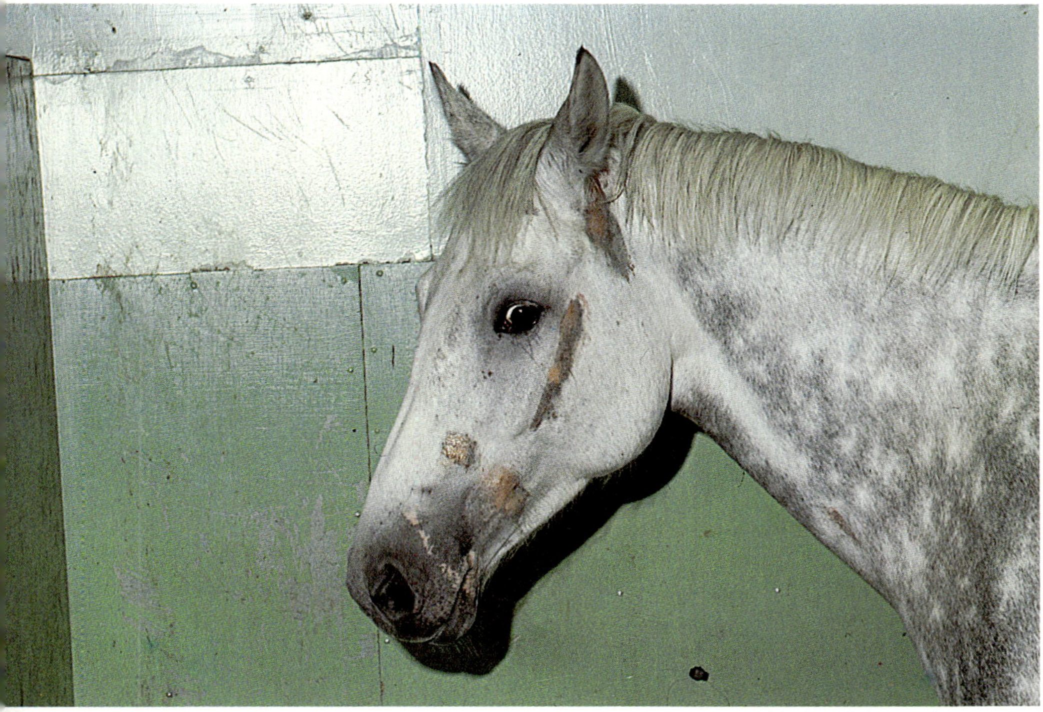

Kontaktekzem von einem Lederhalfter, das mit ungeeignetem Lederöl behandelt wurde

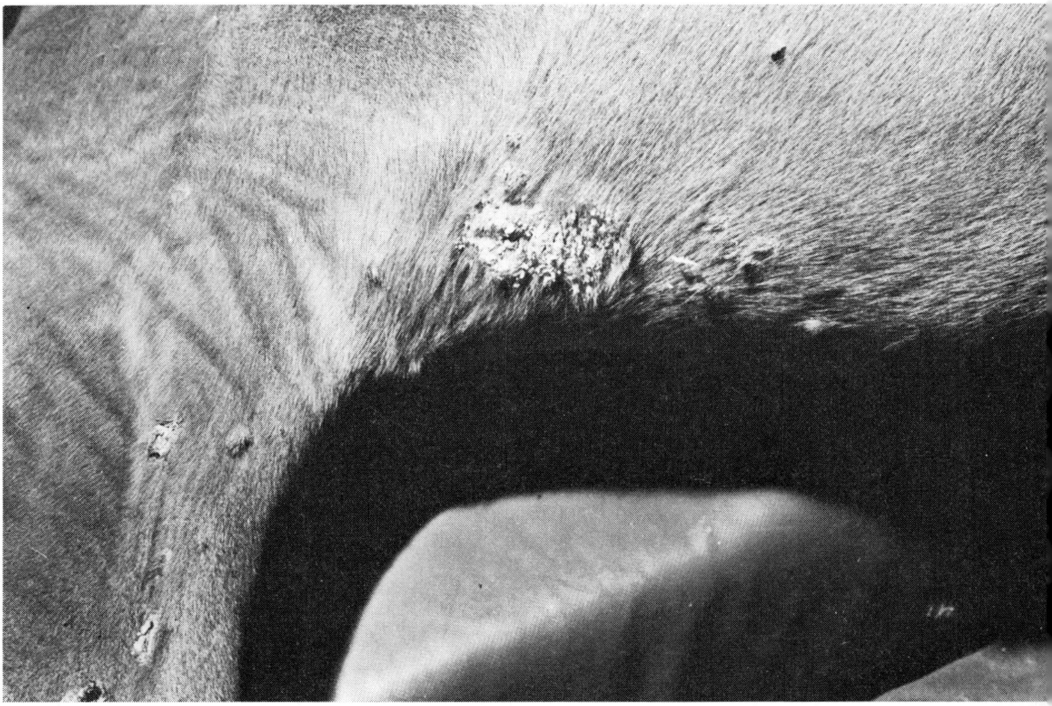

Flechte

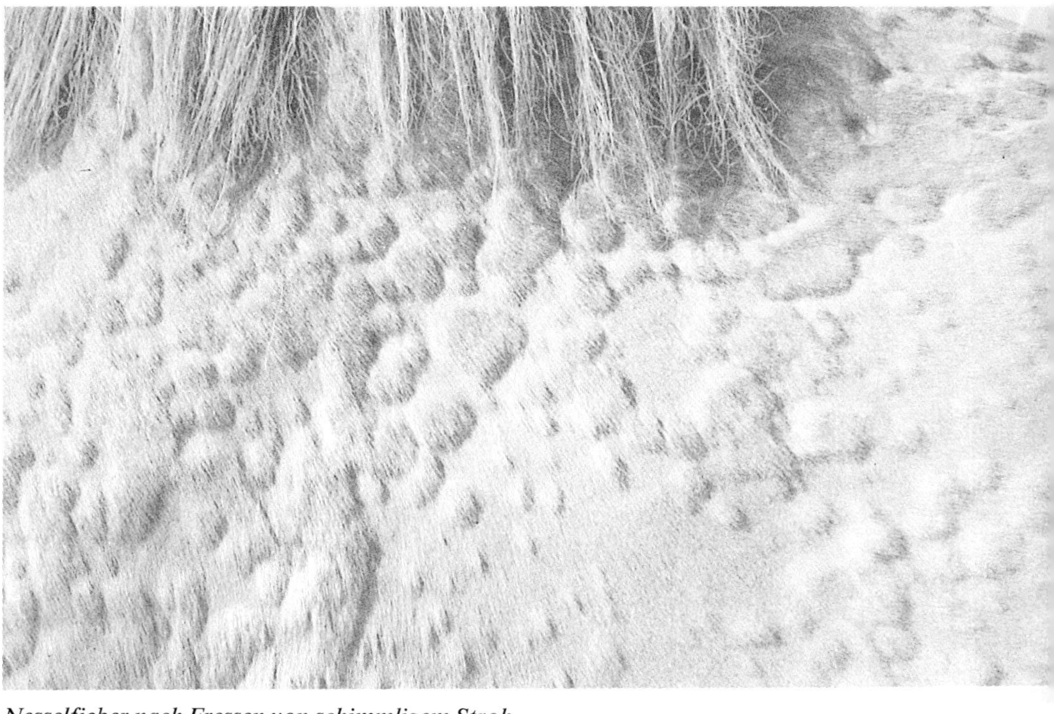

Nesselfieber nach Fressen von schimmligem Stroh

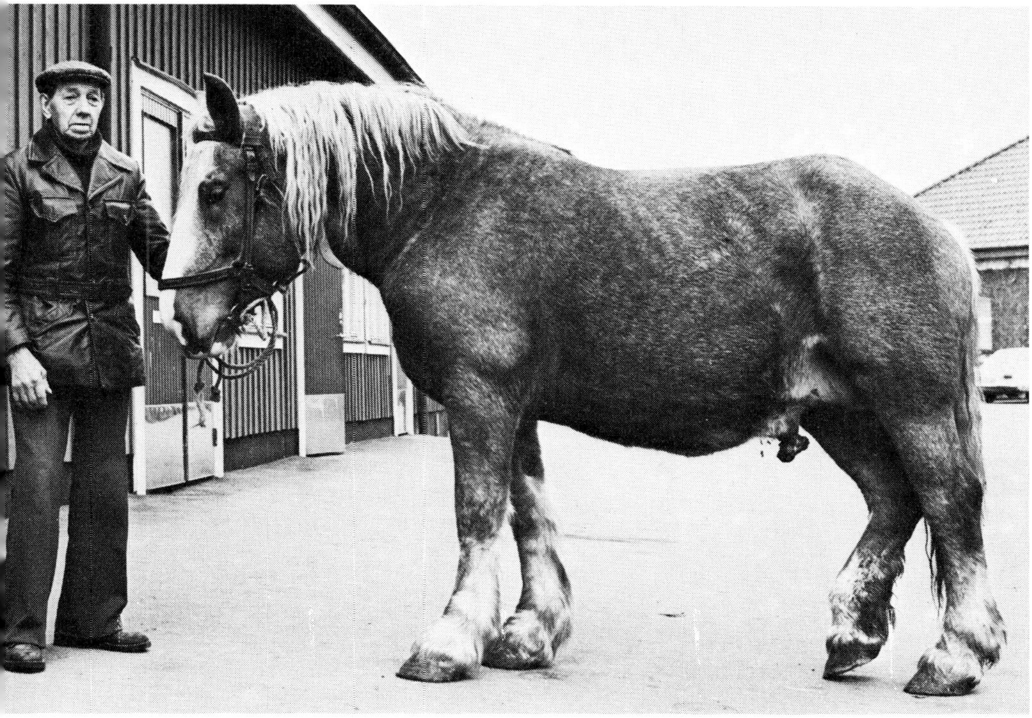

Gestielter Hauttumor an der Vorhaut

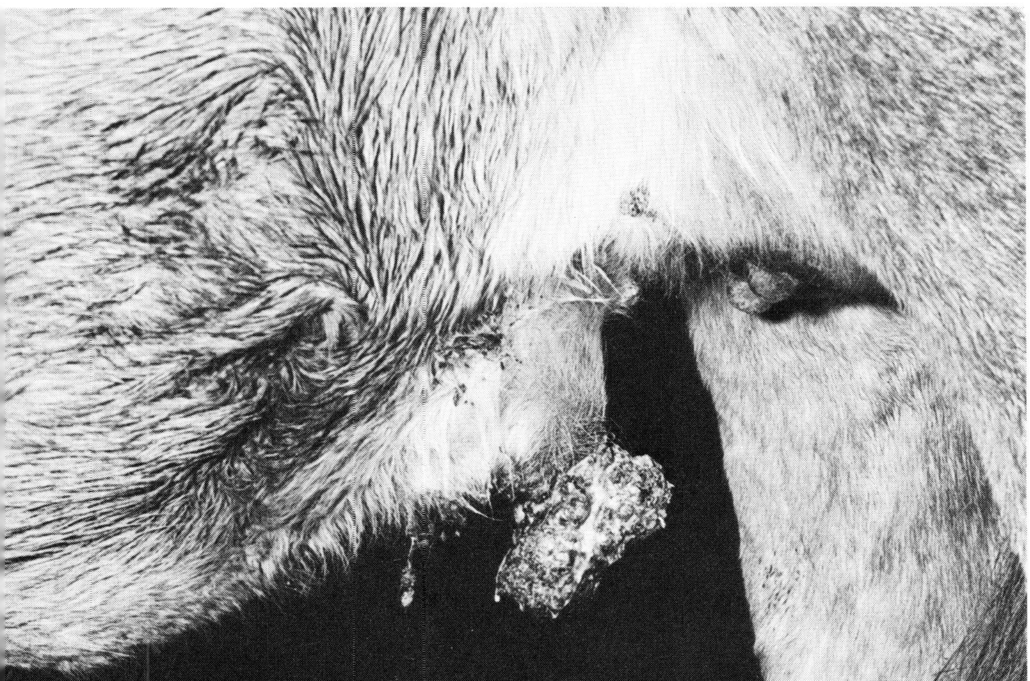

Derselbe Hauttumor in der Vergrößerung

ursacht und können in der Anzahl stark variieren. Sie heilen in der Regel innert einiger Monate spontan ab.
In Ausnahmefällen müssen die Warzen chirurgisch entfernt werden. Wie bereits erwähnt, ist die Ursache ein Virus, das durch kleine Verletzungen in die Haut eindringt. Die Warzen entstehen dann innert 2 bis 3 Monaten nach der Infektion. Wenn dies zu einem enzootischen Problem in einem Pferdebestand führen sollte, kann eine Vakzine hergestellt werden, mit der man die jungen, noch nicht befallenen Tiere impft.

Sarkoide

In Süd- und Mittelschweden tritt beim Pferd ein Hauttumor auf, der in Schweden populär «Ink» genannt wird. Im deutschsprachigen Raum nennt man diese Veränderung «Sarkoid». Die Geschwulst beginnt häufig mit einem einzelnen harten Knoten am Kopf, an der Brust und am Bauch, am Euter oder an der Vorhaut.
Die Geschwulst bricht dann oft auf, und es entsteht eine offene Wundfläche. Sie wächst sehr rasch und erreicht nicht selten eine ansehnliche Größe. Man sieht hie und da Pferde mit einzelnen aber auch Tiere mit 20 bis 30 Tumoren, die von der Größe einer Haselnuß bis zur Größe einer doppelten Faust variieren können. Obwohl die Geschwulst keine Tendenz zur Ausbreitung in innere Organe hat, kann die Erkrankung oft sehr schwierig zu behandeln sein. Sie ist in der Regel chirurgisch. Die Gefahr eines Rückfalles nach der Operation ist sehr groß. Der Verfasser hat Fälle erlebt, bei denen Pferde bis zu siebenmal operiert werden mußten, bis sie ganz gesund wurden. In einem größeren Pferdespital in Südschweden werden jährlich ca. 30 solcher Pferde operiert, die Mehrzahl davon mehrmals. Es treten auch unheilbare Fälle auf. Auch diese Tumorerkrankung scheint virusbedingt. Eine Verringerung der Rückfälle ist auch hier mit einer Vakzine möglich, wobei diese Behandlung oft an den operativen Eingriff angeschlossen wird. Es wurden auch Pferde mit spontaner Abheilung der Krankheit beobachtet, nachdem sie in einem anderen Klima gehalten wurden.

Augenkrankheiten

Das normale Auge

Die Aufgabe des Auges ist es, die Lichtimpulse von der Umwelt über die Netzhaut auf das Gehirn zu übertragen.
Die klare Hornhaut, die Linse, das Kammerwasser und der Glaskörper sind die Gewebe, die das Licht brechen und auf der Netzhaut das Bild produzieren. Das Auge kann die Lichtbrechung nach Bedarf verändern. In der Netzhaut wird das Licht durch einen fotochemischen Prozeß in Nervenimpulse umgewandelt, die dann durch die Sehnerven ins Sehzentrum in den hinteren Teil des Gehirns geleitet werden, wo das Bild registriert und ausgewertet wird. Das Sehvermögen des Pferdes ist für den Menschen nicht ganz bekannt. Die Netzhaut hat beim Pferd eine unterschiedliche Wölbung. Die Form der Linse kann beim Pferd nicht wie bei uns zur Scharfeinstellung verändert werden, sondern erfolgt durch eine Veränderung der Augenstellung und der Augenbewegung. Wir wissen nicht, ob das Pferd Farben erkennen kann oder nicht. Wir wissen jedoch, daß es auf unterschiedliche Hindernisfarben unterschiedlich reagiert. So scheint ein blaues Hindernis für ein Pferd schwieriger zu sein als ein rotes.

Augenmißbildungen

Es kann vorkommen, daß Fohlen mit mißgebildeten Augen zur Welt kommen. Anstelle eines normalgroßen Augapfels findet man nur stark verkleinerte Augäpfel oder sie fehlen überhaupt. Anstelle der Augen erkennt man nur kleine Spalten.

Entropium

Das Einrollen des Augendeckels wird Entropium genannt. Der Zustand kann angeboren sein oder als Folge von anderen Augenleiden sekundär entstehen.
Die behaarte Seite des Augendeckels kommt dann gegen die Hornhaut zu liegen und schädigt diese. Das Pferd hat einen starken Tränenfluß und ist lichtempfindlich. Mit der Zeit verfärbt sich die Hornhaut gräulich. Anfangs sind die Veränderungen nur oberflächlich, gehen aber dann relativ rasch in die Tiefe und bedeu-

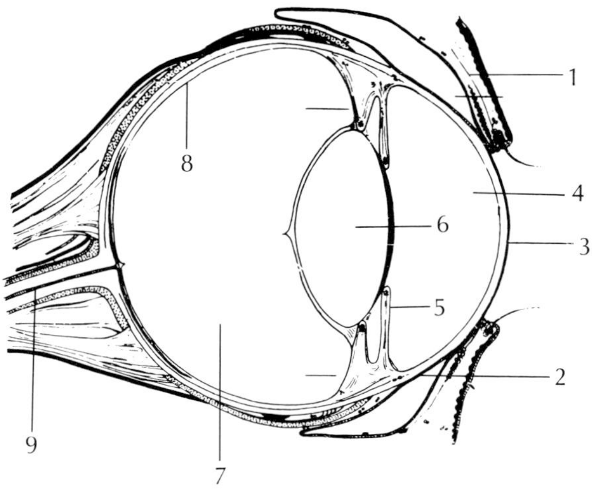

Das Auge des Pferdes
1. Augenlid
2. Bindehaut
3. Hornhaut
4. Vordere Augenkammer mit Augenwasser
5. Regenbogenhaut
6. Linse
7. Glaskörper
8. Netzhaut
9. Sehnerv

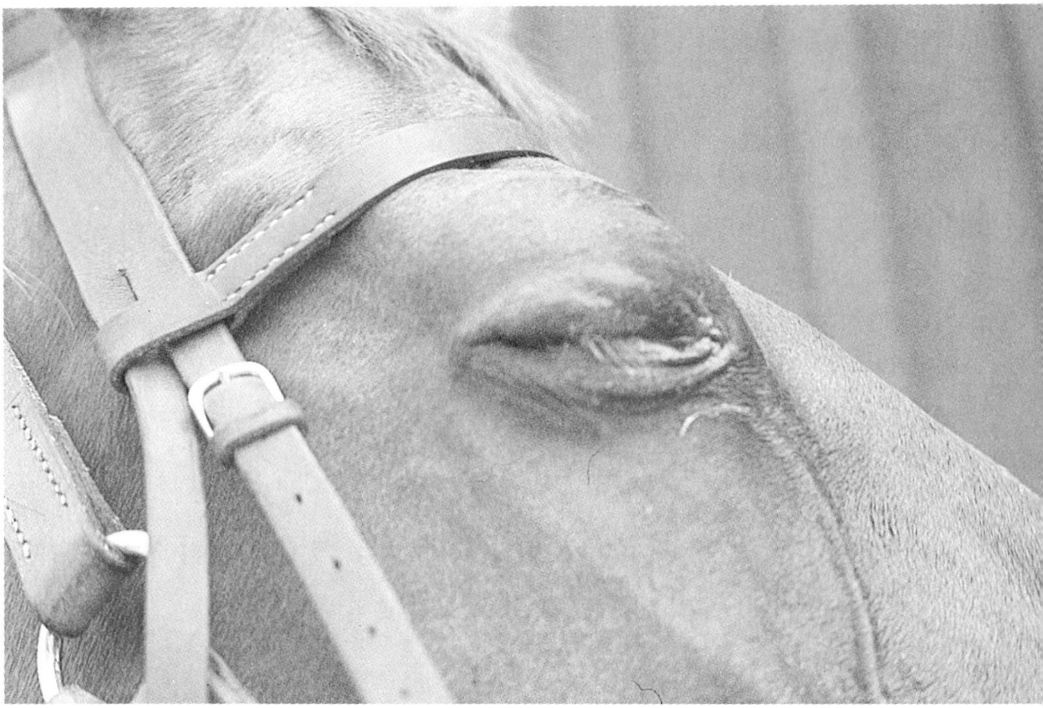

Einrollen des oberen Augenlids (Entropium)

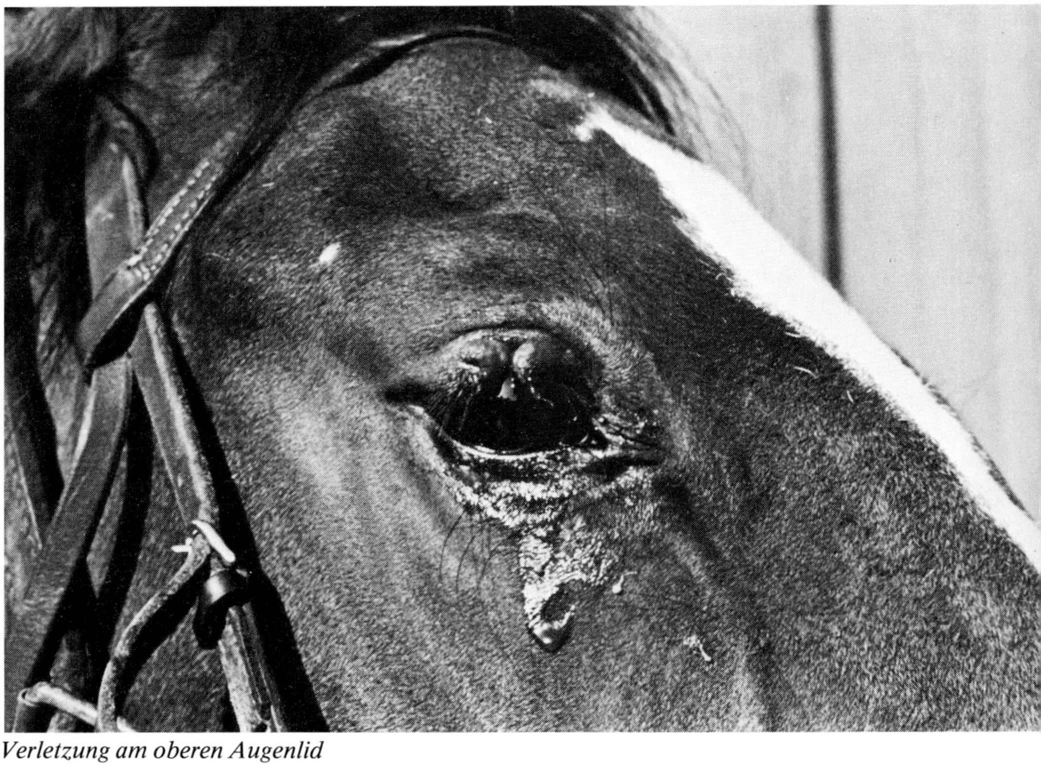

Verletzung am oberen Augenlid

ten eine ernstzunehmende Veränderung. Mit einer plastischen Operation am Augendeckel kann man das Einrollen in vielen Fällen beheben. Die Hornhaut heilt dann ziemlich rasch ab, wenn nicht bereits zu schwere Veränderungen vorliegen.

Rißwunden

Diese Verletzungen sieht man vor allem am oberen Augendeckel. Wenn die Verletzung auf der Weide passiert, wird sie oft spät erkannt und ist dann schwierig zu behandeln. Die Verletzung eines Augendeckels sollte stets sofort genäht werden, wenn man ein gutes plastisches Resultat erreichen will. In der Form veränderte, schlecht schließende Augendeckel können sonst leicht spätere Augenschäden zur Folge haben. Wenn die Naht aufgeplatzt ist, wird eine sekundäre plastische Operation häufig notwendig.

Die Geschwulst im Augendeckel

ist häufig. In erster Linie sind es die bereits erwähnten Sarkoide, die hier auftreten. Bei der Operation ist man oft gezwungen, einen größeren Teil der Haut zu entfernen. In diesen Fällen muß dann eine plastische Operation angeschlossen werden, um ein gutes Resultat zu erhalten.

Krebsgeschwulst im dritten Augenlid

Diese hat zu Beginn das Aussehen einer Wunde. Der Tumor kann dann rasch wachsen und sich auf das ganze Auge ausbreiten. Im Frühstadium kann das befallene dritte Augenlid operativ entfernt werden. Im späteren Stadium muß das ganze Auge entfernt werden. Es besteht ein großes Risiko einer Ausbreitung auf die Umgebung.

Mißbildungen im Tränenkanal

Das Auge wird durch Tränenflüssigkeit feucht gehalten. Diese wird in den Tränendrüsen gebildet, die oberhalb des Augapfels liegen. Durch den Lidschlag wird immer wieder Tränenflüssigkeit über das Auge gebracht. Diese sammelt sich dann im Tränenkanal, der ins Nasenloch mündet. Es können Mißbildungen des Tränenkanales vorkommen, wenn die Mündung ins Nasenloch oder ein Teil des Kanales fehlen. In solchen Fällen rinnt die Tränenflüssigkeit über die äußere Seite der Backe.

Die Entzündung des Tränenkanales

tritt häufig im Zusammenhang mit einer Bindehautentzündung auf. Man kontrolliert eine allfällige Verstopfung des Tränenkanales und behandelt diese mit Spülungen von der Nase oder evtl. vom Eingang im unteren Augenwinkel her.

Fremdkörper im Auge

Dem Tierbesitzer fällt ein vermehrtes Blinzeln oder ein Zukneifen des Auges beim Pferd auf. Der Tränenfluß ist verstärkt, das Pferd ist lichtempfindlich und scheint deutlich Schmerzen zu haben. Fremdkörper kommen in Form von Spelzen, Strohteilen, Erdklümpchen usw. vor. In Schweden wurde ein Pferd mit einem Schrotkorn im Auge vorgestellt.
Eine sofortige Behandlung ist äußerst wichtig, um Folgeschäden an der Hornhaut vorzubeugen. Der Fremdkörper ist in erster Linie unter dem dritten Augenlid zu suchen.

Dieser «Fliegenvorhang» schützt die Augen des Pferdes vor Fliegen

Bindehautentzündung

Eine solche kommt beim Pferd relativ häufig vor. An warmen Sommertagen werden die Pferde auf der Weide von Fliegen belästigt, die sich in den inneren Augenwinkeln festsetzen. Diese verursachen dann häufig eine Entzündung der Bindehaut, die gerötet wird und anschwillt. Die Ursachen der Entzündung sind oft Bakterien, Viren, Fremdkörper und reizende Substanzen.

Symptome: Die Pferde sind lichtscheu und kneifen die Augen zu. Die Bindehaut ist gerötet und angeschwollen. Die Blutgefäße sind vergrößert. Der Tränenfluß ist anfangs klar und verfärbt sich mehr und mehr gelblich.

Behandlung: Normalerweise kann die Bindehaut dank der Tränenflüssigkeit leichteren Entzündungen selbst begegnen. Das Auge kann in solchen Fällen mehrmals täglich mit körperwarmer physiologischer Kochsalzlösung gespült werden. Bei starkem Fliegenbefall kann man die Pferde während einiger Tage im Stall halten. Wenn eine eitrige Entzündung vorliegt, müssen Sulfonamide oder Antibiotika in die Behandlung einbezogen werden, am besten im Form von Salben oder Tropfen. Da die Tränenflüssigkeit die Medikamente meistens wegspült, ist ein fünf- bis sechsmaliges Wiederholen der Behandlung notwendig.
Um ein Pferd beim Weiden vor Fliegen zu schützen, hat sich der oben abgebildete «Fliegenvorhang» sehr bewährt.

Die Hornhautentzündung

Wenn die Entzündung von der Bindehaut auf die Hornhaut übergeht, wird der Zustand für das Pferd noch schmerzhafter. Das Auge wird nun vollständig geschlossen gehalten. Meistens entsteht eine weißgräuliche Trübung auf der Hornhaut. Im fortgeschrittenen Stadium wachsen Blutgefäße vom Bindehautrand her in die Hornhaut ein, die normalerweise keine Blutversorgung hat. Eine Hornhautentzündung muß ernsthaft beurteilt werden, da sie durch die Trübung eine Einschränkung der Sehfähigkeit nach sich zieht. Die Behandlung wird langwieriger. Die Fliegen können ausgedehnte Hornhautschäden verursachen. Die Larven, die ins Auge abgelegt werden, hinterlassen tiefe Schäden mit Verkalkungen in der Horn-

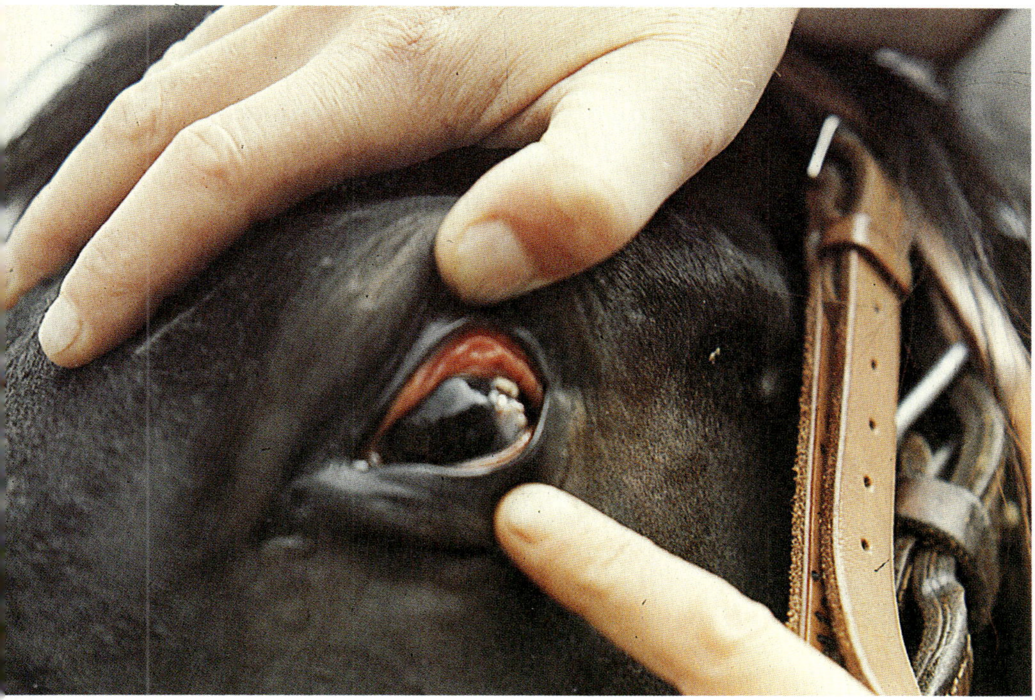
Hornhautentzündung, die durch Parasiten verursacht wurde

haut. Die Wunden heilen nur sehr langsam, und die Abheilzeit dauert oft mehrere Monate. Dazu kommt noch, daß die Hornhautentzündung beim Pferd leicht in eine allgemeine Augenentzündung übergeht. Deshalb sollten bei der Behandlung von Hornhautentzündungen und -verletzungen stets Atropintropfen verabreicht werden.

Hornhautverletzungen

Eine Wunde in der Hornhaut hat stets eine Trübung zur Folge. Die Ausdehnung der Wunde wird mit Hilfe eines Farbstoffes (Fluoreszin) untersucht, der das veränderte Hornhautgewebe grün anfärbt. Da solche Pferde stark lichtempfindlich sind, sollten sie in einer abgedunkelten Box gehalten werden. Es ist stets mit einer längeren Behandlung zu rechnen. Perforierende Hornhautverletzungen sollten nach Möglichkeit genäht werden. Frühzeitige chirurgische Eingriffe können oft ein gutes Resultat ergeben, auch wenn mit einer gewissen Narbenbildung zu rechnen ist. Bei ausgedehnten Verletzungen und solchen mit Substanzverlust ist ein Vernähen unmöglich, weshalb man in diesen Fällen das dritte Augenlid über den Augapfel näht. Die Verletzung wird dadurch wirksam geschützt. Nach 7 bis 10 Tagen können die Nähte entfernt werden, und häufig ist eine gute Abheilung festzustellen. Bei ausgebreiteten und tiefen Hornhautwunden kommt es leicht zu einer allgemeinen Entzündung im Auge. Diese macht es oft nötig, daß das ganze Auge entfernt werden muß. Es sind allerdings heute auch Augenprothesen erhältlich. Sie werden wie Kontaktlinsen über das beschädigte Auge gelegt und von den Pferden in der Regel sehr gut vertragen. Es gibt viele Beispiele von einäugigen Pferden, die sehr erfolgreich im Trab- und Springsport eingesetzt werden.

Der graue Star

Der graue Star ist angeboren und äußert sich beim Pferd in Form einer grauen Linse. Er kann schon bei der Geburt vorliegen oder entwickelt sich innerhalb des ersten Lebensjahres. Der Star kann erblich bedingt sein, und nicht selten treten gleichzeitig andere Veränderungen im Auge, besonders der Regenbogenhaut, auf. Daneben kann der graue Star aber auch durch direkte Schadeneinwirkung oder durch eine Entzündung im Auge entstehen. Beim angeborenen Star sieht man häufig nur eine leichte Trübung in der Linse. Er kann auch einseitig auftreten. Häufig bleibt der Zustand unverändert, in anderen Fällen ist es ein fortschreitender Prozeß, der rasch zum Erblinden des Pferdes auf diesem Auge führt.
Der Star, der durch eine direkte Schadeneinwirkung verursacht wurde, muß sich nicht unbedingt verstärken. Eine medizinische Behandlung ist aussichtslos. Eine Staroperation kann heutzutage ausgeführt werden, obwohl dies relativ selten vorgenommen wird. Sie ist nur notwendig, wenn das Pferd vollständig blind ist.

Die periodische Augenentzündung oder Mondblindheit

Diese Erkrankung war bereits im 5. Jahrhundert bekannt. Sie ist durch eine wiederholte Entzündung in der mittleren, gefäßreichen Regenbogenhaut und im Halteapparat der Linse gekennzeichnet. Die Anfälle treten plötzlich auf, und das Sehvermögen verschlechtert sich bei jeder Attacke. Typische Symptome sind die ausgesprochene Lichtscheu, die Linsentrübung, die eitrige Ansammlung in der vorderen Augenkammer und die Trübung der Hornhaut. Das Pferd erblindet langsam. Die Krankheit kann nicht geheilt werden. Man kann jedoch den Verlauf der Erblindung mit einer medizinischen Behandlung verlangsamen.
Die Krankheit kommt auch bei in Schweden geborenen Pferden vor, man sieht sie jedoch mehr bei importierten Pferden. Nachdem die Pferdeimporte in Schweden deutlich steigen, sollte dieser Krankheit auch hier vermehrt Beachtung geschenkt werden. Es scheinen verschiedene Ursachen dafür vorzuliegen.

Die Augenuntersuchung

Dieser muß vor allem im Zusammenhang mit der Kaufs- und Verkaufsuntersuchung große Bedeutung zugemessen werden. Das Auge ist für eine Untersuchung leicht zugänglich. Einerseits können bei einer genauen Untersuchung Krankheiten im Auge wie auch Anzeichen von einer Allgemeinerkrankung leicht festgestellt werden. Zum Beispiel bewirkt Blutarmut bleiche Lidbindehäute, und Lebererkrankungen färben diese gelb. Ein weiteres Beispiel ist der Starrkrampf, bei dem das dritte Augenlid deutlich vorfällt.

Mißbildungen

Die Mißbildungen am Kopf des Pferdes kommen hauptsächlich an den Kiefern und an den Zähnen vor.

Gebißfehler

Überbeißen oder Karpfengebiß
Bei dieser Anomalie liegen die Schneidezähne des Oberkiefers vor denjenigen des Unterkiefers. In hochgradigen Fällen kann dies Kaubeschwerden bedingen. Bei der Besichtigung eines Pferdes ist diese Mißbildung ein ernsthafter Mangel, vor allem, wenn es sich um ein Zuchttier handelt. Bei einem solchen Pferd muß das Gebiß regelmäßig überprüft werden. Es bilden sich nämlich in der Regel Haken an den Backenzähnen, die dann mindestens zweimal jährlich abgeraspelt werden müssen.

Vorbeißen oder Hechtgebiß
Auch diese Mißbildung ist erblich bedingt, kommt jedoch seltener vor. Ein Fohlen mit einem Hechtgebiß kann Schwierigkeiten beim Saugen haben. Im übrigen werden die gleichen Maßnahmen wie beim Karpfengebiß empfohlen.

Campylognatie
Dies ist eine angeborene seitliche Verbiegung im vorderen Teil des Oberkiefers, bei der die Schneidezähne des Ober- und Unterkiefers nebeneinander zu liegen kommen. Auch hier sind zuchtkontrollierende Maßnahmen von Bedeutung. Eine operative Korrektur des Oberkiefers kann versucht werden.

«Lückengebiß»
Bei diesem Gebiß liegen die Zähne ohne Kontakt nebeneinander. Dies kommt oft im Zusammenhang mit einem Karpfengebiß vor. Die Zähne werden unregelmäßig abgenutzt, und es kommt zur Futtereinkeilung zwischen den Zähnen. Die Folgen davon sind Karies und Zahnwurzelentzündungen.

Angeborene Ohrenfistel

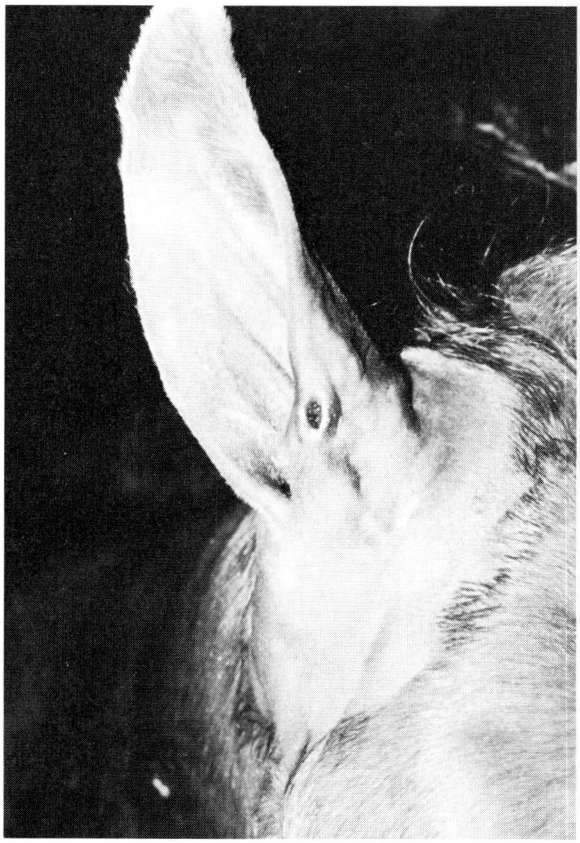

Gaumenspalt
Dieser kommt nur selten bei Fohlen vor. Die Spalte kann entweder nur den harten Gaumen betreffen, es kann auch nur das Gaumensegel gespalten sein. In den meisten Fällen sind jedoch beide davon betroffen. Bei dieser Veränderung hat das Fohlen Saugschwierigkeiten. Die Milch rinnt aus den Nasenlöchern, und das Fohlen magert rasch ab. Ein operativer Eingriff kann versucht werden; er ist jedoch kompliziert und muß in verschiedenen Etappen vorgenommen werden. Die Aussichten auf eine vollständige Abheilung sind allerdings ungünstig.

Die angeborene Ohrenfistel
Dies ist eine typische Mißbildung beim Pferd. Die Ursache ist eine mißgebildete Zahnanlage, die während der Entwicklungszeit an einem falschen Ort angelegt wurde. Normalerweise sitzt sie auf dem Stirnbein, direkt unterhalb des Ohransatzes. Von dieser Zahnanlage aus geht ein Fistelkanal direkt an den Ohransatz und zwar an die innere Kante des Ohres. Dem Pferdebesitzer fällt auf, daß die Haare im Bereich der Fistelöffnung durch das Sekret zusammengeklebt sind und sich während der Sommerzeit Fliegen ansammeln. Die Zahnanlage und die Fistel können mit gutem Resultat operativ entfernt werden. In seltenen Fällen kann sich die mißgebildete Zahnanlage in einer Nebenhöhle des Kopfes oder an der Unterseite des Halses festsetzen. Auch dort können sie mit gutem Resultat entfernt werden.

Mißbildungen im Darmkanal

kommen beim Fohlen selten vor. Sie können den Dick- und den Enddarm betreffen. Gleich nach der Geburt zeigt das Fohlen Kolikerscheinungen, da es das Darmpech nicht ausstoßen kann. Es können nur kleinere Defekte chirurgisch korrigiert werden.

Hodensack- und Nabelbruch
sind beim Pferd nicht selten angeboren. Es liegt eine erbliche Disposition vor. Beim Hodensackbruch wird das Fohlen mit einem zu großen Inguinalspalt geboren, durch welchen der Darm vorfällt. Die entsprechenden Verhältnisse liegen auch beim Nabelbruch vor. Die Leiden müssen chirurgisch behandelt werden.
Der Hodensackbruch tritt sehr häufig beim amerikanischen Traber auf. Hengste mit einem Hodensackbruch dürfen für die Zucht nicht anerkannt werden.

Der Spitz- oder Klopfhengst (Kryptorchide)

Darunter versteht man das Verbleiben der Hoden in der Bauchhöhle (abdominale Kryptorchide). Normalerweise sind die Hoden bei der Geburt bereits schon im Hodensack oder gelangen kurz danach dorthin. Sie können aber auf ihrer Wanderung auch im Kanal zwischen dem Bauch und dem Hodensack liegenbleiben (inguinaler Kryptorchide). Dieser Zustand kommt oft bei Ponys, aber auch bei anderen Pferderassen, wo er als ernsthafter Mangel beurteilt wird, vor. Zuchthengste müssen peinlichst genau auf solche Veränderungen untersucht werden. Da dieser Mangel vererblich ist, werden Spitzhengste nie für die Zucht anerkannt.

Behandlung: Da Spitzhengste häufig ein sehr ungebärdiges Temperament haben, müssen sie operiert werden. Der oder die in der Bauchhöhle oder im Inguinalkanal verbliebenen Hoden werden entfernt. Gleichzeitig soll immer auch der evtl. normale zweite Hoden entfernt werden.

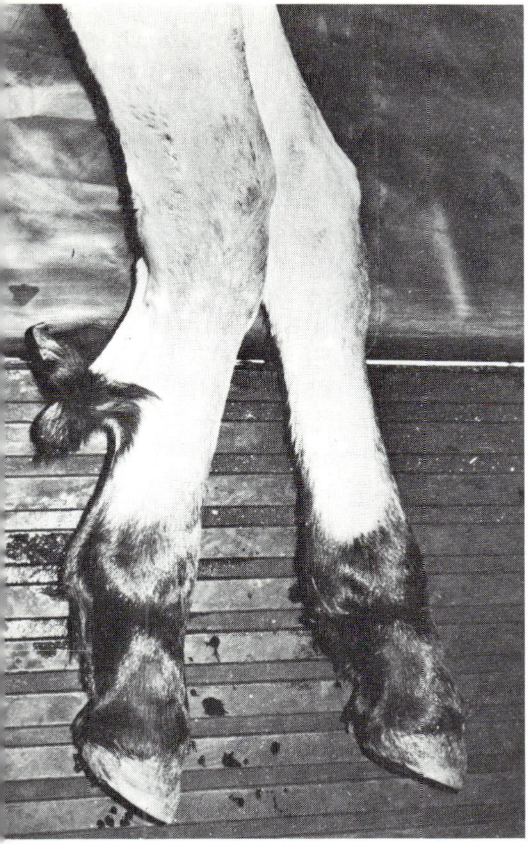

Überzählige Zehe

Überzähliger Huf

Am Schluß wird noch der überzählige Huf erwähnt. Dieser ist immer auf der Innenseite des Vorder- oder Hinterbeines angelegt. Er kann so groß wie ein Daumen sein. Es gibt auch Fälle, bei denen eine beinahe vollständig entwickelte Gliedmaße mit Sehnen, Blutgefäßen und Nerven vorliegt. Ein solches Fohlen kann nach den ersten Lebensmonaten erfolgreich operiert werden.

Untugenden

Unter einer Untugend versteht man das abweichende Verhalten eines Pferdes, welches entweder ihm selbst oder seiner Umgebung schadet.
Untugenden können während verschiedener Altersperioden im Leben eines Pferdes auftreten. So kann z.B. das Koppen oder Krippenbeißen bereits im Fohlenalter beginnen. Diese Untugend kann folgende Ursachen haben: Nervosität, Angst, schlechte Haltung, Übertraining oder Langeweile.
Die Untugend beginnt spontan oder wird von anderen Pferden gelernt. Auch eine gewisse erbliche Disposition kann vorliegen. Um eine Untugend zu mildern, muß versucht werden, die Ursachen so früh wie möglich zu eliminieren. Regelmäßige Bewegung, gute Pflege und Weidegang sind wichtige Maßnahmen. Es ist äußerst wichtig, mit einem Pferd schon als Fohlen konsequent umzugehen.

Koppen

Diese Untugend hat ihren Namen daher, daß das Pferd mit den Schneidezähnen auf der Krippenkante oder einem anderen Gegenstand aufstützt und dann Luft schluckt. Dabei hört man einen glucksenden Ton. Das Luftschlucken scheint dem Pferd ein Lustempfinden zu verursachen. Über die Ursache des Koppens bestehen jedoch verschiedene Meinungen. Es wird auch behauptet, daß es sich um eine Neurose handelt, die mit der Aereophagie des Menschen verglichen werden kann. Bei gewissen Tieren tritt sie bereits im Fohlenalter auf. Andere Pferde lernen es von «Nachbar-Pferden». Bei einigen Pferden hat diese Untugend keine Folgen. Andere haben jedoch Verdauungsstörungen, bekommen ein struppiges Haarkleid und magern ab. Für den Pferdebesitzer oder das Stallpersonal ist es höchst beschwerlich, das ständige Glucksen mitanzuhören. Das Koppen tritt häufig beim Vollblüter und bei den hoch im Blut stehenden Reitpferden auf. Es kann auch bei Ponys,

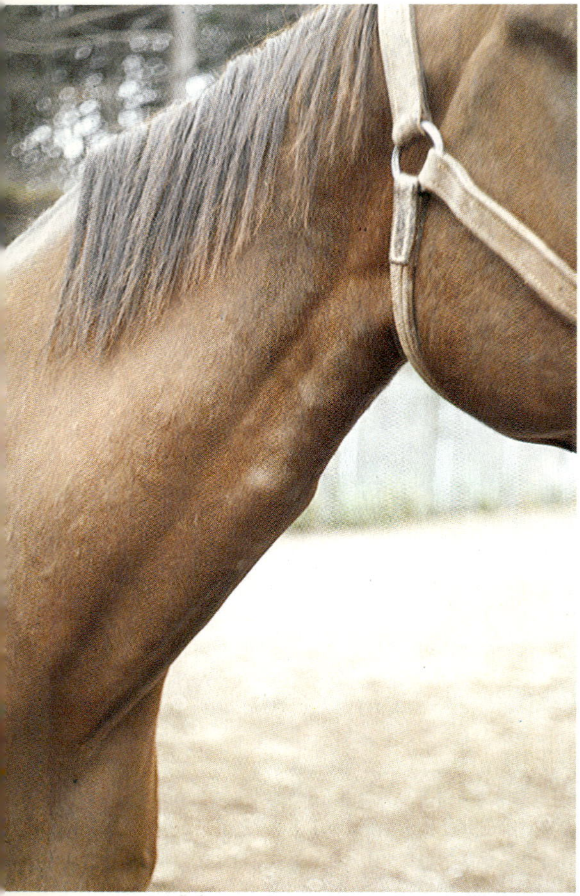

Narbe nach Kopperoperation (Forssell-Methode)

selten aber bei Trabern auftreten. Wie bereits erwähnt, besteht eine erbliche Disposition. Eine Nachuntersuchung hat eindeutig gezeigt, daß gewisse Nachkommen eines Vollbluthengstes vermehrt Kopper waren.

Behandlung: Man hat mit verschiedenen konservativen Methoden versucht, dem Pferd diese Untugend abzugewöhnen. Zum Beispiel mit dem sogenannten Koppriemen, der das Abschlucken der Luft etwas erschwert. Die beste Behandlung ist die Operation mit der Methode, die vor mehr als 50 Jahren vom schwedischen Professor Gerhard Forssell eingeführt wurde. Kurz zusammengefaßt beruht die Operation darauf, daß man einen Teil der Muskeln, die den Schlund versorgen und das Abschlucken der Luft ermöglichen, herausschneidet. Die Operation läßt bei Pferden, die mit dem Kopf auf einem Brett oder einer Stange aufsetzen oder sich an der Krippe festbeißen, sogenanntes Aufsetzkoppen, ein gutes Resultat erwarten. Bei einer Nachuntersuchung von 130 operierten Pferden in Südschweden konnte eine Heilquote von 90 Prozent nachgewiesen werden. Es zeigte sich dabei aber, daß bei Pferden, die über viele Jahre Luft geschluckt hatten, eher ein Rückfall festgestellt wurde. Im Jahre 1978 wurde eine neue Operationstechnik für Kopper eingeführt, die darin besteht, daß zwei Halsnerven teilweise entfernt werden, welche die beiden großen Schluckmuskeln versorgen. Dazu wird nur noch ein kleiner Teil der übrigen Muskeln entfernt. Diese Methode hat ein deutlich besseres kosmetisches Resultat, da durch den kleineren Eingriff die Halskontur weniger verändert wird. Die Operationsresultate werden aber sehr unterschiedlich beurteilt. Daneben hat die Operation den Vorteil, daß sie auch bei sehr jungen Tieren durchgeführt werden kann. Das Resultat der Operation ist allerdings schlechter als bei der Forssell-Operation. Bei einer Nachkontrolle von 114 Pferden konnte nur bei ca. 50 Prozent ein erfolgreiches Resultat nachgewiesen werden, und 20 Prozent zeigten Verbesserungen, d.h. sie koppten nur noch selten. Es empfiehlt sich deshalb, diese Methode nur bei Pferden im Alter von 1 bis 2 Jahren oder bei Pferden anzuwenden, welche erst seit kurzer Zeit koppen.

Das Luftschlucken

ist eine ähnliche Untugend wie das Koppen, mit dem Unterschied, daß sie ohne jegliches Aufsetzen mit den Zähnen erfolgt. Diese Untugend tritt allerdings sehr selten auf. Auch für diese Erkrankung haben schwedische Professoren und Tierärzte einen chirurgischen Eingriff entwickelt. Dieser besteht darin, daß dem Pferd mittels Metallkanülen die Erzeugung eines Unterdrucks im Schlund verunmöglicht wird. Als Folge davon kann das Pferd keine Luft mehr schlucken.

Das Nagen von hölzernen Stall- und Weideeinrichtungen

Es ist allgemein bekannt, daß viele Pferde Weidezäune und Stalleinrichtungen anknabbern. Die Ursache liegt oft in Zahnschmerzen, Magen- und Darmparasiten und Mineralmangel. Die häufigste Ursache ist jedoch Langeweile, Nervosität oder zu wenig Bewegung. Man sollte deshalb in erster Linie versuchen, diesbezügliche Maßnahmen zu ergreifen. In einzelnen Fällen zeigte sich, daß das Anbringen eines Metalldrahtes oberhalb der Weidezäune ein gutes Resultat bringt. Die äußeren Kanten der Stämme sowie Boxenwände und -türen sollten eingefaßt werden. Eine weitere praktische Erfahrung mit guten Resultaten ist das Auslegen der Weiden mit Föhrenwurzeln, welche dann von den Pferden angeknabbert werden.

Das Weben

Dies kommt vor allem bei Vollblutpferden vor, die in hoher Kondition stehen und während des Wettkampftrainings auf Rennbahnen in fremden Stallungen untergebracht werden. Das Weben kann dementsprechend spontan entstehen oder bei anderen Pferden abgeschaut werden. Unter dem Weben versteht man das Hinundherschaukeln auf den Vorderbeinen. Der Körper schwingt dabei wie ein Pendel hin und her. Die Vorderbeine werden einer unnatürlichen Belastung ausgesetzt, und nicht selten können ernsthafte Veränderungen an Sehnen und Gelenken entstehen. In extremen Fällen kann auch der Allgemeinzustand in Form von Appetitlosigkeit, Abmagerung und Konditionsverminderung beeinträchtigt werden.
Die Behandlung besteht in der Beruhigung solcher Pferde. Diese erreicht man durch eine Verbesserung der Stallumgebung und mit regelmäßiger Bewegung. Beruhigende Medikamente können ebenfalls angewendet werden, jedoch nur, wenn die Pferde nicht arbeiten müssen.

Kreisgang

ist eine ähnliche Untugend. Dabei gehen die Pferde in der Boxe ununterbrochen im Kreis herum. Es können wie beim Weben Schäden an den Gliedmaßen auftreten. Die Behandlung besteht ebenfalls in der Beruhigung der Pferde. Das Aufbinden der Pferde scheint uns nicht eine sehr zweckmäßige Methode.

Charakterfehler

Schlagende und beißende Pferde hat es immer gegeben. Nur allzu häufig ist eine schlechte Aufzucht dafür verantwortlich. Es ist wichtig, daß das Personal, das mit einem solchen Pferd umzugehen hat, über seine Untugend orientiert ist und sich dementsprechend verhalten resp. schützen kann. Oft verhalten sich die Pferde zeitweise normal und gehen dann plötzlich zum Angriff über. Allzuoft ist eine falsche Haltung und Aufzucht an diesem Fehlverhalten schuld. Es kann oft sehr beschwerlich sein, diese Pferde einzureiten, und auch für den Tierarzt ist ein solches Tier nicht ungefährlich. Es ist nicht ungewöhnlich, daß diese Pferde gezielt ausschlagen, um jemanden zu treffen, wobei sie nicht selten auch vorwärts oder seitwärts ausschlagen. Der danebenstehende Mensch kann dadurch ernsthaft verletzt werden. Mit unbekannten Pferden soll man deshalb immer sehr vorsichtig umgehen.

Kauf – Verkauf – Versicherung

Das richtige Pferd zu kaufen ist oft ein schwieriges Unterfangen. Nur wenige Personen haben das entsprechende «Feeling», das ihnen erlaubt, immer wieder erfolgreiche Trab-, Galopp-, Spring- oder Dressurpferde zu kaufen. Laien und vor allem Personen, die zum erstenmal ein Pferd kaufen, sollten sich von einem Fachmann beraten lassen.

Beim Kauf eines Pferdes sollte unbedingt eine Gesundheitsuntersuchung durch den Tierarzt erfolgen. Es ist von großem Vorteil, wenn derjenige Tierarzt die Untersuchung durchführt, welcher das Pferd auch später betreut. Dafür gibt es viele Gründe. Der Vertrauenstierarzt des Käufers kennt seinen Kunden und dessen Bedürfnisse und Kenntnisse im Umgang mit Pferden. Dadurch können viele spätere Diskussionen und Konflikte vermieden werden. Man muß sich auch immer bewußt sein, daß es in der Biologie keine strikten Grenzen zwischen gesund und krank gibt. Verschiedene Tierärzte messen den verschiedenen beobachteten Veränderungen unterschiedliche Bedeutung zu. Hat ein Tierarzt dem Kauf eines Pferdes in bezug auf den Gesundheitszustand zugestimmt, zeigt er auch zu einem späteren Zeitpunkt eine große Verantwortung, das Pferd zu behandeln, auch wenn sich nach dem Kauf ein Krankheitssymptom einstellen sollte. Ein bestehendes Veterinärzeugnis darf beim Kauf eines Pferdes niemals anerkannt werden. Ein Pferd kann sich, wie jedes Lebewesen, Verletzungen und Krankheiten unmittelbar nach einer Untersuchung zuziehen. Viele zukünftige Pferdebesitzer sind der Überzeugung, daß es genügt, wenn der Tierarzt nur als Ratgeber beim Kauf dabei ist. Man darf aber nie vergessen, daß die Kombination guter Pferdekenner und zuverlässiger Tierärzte nicht der Norm entspricht. Das bedeutet, daß der Tierarzt wohl Krankheiten, Verletzungen und Schäden sehr gut diagnostizieren kann, jedoch nicht unbedingt in der Lage ist, die erwarteten Fähigkeiten eines Pferdes zu beurteilen. Dazu ist ein erfahrener Reiter, Fahrer oder Jockey maßgebender. Es ist auch zu beachten, daß der Verkäufer nicht selten den Preis bedeutend höher ansetzt und den Käufer im Glauben läßt, einen guten Kauf getätigt zu haben, wenn er ihm mit einem großzügigen Preisnachlaß entgegenkommt. Sobald ein Pferd gekauft wurde, sollte es versichert werden. Im weiteren ist zu beachten, daß sich das Pferd an die neue Umgebung, an sein Futter und seine zukünftige Arbeit gewöhnen muß. Man soll sich deshalb gründlich informieren, welches die Gewohnheiten des Pferdes waren. Wichtig ist auch zu wissen, ob in dem früheren Stall ansteckende Krankheiten auftraten, wie das Pferd gefüttert wurde und welchen Ausbildungsstand es hat.

Die Untersuchung des Pferdes

Tierärzte werden häufig gebeten, sogenannte «Gesundheitsuntersuchungen» durchzuführen. Dazu sollten jedoch nur Tierärzte beigezogen werden, die sich vorwiegend mit Pferden befassen. Kleintierspezialisten, auch wenn es sich um den besten Freund des Pferdekäufers handelt, sind für Kaufsuntersuchungen nicht geeignet. Die Untersuchung eines Pferdes kann aus verschiedenen Gründen verlangt werden, wie bereits erwähnt beim Kauf, beim Verkauf, für eine Versicherung oder beim Import eines Pferdes. Der Tierarzt muß unabhängig vom Grund der Untersuchung ein Zeugnis ausstellen, woraus hervorgeht, wie er den Zustand des Pferdes beurteilt.

Vorbereitungen

Bevor die eigentliche Untersuchung beginnt, muß die Identität des Tieres eindeutig festgehalten werden. Dabei kann man diese mit vorgelegten Papieren wie Fohlenschein etc. vergleichen. Das Signalement muß genau aufgezeichnet werden. Dieses umfaßt die Farbe, die Abzeichen, die Rasse, das Geschlecht, das Geburtsdatum oder, wenn keine Papiere vorhanden sind, das geschätzte Zahnalter. Dazu sind noch erworbene Abzeichen sowie allfällige Brandzeichen oder verbleibende Narben anzugeben. In Fällen ohne besondere Abzeichen können typische Haarwirbel oder die Kastanien näher beschrieben werden. Eine gute Vorlage für die Erhebung eines Signalementes ist der FEI-Pferdepaß. Es ist notwendig, auch den Namen des Auftraggebers, seine Adresse und den Zweck der Untersuchung anzuführen.

Der Untersuchungsgang

Die klinische Untersuchung eines Pferdes sollte immer im Freien bei guten Licht- und Witterungsverhältnissen stattfinden. Hier soll das Pferd im gesamten aus einer gewissen Distanz betrachtet werden. Bei dieser Begutachtung, die von vorne, von hinten und von beiden Seiten zu erfolgen hat, muß man sich nicht von kleinen Abweichungen der Idealvorstellung beeinflussen lassen. Hingegen ist auf Fehler hinzuweisen, die die Lebensdauer und die Leistung des Pferdes beeinträchtigen können. Bei dieser Übersichtsbeurteilung müssen auch die Atembewegungen des Pferdes in der Ruhe beurteilt werden. Dem Untersucher sind seine Augen, seine Ohren und eine gewisse physische Stärke die natürlichen Hilfsmittel. Dazu kommen einige technische Hilfsmittel wie Stethoskop, Augenlampe, Hufzange etc.

Es ist von Vorteil, immer denselben systematischen Ablauf der Untersuchung zu befolgen und die Befunde sogleich zu notieren. Auf diese Weise wird vermieden, daß man eine wichtige Untersuchung oder Feststellung vergißt. Mit der Untersuchung beginnt man am besten beim Kopf des Pferdes. Zuerst werden die Augen untersucht, anschließend das Gebiß. Beim Drücken auf die Luftröhre kontrolliert man das Vorhandensein eines Hustenreizes. Dabei soll auch der Ohrengrund auf das Vorliegen einer evtl. Ohrenfistel untersucht werden. Es ist außerordentlich schwierig, zu einem späteren Zeitpunkt die Entstehung einer Ohrenfistel zu erklären, wenn man diese bei der Beurteilung übersehen hat. Die Muskulatur des Halses, der Schulter, des Rückens und der Kruppe sind auf das Vorliegen von Atrophien und auf Schmerzempfindlichkeit zu untersuchen. In diesem Zusammenhang ist es wichtig darauf hinzuweisen, daß diese Untersuchung stets unter guten Lichtverhältnissen und in ebenem Gelände durchgeführt werden muß, damit eine Unregelmäßigkeit sofort erkannt werden kann. Alle festgestellten Hautveränderungen, die man als krankhaft bezeichnen kann, sind zu notieren. Mit Recht können die Haut und das Haarkleid als Spiegel des Gesundheitszustandes eines Pferdes bezeichnet werden.

Mit Hilfe des Stethoskopes werden die Geräusche von Herz und Lunge geprüft. Durch gleichzeitiges Abhören der Herztöne und der Palpation des peripheren Pulses können hörbare Rhythmusstörungen beurteilt werden. Stellt man dabei Veränderungen in der Herz- oder Lungenfunktion fest, die nicht genau beurteilt werden können, sollte eine komplementierende Untersuchung in einer Klinik mit den entsprechenden Geräten (EKG, Rönt-

gen und Ultraschall) durchgeführt werden.
Die Untersuchung der Gliedmaßen kann sowohl am belasteten wie am unbelasteten Bein durchgeführt werden. Es ist eine absolute Voraussetzung, daß man immer weiß, welche Gewebeteile des Beines man vor sich hat, und in diesem Zusammenhang sind alle Abweichungen wie Gallen, Exostosen, Gelenkkapselveränderungen usw. festzuhalten. Man muß sich bewußt sein, daß ein eindeutiger Zusammenhang zwischen vermehrter Gelenkanfüllung im Knie und im Sprunggelenk und Osteochondrose besteht. Auch die Hufe und Hufknorpel sind genau zu kontrollieren, wiederum beim belasteten und unbelasteten Bein. Veränderungen am Huf in Form von Rissen, Spalten, Strahlfäule und Hufknorpelverknöcherung etc. sind festzuhalten.
Bei Zuchttieren muß eine erweiterte Untersuchung der Geschlechtsorgane erfolgen. Beim Hengst ist die Größe und die Lage der Hoden im Hodensack zu kontrollieren. Bei der Enddarmuntersuchung erkennt man eventuelle Abweichungen an den sekundären Geschlechtsorganen und am inneren Inguinalkanal. Ein Probesprung und eine Spermauntersuchung müssen unbedingt durchgeführt werden, wenn ein Hengst als Zuchttier verwendet wird. Bei der Stute sind das Euter, die Zitzen und die äußeren Genitalien zu untersuchen. Wurde z. B. bei einer Stute eine Caslickoperation durchgeführt? Zudem werden den Stuten mittels einer Rektaluntersuchung Gebärmutter und Eierstöcke kontrolliert und beurteilt.
Nach dieser Untersuchung des Pferdes in der Ruhe soll es noch im Schritt und im Trab evtl. auch im Galopp untersucht werden. Dabei werden die Bewegungen von vorn und von hinten beurteilt. Die Beobachtung von der Seite und in den Wendungen kann ebenfalls aufschlußreiche Informationen abgeben. Dabei ist genau zu beachten, daß diejenige Person, welche das Pferd führt, keine Beeinflussung auf die Bewegung des Pferdes ausübt, z. B. durch das Anheben des Kopfes, wodurch dieser gestützt wird und das für eine Lahmheit typische Senken des Kopfes weniger deutlich sichtbar ist. Das Pferd muß in der Bewegung stets frei an den Zügeln geführt werden. Auch hier ist eine ebene und harte Unterlage von größter Wichtigkeit. Die Abbiegeprobe muß an allen vier Beinen durchgeführt werden, wobei es sich auch lohnt, selektiv vor allem an den Vorderbeinen die oberen und unteren Gelenke abzubiegen. Allfällige Veränderungen sind genau zu notieren. In gewissen Ländern wie Frankreich, England und den USA wird diese Abbiegeprobe nur selten durchgeführt. Wenn man im Ausland eine solche Abbiegeprobe durchführt und das Pferd anschließend deutlich lahmt, kann dies unter Umständen zu unangenehmen Konfrontationen mit dem Verkäufer führen, der den Tierarzt beschuldigt, dem Tier absichtlichen Schaden zugefügt zu haben. Ein Co-Autor dieses Buches wurde in Frankreich aus einem Stall «hinauskomplimentiert», nachdem das Pferd eine positive Abbiegeprobe zeigte. Wenn möglich, ist eine richtige Arbeitsprobe in die Untersuchung einzuschließen. Es ist deshalb besonders wichtig, daß man sich eingangs der Untersuchung erkundigt, zu welcher Verwendung das Pferd gekauft wird. Alle Befunde, insbesondere fehlerhafte Geräusche und Störungen in der Bewegung, sind genauestens zu notieren.

Spezielle Untersuchungen

Als Folge von klinischen Resultaten kann es dann notwendig werden, noch komplementierende Untersuchungen in einer Klinik durchzuführen. Dies liegt ausschließlich in der Entscheidung des Käufers, ob er diese erweiterten Untersuchungen wünscht. Aber auch der Verkäufer muß seine entsprechende Einwilligung geben. Herz- und Lungenuntersuchungen haben wir bereits erwähnt. Die EKG- und Lungenregistrierung und ihre entsprechende Beurteilung müssen dann allerdings von Fachleuten durchgeführt werden. Eine Ultraschalluntersuchung des Herzes soll dann durchgeführt werden, wenn bei der Auskultation ein Blasengeräusch festgestellt wird. Damit kann das Vorliegen eines Herzklappenfehlers diagnostiziert werden. Im weiteren können auch eine Herzvergrößerung oder andere Herzerkrankungen festgestellt werden. Gewisse Blasengeräusche sind für die Herzfunktion ohne Bedeutung. Trotzdem ist es für den Käufer äußerst wichtig, diese Informationen bei einer Gesundheitsuntersuchung zu erhalten. Auch die Endoskopie ist in gewissen Fällen eine notwendige Zusatzuntersuchung, da es sehr wichtig ist, daß man feststellen kann, ob das Pferd eitriges Sekret im Rachen, Kehlkopf oder in der Luftröhre hat. Weitere Erkrankungen wie Zysten auf dem Kehldeckel, Mißbildungen, verlängertes Gaumensegel oder Roaren kann auf diese Weise ebenfalls leicht festgestellt werden. Bei einem Sportpferd ist diese Untersuchung unumgänglich.

Die Röntgenuntersuchung
Wenn der Tierarzt eine krankhafte Veränderung im Knochengewebe vermutet, wird eine Röntgenuntersuchung durchgeführt. Im weiteren dient sie dazu, nachgewiesene klinische Veränderungen besser beurteilen zu können. Die Röntgenuntersuchung ist ein Hilfsmittel und dient nicht dem Selbstzweck. Es kann immerhin festgestellt werden, daß von den 500 durchgeführten Gesundheitsuntersuchungen im Regionaltierspital in Helsingborg praktisch alle geröntgt werden. Dabei werden die Strahlbeine an den Vordergliedmaßen, alle Zehengelenke, Fessel-, Kron- und Hufbeine an allen vier Gliedmaßen sowie die Sprunggelenke an den Hinterbeinen geröntgt. Sowohl der Käufer wie auch der Verkäufer fühlen sich sicherer, wenn keine durch die Röntgenuntersuchung festgestellten Veränderungen an diesen Körperteilen nachgewiesen werden.
Inwieweit die Röntgenuntersuchung zur Routine gehört oder als spezielle Untersuchung angesehen wird, ist nicht einhellig. Oft wird die Ansicht vertreten, daß nur dort eine Röntgenaufnahme notwendig ist, wo der Tierarzt bei der klinischen Untersuchung einen Schaden oder eine Veränderung vermutet. Es ist aber bekannt, daß gewisse Veränderungen im Knochengewebe röntgenologisch bereits nachgewiesen werden können, bevor sie klinische Symptome zeigen.

Die Schlußbeurteilung des Pferdes

Die Gesundheitsuntersuchung muß immer mit einem ausführlichen schriftlichen Bericht abgeschlossen werden, worin der untersuchende Tierarzt alle seine wesentlichen Befunde sowie ein zusammenfassendes Urteil seiner Untersuchung abgibt. Er soll jedoch nie weder zum Kauf raten noch davon abraten, sondern nur seine Beobachtungen festhalten.

Der Pferdekauf im Ausland

Um im Ausland erfolgreich Pferde einzukaufen, werden vom Käufer große Sachkenntnis und Beziehungen zu erstklassigen Ratgebern vorausgesetzt. Für die Einfuhr der Pferde bestehen dann verschiedene Einfuhrvorschriften, die vor Kaufabschluß genauestens abgeklärt werden müssen. Es bestehen sehr unterschiedliche Vorschriften.

Der Pferdeverkauf ins Ausland

Schweden hat in den letzten Jahren zunehmend Pferde auch ins Ausland verkauft. Waren es früher schwedische Halbblutpferde, z. B. für die Schweizer Armee, so sind es heute vor allem schwedische Trabrennpferde, die weltberühmt sind und in viele Länder exportiert werden. In den letzten Jahren hat sich vor allem ein Markt mit den USA entwickelt. Vor dem Verkauf muß eine sehr detaillierte Veterinär- und Röntgenuntersuchung durchgeführt werden. Die Röntgenbilder werden meistens vom Tierarzt des Käufers in den USA beurteilt. In der Regel werden Pferde, die die kleinsten Veränderungen aufweisen, in den USA nicht akzeptiert, auch wenn diese Abweichungen ohne klinische Bedeutung sind. Der Käufer muß dementsprechend sein Pferd für die Röntgenuntersuchung zur Verfügung stellen, jedoch damit rechnen, daß kein Geschäft zustande kommt, wenn Veränderungen auf der Röntgenaufnahme zu erkennen sind.

Versicherungen

Pferde sind sehr teure Objekte, vor allem wenn es sich um erfolgreiche Sportpferde oder Zuchttiere handelt. Wie alle Lebewesen sind sie Schäden und Krankheiten ausgesetzt, die zur Invalidität oder zur Schlachtung führen können. Ein Tierbesitzer muß sich deshalb ernsthaft überlegen, ob er sein Pferd nicht gegen Verlust oder Erkrankung versichern will. In Schweden gibt es vier große Pferdeversicherungen und eine Vielzahl von kleineren Versicherungsunternehmen. Zur Zeit gibt es drei Arten von Pferdeversicherungen:

1. Die vollständige Versicherung gegen alle Erkrankungen und Schäden, die zur Invalidität, zum Tod oder zur Schlachtung des Pferdes führen. Diese Versicherung wird A 1 bezeichnet und umfaßt in den meisten Fällen auch eine Versicherung für die tierärztlichen Kosten. Die Versicherungskosten variieren sehr stark in ihrer Höhe. Ein Fohlen einer A 1-versicherten Stute ist ebenfalls vom 30. bis zum 90. Tag mitversichert, soweit es keine eigene Versicherung hat.
2. Die eingeschränkte Pferdeversicherung A 2 ersetzt nur Pferde, die infolge einer akuten Erkrankung oder eines Unfalls sterben, getötet werden müssen oder gestohlen werden. Trab- und Galopp-Pferde, die im Rennbetrieb oder im Training stehen, können lediglich A 2-versichert werden. Diese Pferde werden ohnehin früher oder später aufgrund ihrer Abnutzung invalid, d. h. im Sport nicht mehr einsatzfähig. Diese Versicherung schließt bei akuten Verletzungen, Kolikoperationen, Kaiserschnitt und Operationen als Folge eines Unfalles, z. B. bei Knochenbrüchen, die Veterinärkosten mit ein.

Die Fohlenversicherung kann für eine Stute vom 4. bis 9. Trächtigkeitsmonat abgeschlossen werden. Die Karenzzeit beträgt 10 Tage. Der frühstmögliche Zeitpunkt ist der 91. Tag nach der letzten Dekkung. Die Auszahlung des gesamten Versicherungsbetrages für das nichtgeborene Fohlen erfolgt ab dem 4. Trächtigkeitsmonat, beim Vorliegen eines Geburtshindernisses, dem Tod der Stute sowie beim Tod des Fohlens innert 30 Tagen nach der Geburt als Folge von Krankheit, Unfall oder Mißbildung mit tödlichen Folgen. Auch hier unterscheiden sich die Bedingungen zwischen den einzelnen Versicherungen. Heutzutage bieten die verschiedenen Versicherungen auch andere Versicherungsmöglichkeiten an und sind jederzeit bereit, spezielle Arrangements zu treffen.

Doping

Das Wort kommt vom englischen Ausdruck «dope», was die (unerlaubte) Anwendung von Anregungsmitteln zur vorübergehenden Steigerung der sportlichen Leistung bedeutet. Doping kommt im Pferdesport seit jeher vor. Ein Pferd durch das Zuführen körperfremder Substanzen zu erhöhter Leistung zu bringen, war schon bei den alten Kulturvölkern der Perser, Griechen und Römer bekannt. In der neueren Zeit erschienen die ersten Berichte von Pferdedoping aus England. Die Strafen für die Überführten waren außerordentlich streng, sie führten bis zu Todesstrafen.

Die verschiedenen Formen von Doping

Die häufigste Art von Doping ist der Versuch, das Leistungsvermögen der Pferde zu steigern (positives Doping). Beispiele von angewendeten Medikamenten sind Strychnin, Koffein und Amphetamin.
Unter negativem Doping versteht man den Versuch, das Leistungsvermögen zu vermindern. So kann z.B. einem Pferd, welches für ein Rennen großer Favorit ist, ein Beruhigungsmittel abgegeben werden, so daß es den Wettkampfeifer und den Gewinnerinstinkt verliert. Es ist bedeutend einfacher, ein negatives als ein positives Doping durchzuführen. Sehr häufig kommt aber das sogenannte therapeutische Doping vor. Dazu zählt man die amerikanische «controlled medication», die kontrollierte Behandlung, die gesetzlich erlaubt ist und die bei Pferden, die in Wettkämpfen stehen, sehr oft angewendet wird. Beispiele dafür sind die Anwendung von Phenylbutazon gegen Gelenk- und Muskelschmerzen sowie das harntreibende Mittel Furosemid mit dem Firmennamen «Lasix», das Lungenblutungen bei dafür disponierten Pferden verhindert. Auch in den USA hat die Allgemeinheit auf diese medizinische Behandlung von Wettkampfpferden sehr stark reagiert und verlangt, daß ein generelles Verbot in der Rechtsprechung erlassen wird. Nach vielen Jahren eingehender Diskussionen mit einer starken Unterstützung für die «controlled medication» von seiten der Veterinäre, ist die Anwendung von Phenylbutazon in vielen Staaten in der folgenden Form zugelassen: Dem Pferd darf bis 48 Stunden vor dem Wettkampf Butazon verabreicht werden unter der Bedingung, daß die Blutprobe, die jeweils vor dem Start vorgenommen wird, nicht mehr als 2 Mikrogramm/Milliliter im Blutplasma aufweist. Bei startenden Pferden, die eine Disposition zu Lungenblutungen aufweisen, darf man sowohl im Training als auch im Rennbetrieb bis 4 Stunden vor dem Start «Lasix» spritzen. In den USA gibt es jedoch auch Staaten, in denen ein totales Verbot für die Anwendung von Medikamenten bei startenden Pferden besteht, d.h. auch die kontrollierte Medikation ist verboten.
Unter dem Begriff «therapeutisches Doping» kann man auch die Anwendung von Cortikosteroiden oder lokalen Betäubungsmitteln rechnen, die Schmerzen an geschädigten Gelenken, Gelenkbändern und Sehnen eliminieren. Schließlich kann noch von «unbeabsichtigtem Doping» gesprochen werden, wenn einem Sport- oder Rennpferd Kraftfutter abgegeben wird, das ohne das Wissen des Trainers z.B.

Kakaoschalen enthält. Bei einer Dopingkontrolle können dann Koffein oder Theobromin nachgewiesen werden. Ein ähnliches Problem entsteht bei der Salizylsäure, die oft bei Pferden im Harn nachgewiesen werden kann, ohne daß eine spezifische Zufuhr erfolgte. Die Dopingkontrollen in Schweden wurden stets in den verschiedenen Pferdesportarten unterschiedlich gehandhabt, weiter verbessert und auf den neuesten wissenschaftlichen Stand gebracht. Es sei in diesem Zusammenhang auf den Kampf der schwedischen Tierärzte gegen das Butazolidin im Rahmen der FEI hingewiesen. Von der schwedischen Tierärzteschaft aus wird nämlich seit Jahren das absolute Verbot für die Anwendung von Butazolidin gefordert. Es gelang dann auch für die Weltmeisterschaft 1990 in Schweden die erlaubte Grenze von 5 auf 2 Mikrogramm/Milliliter Blut zu senken. Das Ziel der Tierärzte ist es jedoch, ein absolutes Verbot jeglicher Art von «controlled medication» zu erreichen.

Alternative Behandlungsmethoden

In den letzten Jahren haben alternative Behandlungsmethoden mehr und mehr von sich reden gemacht. Beispiele von solchen Behandlungen sind Laserbestrahlung, Ultraschall, Infrarot, Magnetfeldtherapie, Magnetopuls und Akupunktur. Für alle diese Behandlungsarten, die unbestreitbar in einzelnen Fällen erfolgreich sein können, gilt, daß in der Literatur sehr wenig positive Resultate dokumentiert wurden. Auch Chiropraktiker und Pferdeheilgymnastiker haben in den letzten Jahren viel von sich reden gemacht. Auch darüber fehlen dokumentierte Behandlungsresultate. Es wäre an der Zeit und sehr begrüßenswert, daß diese Praktiker ihre Arbeit wissenschaftlich dokumentieren und publizieren würden.

Register